Orbis

Friedrich Wilhelm Weitershaus

Das neue Vornamenbuch

8000 Vornamen
Herkunft und Bedeutung

Orbis Verlag

Sonderausgabe 1990 Orbis Verlag für Publizistik GmbH, München
Gesamtherstellung Mohndruck Graphische Betriebe GmbH, Gütersloh

ISBN 3-572-02797-7

Inhalt

Vorwort

Ihr Kind trägt ein Leben lang den Namen, den Sie ihm geben werden. Dieses Buch möchte Ihnen Anregungen für die Namenwahl geben und die Suche nach einem Vornamen für Ihr Kind erleichtern. Über den oder die von Ihnen vorgesehenen Namen und viele andere erhalten Sie Auskunft über Herkunft, Bedeutung und Schreibung deutscher und fremder Vornamen. Dabei haben wir selbstverständlich den gesamten deutschen Sprachraum berücksichtigt, weitgehend die heute in der Bundesrepublik, in der DDR, in der Schweiz und in Österreich gebräuchlichen Vornamen. Zahlreiche Namen aus anderen europäischen Ländern, die bei uns Eingang gefunden haben und beliebt geworden sind, wurden aufgenommen.
Der einleitenden geschichtlichen Entwicklung der Rufnamen und Vornamen folgen die von Ihnen zu beachtenden namenrechtlichen Bestimmungen der Standesämter in der Bundesrepublik, in der DDR, in Österreich und in der Schweiz. Nach den Regeln der Vornamenschreibung sollten Ihnen die Grundsätze und Motive für die Namenwahl bei Ihrer Entscheidung helfen. Der Abschnitt Vornamen im Wandel der Zeiten weist auf verschiedene Namenformen und auf die Mode in der Namengebung hin. Lassen Sie sich gerade hierin durch sorgfältige Namenwahl beraten.
Der alphabetische Teil bringt über 8000 männliche und weibliche Vornamen. Sicher gibt es aus den vergangenen Jahrhunderten noch weit mehr Vornamen im deutschen Sprachraum. Doch haben wir von älteren Vornamen nur die ausgewählt, zu denen wir noch eine kulturgeschichtliche Beziehung haben. Bekannte Namensträger und -vorbilder sind in Auswahl berücksichtigt, ebenso die bekanntesten Kurz- oder Koseformen und die wichtigsten Entsprechungen deutscher Vornamen in anderen europäischen Sprachen.
Eine Kennzeichnung heute beliebter männlicher und weiblicher Vornamen dient der schnellen Auswahl.

Für eine Reihe wertvoller Hinweise habe ich Herrn Oberbibliotheksrat i. R. Dr. Hans Bahlow, Hamburg, zu danken.

Gütersloh, im Frühjahr 1980 Fr. W. W.

Geschichtliche Entwicklung der Rufnamen und Vornamen

Wer sich mit der Wahl eines Vornamens befaßt, besinnt sich auf die eigenen Namen. Und ihm wird bewußt, daß er einen oder mehrere Vornamen trägt, die er selbst nicht auswählen konnte, und dazu einen Familiennamen, auf den er keinen Einfluß hatte. Das ist Grund genug, für die eigenen Kinder eine sorgfältige Namenwahl zu treffen.

Bei den meisten Völkern führt heute jeder mindestens zwei Namen: den festen, ererbten Familien- oder Nachnamen und den oder die von den Eltern frei gewählten Vornamen. Die Eltern können zum Zeitpunkt der Namenwahl sicher noch nicht ahnen, welche Gestalt, Art und Wesen ihr Kind einmal haben wird. So sind Vornamen zunächst Wunschnamen, angelehnt an Namenvorbilder der Gegenwart oder der Vergangenheit. Man erwartet vom Vornamen, daß er nach seinem Wohlklang, nach seinem Vorbild, nach seiner Bedeutung vielleicht Einfluß ausüben könnte auf das Wesen des Trägers, auf sein Schicksal, auf sein gesellschaftliches Glück.

Vornamen sollen deshalb persönliche Namen sein, mit allen guten Wünschen und Eigenschaften, die in die Namengebung hineingelegt werden können. Das war schon Heilswunsch und Wille unserer Vorfahren. So mögen die überlieferten alten deutschen Namen ursprünglich Ausdruck und Gefühlswert der Eltern in ihrer Beziehung zu den Kindern gewesen sein. Mit den gegebenen zweigliedrigen Rufnamen konnten ideal und sinnvoll zwei Wünsche gepaart und ein reicher Schatz an Namen gebildet werden, von denen allerdings nur noch einige hundert die Zeiten überdauert haben.

Unsere germanischen Vorfahren hatten ebenso wie die Angehörigen der anderen indogermanischen Völker in der Anfangszeit ihrer Kulturen nur einen, nicht erblichen Namen, der einer bestimmten, lebenden Person zu eigen war. Von diesen frühen Eigennamen ausgehend, änderte und bereicherte sich die Namengebung entsprechend der Geschichte, der Kultur und dem Wachsen und Vergehen der Völker und ihrer Sprachen.

Von der Einnamigkeit wichen schon früh die Römer ab, die bereits in der klassischen Zeit ein Dreinamensystem entwickelt hatten, dem Vornamen, z.B. *Caius*, folgte der Gentilname des Geschlechtsverbandes, der Sippe, z.B. *Iulius*, und diesen der *cognomen*, der Zuname, später der Beiname, hier *Caesar*. Bei den Frauen blieb die Einnamigkeit.

Insgesamt haben unsere heutigen Vornamen, bis auf wenige Neubildungen, eine lange Überlieferung. Die zweistämmigen Eigennamen gehen bis in die indogermanische Zeit zurück – vielleicht bis ins zweite oder dritte vorchristliche Jahrtausend. Die vergleichende Sprachforschung konnte beweisen, daß die germanischen, griechischen, slawischen und keltischen Namen nicht nur das gemeinsame Gesetz der zweistämmigen Namenbildung zeigen, sondern auch noch in vielen Formen die gleiche Bedeutung haben.

Man kann die griechischen Namen *Damo-kles* neben *Diet-mar* (»Volk« + »Ruhm«), *Demo-sthenes* neben *Volk-hard* (»Volk« + »hart, stark«), keltisch *Sego-mer* neben *Sieg-mar*, slawisch *Woli-mir* neben *Will-mar*, *Bogu-mil* neben *Gott-lieb* und *Dorothea* neben *Theodoros* stellen, Sinn und Bedeutung sind gleich (den Bindestrich haben wir eingefügt, um die Fugen der Wortstämme besser zu erkennen). Viele Wortstämme sind in ihrer lautgesetzlichen Übereinstimmung indogermanischer Herkunft; hier im einzelnen darauf einzugehen, würde zu weit führen.

Zwar scheint das einleitend Gesagte weit hergeholt; es soll jedoch zu erkennen geben, daß die meisten unserer europäischen Namen eine gemeinsame Entwicklung haben. Rund 600 der alten Namen im abendländischen Kulturraum werden auch heute noch in verschiedenen lautlichen und graphischen Formen in fast allen europäischen Ländern gebraucht. Die wichtigsten Entsprechungen in den europäischen Sprachen haben wir deshalb in einer Auswahl im lexikalischen Teil zu den bekannten alten Vornamen gestellt. Wenn in jüngster Zeit mehr und mehr Vornamen fremder Herkunft bevorzugt werden, weil gerade das »fremd Klingende« anzieht, so sind die meisten von ihnen gar nicht so fremd und weither gekommen – uns fehlt nur der Überblick, die sprachgeschichtlichen Zusammenhänge der Namenbildung zu erkennen.

Bis ins 11./12. Jahrhundert genügte unseren Vorfahren *ein* Name, um sich einander zu unterscheiden. Mit diesem einen Namen wurden sie gerufen. Dieser alte *Rufname* hat heute eine andere Bedeutung. Es ist jetzt die Namenform, die (auch abweichend vom gegebenen Vornamen) täglich umgangssprachlich gebraucht wird.

Neben den alten Rufnamen trat etwa vom 12. Jahrhundert an bei wachsender Bevölkerung zur Unterscheidung ein *Zuname*, zunächst als *Beiname*, danach im Laufe der Jahrhunderte als festwerdender und vererbter *Familienname*. Der nun *Vor*name gewordene Rufname blieb über Jahrhunderte hinweg wichtiger, im täglichen Umgang die Person kennzeichnender Name, während der *Zuname* oder *Familienname* bis in die heutige Zeit im Gemeinwesen eine offizielle Funktion hat.

Die Urkunden der althochdeutschen Zeit (etwa 750 bis 1080) weisen eine Fülle zweistämmiger germanischer Namen auf, die einmal insgesamt 7000 gewesen sein mögen. Es sind meist Männernamen, die noch in der Karolingerzeit mit über 2000 Namen in Blüte standen. Im 11. Jahrhundert erlahmte die schöpferische Kraft der alten deutschen Namen, zugleich sind unter dem Einfluß des Christentums aus dem Süden bereits neue, fremde Namen eingedrungen. Zwar beschleunigte der neue Religionskult den Verfall der alten Namen, wiederum darf nicht vergessen werden: Die rund 400 alten germanischen Namen, die bis heute gebräuchlich geblieben sind, hat die Kirche mitbewahrt, indem Klerikale wie Laien im alten Reich bewußt die heimischen Namen weitertrugen. So sind Kaiser und Könige und ihre Frauen, die Gaugrafen und Bischöfe, viele Heilige beiderlei Geschlechts noch erfreulicherweise Namenvorbilder mit ihren alten deutschen Namen. Hinzu kamen nun mehr und mehr die christlich geprägten griechisch-lateinischen und alttestamentlichen Namenformen.

Sehen wir uns zum Verständnis des lexikalischen Teils die alten zweistämmigen germanischen Namen an. Es fällt auf, daß eine ganze Reihe von Wortstämmen auf Kampf und Krieg *(badu, gund, hadu, hari, hild, wig)*, auf die Waffen (*ekka* »Schwertschneide«, *ger* »Speer«, *isan* »Eisen«, *ort* »Spitze einer Waffe«, *brand* »Brennen, Schmerz durchs Schwert«) hinweisen; danach auf den Schutz davor: *brun* »Brünne, Brustpanzer«, *burg* »Schutz, Zuflucht«, *gard* »Einfriedigung, Hort«, *helm* »Helm«, *linta* »Lindenholzschild«, *rand* ebenfalls (hoher) »Schild«. Den Eigenschaften des Kampfes (*bald* »kühn«, *harti* »hart, stark«, *kuni* »kühn«, *muot* »mutig, tapfer«, *trud* »Kraft«) folgen Sieg *(sigu)*, Ruhm *(hruod)*, Friede (*fridu* »Waffenruhe«) des Volkes *(diet, folc)*. Zum Walten *(waltan)* und Herrschen *(rihhi)* gehört auch die Natur mit den Göttern (Asen), den Alben und Elfen, der Wald *(witu)* und die Tierwelt: Adler *(arn)*, Bär *(bero)*, Eber *(ebur)*, Rabe *(hraban)* und Wolf *(wolf, wulf)*. Allein 200 Namen sind nachzuweisen, die auf *-bald* »kühn, mutig« ausgehen, 250 auf *-ric, -rich* »mächtig, reich, herrschend«, fast 400 auf *bert, brecht* = *beraht* »glänzend, strahlend, prächtig«, und allein 464 auf *wolf (-olf)*, womit die unmittelbar erfahrenen Eigenschaften des *Wolfs* wie »Kraft, Stärke, Ausdauer, List und Angriffslust« für den Kämpfer und Streiter gemeint waren. Grundsätzlich gab es in der zweigliedrigen Bildungsweise keinen Unterschied zwischen Männer- und Frauennamen. Jedoch fällt auf, daß als Zweitglieder bestimmte Wörter, wie *-brand, -frid, -muot, -ger* nur bei Männernamen und Wörter wie *-burg, -hild, -heit* nur bei Frauennamen auftreten. Bei den Erstgliedern sind die Namenelemente gleich, bis auf gelegentliche Ausnahmen wie *eber-* bei Männernamen, *swan-* bei Frauennamen. Darüber hinaus werden Frauennamen durch Movierung von Männernamen abgeleitet, indem den männlichen Formen *-e* oder *-a* zugefügt werden.

Die beiden beliebten Vornamen *Dieter* und *Volker* haben die gleiche Bedeutung, das wird klar, wenn wir das ausgestoßene und zweigliedrig erforderliche *h* hinzunehmen: *Diet-her, Volk-her*, ahd. *Diot-hari, Folk-hari, diot, folk* = Volk, *hari* = Heer; mit *folc, folk* ist vor allem Kriegsvolk gemeint, mit *hari, heri* vom got. *harjis* her der Krieger. Eine weitere Form *Dieter* war als Kurzform aus dem alten Namen *Dietrich* (*diot* »Volk« + *rihhi* »mächtig, reich, herrschend«) entstanden. Diether und Dieter fielen später zusammen, der Bedeutungsunterschied wurde nicht mehr verstanden. Bei den vielen Namen mit *-hold, -old, -olt, -ald, -wald* ist heute nicht mehr zu erkennen, daß sie alle zu *walt(an)* »walten, herrschen« zu stellen sind. Eine Reihe von Namen mit *-lieb* haben mit *liob* »lieb« gar nichts zu tun, sondern gehören zu *-leib* »Erbe, Hinterlassenschaft«. Schwierig wird es bei den zahlreichen Frauennamen mit *-lind*; gleich drei alte Stammwörter bieten sich an: *linta, lind* »die Linde, das Lindenholzschild«, *lindi, lind* »weich, sanft, zart, nachgebig, lieblich«, *lint, lind* »die Schlange«. Obwohl die beiden letzteren wohl eher »passen« würden (nach heutiger Denkweise) für (manche) Frauen, gehört doch *linta* »das Lindenholzschild als Schutz« zu den meisten *-lind*-Namen, weil wir hier mehr *Walküren*namen als »Heimchen am Herde« zu sehen haben.

Kulturgeschichtliche Ausblicke eröffnen sich, wenn wir den Namen *Amalrich* verfolgen: *Amal-* zum Name der *Amaler, Amelungen* (ostgot. Königshaus), *rich* »Herrscher«; *Amalrich* wird im Russischen zu *Amalrik* (heute Name eines russ. Dissidenten), im Italienischen zu *Amerigo*. Den italienischen Seefahrer Amerigo Vespucci (1451–1512) hielt man für den eigentlichen Entdecker des amerikanischen Festlandes, 1507 wurde der Vorname *Amerigo* Bezeichnung für Südamerika, auf der Karte Mercators von 1538 sind beide Amerika so benannt.

Nun kann man sich die Erklärung der alten deutschen Namen wesentlich erleichtern, indem man sie mit heutigen Begriffen gleichsetzt – wie es in allen früheren Namenbüchern üblich war. Statt zu erklären, *Dietrich* zu ahd. (althochdeutsch) *diot* »Volk« + *rihhi* »Reich, Herrschaft«, *rihhan* »beherrschen«, steht dann schlicht *Dietrich* »der Volksherrscher«. Diese verallgemeinernde Gleichschaltung versperrt aber bei den meisten alten Namen dem heutigen Leser den Blick für all jene möglichen Bedeutungen und Wünsche, die unsere Vorfahren in die Namen hineingedacht haben mögen.
Der Schriftsteller Bogislav von Selchow hat 1934 in seinem Namenbuch[1] – durchaus nach den damals treudeutschen wissenschaftlichen Erkenntnissen – bei den alten Namenformen die »sinnvollen« Appellativa »hinzugedichtet«. Was bei den Erklärungen »unserer arteigenen Namenwelt« als »Ausdruck einer bewußten Sinngebung« herauskam, sei nur an einigen der rund 5770 Namen zählenden Sammlung gezeigt:

Adelheid »Die Edelstrahlende«
Adolf »Edelwolf«
Amalie »Die Arbeitsfrohe«
Dietlind »Die um das Geheimnis des Volkes weiß«
Gundula »Kleine Kämpferin«
Helmut »Von heldischem Mut«
Kai »Der gegen die Feinde böse«
Reiner »Ratender Adler«
Sigfrid »Schütze die Deinen durch Besiegung des Feindes«
Ulla, Ursula »Munteres Füllen«.

In dieser »Sammlung« sind noch viele fremde Namen »vereinnahmt« worden, so daß z.B. die genannten Namen Ursula und Ulla zu lateinisch *urs* »Bär« gehören und eher als »kleine Bärin« anzusprechen sind, nicht als »Füllen« zu ahd. *(h)ros*, mittelnd. *ors*, *urs* »Streitroß, Pferd«.
Diese Namenerklärungen erwecken Vorstellungen beim heutigen Leser, die kaum den damaligen Wunschgedanken der Namengeber entsprochen haben dürften. Der frühere Sinn der zweistämmigen Namen läßt sich nicht mit heutigen Begriffen gleichsetzen. Wir haben also auf eine überholte Gleichschaltung von Vorname und Appellativ verzichtet und setzen dafür die heute anerkannte und gebräuchlich gewordene Erklärung der Namen aus ihrer entsprechenden appellativischen Wurzel. Das mag für den heutigen Leser oft im Zusammenhang nicht leicht sein, ist aber der richtige Weg, um die umschreibende Bedeutung der Namen im Sinne unserer Vorfahren annähernd zu erkennen. Nur auf diese Weise kommen wir der Sinngebung der alten deutschen Namen in ihrer Zeit näher; allerdings ist wohl schon während des Gebrauchs und der Schöpfung von Namen im Laufe der Zeit in vielen Fällen Sinn und Bedeutung nicht mehr bewußt gewesen.
Zur Erklärungshilfe für die althochdeutschen Namen steht vor dem lexikalischen Teil (S. 50) eine Auswahl von Namenelementen mit hochdeutschen Entsprechungen.

1 Bogislav von Selchow, Das Namenbuch. Eine Sammlung sämtlicher deutscher, altdeutscher und in Deutschland gebräuchlicher fremdländischer Vornamen, Leipzig 1934.

Vergessen wollen wir nicht, daß es neben den vielen zweistämmigen Namen auch einige einstämmige gegeben hat. Bekannt sind *Karl*, ahd. *charal, karl*, mhd. *karl* »Mann, Ehemann, Geliebter«, altnord. *karl* »Mann, (freier) Bauer«; mittelnd. *kerle* »freier, gewöhnlicher Mann« ist heute noch als *Kerl* mit verächtlichem Nebensinn geläufig. *Bruno* »der Braune« weist auf den Bären hin, *Ernst*, ahd. *Ernust*, auf die Festigkeit des Willens, aber auch durch ags. *eornost* auf »Kampf, Zweikampf«.

Durch die Verbreitung des Christentums gewannen die Namen der Römer und Griechen, aber auch die biblischen hebräischen Namen im Laufe der Jahrhunderte in Deutschland erheblich an Einfluß. Heintze-Cascorbi[2] meint, bei den Griechen »eine reiche Phantasie, einen idealen Schwung«, ein Hinneigen »auf das überwiegend Geistige, auf edle Eigenschaften« zu erkennen. »Während die griechischen Personennamen ein ideales, poetisches Gepräge haben«, zeige sich dagegen, daß »die römischen Namen ein prosaisches Gepräge haben und sich meist in einer sehr niederen Region bewegen«. Tatsächlich haben viele der griechischen Namen, die bei uns gebraucht werden, zwei beredsame Wortstämme, die den zweigliedrigen germanischen Namen entsprechen. Dagegen überraschen die sachlichen (Vor-)Namen der Römer und ihre derben Beinamen (Übernamen). Man darf jedoch nicht dem allgemeinen Trugschluß unterliegen, »daß dem klar erkannten Unterschied eine völkerpsychologische Bedeutung beizumessen sei, während sich in Wahrheit nur zwei verschiedene Lagen der antiken Kultur in der Namenwahl der Griechen und Römer gegenüberstehen«[3].

Der jüngeren Namengebung der Römer fehlt das Prinzip der zweistämmigen Gliederung; sie könnten es unter dem Einfluß der Etrusker schon früh aufgegeben haben (etwa 500 v. Chr.). Die altrömischen lateinischen Namen sind oft nüchterne, praktische, phantasiearme Bildungen des Alltags: *Claudius* »der Hinkende«, *Fabius* »der Bohnenzüchter«, *Hilarius* »der Heitere«, *Longus* »der Lange«, *Paulus* »der Kleine«, *Plautus* »der Plattfuß«, *Rufus* »der Rote«. Häufig machten sich die Römer gar nicht die Mühe der Namenwahl, sie zählten ihre Kinder: *Secunda* »die Zweite«, *Tertia* »die Dritte«, *Quarta* »die Vierte«, *Quintus* »der Fünfte«, *Sextus* »der Sechste«. Auf erhaltenen römischen Grabsteinen finden wir dann neben dem Familiennamen S. (oder Sext.) für Sextus, oder Q. für Quintus.

Die traditionsreichen und heute wohlklingenden Namen *Claudia, Cäcilia, Oktavia* haben nun mal die sehr sachlichen Erklärungen: »die Hinkende«, »die Trübäugige (Blinde)«, »die Achte«; dafür sind weitere lateinische Namenbildungen, zum Teil auch unter griechischem Einfluß, um so erfreulicher: *Amanda* »die Liebenswerte«, *Amöne* »die Anmutige, Liebliche«, *Benedictus* »der Gesegnete«, *Felix* »der Glückliche«, *Renatus* (René) »der Wiedergeborene«.

Erste lateinische und griechische Namen in St. Galler Urkunden sind: *Benedictus, Bonifacius, Clemens, Domica, Eusebius, Gallus, Martinus, Vincentus, Valerius*; in Fuldaer Urkunden: *Alexander, Agnes, Anastasius, Andreas,*

2 Heintze-Cascorbi, Die deutschen Familiennamen, geschichtlich, geographisch, sprachlich, Halle/Berlin 1933, S. 10.

3 Erich Wentscher, Die Rufnamen des deutschen Volkes, Halle (Saale) 1928, S. 2.

Bartholomäus, Benedicta, Benedictus, Georg, Gregorius, Juliana, Julius. Unter den orientalisch beeinflußten christlichen Namen sind jedoch überwiegend *alttestamentliche hebräische* Namen wie *Aaron, Abraham, Adam, Anna, Benjamin, Daniel, David, Iob* (Hiob), *Joseph, Isaak, Judith, Moyses, Salomon, Samuel, Sara, Saul, Susanna*, neutestamentliche wie *Petrus* und *Symon*. Der fromme Sinn und das ganz auf Gott (Jahwe, Jehova) bezogene kulturelle Leben der Juden kommt bei den meisten biblischen hebräischen Namen voll zur Entfaltung, oder sie zeigen den schmückenden orientalischen Vergleich, wie wir ihn aus vielen Texten der Bibel kennen.
Die älteste Namensammlung des 8. bis 11. Jahrhunderts in St. Gallen mit 1069 Namen von Kaisern und Königen, geistlichen und weltlichen Trägern im süddeutschen Raum weist nur 16 biblische (hebräische) und 15 lateinische Namen auf, die übrigen 1038 trugen die alten deutschen Namen[4]. Zum Vergleich: in dem weiter nördlich geschriebenen Fuldaer Codex[5] vom 8. bis 12. Jahrhundert mit 4578 Namen sind nur 38 biblische (hebräische, griechische) Namen enthalten und 50 lateinische, alle übrigen 4490 trugen noch die alten deutschen Namen. Zieht man hier von den fremden Namen noch die beurkundeten auswärtigen Päpste und Kardinäle ab, so liegt das Namenverhältnis der weltlichen und geistlichen Oberschicht bei 90:1, d.h. bei 90 einheimischen Namenträgern war nur einer mit einem fremden Namen. Aus Sebastian Münsters Kosmographie[6] ergibt sich, daß im 10. Jahrhundert unter 240 Personen 211 = 88 Prozent einen deutschen Namen trugen.

Tabelle 1. Häufige Vornamen vom 8. bis 12. Jahrhundert in Deutschland

männlich	weiblich
Adalbert	Adelheid
Chuonrat (Konrad)	Mahthilt, Mechthilt
Dieto, Dietrich, Dietbert, Diemar	Irmingart (Irmgard)
Eberhart, Ekkehart	Berahta, Bertrada (Bertha),
Engilbert, Erhart, Ernust	Berahthilt, Blihtrud
Gerbert, Gerhart	Demuot, Diemuot
Heinrich	Edellint, Emma, Engiltrud
Friderich, Fridehelm	Gisalhilt, Gisele, Gerthrud
Heriman (Hermann), Herimuot	Hathewig (Hedwig), Hadaburg, Heilwic
Ruodolf, Ruodpert (Ruprecht)	Hiltiburg, Hiltigard, Hiltigund
Sigfrid	Irmintrud, Jutta, Kunigunt, Liutgart
Walthari (Walter)	Oda, Thiotlind (Dietlind)
Werinhari (Werner)	Walburg, Waltburg, Waltthrud

Um 1100 treten die wenigen alttestamentlichen Namen kaum noch auf oder kreuzen sich mit anderen fremden oder heimischen Rufnamen, so z.B. *Job* (Hiob) mit dem Heiligennamen *Jodokus* zu *Jobst*, später *Jost*, oder *Judith* mit

4 St. Galler Nekrologium, Handschrift der Stiftsbibliothek St. Gallen Nr. 915; abgedruckt durch Dümmler/Wartmann, St. Galler Todtenbuch, Mitt. Vaterländ. Gesch. St. Gallen XI, 1 (1869).
5 Schmincke, Register zu Dronkes Codex diplomaticus fuldensis, Kassel 1862.
6 Münster, Sebastian, cosmographei oder Beschreibung aller Länder, zum dritten Mal . . . gebessert, Basel 1550.

dem alten deutschen Namen *Jutta*. Der Name *Jakob* kann sich durch wechselnden Bezug vom alttestamentlichen Patriarchen Jakob auf den neutestamentlichen Apostel Jakobus halten.
Mit Ausbreitung und Festigung der katholischen Kirche setzt in der zweiten Hälfte des 12. Jahrhunderts eine stärkere Heiligenverehrung ein, die zunächst bis zur Reformation die Namenverbreitung bestimmt. Die katholische Kirche fördert den volkstümlichen Heiligenkult, so daß die Taufnamen bestimmt werden durch den Heiligenkalender, durch die Heiligen als Schutzpatrone von Berufen, Helfer in vielen Dingen des Lebens, schließlich durch die Paten als feste Einrichtung der Kirche und des Gemeinwesens.
Während im ganzen 14. Jahrhundert bei Bürgern und Bauern in weiten Teilen Deutschlands die alten deutschen Rufnamen noch vorherrschen, setzen sich um die Wende des 14. zum 15. Jahrhundert, besonders aber in der ersten Hälfte des 15. Jahrhunderts, die mehr und mehr in Gebrauch kommenden fremden und Heiligennamen durch.

Tabelle 2. Vornamen um 1400.
Die Reihenfolge der Häufigkeit konnte je nach Landschaft verschieden sein.

männlich	weiblich
Johann(es), Hans	Elisabeth, Elsbeth, Else
Heinrich	Margarethe, Greta
Konrad	Anna, Katharina
Nikolaus Peter, Petrus	Adelheid, Luckard, Liutgard
Dietrich, Wilhelm	Mathilde, Mechthild, Mette
Jakob Paul	Kunigunde, Kunne
Hermann, Gerhard	Agnes, Ursula
Albert, Albrecht	Bertha, Bertrad, Gertrud, Gertraud
Ludwig	Hille, Hilde, Hildegund
Leonhard, Lienhard	Irmgard, Ermgard, Ermentrud, Diemut
Andreas, Georg, Martin, Franz	Barbara, Johanna, Sophia
Stephan, Thomas, Michael	Christina, Dorothea, Magdalena, Helene
Matthias, Matthäus, Laurentius	Ida, Itte, Jutta
Hugo, Bernhard, Rudolf, Friedrich	Walburga

Im Vergleich der Tabellen 1 und 2 sehen wir, daß die fremden Namen in zweieinhalb Jahrhunderten die heimischen Rufnamen erheblich zurückgedrängt haben. Die Reformation brachte vom ersten Viertel des 16. Jahrhunderts an bei den evangelischen Volksteilen Deutschlands die Ablehnung der katholischen Heiligennamen und – durch die Bibelübersetzung Luthers erleichtert – die Hinwendung zu biblischen Namen des Alten und Neuen Testaments. Die evangelische Kirche hat dabei die Namengebung zu keiner Zeit als Autorität beeinflußt.
Die alten Kirchenbücher beider Konfessionen bestätigen eine Erfahrung, die grundsätzlich für die Namengebung durch alle Jahrhunderte gilt: *Neue Vornamen sinken von der führenden Oberschicht des Volkes im Laufe von Generationen auf die unteren Volksschichten.* Zugleich verändern und verbreiten

sich dadurch einzelne Namenformen, sie haben je nach Volkstümlichkeit und Beliebtheit *Nebenformen, Kurz- und Koseformen*. Die Kaisernamen des Mittelalters, *Heinrich* und *Konrad*, werden zu *Hinz* und *Kunz, Heinz, Hein, Kurt* und *Kord*, und zu Jedermanns-Namen.
Zeitweilige Namenbildungen dynastischer Herkunft können wir durch alle Jahrhunderte und quer durch alle deutschen Landschaften beobachten; zum Teil sind es unabhängige Namen nach Vorbildern, zum kleineren Teil nur abhängige Patenschaftsnamen. Die alten Fürstennamen Heinrich und Konrad, Friedrich und Ludwig und andere konkurrieren jahrhundertelang gegen die eindringenden Fremdnamen (siehe Tabelle 1 bis 4). Hat ein Landesfürst einen fremden Namen erhalten, so mehrt sich bald sichtlich sein Name unter den Landeskindern (z.B. in Tabelle 3: *Georg*, Name hessischer Landgrafen in dieser Zeit). Oder die an sich alten Dynastennamen *Friedrich* und *Wilhelm* erreichen erneut eine Verbreitung, wie um 1900 durch die Hohenzollernnamen (Tabelle 5). Das Absinken neuer Namen oder der Anstoß zu neuen Namenformen von der oberen Volksschicht über die mittlere bis in die untere Schicht ist auch noch in neuerer Zeit zu beobachten – für den heutigen soziologischen Bezug spricht man besser von Namenwanderung in den Berufsgruppen[7].

Tabelle 3. Häufigkeit von männlichen Vornamen einer deutschen Mittelstadt im Jahre 1616.
Erfaßt waren insgesamt 615 Bürger. Nach dem Wallbauregister von Gießen, Lichtmeß 1616, Staatsarchiv Darmstadt, Abt. VIII, 2, Konv. 93 Musterungslisten.

Adam 16, Andreas (Enders) 5	Jeremias 2, Jeronimus 2
Balthasar (Balzer) 25, Bernhard 7	Johann(es) 84, Jost 18
Caspar 27, Claus 3, Conrad 22	Leonhard 4, Lorenz 4, Ludwig 14
Craft 3, Christian 7, Christoph 5	Marx (Markus) 3, Melchior 21
Daniel 3, David 2, Dietrich 2	Merten (Martin) 3, Michael 6
Ebert, Eberhard 6	Niclaus 7, Oswald 3
Friedrich, Fritz 8, Fabian 2	Paulus, Paul 16, Peter 15, Philipp 4
Georg 39, Gerlach 13	Reinhard 5, Simon 2
Hans 70, Henrich (Heinrich) 32	Tönges (Antonius) 11, Tobias 2
Hermann 10	Velten (Valentin) 7, Volpert 4
Jakob 6, Joachim 3	Wendel 4, Wilhelm 4

Abgesehen von der bereits erwähnten Heiligenverehrung hat in der Vergangenheit weniger das Vorbild berühmter Leute, sondern vielmehr Brauch, Sitte und Mode der Zeit Einfluß auf die Namengebung gehabt, insbesondere durch das Patennamensystem. Das wird verständlich, wenn wir uns die Taufnamen ansehen.
Aus den kirchlichen Taufbüchern vom 16. Jahrhundert an ergibt sich, daß die biblischen Namen, und regional verschieden stark die Heiligennamen, weitaus in der Mehrzahl sind. Allen voran steht bei den Knaben *Johann, Johannes*, insbesondere aber *Hans*, die beliebte Kurzform von Johannes. Hans war in allen Teilen des alten Reiches gleichermaßen stark verbreitet. Von 522 gefalle-

7 Wilhelm Hesterkamp, Einflüsse sozialer Verhältnisse auf die Namenwahl, Muttersprache 75. Jg. (1965), S. 33–40.

nen und verwundeten Zürchern in der Schlacht bei Kappel (1531) hießen allein 145 Hans. Es folgen *Nikolaus (Klaus), Konrad, Peter, Georg, Heinrich* in unterschiedlicher Verbreitung. Bei den Mädchen sind *Maria, Marie* und *Anna*, danach *Elisabeth, Katharina* und *Margarete* am meisten verbreitet. Daß *Martin* und *Katharina* sich bei der evangelischen Bevölkerung mehr vorfindet, könnte zum Teil auf die Namen von Martin Luther und seine Frau, Katharina von Bora, zurückzuführen sein.

Bis in die letzten Jahrzehnte des vorigen Jahrhunderts war es üblich, ja selbstverständlich, daß einem Kind bei der Taufe die *Namen seiner Paten* gegeben wurde. Der Pate hatte bei der Taufe im Namen des Kindes das Glaubensbekenntnis abzulegen und übernahm die Verpflichtung, christliche Unterweisung und Erziehung des Kindes zu fördern. Über die materiellen Patengeschenke hinaus war die Fürsorge der Paten für Halbwaisen und Waisen vielerorts üblich. Durch Patenschaft entstand in der katholischen Kirche eine geistliche Verwandtschaft, die evangelische Kirche kannte nur die Taufpaten. Mit der Zeit blieb nur noch eine bloße Taufzeugenschaft, wie wir sie heute kennen.

Im 16./17. Jahrhundert hatte ein Kind meistens zwei Taufpaten, deren Namen es bekam, *ein* Name davon wurde selbstverständlich Rufname. In katholischen Gegenden konnte dies mit der üblichen Sitte konkurrieren, dem Kind bei der Taufe den Namen des Heiligen seines Geburts- oder Tauftages nach dem Heiligenkalender beizulegen.

Auch die seit dem 16. Jahrhundert gebrauchten *Doppelvornamen* waren zuerst beim Hochadel, danach in den Städten und beim Landadel üblich und sanken dann zur großen Masse der Bauern und Bürger ab, zudem das Patensystem mit verschiedenen Namen die Doppelvornamen begünstigte. Bekannt ist, daß Soldaten, geringe Leute und Bürger bewußt Doppelvornamen bei der Taufe ihrer Kinder eintragen ließen, um als Gegenleistung von den Paten äußere Vorteile zu erreichen.

Während auf dem Lande die Doppelvornamen der Männer zu der sehr häufigen typischen Bildung *Johann* und einem Zweitnamen führte, der Rufname wurde, gab es bei den Frauen häufig nur Doppelvornamen-Kombinationen zwischen den Namen *Anna, Maria, Elisabeth, Katharina, Margarete*. Besonders die evangelischen Kirchenbücher sind durch die Eintönigkeit der Taufnamen im 17./18. Jahrhundert bekannt. Das 18. Jahrhundert zeigt überhaupt bei der großen Masse des Volkes keine große Veränderung unter den Vornamen. Ausgefallene Namen ergeben sich nur durch besondere Umstände. Als der Verfasser auf der Suche nach Vorfahren im 17. Jahrhundert bei zahlreichen Anna Marias und Anna Katharinas endlich auf einen ungewöhnlichen Namen wie Polyxenia stieß, ergab sich, daß die Fürstin und Landesmutter selbst Patin gewesen war.

Im Bürgertum entwickelte sich im 18. Jahrhundert, dem Adel und dem Honoratiorentum der Städte folgend, ein Geltungsbedürfnis in der auswuchernden Sitte, statt zwei Paten nun vier, fünf, sechs und mehr, prunkend mit all ihren einzutragenden Titeln anzunehmen; je höher der Stand des Paten, desto ehrenvoller war es für die Familie und ihr Kind, das nun oft eine ganze Litanei von Namen bekam. Anders war es bei den katholischen Gläubigen, indem das

Kind mit mehreren Heiligennamen unter Schutz und Fürbitte verschiedener Heiligen gestellt wurde.

Tabelle 4. Häufige Vornamen im 17./18. Jahrhundert.
Die Reihenfolge konnte je nach Landschaft und Zeitabschnitt verschieden sein.

männlich	weiblich
Johannes, Hans	Maria, Marie
Conrad	Anna, Elisabeth, Elsbeth, Else
Claus, Nikolaus	Margarethe, Greta
Peter, Georg, Caspar	Katharina, Christina
Christian, Christoph, Jakob	Susanna, Magdalena
Heinrich (Henrich), Friedrich, Hermann	Dorothea, Barbara, Ursula
Balthasar, Daniel, David, Philipp, Jost	Johanna, Johannette
Eberhard, Wilhelm, Ludwig	Gertrud, Bertha
Michael, Martin, Franz, Anton, Paulus	Agnes, Clara, Sophia
Adam, Andreas, Melchior, Velten (Valentin)	Franziska, Helena, Martha
	Charlotte
Bernhard, Berthold, Burkhard, Ulrich	

Tabelle 4 zeigt nur eine Spitzengruppe häufiger Vornamen im 17./18. Jahrhundert. Bei einem verhältnismäßig *großen Vornamenbestand* wurden *relativ wenige Namen* gebraucht. In Frankfurt am Main wurden vom März 1600 bis Juli 1900 nach einem Teilergebnis 4356 Kinder geboren; sie kamen in diesen 300 Jahren mit 130 einfachen männlichen und 96 einfachen weiblichen Vornamen aus, jedoch die Vergabe von 423 männlichen und 420 weiblichen Doppelvornamen-Varianten in dieser Zeit machte das Namenbild farbiger.
Mit dem Aufkommen des *Pietismus* in Deutschland, seit dem 17. Jahrhundert eine religiöse Bewegung in der evangelischen Kirche zur Erneuerung des frommen Lebens durch Spener, Francke und die Herrnhuter Brüdergemeine, setzte eine Namenschöpfung ein, die für zwei Jahrhunderte das frömmelnde Bild deutsch-christlicher Namen zeichnete. Es sind Namen wie *Christlieb, Gottlieb, Gotthelf, Gotthold, Fürchtegott* und *Leberecht*. Die Erneuerung des Pietismus in den Erweckungsbewegungen des 19. Jahrhunderts rettete einige dieser Namen bis in die jüngste Zeit.
Durch die Jahrhunderte hat es immer wieder Leute gegeben, die für die alten deutschen Vornamen eintraten, und andere, die den deutschen Namenschatz mit wohlklingenden Namen aus anderen Sprachen bereichern wollten. In der Blütezeit des *Humanismus* in Deutschland (16. Jahrhundert) mit der Vorliebe für lateinische und griechische Literatur ist durch Wiederentdecken antiker Schriftsteller eine große Zahl lateinischer und griechischer Vornamen aufgekommen, die z. T. heute noch gebräuchlich sind; zugleich wurden auch die vielen lateinischen und griechischen Familiennamen durch »Übersetzen« der deutschen Familiennamen gebildet, wie wir sie heute noch haben.
Dagegen wetteiferten nun die *Sprachreiniger* des 17. Jahrhunderts untereinander, die anstelle fremder Wörter und Namen neue deutsche Begriffe und Namen bilden und durchsetzen wollten. Philipp von Zesen erfand im Kampf

gegen die fremden antiken Götternamen für *Diana* die *Weidinne*, für *Venus* die *Lustinne* oder *Liebinne*; auch weitere wie *Himmelshulde für Dorothea, Deutschlieb für Dietleib* oder *Bluminne, Wollustine* oder andere belustigten schon die Zeitgenossen.
Im 17. und 18. Jahrhundert gewannen nicht nur französische Sprache und Kultur, sondern auch *französische Vornamen* stärkeren Einfluß im deutschen Bürgertum, insbesondere bei den Mädchennamen: *Adelaide, Annette, Babette* (zu Barbara), *Charlotte, Claire, Henriette, Jeannette, Louise, Margot, Marion; Louis* stand neben Ludwig, und *Jean* wurde im Rheinisch-Pfälzischen volkstümlich.
Die Übernahme fremder Namen und die Wiederbelebung alter deutscher Namen wurde im 17. bis 19. Jahrhundert durch die *Literatur der Zeit* beeinflußt. Die Räuberromane, gefördert durch Schillers »Räuber«, und die Ritterromane mit der Vorliebe fürs deutsche Mittelalter belebten fremde und alte deutsche Namen wie *Berthold, Bertha, Hugo, Karl, Kuno, Kunigunde*. Die Ritterdramen, in Nachfolge von Goethes *Götz* (1773) und Klingers *Otto* (1774), brachten Namen wie Törrings *Agnes* Bernauer (1780), Tiecks *Karl* von Berneck (1793) und Kleists *Käthchen* von Heilbronn (1810). Friedrich Schlegels frühromantischer Roman *Lucinde* (1799) mit den Namen *Damon, Phyllis, Chlorinde, Lucinde* ist längst vergessen. Doch wurden die von dem Schotten Macpherson gefälschten Ossian-Dichtungen (1762/63) durch Herder, Goethe, Lenz, Klopstock mit Begeisterung aufgenommen, daraus sind bei uns einige Vornamen wie *Oskar, Malwine* und *Selma* in Gebrauch gekommen.

Tabelle 5. Häufige Vornamen im Jahre 1900.
Die Reihenfolge konnte je nach Landschaft verschieden sein.

männlich	weiblich
Johannes, Hans	Anna
Karl	Marie, Maria
Friedrich, Fritz	Margarethe, Grete, Greta
Wilhelm, Willi	Martha
Walther	Gertrud, Gertraud, Trude
Otto, Ernst	Frieda, Friederike
Hermann, Heinrich	Else, Elsa, Elsbeth
Kurt, Konrad	Charlotte, Lotte
Paul	Hedwig
Georg	Clara, Cläre, Claire
Franz	Emma, Emmi
Max, Maximilian	Erna, Ernestine
Erich	Elisabeth, Ella, Elli, Elise
August	Helene
Alfred, Richard	Louise, Luise, Lowis
Bruno	Käthe, Katharina
Arthur	Johanna, Johannette
Gustav	Franziska
Rudolf	Agnes, Alice, Berta

Im 19. Jahrhundert vermittelte der erheblich gesteigerte Konsum blühender *Romanliteratur* neue und alte Vornamen durch die Schriftsteller jener Zeit: In Scheffels »Trompeter von Säckingen«: *Ekkehard, Margarete, Werner*; bei Heyse: *Edwin, Guntram, Ludolf, Esther, Irene, Lili, Lucie*; bei Spielhagen: *Arthur, Bodo, Joachim, Justus, Kuno, Udo, Ulrich, Wolfgang, Constanze, Eleonore, Hertha, Isabel, Klothilde*; bei Hermann Sudermann: *Frank, Ada, Daisy, Elly, Else, Felicitas, Hertha, Kitty, Meta*. Charakteristisch für die zweite Hälfte des 19. Jahrhunderts sind die *Romannamen aus Zeitungen und Zeitschriften: Eberhard, Egon, Erich, Erwin, Günther, Helmut, Herbert, Jürgen, Lothar, Ralf, Roger, Thassilo* (aber adlig!), *Walther, Werner; Adda, Annemarie, Christa, Daniela, Diana, Edda, Erika, Erna, Eva, Gita, Hilda, Ilse, Isabel, Judith, Jutta* (aber adlig!), *Käthe, Liddy, Lilli, Madeleine, Marliese, Renata, Sabine, Sibylle, Susanne, Thea* und *Theodora. Ulla* (zu Ursula) wurde um 1900 als »veralteter« Name angesehen.

Namenrechtliche Bestimmungen der Standesämter

Die freie Vornamenwahl gehörte schon immer in den privatrechtlichen Bereich des Bürgers. Durch die Personensorge, ein Teil der elterlichen Gewalt, haben die Eltern das Recht und die Pflicht, den oder die Vornamen ihres Kindes zu bestimmen. Nur bei einem Findlingskind war es bisher üblich, daß der Vorname und der Familienname von den Behörden festgelegt wurde.
Die Beurkundung der Geburt erfolgte in früherer Zeit, nach der kirchlichen Taufe und dem Erhalt des Taufnamens, in den Taufregistern der Kirchenbücher. Dem Bedürfnis, die Lebensdaten ihrer Gläubigen aufzuzeichnen und zu registrieren, kamen die katholische wie die evangelische Kirche entgegen, indem sie seit der Mitte des 16. Jahrhunderts von allen Pfarrämtern Kirchenbücher führen ließen, die katholische Kirche seit dem Trienter Konzil 1563, die evangelische Kirche seit etwa 1575 durch landesherrliche Kirchenordnungen. Die Personenregister zu führen, gehörte ebenso zur Ordnung der Amtskirchen beider Konfessionen wie das Schulwesen zu beaufsichtigen.

Ein erster Einbruch in diese alte Ordnung erfolgte seit 1808 durch die französischen Besatzungsbehörden, die in den deutschen Gebieten eine staatliche Registerführung durchsetzten. In einem Dekret Kaiser Napoleons vom 18. August 1811 heißt es:

Von der Bekanntmachung des gegenwärtigen Gesetzes an zu rechnen, sollen nur allein die Namen, welche in den verschiedenen Kalendern befindlich, sowie diejenigen, welche von Personen aus der alten Geschichte bekannt sind, als Vornamen bei den Registern vom Civilstande, welche bestimmt sind, die Geburt der Kinder nachzuweisen, angenommen werden, und es ist den öffentlichen Beamten untersagt, einen einzigen andern dazu in ihren Listen anzunehmen.

Durch diese und folgende Bestimmungen gab es seit dieser Zeit Zivilstandsregister, die in den linksrheinischen Gebieten und zum Teil auch im rechtsrheinischen Deutschland nach französischem Vorbild fortgeführt wurden. Durch das am 1. Januar 1876 in Kraft getretene »Reichsgesetz über die Beurkundung des Personenstands und die Eheschließung« ging das gesamte Personenstandswesen in Deutschland einheitlich von den kirchlichen auf die bürgerlichen Behörden über. Die Beurkundung erfolgte nun durch das zuständige Standesamt durch Einträge in das Standesregister, das von einem bürgerlichen Standesbeamten geführt wurde. Jedoch auch nach Inkrafttreten des Personenstandsgesetzes vom 6. Februar 1875 gab es nach § 73 des Gesetzes für die »mit der Führung des Standesregisters oder der Kirchenbücher bisher betraut gewesenen Behörden und Beamten die Berechtigung und Verpflichtung, über die bis zur Wirksamkeit dieses Gesetzes eingetragenen Geburten, Heiraten und Sterbefälle Zeugnisse zu erteilen«. Daraus ist die Auskunftspflicht der Pfarrämter bis heute abzuleiten. Auch in Österreich und in der Schweiz wurde die staatliche Registerführung angeordnet.

Namenrechtliche Bestimmungen in der Bundesrepublik Deutschland[8]

Die Arbeitsanleitung für die Standesbeamten und die Durchführung der Personenstandseinträge ist in der *Dienstanweisung für die Standesbeamten und ihre Aufsichtsbehörden*, Ausgabe 1968, in der 1971 und 1975 geänderten Fassung festgelegt (kurz: DA 1975). Wer den amtlichen Weg der *Geburtsanzeige* übernimmt, sollte sich mit folgenden auszugsweisen Bestimmungen vertraut machen:

Geburtsanzeige

§ 253 Zuständigkeit für die Beurkundung

(1) Für die Beurkundung der Geburt eines Kindes ist der Standesbeamte zuständig, in dessen Bezirk das Kind geboren ist. [. . .]

§ 254 Anzeigefrist[9]

(1) Die Geburt ist binnen einer Woche dem zuständigen Standesbeamten anzuzeigen. [. . .]

§ 255 Anzeigepflichtige

(1) Zur Anzeige der Geburt sind, und zwar in nachstehender Reihenfolge, verpflichtet

1. der eheliche Vater,
2. die Hebamme, die bei der Geburt zugegen war,
3. der Arzt, der dabei zugegen war,
4. jede andere Person, die dabei zugegen war oder von der Geburt aus eigenem Wissen unterrichtet ist,

8 Die folgenden Vorschriften sind auch im Personenstandsgesetz in der Fassung vom 8. 8. 1957, Änderungen 1970, 1974, 1976, ab § 16ff. zu finden.

9 Auf die Anzeigefrist nimmt auch das BGB in den §§ 186, 187 und 188 Bezug.

5. die Mutter, sobald sie zu der Anzeige imstande ist.
Die Anzeige ist mündlich zu erstatten.

§ 262 Erteilung und Schreibweise der Vornamen

(1) Das Recht zur Erteilung der Vornamen ergibt sich aus der Personensorge. Bei ehelichen Kindern steht dieses Recht den Eltern gemeinsam zu, in besonderen Fällen dem Ehegatten allein, der die Sorge für die Person des Kindes ausübt [. . .].[10] Bei nichtehelichen Kindern steht dieses Recht der Mutter zu.
(2) Der Standesbeamte soll sich bei der Anzeige der Vornamen vergewissern, daß die Vornamen von den berechtigten Personen erteilt worden sind.

In den meisten Fällen wird heute in Kliniken entbunden, so daß die Geburtsanzeige auf eingespielte Weise an den zuständigen Standesbeamten geht; der eheliche Vater ist jedoch zuerst Anzeigepflichtiger.
Über die Wahl des Vornamens sollten sich die Eltern schon vorher schlüssig geworden sein; auch über die genaue Schreibweise des Namens. Und eines ganz besonders: Der Vorname sollte nicht aus der Situation heraus und dem Augenblick nach einem Kleinkind gegeben werden, denn er begleitet ja später den Namensträger als Erwachsenen sein ganzes Leben lang. Die vorher in Ruhe vorgenommene Namenwahl (s. Seite 34) anhand dieses Buches und der darauf von beiden Elternteilen akzeptierte Vorname (schriftlich fixiert auf einem Blatt Papier wegen der Schreibweise) spart Ärger und Verdruß – vielleicht den amtlichen Weg des Berichtigungsverfahrens.

(3) Bezeichnungen, die ihrem Wesen nach keine Vornamen sind, dürfen nicht gewählt werden. Das gleiche gilt von Familiennamen, soweit nicht nach örtlicher Überlieferung Ausnahmen bestehen. Mehrere Vornamen können zu einem Vornamen verbunden werden; ebenso ist die Verwendung einer gebräuchlichen Kurzform eines Vornamens als selbständiger Vorname zulässig.

Es ist wohl klar, daß die Vornamenwahl zwar frei ist, daß aber keine Sachbegriffe, »gewöhnlichen« Wörter, Gattungsnamen oder Familiennamen gewählt werden dürfen. Doch sollten sinnvolle und von der Zusammensetzung her verständliche Neubildungen zugelassen werden, z.B. Blumennamen, Pflanzennamen, oder Fügungen, in denen ein bereits bekanntes altes Namenglied einen Vornamen erkennen läßt – eindeutig als männliche oder weibliche Form:

(4) Für Knaben sind nur männliche, für Mädchen nur weibliche Vornamen zulässig. Nur der Vorname Maria darf Knaben neben einem oder mehreren männlichen Vornamen beigelegt werden.[11] Läßt ein Vorname Zweifel über das Geschlecht des Kindes aufkommen, so ist zu verlangen, daß dem Kinde ein weiterer, den Zweifel ausschließender Vorname beigelegt wird.

Zweifellos verlangt der tägliche Gebrauch des Vornamens bei Männern und Frauen, daß er den Namensträger eindeutig ausweist. Irrtümer und Ver-

10 Das Recht der Erteilung von Vornamen ergibt sich auch aus BGB §§ 1626, 1627 und 1705.
11 Im Deutschen werden die Namen *Jesus* und *Christus* nicht vergeben (in Spanien ist *Jesus*, in Griechenland *Christos* erlaubt); obwohl *Barrabas, Judas, Kain, Satan* u. a. von altersher gemieden werden, wurde der Vorname *Judas* 1976 in Siegen vergeben.

wechslungen der Personen und Geschlechter bringt sicher mehr an Unannehmlichkeiten als an angenehmen Überraschungen. Unter vielen tausend Vornamen sollte man sich nicht gerade die wenigen männlich/weiblich zweifelhaften, wie *Eike, Friedel, Gustel, Kai* oder *Toni* auswählen. Die männlichen/weiblichen Vornamen dieser Art haben wir im lexikalischen Teil mit dem Zeichen ° hinter dem Namen versehen. Während z.B. die beliebten weiblichen Vornamen *Andrea, Gabriele* oder *Simone* in der Bundesrepublik ohne Einschränkung vergeben werden können, ist dies in der benachbarten Schweiz nur mit einem weiteren eindeutig weiblichen bzw. männlichen Vornamen möglich. Grund: durch den Einfluß der italienischen Schweiz werden dort auch die männlichen italienischen Namenformen *Andrea = Andreas, Gabriele = Gabriel* und *Simone = Simon* vergeben. Diese und andere Vornamen dürfen nur in Verbindung mit einem anderen, eindeutig männlichen oder weiblichen Vornamen verwendet werden.
Die Zahl der Vornamen ist vom Gesetz nicht beschränkt worden. Man sollte aber doch bedenken, daß die Anzahl der Vornamen im praktischen Gebrauch und Verkehr in der Öffentlichkeit ihre Grenzen hat. Wiederholt müssen mündlich oder schriftlich alle Vornamen angegeben werden, dann kann eine Vielzahl von Namen im verwalteten Staat und in der Gesellschaft nur hinderlich sein.

(5) Die Schreibweise der Vornamen richtet sich nach den allgemeinen Regeln der Rechtschreibung, außer wenn trotz Belehrung eine andere Schreibweise verlangt wird. Wird eine andere Schreibweise verlangt, so soll der Standesbeamte dies aktenkundig machen.

Mit der Eintragung ins Geburtsregister wird die Schreibweise der Vornamen festgelegt. Willkürliche Änderungen oder eigenmächtige Andersschreibungen der Vornamen sind dann nicht mehr möglich, z.B. von *Helmut* in *Hellmuth, Margarete* in *Margaret*, von *Kathrin* in *Katrin* oder *Karolin* in *Carolin*. Über die Wahl einer Nebenform oder eine abweichende seltene Schreibung sollten sich die Eltern bei der Geburtsanzeige einig sein.
Bei Geburtsanzeigen durch einen evtl. ausländischen Ehepartner ist aus DA 1975 zu beachten:

§ 49 Sprache und Schrift
(1) Die Personenstandsbücher sind in deutscher Sprache mit deutscher oder lateinischer Schrift zu führen. [. . .]
(2) Ein Name oder ein sonstiges Wort fremden Ursprungs ist mit den der fremden Sprache eigentümlichen Schriftzeichen (Akzent, Häkchen usw.) zu versehen. Werden für eine fremde Sprache andere als lateinische Schriftzeichen verwendet, so ist der Name oder das Wort nach seinem Klang und den Lautregeln der deutschen Rechtschreibung zu schreiben, wenn eine buchstabengetreue Übertragung nicht möglich ist.

Bestehen beim Standesbeamten Zweifel über die Schreibweise eines fremden Vornamens, ist er ihm nicht geläufig, zweifelt er an der Existenz des vorgeschlagenen Vornamens, so kann er beim zuständigen Konsulat, bei der betref-

fenden Botschaft oder bei der Gesellschaft für deutsche Sprache in Wiesbaden Rat und Auskunft einholen (Postfach 2669, 6200 Wiesbaden 1).
Auf die allgemeinen Regeln der Rechtschreibung von Vornamen wird im nächsten Abschnitt eingegangen.
Besondere Umstände können die Nennung der bestimmten Vornamen bei einer Geburtsanzeige verhindern, das Gesetz hat deshalb eine Nachholfrist gegeben:

§ 263 Nachträgliche Anzeige der Vornamen
(1) Können die Vornamen bei der Geburtsanzeige noch nicht angegeben werden, so müssen sie innerhalb eines Monats nach der Geburt angezeigt werden. Hierauf ist der Anzeigende hinzuweisen. [. . .] Die Vornamen können auch von einem anderen Anzeigepflichtigen nachträglich angezeigt werden.
(2) [. . .]
(3) Die Vornamen des Kindes können nachträglich auch einem anderen Standesbeamten als dem, der die Geburt des Kindes beurkundet hat, angezeigt werden. [. . .]

In den »Gemeinsamen Vorschriften für Eintragungen in Personenstandsbücher« (DA 1975) wird gesagt:

§ 58 Vornamen
(1) Die Vornamen sind richtig, vollständig und deutlich einzutragen.
(2) Die Vornamen sind in der Weise einzutragen, wie sie sich aus dem Geburtseintrag ergeben. Spätere Änderungen der Vornamen sind zu berücksichtigen. [. . .]

Das bedeutet, daß alle Vornamen in ihrer richtigen Reihenfolge dem Geburtseintrag nach auch in Zukunft bei allen offiziellen Anlässen und amtlichen Dokumenten genau wie in der Schreibung des Ersteintrags angegeben werden müssen. Auch dies sollte die Eltern davon abhalten, ein Kind Zeit seines Lebens mit einer außergewöhnlichen Schreibweise seines Namens oder mit einem halben Dutzend Vornamen zu belasten.
In der Dienstanweisung für Standesbeamte vom 9. 12. 1938, die auch für die geänderte DA 1958 noch galt, stand im § 172 Abs. 1: »Wird ein Vorname als Rufname bezeichnet, so ist er durch Unterstreichen als solcher kenntlich zu machen.« Dieses an sich gute Ordnungsprinzip ist leider in der Neuausgabe der DA 1968 weggefallen und so unverändert geblieben in den Fassungen 1971 und 1975. Ein amtlich festgelegter Rufname unter mehreren Einträgen gibt es nun nicht mehr, alle sind gleichberechtigte Vornamen. Im Elternhaus wird man sich aber auf einen bestimmten Rufnamen für das Kind festlegen. Nebenher entwickelt sich oft noch eine familiäre Kurz- oder Koseform, mit der das Kind gerufen wird.
Aus Erlassen der Innenminister in Baden-Württemberg, Hessen und Rheinland-Pfalz aus dem Jahre 1972 geht hervor, daß sich bei der Ausstellung von Ausweispapieren für Aussiedler aus dem Osten *Schwierigkeiten in der Vornamenschreibung* ergeben haben. Deshalb wurde im berechtigten Interesse dieser Personen bestimmt:

a) Ist die Geburt in einem deutschen Personenstandsbuch eingetragen und hat eine ausländische Behörde den Vornamen danach ohne Rechtsgrundlage geändert, z. B. slawisiert, so ist der Vorname in der ursprünglichen deutschen Form zu übernehmen [. . .].
b) Ist die Geburt nicht in einem deutschen Personenstandsbuch eingetragen und weisen die von der betroffenen Person vorgelegten Unterlagen einen fremdländischen Vornamen aus, so ist der Vorname in der deutschen Form in Personenstandsbücher, Personalausweise usw. einzutragen, wenn die Sorgeberechtigten glaubhaft darlegen, daß sie dem Kind einen deutschen Vornamen erteilt haben, daß der ausländische Standesbeamte den Namen jedoch in der ausländischen Form eingetragen habe. Kann die Frage nicht zweifelsfrei geklärt werden oder steht fest, daß der Name in der ausländischen Form erteilt worden ist, so bedarf es zur Eintragung eines deutschen Vornamens in Ausweispapiere, amtliche Unterlagen usw. einer Namensänderung [. . .].[12]

Das Gesetz über die Änderung von Familiennamen und Vornamen läßt nach den §§ 1, 6 und 11 in bestimmten Fällen Namensänderungen zu; für Vornamen gelten dieselben Bestimmungen wie bei Familiennamen:

§ 59 Namensänderung [DA 1975]
(1) Der Familienname oder die Vornamen eines Deutschen und der Familienname oder die Vornamen eines Staatenlosen oder eines heimatlosen Ausländers [. . .] oder eines ausländischen Flüchtlings [. . .] können wirksam nur von den zuständigen deutschen Behörden geändert werden. [. . .]
(2) Die während der deutschen Besetzung der Gebiete Elsaß, Lothringen, Luxemburg und Untersteiermark [. . .] in diesen Gebieten vorgenommene Eindeutschung von Vornamen und Familiennamen ist als rechtsunwirksam anzusehen. [. . .]

Die Bundesrepublik Deutschland hatte bereits am 4. 9. 1958 eine internationale Vereinbarung über die Änderung von Namen und Vornamen getroffen. Das Übereinkommen gilt zwischen der Bundesrepublik und den Ländern Frankreich, Österreich, Italien, den Niederlanden und der Türkei.

§ 126 Änderung von Namen und Vornamen im Ausland [DA 1975]
(1) In dem Übereinkommen über die Änderung von Namen und Vornamen [. . .] verpflichtet sich jeder Vertragsstaat, keine öffentlich-rechtliche Änderung von Namen oder Vornamen eines Staatsangehörigen eines anderen Vertragsstaates zu bewilligen, außer wenn diese Person zugleich auch die Staatsangehörigkeit des Staates besitzt, der die Änderung durchführt.
(2) Wird von der zuständigen Behörde eines Vertragsstaates der Name oder Vorname eines Angehörigen dieses Staates durch unanfechtbare Entscheidung geändert, so ist die Namensänderung in jedem Vertragsstaat ohne weiteres wirksam, soweit dessen öffentliche Ordnung hierdurch nicht beeinträchtigt wird. [. . .]

Eine Namensänderung muß vom Namensträger beantragt und begründet werden; ist er noch minderjährig, dann sind die Eltern oder die gesetzlichen Vertreter Antragsteller. Änderungen werden nicht ohne weiteres vom Stan-

12 Abgedruckt in: Das Standesamt, Zeitschrift für Standesamtswesen, Personenstandsrecht usw. 1972, S. 221 (Baden-Württemberg); 1972, S. 132 (Hessen); 1972, S. 194 (Rheinland-Pfalz).

desbeamten vorgenommen, er leitet den Antrag an die vorgesetzte Verwaltungsbehörde weiter, die nach Prüfung und Stellungnahme das gerichtliche Berichtigungsverfahren dem zuständigen Amtsgericht überläßt.
Am 30. 8. 1976 hat der Bundestag das Gesetz zu dem Übereinkommen vom 13. 9. 1973 über die Angabe von Familiennamen und Vornamen in den Personenstandsbüchern beschlossen. Dieses Übereinkommen zwischen der Bundesrepublik Deutschland, Österreich, Belgien, Luxemburg, den Niederlanden und der Türkei soll gewährleisten, daß die Namen natürlicher Personen in allen Vertragsstaaten einheitlich in die Personenstandsbücher eingetragen werden, d. h. künftig werden auch die Namen deutscher Staatsangehöriger in den obengenannten Staaten in allen amtlichen Papieren buchstabengetreu wiedergegeben.

Namenrechtliche Bestimmungen in der DDR

Die Vornamen werden in freier Wahl von den Eltern eines Kindes gegeben. Die Anzahl der Vornamen ist gesetzlich nicht eingeschränkt. Wie in der Bundesrepublik ist es im allgemeinen üblich, dem Kind ein oder zwei Vornamen zu geben; einer davon wird als Rufname im Geburtenbuch durch Unterstreichen festgelegt. Die Reihenfolge der Vornamen ist nicht vorgeschrieben, jedoch setzt man bei mehreren Vornamen den Rufnamen üblicherweise an die erste Stelle. Die Angabe dieses Rufnamens genügt im allgemeinen im täglichen Geschäftsverkehr; bei Personenstandsbeurkundungen (Geburt, Eheschließung, Todesfall) sind alle Namen anzugeben.
Mit der Neufassung des Personenstandsgesetzes in der DDR ist eine Vierte Durchführungsbestimmung vom 13. Oktober 1966 im Gesetzblatt II S. 757 bekanntgemacht worden. Auszugsweise folgt *§ 6 als Ergänzung zu § 17 des Personenstandsgesetzes.*

(1) Die Vornamen des Kindes sollen das Geschlecht des Kindes erkennen lassen. Bezeichnungen, die ihrem Wesen nach keine Vornamen sind, dürfen nicht beurkundet werden.
(2) Bei mehreren Vornamen ist der Rufname durch Unterstreichen kenntlich zu machen.
(3) Kann der Anzeigende die Vornamen des Kindes nicht angeben, müssen sie binnen Monatsfrist angezeigt werden. Sie sind am Rande der Geburtseintragung zu beurkunden.

Die Änderung von Vornamen wird durch § 41 des Personenstandsgesetzes geregelt:
§ 41 Änderung von Familiennamen und Vornamen auf Antrag
(1) Neben den familienrechtlichen Namensänderungen kann der Familienname in Ausnahmefällen bei Vorliegen eines wichtigen Grundes auf Antrag geändert werden.
(2) Ein wichtiger Grund gemäß Abs. 1 liegt insbesondere vor, wenn
1. nach den Grundsätzen des Zusammenlebens in der sozialistischen Gesellschaft der Familienname nicht zumutbar ist;

2. die schwierige Schreibweise oder Aussprache des Familiennamens ständig zu Fehlern führt und die Namensänderung deshalb dringend erforderlich ist;
3. in Unkenntnis des richtigen Familiennamens bisher ein anderer Familienname geführt wurde.

(3) Auf die Änderung von Vornamen finden die Absätze 1 und 2 entsprechend Anwendung.

Für die Schreibung fremder Namen gilt noch nach der »Ordnung zur Gewährleistung eines einheitlichen Verfahrens in Personenstandsangelegenheiten« vom 7. September 1957[13]:

Bei Namen fremden Ursprungs sind die der Fremdsprache eigentümlichen Schriftzeichen (Akzent, Häkchen usw.) zu verwenden. Werden in der Fremdsprache andere als lateinische Schriftzeichen verwendet, so ist der Name nach seinem Klang und nach den Lautregeln der deutschen Sprache in die Personenstandsbücher einzutragen. Hat eine ausländische Behörde den Namen eines deutschen Staatsangehörigen in die ausländische Form umgewandelt, so ist die deutsche Form anzuwenden.

Dieser Text entspricht inhaltlich dem Wortlaut in DA 1975, § 49 Sprache und Schrift, Absatz 2 (s. Seite 21).

Namenrechtliche Bestimmungen in Österreich

Die Personenstandsangelegenheiten einschließlich des Matrikenwesens und der Namensänderung sind in Österreich Aufgaben der Bundesregierung in der Gesetzgebung und in der Vollziehung. Es gilt noch das am 1. Januar 1939 in Kraft getretene Personenstandsrecht, auch Matrikenrecht genannt. Eine Familienrechtsreform, die auch eine Änderung der Vornamenbeilegung einschließt, ist erarbeitet, vom Gesetzgeber jedoch noch nicht verabschiedet worden.
Im einzelnen ergeben sich folgende Bestimmungen:

Zuständigkeit für die Beurkundung
Zur Beurkundung eines Geburtsfalles ist derjenige Matrikenführer oder Standesbeamte zuständig, in dessen Bezirk die Niederkunft erfolgt.

Anzeigefrist
Eine Geburt ist spätetens eine Woche nach dem Geburtstag anzuzeigen.

Anzeigepflicht
Die Eintragung in die Matriken bzw. Personenstandsbücher erfolgt regelmäßig nur auf mündliche Anzeige oder Erklärung der zu diesem Zweck vor dem Matrikenführer erschienenen verpflichteten Personen.

Beilegung und Eintragung von Vornamen
Das Recht, die Vornamen eines Kindes zu bestimmen, ergibt sich durch die

13 Abgedruckt bei: Wolfgang Fleischer, Die deutschen Personennamen, Berlin [2]1968, S. 202.

gemeinsame elterliche Erziehungspflicht und die Fürsorge für die Person des Kindes. Das Recht der Vornamenbeilegung steht bei ehelichen Kindern dem Vater zu (falls die Eltern sich über den Vornamen des Kindes nicht einig sein sollten), bei unehelichen Kindern der Mutter, bei elternlosen Minderjährigen dem (amtlich bestellten) Vormund, bei Findelkindern der unteren Verwaltungsbehörde.
Die Eintragung der Vornamen erfolgt bei der Anmeldung des Kindes. Kann der Vorname zu diesem Zeitpunkt noch nicht angegeben werden, dann ist dies innerhalb eines Monats nachzuholen. Jede zur Anzeige des Geburtsfalles verpflichtete Person gilt als ermächtigt, auch die dem Kind beigelegten Vornamen anzuzeigen.
Bei der Wahl der Vornamen bestehen Beschränkungen nur bei nichtgeeigneten, anstößigen oder unsinnigen Bezeichnungen, bei Familiennamen oder bei geographischen Namen; sie sind zurückzuweisen.
Die Verbindung mehrerer Vornamen durch Bindestrich zu einem Vornamen (Doppelformen) und Abkürzungen (Kurzformen) sind zugelassen, soweit sie nach dem Sprachgebrauch üblich sind.

Der Standesbeamte hat mit besonderer Sorgfalt darauf zu achten, daß die Vornamen richtig, vollständig und deutlich eingetragen werden. Bei dem Geburtseintrag sind die beigelegten Vornamen in der üblichen Form und in der richtigen Rechtschreibung einzutragen, es sei denn, daß trotz Aufklärung etwas anderes verlangt wird.
Nach der Eintragung in das Geburtsregister ist die Anzahl, die Reihenfolge und die Schreibweise der einmal beigelegten Vornamen im späteren standesamtlichen Verkehr beizubehalten. Wird unter mehreren Vornamen ein Vorname als Rufname bezeichnet, so ist dieser an erster Stelle einzutragen. Ist jedoch die Bezeichnung eines Vornamens als Rufname nicht ausdrücklich erfolgt, so ist grundsätzlich der erste Vorname als Rufname anzusehen. Der festgelegte Rufname muß das Geschlecht des Kindes erkennen lassen.

Fremdländische Vornamen
Heimatvertriebene Österreicher können auf Antrag anstelle eines fremdländischen Vornamens wieder den entsprechenden deutschen Vornamen führen, vorausgesetzt, daß ursprünglich in der Geburtenmatrik der entsprechende deutsche Vorname eingetragen war. Ein vergleichbares Verzeichnis mit den übersetzbaren fremdländischen Vornamen ist nach dem Erlaß des österreichischen Bundesministeriums für Inneres vom 24. März 1965 in der Zeitschrift »Österreichisches Standesamt« 1965, Nr. 7/8, abgedruckt worden.
Soweit fremdländische Vornamen bei Ausländern zugelassen sind, brauchen sie nicht übersetzt zu werden. Ausländer müssen ihre Vornamen in der fremdsprachigen Schreibweise nach ihren rechtsgültigen Personenstandspapieren führen. Eine öffentlich-rechtliche Namensänderung des Vornamens kann aus wichtigem Grund bei der Bezirksverwaltungsbehörde oder bei der Bundespolizeibehörde beantragt werden. Der Standesbeamte kann eine Berichtigung in Form eines ins Geburtenbuch einzutragenden Randvermerks nur mit Genehmigung seiner vorgesetzten Bezirksverwaltungsbehörde vornehmen.

Namenrechtliche Bestimmungen in der Schweiz

Die Zivilstandsregister werden in der Schweiz gemäß Artikel 39 bis 51 des Zivilgesetzbuches von den Zivilstandsämtern geführt.
Die Anzeigefrist ist bei Geburten verhältnismäßig kurz. Eine Geburt ist spätestens drei Tage nach der Entbindung anzuzeigen. Die Anzeigeberechtigten entsprechen im allgemeinen denjenigen in der Bundesrepublik. Die Vornamen müssen gleichzeitig bei der Geburtsanzeige des Kindes angegeben werden; eine nachträgliche Meldung der Vornamen ist nicht zulässig.

Artikel 69 der Zivilstandsverordnung vom 1. Juni 1953, Vornamengebung:
(1) Die Vornamen des ehelichen und des außerehelichen anerkannten Kindes werden vom Vater und an seiner Stelle von der Mutter bestimmt.[14] Die Vornamen des außerehelichen, nicht anerkannten Kindes bestimmt die Mutter.[15]
(2) Vornamen, die die Interessen des Kindes oder Dritter offensichtlich verletzen, insbesondere anstößige oder widersinnige sowie Vornamen, die allein oder zusammen mit andern das Geschlecht des Kindes nicht eindeutig erkennen lassen, werden zurückgewiesen.
(3) Totgeborene Kinder erhalten keine Vornamen.

Die Eltern können also in der Namengebung grundsätzlich frei entscheiden, welchen und wie viele Vornamen sie ihrem Kind geben wollen. Sie sollen bei der Namengebung von den objektiven Interessen des Kindes ausgehen und sich nur dort einschränken, wo es für das Kind oder für Dritte Nachteile geben könnte. Dazu heißt es in der von dem Schweizerischen Verband der Zivilstandsbeamten im Oktober 1972 herausgegebenen Broschüre »Vornamen in der Schweiz«:

Nichteintragbare Namen
Es gibt Vornamen, die in einem bestimmten Fall nicht eingetragen werden dürfen: Mädchennamen für einen Knaben und umgekehrt.
Aus dem Wortlaut des Artikels 69 der Zivilstandsverordnung ergibt sich außerdem, daß der Zivilstandsbeamte Namen nicht eintragen darf, die anstößig oder lächerlich sind, oder die die Interessen des Kindes oder Dritter verletzen. Es ist damit die Namensgebungsfreiheit der Eltern ausdrücklich eingeschränkt.
Vornamen, welche das Geschlecht des Kindes nicht ohne weiteres erkennen lassen, können *nicht allein* erteilt und eingetragen werden. Der Sinn des Personennamens besteht unter anderem darin, den Namensträger in seine Geschlechtsgemeinschaft einzuordnen.

Diskutable Namen
Es gibt Namen, die zum mindesten diskutabel sind, etwa weil sie den guten Geschmack verletzen. Nun sind aber gerade Geschmacksfragen dem Entscheid des Zivilstandsbeamten entzogen. Er kann persönlich sehr wohl einen von den Eltern gewählten Vornamen als geschmackswidrig empfinden. Sofern ein solcher Name nicht lächerlich oder anstößig ist und nicht die Interessen irgend jemandes verletzt, kann der Zivilstandsbeamte ihn nicht ablehnen.

14 Artikel 275 und 325 des Schweizer. Zivilgesetzbuches.
15 Artikel 324 des Schweizer. Zivilgesetzbuches.

Durch die Eintragung im Geburtsregister wird die Reihenfolge der Vornamen festgelegt, keineswegs aber ein Rufname. Im schweizerischen Namenrecht gibt es den Begriff des Rufnamens nicht. Von mehreren eingetragenen Vornamen muß nicht der erste der Rufname sein. Wenn gleichwohl Eltern und Behörden einen der eingetragenen Namen als Rufnamen bezeichnen, so hat dies nur praktische Gründe. Der erwachsene Namensträger kann im Laufe seines Lebens seinen Rufnamen ohne weiteres entsprechend der eingetragenen Vornamen wechseln.
Die Zahl der Vornamen ist durch das Gesetz nicht beschränkt worden. Doch wird erwartet, daß die Eltern im Interesse des Kindes sich mit der Namengebung in Grenzen halten und sich auf eine kleine Zahl von Vornamen beschränken. »Ein Kind mit einer Vielzahl von Vornamen wird im verwalteten Staat während seines ganzen Lebens mehr oder weniger Ärger haben.«[16]
Kinder ein und derselben Familie dürfen nicht die gleichen Vornamen erhalten; sie müssen sich durch mindestens einen Vornamen unterscheiden.
Die Zivilstandsregister in der Schweiz werden in der Schriftsprache geführt. Deshalb werden Vornamen auch nur in der schriftsprachlichen Form eingetragen. Anleitung dazu gibt das viersprachige Vornamenverzeichnis der eintragbaren Vornamen in Deutsch, Französisch, Italienisch und Rätoromanisch[16]. Danach werden Mundartformen wie *Meieli* (für *Maria*) oder *Ruedi* (für *Rudolf*) nicht ins Geburtsregister eingetragen. Dagegen sind bekannte alte Kurzformen wie *Alex*, *Balzer*, *Hannes*, *Harry*, *Max* oder *Plazi* zulässig.
Auf die Tatsache, daß in der viersprachigen Schweiz der gleiche Vorname in einer der anderen Sprachen des Landes als männlicher oder weiblicher Vorname in Gebrauch sein kann, wird S. 21 schon hingewiesen. Folgende Vornamen, im lexikalischen Teil mit ° gekennzeichnet, können nur mit einem anderen, eindeutig männlichen oder weiblichen Vornamen verwendet werden:

männlich	*weiblich*
Andrea (Andreas)	*Andrea*
Camille (Camill)	*Camille* (Camilla)
Claude (Claudius)	*Claude* (Claudia)
Dominique (Dominik)	*Dominique* (Dominika)
Gabriele, ital. = Gabriel	*Gabriele*
Gerit, Gerrit (Garrit)	*Gerit, Gerrit* (Gerhardine)
Kai, Kaj, Kay	*Kai, Kaj, Kay*
Kersten, Kirsten (Karsten)	*Kersten, Kirsten*
Patrice (Patrick)	*Patrice* (Patricia)
Sascha	*Sascha*
Simone (Simon)	*Simone*
Vanja	*Vanja*
Wanja	*Wanja*

Wenn die Eintragung der Vornamen im Geburtsregister abgeschlossen ist, können Veränderungen nur noch bei der zuständigen Heimatbehörde beantragt werden.

16 Vornamen in der Schweiz, hrsg. vom Schweizer. Verband der Zivilstandsbeamten, Aarau 1972.

Regeln der Vornamenschreibung

»Namen entziehen sich den orthographischen Regeln« schrieb Wilhelm Wilmanns 1887 in seinem Kommentar zur preußischen Schulorthographie[17]; und an anderer Stelle seines Buches heißt es: »Ganz undurchführbar scheint das Verlangen Jakob Grimms, die Schreibung der Eigennamen den Gesetzen zu unterwerfen, welche für die andern Wörter angenommen sind.« Damit meinte Prof. Wilmanns, damals einer der führenden Vertreter neben Duden für eine neue Rechtschreibung, bei den zitierten Textstellen ganz eindeutig durch Beispiele auch die *Vornamen*.

Nach der »Orthographischen Konferenz« von 1901 in Berlin und Einführung der heute noch gültigen »neuen Rechtschreibung« schrieb Konrad Duden im Jahre 1902 in der 7. Auflage seines Orthographischen Wörterbuches der deutschen Sprache: »Vornamen müssen den allgemeinen Gesetzen folgen, und Schreibungen wie Carl, Conrad, Adolph, Rudolph sind nicht mehr zulässig.«

Bei dieser Aussage ist es bis heute grundsätzlich geblieben. Vornamen folgen, im Gegensatz zu den Familiennamen, den allgemeinen Regeln der amtlichen Rechtschreibung – so bestimmen es seit 1901 die Regelbücher, und wir haben es zu glauben.

Die derzeitigen Dudenausgaben der 17. Auflage in West und Ost sagen übereinstimmend:

Für die Schreibung der Vornamen gelten im allgemeinen die heutigen Rechtschreibregeln. Gewisse Abweichungen sind jedoch zulässig.[18]

Für die Schreibung der Vornamen gelten die allgemeinen Rechtschreibregeln; jedoch wird bei der amtlichen Festsetzung der Schreibung eine gewisse Freiheit zugebilligt.[19]

Dazu eine kritische Stimme aus der Schweiz: »Auch Vornamen sind tabu. Die in den Regelbüchern mehr oder minder verbindlich formulierte Vorschrift, Vornamen seien nach den allgemeinen Regeln zu schreiben, findet rechtlich nirgends eine Stütze. Es steht im Gegenteil jedem frei, wie er seinen Vornamen schreiben will.«[20]

Tatsächlich ist heute in der Vornamenschreibung eine Liberalisierung eingetreten, die nicht mehr nach Rechtschreibregeln fragt. In Knaurs Rechtschreibung[21] heißt es: »Die Schreibung der Vornamen richtet sich nicht immer nach den Rechtschreibregeln, sondern wird oft von individuellen Gesichtspunkten beeinflußt.«

Wilfried Seibicke sagt in seinem neuen Vornamenbuch: »Oberster Leitsatz ist die möglichst umfassende Anwendung der allgemeinen Rechtschreibregeln. Dadurch soll eine im großen und ganzen einheitliche Schreibung gewährleistet

17 W. Wilmanns, Die Orthographie in den Schulen Deutschlands, Berlin ²1887.
18 Duden, Rechtschreibung der deutschen Sprache und der Fremdwörter, Mannheim ¹⁷1973, S. 54.
19 Der Große Duden, Wörterbuch und Leitfaden der deutschen Rechtschreibung, Leipzig ¹⁷1976, S. 612.
20 Walter Heuer, Richtiges Deutsch. Eine Sprachschule für jedermann, Zürich 1960, S. 190.
21 Knaurs Rechtschreibung, München/Zürich 1973, S. 67.

sein, die allen – auch denen, die keine fremde(n) Sprache(n) beherrschen – das Erlernen der »richtigen« Schreibweisen erleichtert. Sprachgeschichtlich nicht gerechtfertigte Buchstaben sind deshalb fernzuhalten; für ein und denselben Laut soll nach Möglichkeit dasselbe Schriftzeichen verwendet werden. Gewisse Abweichungen sind jedoch zulässig.«[22]

Geht man von der Entwicklung der *Eigennamen* aus, so sind *Vornamen/Rufnamen* und *Familiennamen* ihrem Wesen und Gebrauch nach eng verwandt – ja, weit über ein Viertel aller Familiennamen sind erstarrte Rufnamen. Deshalb ist es eigentlich unverständlich, warum zwischen Familiennamen und Vornamen ein Unterschied gemacht wird. Warum sollen für Vornamen die Regeln der Rechtschreibung gelten, die Familiennamen jedoch nicht den Rechtschreibregeln unterliegen?
Vornamen können und sollten durch und mit Hilfe der Rechtschreibregeln nur empfehlende Richtlinien erhalten, um die Schreibung und Verständigung zwischen dem Namenträger und seiner Umwelt zu erleichtern. Der Begriff »Richtlinien« soll hier weder als Regelzwang noch als Einheitlichkeitsstreben aufgefaßt werden. Um es deutlich zu sagen: *Familiennamen und* frei gewählte *Vornamen sind Eigennamen*; ihre Schreibweise richtet sich nach Sprache, Sprachentwicklung und allgemeiner Schreibung im Wandel der Zeit. Die *Rechtschreibregeln* gelten für den übrigen *allgemeinen Wortschatz*.
Wir empfehlen die folgenden Richtlinien lediglich zur Überprüfung einzelner Namen.

Namen mit ai oder ei

Haike	*Heike*	Haiko	*Heiko*	*Haimo*	*Heimo*	
Raimar	*Reimar*	*Reimer*	Raimo	*Reimo*		
Rainer	*Reiner*	Raimund	*Reimund*	Rainald	Reinald	*Reinold*

Vorzuziehen sind die Namenformen mit *ei*, die älteren mit *ai* sind z. T. alte obd. oder fries. Formen.
Bei den männl./weibl. Namen *Kai*, Kaj, Kay, Kei(e) sollte die Schreibweise *Kai* gelten; sie wird auch am meisten gebraucht.
Maike, Maiken entspricht Maria; *Meik, Meike, Meiko* gehört dagegen zu Namen mit Mein-.

Namen mit c oder k
Die k-Schreibung ist bei Namen mit deutscher oder slawischer Herkunft der c-Schreibung vorzuziehen, auch wenn eine amtliche Eintragung mit c noch möglich ist.
Beispiele: Karl, Karla, Konrad, Kord, Kurt, Klodwig, Klothilde (statt Chl-), *Kasimir.*
Carl, Conrad, Curt usw. sind an sich veraltete Schreibungen des vorigen Jahrhunderts. Entsprechend dem Trend zu fremden Namen leben sie aber in neuerer Zeit wieder auf.
Bei Vornamen fremder Herkunft kommt die schwankende Schreibweise

22 Wilfried Seibicke, Vornamen, Wiesbaden 1977, S. 79.

heute mehr durch Mode und Neigung zu fremden Namen; auch hier ist die k-Schreibung vorzuziehen. *Beispiele:*

Angelika	*Karsta*	*Kaspar*	*Konstantin*	*Viktor*
Angelica	Carsta	Caspar	Constantin	Victor
Blanka	*Kathrin*	*Klaus*	*Konstanze*	
Blanca	Catrin	Claus	Constanze	
Karola	*Klara*	*Klemens*	*Veronika*	
Carola	Clara	Clemens	Veronica	

Namen wie *Carolin, Claudia, Cordula, Cornelia, Clemens* unterliegen noch stärker modischen Einflüssen. Neben den Namenformen *Christa, Christiane, Christina, Christine* dringen die modischen nordischen Formen *Krista, Kristiane, Kristin, Kristine, Kristina* vor.

Namen mit c oder z

Eindeutschende Namenformen sind vorzuziehen:
Felizitas, Kreszenz, Kreszentia, Patrizia, Zita. Neben Cäcilie, Cölestin, Cölestine stehen (weniger gebraucht) *Zäzilie, Zölestin, Zölestine.*

Namen mit d oder t

Die althochdeutschen Namenglieder sind als Endglieder grundsätzlich mit *d* zu schreiben, z. B. *-bald, -bold, -fried, -gard, -gund, -hard, -heid, -hild, -(h)old, -lind, -mund, -nand, -rad, -traud, -trud, -wald, -ward*; vorausgestellt auch noch mit *t: Balthild, Baltrun, Gunthild, Waltrun.* Einige Namen haben alte Nebenformen, wie *Alheit, Eckart, Gerhart, Volkhart, Dankwart.*

Namen mit f oder ph

In deutschen Vornamen wird statt sprachgeschichtlich falschem *ph* nur *f* geschrieben, also *nicht* Adolph, Alphons, Rudolph, Ralph, Rolph, *sondern Adolf, Alfons, Rudolf, Ralf, Rolf.*
Bei Vornamen griechischer Herkunft hat sich statt der *ph*-Schreibung meist die Schreibung mit *f* durchgesetzt: *Josef, Raffael, Sofie, Stefan, Stefanie*; bei *ph* verharren noch: *Christoph, Philipp.*

Namen mit i oder ie

Die althochdeutschen Namenglieder *fried* und *sieg* werden heute in der Regel mit *ie* geschrieben. Bei einigen Namen sind alte Nebenformen gebräuchlich: *Ernfrid, Fridolin, Sigbert, Sigmund, Sigismund.*

Kurz- oder Koseformen mit -i oder -y

Mit den Endungen *-i* und *-y* werden viele Kurz- und Koseformen gebildet. Die englischen Namenformen haben *-y*; danach sind zahlreiche Kurz- und Koseformen unter englischem Einfluß in Deutschland mit *-y* entstanden:

Andy	*Betsy*	*Freddy*	*Kitty*	*Mary*	*Wally*
Anny	*Betty*	*Harry*	*Lilly*	*Sissy*	*Willy*
	Billy	*Henry*	*Lissy*	*Vicky*	

Die umgangssprachlichen deutschen Kurz- und Koseformen

Andi	*Ferdi*	*Gerdi*	*Lilli*	*Rudi*	*Walli*
Anni	*Gabi*	*Heidi*	*Lissi*	*Vicki*	*Willi*

sollten schlicht mit *i* geschrieben werden.

Namen mit t oder th

Das sprachgeschichtlich falsche *h* hat bei den deutschen Vornamen *Bert(h)a, Erdmut(h)e, Helmut(h), Hert(h)a* keine Berechtigung; ebensowenig auch bei *Berthold,* doch ist hier die alte *-old-(-wald)-Form* an *-hold* angelehnt worden.

Dort, wo das angestammte *h* der alten Zusammensetzung nach berechtigt wäre, läßt man es meistens weg: *Dieter* (Diether), *Günter, Gunter* (Günther, Gunther), *Walter* (Walther). Wer jedoch bewußt die alten sprachgeschichtlich richtigen Formen *Diether, Günther, Gunther, Walther* wählt, schreibt hier *kein th*, sondern wählt die Folgeform der alten Rufnamen *Diethar, Diotheri, Gunthere, Gundhari, Walthari* (ahd. *hari, heri* »Heer«).

Nordische Namen neigen bei *Tor-/Thor*-Namen in neuerer Schreibung zu *t* statt *th*: *Toralf* (Thoralf), *Torben* (Thorbjörn), *Tore, Ture* (Thore, Thure), *Torleif* (Thorleif), *Torsten* (Thorsten).

Bei th-Vornamen fremder, insbesondere griechischer Herkunft, neigt man dazu, das *h* aufzugeben: *Käte, Katrin, Marta, Tekla, Teo.* Wenig Einfluß hat hierbei die »ökumenische Schreibung«, die gemeinsam von der evangelischen und katholischen Kirche vorgeschlagene Schreibung der biblischen Eigennamen nach den Loccumer Richtlinien (1971) bei *Mattias, Mattäus, Marta, Tomas, Bartolomäus* usw.

Einige Vornamen behalten auch heute noch ihr altes *h* nach dem Vorbild geschichtlicher Namensträger: *Lothar, Mathilde, Roswitha, Theodor, Theobald, Thusnelda*. Bei *Mathilde* ergibt sich die sprachgeschichtliche Berechtigung aus *Mecht-hilde*.

Namen mit v oder f

Die alte germanische f-Schreibung hat sich unter lateinischem Einfluß schon früh in eine v-Schreibung gewandelt; in niederdeutschen und friesischen Namen blieb das f bei *volk*-Namen z.T. erhalten:

Volker, Folker; Volkert, Folkert; Volkbert, Folbert, Fulbert; Volkhard, Folkhart; Volkwin, Folkwein; Folke, Folko, Fulko.

Bei niederdeutschen, friesischen und nordischen Namen ist die Schreibung mit *f* am Namenende bei einer Reihe von Namen üblich:

Detlef, Edlef, Garlef, Gustaf, Leif, Olaf, Olof, Oluf, Riglef, Thorleif.

Namen mit w oder v

Unterschiede gibt es bei nordischen Vornamen, wenn sie eingedeutscht werden:

deutsch	*Alwy*	*Arwed*	*Ingwar*	*Iwar*	*Siw*
nordisch	Alvi, Alvy	Arved	Ingvar	Ivar, Iver	Siv

Bei *Solveig, Svea, Sven, Svenja* hat sich die nordische Schreibweise mit *v* erhalten.

Bei der Schreibung russischer Vornamen ergibt sich, daß in deutscher Umschrift für russisches *B* zwar *v* ausgesprochen, jedoch *w* geschrieben wird: *Iwan, Swetlana, Wanja, Wasja, Wladimir, Wassilij.*
Bei der schon lange gebräuchlichen Form *Vera* hat sich diese Schreibweise statt *Wera* erhalten. Obwohl für das russische *B* am Namenende *f* ausgesprochen wird, wird im Deutschen dafür *w* gesetzt:
Bogislaw, Boguslaw, Boleslaw, Lew, Jaroslaw, Miloslaw, Miroslaw, Stanislawa.

Falschschreibungen
Offensichtliche Falschschreibungen treten bei einigen, meist fremden Vornamen immer wieder auf:

falsch	*richtig*	*falsch*	*richtig*
Andre, Andree	*André*	Lillian	*Lilian*
Anette	*Annette*	Mathias	*Matthias*
Cay	*Kai*	Mathäus	*Matthäus*
Guiseppe	*Giuseppe*	Micke	*Mike*
Jaques	*Jacques*	Rene	*René*
Liesette	*Lisette*	Renee	*Renée*

Wiederum können fremde Vornamen, die in ihrem Herkunftsland in einer bestimmten Schreibung in Gebrauch sind, bei uns nicht ohne weiteres als Falschschreibung angesehen werden:
Adolph(e), Alphons, Rudolph, Ralph sind zwar bei uns veraltete und falsche Formen, in der englischen und französischen Schreibung aber so gebräuchlich. Exildeutsche oder solche, die in mehreren Staaten leben, können durchaus alte Namenformen führen.
Bei dem weiblichen Vornamen *Sibylle* ist die (unrichtige) Nebenform *Sybille* zwar zugelassen, besser ist aber der ursprüngliche griechische Name *Sibylle.*

Doppelnamen, Doppelformen (im Namenteil DF)
Die Doppelnamen können zusammengeschrieben einen einzigen Vornamen bilden oder mit Bindestrich geschrieben werden.

Beispiele: Hauptton auf erstem oder zweitem Namenteil:
Annemarie, Anneliese, Hannelore, Marianne, Evamarie, Hansjoachim, Hansjürgen, Karlheinz, Karlludwig, Rosemarie, Klauspeter, Wolfdieter.

Gewisse Selbständigkeit der Doppelform, Betonung gleichstark:
Eva-Maria, Hans-Joachim, Hans-Jürgen, Karl-Heinz, Karl-Ludwig, Klaus-Peter, Wolf-Dieter.

Auch die dritte, mehr selbständige Form von Doppelnamen ist möglich; Betonung gleichstark auf beiden Namen:
Anne Marie, Eva Maria, Hans Joachim, Hans Jürgen, Karl Heinz, Karl Ludwig, Wolf Dieter.

Grundsätze und Motive für die Namenwahl

Namenwahl ist eine fröhliche Angelegenheit für Eltern, Kinder und Großeltern. Vornamen sollten nicht patriarchalisch vom Vater oder gar dem Großvater bestimmt werden, wie es noch in einigen Ländern alter Brauch ist oder sogar (für den Vater) in amtlichen Bestimmungen steht, sondern sie sollten schon vor dem freudigen Ereignis von den Eltern, den schon vorhandenen Kindern und den Großeltern zu Hause gewählt werden. Selbstverständlich wird man auch Rücksicht nehmen auf den reichen Erbonkel, die patengeschenkfreudige Tante oder die guten Nachbarn.
So erfolgen Namenwahl und Namengebung im familiären Bereich, wobei verwandtschaftliche und gutnachbarliche Beziehungen sich auf unterschiedliche Weise auswirken. Denn Auswahl und Einfluß der Vornamen von Personen aus dem engeren Kreis und die guten Beziehungen mögen noch so groß sein, *genommen wird schließlich nur der Vorname, der den Eltern gefällt.*
Der irgendwann gehörte, gelesene oder übermittelte Name gefällt, weil er

gut klingt	*nicht extravagant*	*Schiffsname bei*
schön ist	*nicht auffällig*	*einer Reise war*
passend ist	*kein Allerweltsname*	*sehr klangschön*
gut aussprechbar	*der Familientradition*	*nordischer Name*
einfach zu schreiben	*entspricht*	*ist (bei uns beliebt)*
klangvoll	*apart ist*	*eine gute Bedeutung hat*

Zweifellos gefällt ein Name, weil er anderen auch gefällt. »Die anderen« sind (oder waren) oft bekannt, beliebt, einflußreich, sympathisch, vornehm, reich. Ihre Namen und diejenigen ihrer Kinder werden gerne nachgeahmt oder – nachempfunden (wer das lieber hören will). Die »beliebten Namen« wandern von oberen sozialen Berufsgruppen zu den unteren, um dort, ausgedehnt, zu »sehr beliebten Namen« zu werden, weil sie nicht nur gefallen, sondern auch vom Herkommen »angesehen« und »vornehm« sind.
Nicht mehr die Wahl der Namen von Paten, Verwandten oder die alten Namenvorbilder von Heiligen und Fürsten, wie es jahrhundertelang der Brauch war, bestimmen heute die Namengebung, sondern *anregend sind viele Motive einer vielschichtigen Gesellschaft:*

- *der wohlklingende, klangvolle Name* an sich, insbesondere bei der Namengebung von Mädchen;
- *der moderne Name* aus dem lokalen Umkreis der persönlich Bekannten, der Anwohner, der Einwohner der Gemeinde (». . . der Name gefiel mir auch!«);
- *die Modeströmung,*
  unterstützt durch die modernen Massenmedien Fernsehen, Rundfunk, Presse und durch den Sport;
- *der bewußt der Herkunft nach gewählte Name:* der klangvolle, fremde Name, der nordische Name, der moderne, kurze deutsche Name;
- *der Name nach hervorragenden Vorbildern* der Vergangenheit (aus

Geschichte, Kultur, Kunst, Wissenschaft) oder der Gegenwart (Sport-, Show-, Filmidole);

- *der besondere, seltene, meist fremdländische Name* (». . . wir wollten keinen Allerweltsnamen«);
- *der traditionsgebundene, bestimmte Name in einer Familie:* Familientradition (»Vaters oder Mutters Name muß hinzugefügt werden«), Bindeglied der Generationen (». . . der älteste heißt seit vier Generationen Albert«), Firmentradition (»Th. muß im Firmenschild bleiben, ob es nun Theo oder Theodor heißt!«);
- *der durch die Literatur ausgezeichnete und gefundene Name*, wobei literarisches Interesse, Bildung, Geist, Wissen im Vordergrund stehen (in einer Familie: *Kai* nach den »Buddenbrooks«, *Thomas* nach Thomas Mann, *Pontus* und *Rasmus* nach Astrid Lindgrens Jugendbuch »Rasmus, Pontus und der Schwertschlucker«; Verfasser-Familie: *Martin* nach Manfred Hausmanns Erzählungen »Martin«);
- *der Erinnerungsname aus persönlichem Erleben* (»nach einem Freund, der gefallen ist«; »unser Vater, im Krieg bei den Gebirgsjägern in Norwegen, gab uns alle nordische Namen: *Silja, Sigrid, Olaf*«; »nach meinem 1943 vermißten Bruder«); »nach einer Urlaubsreise durch Italien: *Cosina* (kleines Ding)«; »anläßlich einer Reise nach Dänemark als Schiffsname entdeckt: *Birthe*«;
- *die »passenden« Namen aus dem Namenbuch*, wodurch auch die Bedeutung bekannt wird (»wir haben die Rufnamen unserer Kinder aus dem Namenbuch und haben die Bedeutung, die Urform gekannt«).[23]

Diese sich überschneidenden Motive und ihr Einfluß auf die Namengebung sind unterschiedlich zu bewerten. Verfolgt man die Häufigkeit der Vornamen von 1961 bis 1974 in Tabelle 6 und 7 oder liest die Vornamen-Einträge von Neugeborenen eines Standesamtes im August 1977 (Tabelle 8), so ist zu sehen, *daß der klangvolle fremdländische Vorname heute eindeutig in den meisten Städten und Ländern der Bundesrepublik führt.*

Die steigende Zahl der fremden Namen verdrängt die einheimischen deutschen Namen so sehr, daß das Namenverhältnis vom 11. Jahrhundert von 1:90 (s. Seite 12) bald umgekehrt lauten könnte: auf einen deutschen Namen neunzig fremde. Dabei haben Fernsehen, Film und Presse, Show, Schlager und Sport durch die Namen der Stars, durch Personen und Persönchen, bei weitem nicht *den* großen Einfluß, wie man oft annimmt.

Zum Beispiel zeigte eine Untersuchung über die schnell ansteigende Beliebtheit des weiblichen Vornamens *Nicole* in den Jahren 1967 bis 1970, daß die Fernsehserie »Ein Sommer mit Nicole« zwar von März bis Anfang Juni 1969 im Zweiten Deutschen Fernsehen lief, ein erhöhter Zuwachs an *Nicole*-Namen jedoch erst verspätet 1970 einsetzte.[24]

23 Einzelne Zitate der Motive aus: Friedhelm Debus, Namengebung. Möglichkeiten zur Erforschung ihrer Hintergründe, in: Onoma XVIII (1974), Heft 3, S. 456–469, nach einer Fragebogenaktion des Germanistischen Seminars der Christian-Albrechts-Universität Kiel in Kieler Schulen 1972/73.

24 Friedhelm Debus, Namengebung. Onoma XVIII (1974), Heft 3, S. 461; F. Rast, Modenamen, Merkmale heutiger Namengebung, dargestellt am Beispiel der Stadt Kiel. Seminararbeit Sommersemester 1971, Universität Kiel.

Hier kommt als wesentliches Motiv der Erwartung hinzu, daß der moderne Name aus dem lokalen Umkreis der persönlich Bekannten, der Anwohner und Einwohner heraus bestätigt wird. Was ihnen gefiel, gefällt nun auch. Auch eine individuelle Namenwahl mündet schließlich in das muntere Treiben der allgemeinen Modeströmung ein. Alle folgenden Motive, so lobenswert sie auch sein mögen, haben weit weniger Einfluß.

Der einzige, der eigentlich den meisten Einfiuß auf *seinen* Namen haben sollte und der befragt werden müßte, wird am wenigsten berücksichtigt: der neugeborene Namensträger selbst. Immerhin mögen die Re-aktionen der Kinder im nachhinein einigen Aufschluß darüber geben, ob die Motive der Namenwahl der Eltern richtig überlegt waren.

Reaktionen der Kinder und der erwachsen Gewordenen auf die Vornamengebung

Im Kindesalter wird aus der Sicht des Kindes sein Vorname oft mit dem einer erwachsenen Person in Beziehung gebracht. In Schweden zeigte sich, daß *im vorschulpflichtigen Alter* der Vorname meistens unkritisch mit einer Person assoziiert war.[25] Bei einer weiteren Untersuchung in der Volksschule stellte Rosa Katz fest, daß *bei 9- bis 12jährigen Kindern* die Vornamen nicht mit bekannten Personen assoziiert waren, sondern die Kinder machten kritische Aussagen zum eigenen Vornamen und dem der Mutter.[25] Grundsätzlich wurden die häufiger vorkommenden Vornamen bevorzugt, die der älteren Generation als »nicht-schöne Namen« abgelehnt. Oft führen ausgefallene, seltene Namen Kinder in Konflikte mit der Umwelt, sie werden gehänselt, bekommen Namenersatz-Spitznamen. Die meisten dieser Kinder wären glücklich, wenn sie *»wie die anderen heißen«* würden.

Im Jugendlichenalter: Unsere *Irmgard*, die in Schweden lebt und dort den besser aussprechbaren Rufnamen *Ina* bekommen hat, meint, daß ihr der neue Name sichtlich besser gefällt als der bisherige. Wir, die Eltern, gewöhnen uns an die neue Form. Im allgemeinen werden *neben* dem Vornamen (Rufnamen) oft Kose- oder Spitznamen aus der Schule über Jahre hinaus weitergeführt. Die Freunde unserer Kinder kenne ich oft nur mit ihren Spitznamen wie Mecki oder Peitzi. Jugendliche in ihrer ungezwungenen heutigen Haltung möchten nicht durch besondere, extravagante Vornamen auffallen.

Aus der Erinnerung an die Schulzeit sind manche stolz darauf, einen seltenen Namen bekommen zu haben, den kein anderer hatte. – »Unser Vater kam als Gebirgsjäger nach Kriegsende aus Norwegen zurück und gab allen drei Kindern, die nun kamen, nordische Namen«, stellt eine junge Frau resigniert fest; sie verurteilt die autoritäre Namengebung durch ihren Vater; gegenüber nordischen Namen ist sie deshalb reserviert.

Die mittlere Generation beklagt sich mehr über ihre altmodischen Namen, die sie bekommen hat, sie fühlt sich noch nicht alt und möchte fortschrittlich mit der Zeit leben.

25 Rosa Katz, Psychologie des Vornamens, Bern und Stuttgart 1964, S. 23/24.

Die Namenträger mit *C-Schreibung*, wie *Carl, Curt, Conrad, Cuno*, haben es schwer, den nun einmal so und amtlich eingetragenen C-Namen durchzusetzen. Entweder kommt bei fast jeder Namenangabe die stereotype Frage »mit K oder C?« – oder sie nehmen die »Falsch«-Schreibung mit K hin, um gelegentlich dadurch Unannehmlichkeiten zu bekommen. Ähnlich ist es manchmal bei anderen Schreibungen: *Kathrin, Katrin, Kai, Kei, Rainer, Reiner, Sven, Swen.* Die geläufige Form und nicht die Nebenform wird verstanden und niedergeschrieben, es gibt Rückfragen, Zweifel, man fällt auf. Und den Eltern gefiel gerade damals die Nebenform und die besondere Schreibung so sehr . . .
Eine schwedische Schulrektorin stellte fest, daß in der Schule *unter den besonders schwierigen Kindern oft solche mit ungewöhnlichen Vornamen sind.*[26]
Eine Untersuchung von Otto Ewert bei 9000 häufigen männlichen Vornamen von Haushaltsvorständen erbrachte die Beurteilung, *»daß häufige Vornamen sympathischer beurteilt wurden als seltene«*[27] – was unsere vorher genannte Aussage bestätigt: ein Name gefällt, weil er anderen auch gefällt.

Wir können den Schluß ziehen: Der Mensch möchte sich meistens mit seinem Vornamen anpassen, unauffällig sein, in der Masse untertauchen, wie die andern heißen. Nur ein kleiner Teil mag den außergewöhnlichen Namen, ist stolz darauf, stört sich nicht daran, mit dem Namen aufzufallen, mit seinem Vornamen »anders als die andern zu sein«.

Einige Sätze zur Beachtung:

- Wählen Sie wohlüberlegt und im Interesse Ihres Kindes unter den heutigen Vornamen denjenigen (oder diejenigen) aus, der Ihnen am besten gefällt.
- Wählen Sie zwei Vornamen aus und nicht viel mehr. Es kann sein, daß Ihnen oder dem Kind der andere als Rufname danach besser gefällt.
- Geben Sie Ihrem Kind lieber den vollen Vornamen, den es einmal als erwachsener Mensch tragen soll; es bleibt Ihnen unbenommen, im Kleinkind- und Schulalter das Kind mit dem gewählten Kosenamen zu rufen.
- Kurzformen und kurze Namen entsprechen dem Zug der Zeit, die Kosenamen der Kindheit gehören zum vertrauten Elternhaus, doch mit einem Bubi-Namen wird Volljährigen kein Gefallen mehr getan.
- Ein zu langer Name ist ebenso hinderlich im täglichen Leben wie ein hübscher Rufname, wenn er Doppelname ist.
- Auf seltene Namen und ausgefallene Schreibungen können Eltern zwar stolz sein, doch kann gerade der »besondere Name« Anforderungen an ihr Kind stellen, die nicht seinem Wesen entsprechen.
- Zum Schluß das Formale: Bei der Namenangabe für Ihr Kind haben Sie die individuelle Freiheit in der Schreibung, doch nur wenn der Vorname einer bekannten »richtigen« Schreibweise entspricht und sich eindeutig als männliche oder weibliche Namenform ausweist, wird der Standesbeamte den gewünschten Namen eintragen und damit amtlich festlegen.

26 Rosa Katz, Psychologie des Vornamens, S. 31.
27 Otto Ewert, Zur Bedeutungsanalyse von Vornamen. Bericht auf dem Kongreß der Deutschen Gesellschaft für Psychologie. Würzburg 1962.

Tabelle 6. Die häufigsten männlichen Vornamen 1961–1974
nach amtlichen Statistiken, anderen Veröffentlichungen und eigenen Unterlagen

Bad Ems	W-Berlin	O-Berlin	Bielefeld	Flensburg	Freiburg	*1973 Hamburg	Gesamt Hamburg	Heidelberg	Karlsruhe	Kiel	Koblenz	Köln
1	2	3	4	5	6	7	8	9	10	11	12	13
Michael	Andreas	Andreas	Markus	Frank	Michael	Stefan	Peter	Christian	Andreas	Andreas	Thomas	Michael
Stefan	Thomas	Mario	Christian	Michael	Markus	Michael	Hans	Markus	Thomas	Stefan	Stefan	Frank
Dirk	Michael	Jörg	Michael	Thomas	Thomas	Sven	Walter	Michael	Christian	Michael	Michael	Thomas
Markus	Stefan	Jürgen	Andreas	Ralf	Andreas	Andreas	Werner	Thomas	Michael	Thomas	Klaus	Rolf
Frank	Carsten	Thomas	Stefan	Stefan	Christian	Christian	Wolfgang	Frank	Ralf	Frank	Frank	Stefan
Thomas	Christian	Frank	Sascha	Dirk	Stefan	Markus	Michael	Andreas	Jürgen	Dirk	Markus	Andreas
Andreas	Frank	Uwe	André	Jörg	Frank	Marko	Wilhelm	Stefan	Stefan	Thorsten	Dirk	Hans
Christoph	Thorsten	Heiko	Jens	Thorsten	Oliver	Jan	Jürgen	Alexander	Matthias	Olaf	Jürgen	Peter
Alexander	Oliver	Sven	Mark	Kai	Martin	André	Heinz	Matthias	Uwe	Martin		Karl
Oliver	Matthias	Jens	Alexander	Bernd	Matthias	Mark	Horst	Thorsten	Markus	Matthias		Wolfgang
	Jürgen	Mike	Karsten	Jan	Ralf	Oliver	Gerhard	Mark	Martin	Sven		Markus
	Peter	Steffen	Oliver	Andreas	Alexander	Matthias	Thomas	Peter	Thorsten	Markus		Jörg
	Bernd	Michael	Dirk	Sven	Daniel	Thomas	Karl	Oliver	Alexander	Peter		Dirk
	Uwe	Thorsten	Daniel	Mark	Mark	Alexander	Heinrich	Klaus	Sven	Rainer		
	Detlev		Thorsten	Lars		Frank	Klaus	Martin	Frank	Jörg		
	Ralf		Mike	Hans		Thorsten	Herbert	Carsten	Daniel	Jürgen		
	Rainer		Maik			Dirk	Hermann	Wolfgang	Oliver	Holger		
			Lars			Martin	Kurt	Georg	Tobias	Bernd		
			Frank			Lars	Otto	Daniel	Patrick	Wolfgang		
			Thomas			Sascha	Günter	Werner	Mark	Jens		
			Matthäus						Dirk	Ralf		
			Sebastian									
			Sven									

Tabelle 6. Die häufigsten männlichen Vornamen 1961–1974
nach amtlichen Statistiken, anderen Veröffentlichungen und eigenen Unterlagen

München	Niederbay.	Niedersachs.	Siegen	SW-Dtschld.	Stuttgart	Wiesbaden	Wickert-Umfrage 1967/70	Wien	DDR	Landkr. Borna	Schweiz	Gesamt
14	15	16	17	18	19	20	21	22	23	24	25	26
Christian	Josef	Andreas	Bernd	Alexander	Michael	Michael	Thomas	Thomas	Thomas	Thomas	Daniel	*Andreas*
Andreas	Johann	Jürgen	Wolfgang	Andreas	Andreas	Thomas	Andreas	Michael	Jens	Jens	Peter	*Thomas*
Michael	Christian	Michael	Peter	Christian	Thomas	Andreas	Stefan	Christian	Jörg	Mike	Markus	*Michael*
Stephan	Thomas	Thomas	Michael	Dirk	Stefan	Stefan	Michael	Andreas	Uwe	Jörg	Thomas	*Stefan*
Thomas	Franz-Xaver	Frank	Günther	Markus	Frank	Mark(us)	Frank	Martin	Mario	Michael	Hans	*Frank*
Alexander	Manfred	Uwe	Ulrich	Matthias	Markus	Jürgen	Peter	Alexander	Steffen	Mario	Urs	*Peter*
Martin	Helmut	Rolf	Dieter	Michael	Mark	Jörg	Ralf	Markus	Heiko	Steffen	Martin	*Christian*
Markus	Martin	Peter	Manfred	Oliver	Jürgen	Frank	Markus	Peter	Andreas	Heiko	Christian	*Markus/Mark*
Jürgen	Michael	Rainer	Klaus	Stefan	Ralf	Ralf	Jürgen	Robert	Mike	Uwe	Beat	*Jörg/Jürgen*
Jörg	Stephan	Bernd	Jürgen	Thomas	Oliver	Matthias	Jörg	Wolfgang	Michael	Thorsten	Andreas	*Ralf/Rolf*
Robert		Klaus	Helmut	Thorsten	Matthias	Alexander	Christian	Roman	Frank	Andreas	René	
Oliver		Johannes	Rainer	Daniel	Alexander	Thorsten	Matthias	Gerhard	Olaf	Dirk	Roland	
Peter		Heinrich	Gerhard	Frank	Martin	Holger		Harald	Ralf	Matthias	Rolf	
Bernhard		Detlev	Rolf	Mark	Peter	Uwe		Stephan	Lutz	Sven	Bruno	
Bernd		Dirk	Thomas	Martin	Christian	Dirk		Christoph	Peter	Olaf	Marcel	
Florian		Wolfgang	Werner	Christoph	Tobias	Rüdiger		Johann(es)	André	René	Walter	
Franz		Dieter	Andreas	Jens		Jens		Roland	Bernd	Enrico	Jürg	
Klaus		Karsten	Stefan	Jörg		Peter		Georg	Holger	André	Stefan	
Hans		Joachim	Rüdiger	Carsten		Wolfgang		Manfred	Jürgen	Marko	Patrick	
Christoph		Stefan	Martin	Patrick		Dieter		Oliver	Dirk	Mirko	Heinz	
Wolfgang				Ralf		Klaus		Franz	Torsten			
Ralf				Tobias		Joachim		Karl				

Tabelle 7. Die häufigsten weiblichen Vornamen 1961–1974
nach amtlichen Statistiken, anderen Veröffentlichungen und eigenen Unterlagen

Bad Ems	W-Berlin	O-Berlin	Bielefeld	Flensburg	Freiburg	*1973 Hamburg	Gesamt Hamburg	Heidelberg	Karlsruhe	Kiel	Koblenz	Köln
1	2	3	4	5	6	7	8	9	10	11	12	13
Anja	Claudia	Birgit	Stefanie	Susanne	Tanja	Nicole	Gertrud	Tanja	Susanne	Andrea	Petra	Petra
Manuela	Sabine	Kerstin	Melanie	Anja	Sandra	Tanja	Anna	Nicole	Sabine	Susanne	Claudia	Claudia
Christine	Susanne	Simone	Tanja	Sabine	Petra	Stefanie	Ursula	Sandra	Petra	Anja	Sabine	Marika
Birgit	Petra	Manuela	Sandra	Petra	Andrea	Melanie	Martha	Christine	Andrea	Christine	Andrea	Andrea
Petra	Martina	Kathrin	Nicole	Kirsten	Alexandra	Sandra	Helga	Anja	Christine	Christiane	Birgit	Gabriele
Alexandra	Andrea	Katja	Kathrin	Martina	Sabine	Bianca	Erna	Simone	Claudia	Martina	Heike	Karin
Claudia	Christine	Annette	Alexandra	Britta	Claudia	Claudia	Elisabeth	Claudia	Martina	Petra	Ute	Sabine
Silvia	Manuela	Silke	Andrea	Birgit	Silke	Katrin	Frieda	Michaela	Heike	Sabine	Uta	Brigitte
Sonja	Heike	Jana	Julia	Andrea	Nicole	Nina	Ingrid	Stefanie	Annette	Claudia	Martina	Martina
Tanja	Birgit	Anke	Sabine	Claudia	Michaela	Alexandra	Karin	Andrea	Beate	Britta		Kirsten
		Heike	Christina	Bettina	Christine	Christine	Hildegard	Alexandra	Nicole	Birgit		Birgit
		Grit	Christine	Ulrike	Stefanie	Maike	Renate	Melanie	Tanja	Nicole		Susanne
		Ines	Daniela	Birte	Melanie	Daniela	Ilse	Sabine	Sandra	Tanja		Silvia
			Simone	Silke		Michaela	Gisela	Susanne	Alexandra	Kathrin		Anja
			Silke	Tanja		Katja	Erika	Manuela	Silke	Sandra		Ursula
			Anja	Nicole		Yvonne	Maria		Michaela	Stefanie		
			Claudia	Sandra		Britta	Gerda		Daniela	Angelika		
			Sonja	Maike		Sabine	Ingeborg		Melanie	Marie		
			Katja			Sonja	Irmgard		Stefanie	Regina		
			Anke			Julia	Monika		Simone	Gabriele		
			Petra						Manuela	Monika		
			Bettina						Silvia	Doris		
									Sonja			

Tabelle 7. Die häufigsten weiblichen Vornamen 1961–1974
nach amtlichen Statistiken, anderen Veröffentlichungen und eigenen Unterlagen

München	Niederbay.	Niedersachs.	Siegen	SW-Dtschld.	Stuttgart	Wiesbaden	Wickert-Umfrage 1967/70	Wien	DDR	Landkr. Borna	Schweiz	Gesamt
14	15	16	17	18	19	20	21	22	23	24	25	26
Christine	Petra	Sabine	Jutta	Alexandra	Claudia	Claudia	Sabine	Sabine	Katrin	Katrin	Monika	*Petra*
Sabine	Maria	Petra	Gabriele	Christine	Sabine	Petra	Claudia	Claudia	Annette	Annette	Ursula	*Claudia*
Stephanie	Christine	Birgitt	Monika	Claudia	Petra	Christine	Petra	Petra	Ines	Silke	Barbara	*Sabine*
Kathrin	Andrea	Christine	Annette	Daniela	Susanne	Andrea	Susanne	Barbara	Heike	Kerstin	Brigitte	*Susanne*
Claudia	Claudia	Heike	Karin	Melanie	Andrea	Sabine	Heike	Karin	Kerstin	Jana	Christine	*Christine*
Andrea	Monika	Marie	Birgit	Michaela	Christine	Susanne	Andrea	Martina	Grit	Heike	Marianne	*Christiane*
Susanne	Gabriele	Gabriele	Martina	Nicole	Bettina	Martina	Birgit	Alexandra	Silke	Anke	Beatrice	*Kirsten*
Nicole	Elisabeth	Susanne	Brigitte	Sabine	Martina	Anja	Anja	Michaela	Simone	Grit	Susanne	*Kerstin*
Petra	Renate	Angelika	Angelika	Sandra	Birgit	Michaela	Martina	Susanne	Manuela	Ines	Silvia	*Andrea*
Julia	Brigitte	Martina	Sabine	Silke	Annette	Bettina	Christine	Andrea	Birgit	Manuela	Claudia	*Birgit, Britta*
Barbara		Ute	Ulrike	Simone	Alexandra	Kerstin	Alexandra	Manuela	Andrea	Simone	Ruth	*Birte, Brigitte*
Karin		Antje	Christa	Andrea	Karin	Heike	Nicole	Sonja	Silvia	Birgit	Karin	*Anja/Tanja*
Silvia		Karin	Marianne	Anja	Gabriele	Ulrike	Stefanie	Elisabeth	Petra	Peggy	Elisabeth	*Martina*
Monika		Andrea	Ursula	Manuela	Heike	Katja		Daniela	Ute	Jacqueline	Nicole	*Sandra*
Eva, Evi		Monika	Bärbel	Petra	Anja	Astrid		Doris	Ramona	Andrea	Doris	*Alexandra*
Angela		Annette	Heike	Stefanie		Gabriele		Monika	Gabriele	Mandy	Esther	
Angelika		Elke	Christiane	Susanne		Monika		Sandra	Steffi	Diana	Sandra	
Sonja		Heidi	Elke	Tanja		Karin		Birgit	Sabine	Kathleen	Gabriela	
Daniela		Doris	Petra	Bianca		Angelika		Silvia	Carmen	Yvonne	Daniela	
Alexandra		Barbara	Kornelia	Kathrin		Inge, Ingrid					Verena	
Tanja			Ingrid	Silvia		Barbara						
Michaela			Renate	Sonja		Birgit						
Birgit			Susanne			Ute						
Martina			Inge									

Vornamen im Wandel der Zeiten

Kurz- und Koseformen

Im Namenteil dieses Buches sind die Kurz- und Koseformen durch die Abkürzung KF bezeichnet worden. Beide sind zwar nicht gegeneinander abzugrenzen, sie bedeuten aber auch nicht das gleiche. *Koseformen* drücken Gefühl, Zuneigung und Zärtlichkeit aus. Eine Koseform ist die »aus Zärtlichkeit abgewandelte, vertrauliche Form eines Namens«[28]. *Kurzformen* oder *Kurznamen*, wie Witkowski sie nennt, »entstehen in der Umgangssprache, können aber durch häufigen Gebrauch zu vollwertigen Namen werden, deren Herkunft aus einer Vollform nicht mehr empfunden oder gewußt wird. [. . .] Zahlreiche Kurznamen sind gleichzeitig Kosenamen oder stellen die Ausgangsform für solche dar«[29]. *Kurzformen*, zunächst aus sprachlichen, rationalen Gründen gebildet, werden in ihrem vertraulichen Gebrauch zugleich auch zu *Koseformen*. Kurzformen sind deshalb den Koseformen unterzuordnen.

Kurz- und Koseformen von Rufnamen und Vornamen hat es zu allen Zeiten gegeben. Fast unbekannt ist heute der reiche Schatz der *germanischen Kosenamen*, die Franz Stark 1868 untersucht hat[30]. Es sind Verkürzungen der vollen Namen zu einstämmigen Kosenamen, die wiederum Kürzungen und Verkleinerungen erfahren konnten, z.B. bei den Formen: *Adalbero, Adalbo, Adal, Allo, Azo*.

Einige wenige dieser Namen sind heute noch in Gebrauch, z.B. *Arno* (Arnold), *Benno* (Bernhard), *Berta, Bruna, Irma, Rolf, Udo, Wolf* (Wulf), doch den größten Teil, von *Abbo* bis *Zuzo*, kann man heute nicht mehr vorschlagen, weil wir keine Beziehungen mehr zu diesen ungewöhnlichen germanischen Kosenamen haben. Ein Teil dieser alten Namen ist durch die zahlreichen friesischen Kurzformen erhalten geblieben, die in einer Auswahl im lexikalischen Teil eingefügt sind.

Im alltäglichen Gebrauch hat man früher wie heute Kurz- und Koseformen verwendet, weil die zweigliedrigen Namen zu lang und schwerfällig waren. So kürzte man *Arnold* zu *Arno, Bernhard* zu *Benno, Benz* oder *Hardi, Gertraud* zu *Trude, Uodalrich* zu *Ulrich, Ulli, Uodalwolf* zu *Udolf, Udo*.

Durch diese Kürzungen entstanden ein- und zweistämmige Kurzformen, die bei den zweigliedrigen germanischen Namen zum ersten oder zweiten Glied gehören konnten. Im allgemeinen sind einstämmige Kurzformen zum ersten Namenglied zu stellen, weil dieses am stärksten betont wurde. So ist *Waldo* Kurzform von *Walthari* und nicht von *Sigwald*.

Eine weitere Art der Kürzungen sind die *zusammengezogenen Namen*, wie *Arnold* zu *Arnd, Diederik* zu *Dierk, Gerhard* zu *Gerd, Gert, Konrad* zu *Kurt, Kord, Bernhard* zu *Bernd, Rudolf* zu *Rolf*.

Bei den germanischen Kosenamen enden die männlichen Formen meist auf

28 Klappenbach/Steinitz, Wörterbuch der deutschen Gegenwartssprache (28. Lfg.) III, Berlin 1969, S. 2205.

29 Teodolius Witkowski, Grundbegriffe der Namenkunde, Berlin 1964, S. 43.

30 Franz Stark, Die Kosenamen der Germanen. Eine Studie. Wien 1868. Unveränderter Neudruck, Wiesbaden 1967.

-o, danach zu *-e* geschwächt, die weiblichen auf *-a*. Einige Kurzformen haben sich durch Einfluß der Urkundensprache erhalten: *Bruno, Bruna, Bodo, Hugo, Otto*. Die Kurzformendung *-e* gibt es noch bei manchen Namen, z.B. *Heine*, niederdeutsch *Hein* für *Heinrich, Kunz* in Bayern, *Kunze* in Sachsen für *Konrad* (heute Familiennamen).
Mit der Endung *-i* tritt zur Kurzform eine weitere Variante als *Verkleinerung* hinzu, die jedoch oft nicht mehr empfunden wird, weil Namen wie *Emmi, Heidi, Rudi, Willi* im Laufe der Zeit selbständige Vornamen geworden sind.

Verkleinerungsformen (im Namenteil VklF)

Auch Verkleinerungsformen sind wie die Kurzformen den Koseformen unterzuordnen. Eine Verkleinerungsform ist eine »in der vertraulichen Anrede oft als Koseform verwendete, durch eine bestimmte Endung gekennzeichnete Ableitung, deren Bedeutung die Größe, Intensität, die in der Bedeutung des Grundwortes zum Ausdruck kommt, mindert«[31]. Diese Erklärung des Diminutivs im allgemeinen Wortschatz trifft auch auf Eigennamen zu.

Zu den landschaftlich bezogenen kosenden Verkleinerungsformen gehört das Anhängsel *-i*; es ist oberdeutsch, besonders schweizerisch: *Barbi, Evi, Mädi, Hansruedi, Maidi, Poldi, Kuni, Resi, Rosi, Rudi, Stasi, Uschi, Vroni.*

Oberdeutsch ist *-el*, es ergeben sich durch diese Endung Namen wie *Bärbel, Christel, Gretel, Gustel, Liesel*. Einfaches *-l* ist bayrisch-österreichisch: *Christl, Ferdl, Franzl, Gustl, Wastl, Wiggerl, Xaverl.*

Schwäbisch ist *-le: Bürkle, Dorle, Heinerle, Mariele, Rickele, Rösle.* Alemannisch/schweizerisch ist *-li, lin: Anneli, Barbli, Gritli, Meieli, Ueli, Rösli, Fridolin, Iselin, Irmelin.*

Oberdeutsch und mitteldeutsch sind alte *z-Endungen: Heinz, Heinze, Hinz, Kunz, Kunze, Dietz, Fritz, Fritze, Mieze* (Maria), *Utz, Uz;* landschaftlich: *Frizzi, Mizzi, Renzi, Zenzi.*

Eine ostmitteldeutsche Form der *z-Endung*, die Berührung mit dem Slawischen zeigt, ist *tsch*, auch häufig *tzsch: Fritsch(e) = Fritz(e), Dietsch(e) = Dietz(e) = Dietrich, Bertsche = Berthold, Martsch = Margret.*

Das verkleinernde *-ke* ist niederdeutsch/friesisch: *Anke, Fieke, Heike (Heinrike), Henneke, Henrike, Mieke, Marieke, Rike, Sönke, Ulrike;* ebenso *-je: Antje, Gretje, Grietje, Heintje, Hendrikje, Hiltje, Tietje.*

Allgemeine Verkleinerungsendungen wie *-lein* und *-chen* sind nur noch im familiären Umgang bei Rufnamen in Gebrauch; einige Formen wie *Lieschen, Mariechen* sind volkstümlich geworden.

31 Klappenbach/Steinitz, Wörterbuch der deutschen Gegenwartssprache 51. Lfg., Berlin 1976, S. 4069.

Abgeleitete Vornamen (Movierung)

Die zweigliedrigen germanischen Namen haben Endglieder wie *-burg, -gard, -gund, -hild, -lind, -run, -traud, -trud*, die nur zu weiblichen Namen genommen wurden; andere Endglieder kennzeichnen die männlichen Namen: *-bert, -brecht, -fried, -hard, -mar, -rad, -rich, -ward*. Manche Endglieder, wie *-mut* und *-wig*, wurden für männliche und weibliche Namen gebraucht.
Die Möglichkeit, aus männlichen Namenformen durch Ableitungselemente weibliche Namenformen zu bilden, führte zu zahlreichen weiblichen Vornamen. Zu begründen ist dies weniger durch mangelnde weibliche Vornamen, sondern wohl weil man eine Alternative, eine Wahl zwischen zwei Möglichkeiten haben wollte. Denn wenn man sich auf einen männlichen Vornamen (und Nachkommen) eingestellt hatte, konnte man auf einfache Weise den männlichen Namen zum weiblichen verwandeln. Überwiegend wird aber allgemein der Wunsch gewesen sein, zum männlichen Vornamen eine weibliche Entsprechung zu schaffen. Diese Ableitung weiblicher Namen wird in der Sprachwissenschaft als *Movierung* bezeichnet.
Durch Anhängen von *-a* oder *-e*, *-ine* oder *-ina* ergaben sich bei Vollnamen und bei Kurzformen zahlreiche neue weibliche Vornamen, z.B.:
Albert, Alberta; Alwin, Alwina, Alwine; Friedrich, Friederike; Gerhard, Gerharde, Gerhardine; Bruno, Bruna; Fried, Frieda; Karl, Karla; Wilhelm, Wilhelmina, Wilhelmine.
Die klangvolle Endung *-ina* aus dem Lateinischen entspricht seit dem 17./18. Jahrhundert der barocken Form der Zeit wie der Sucht, Paten und Taufnamen in den Kirchenbüchern zu mehren.
Wiederholt kommt es auch umgekehrt vor, daß Männernamen sich erst in entsprechender Form nach Bestehen eines Frauennamens gebildet haben (griechisch-lateinische Namen) oder daß die Bedeutung eines Frauennamens verdunkelt war, weil die männliche Entsprechung in Vergessenheit geraten war, z.B. bei *Monika – Monikus.*

Fremde Vornamen und ihre Anpassung im Deutschen

Fremde Vornamen mit ihren ungewohnten Lautformen und ihrem unverstandenen Sinn mußten im Laufe der Jahrhunderte noch stärkere Umwandlungen erfahren als die einheimischen Namen. Dieser Vorgang, der sich am stärksten bei den beliebten und längeren fremden Vornamen, insbesondere griechischer Herkunft, auswirkte, ist seit dem Ende des 13. Jahrhunderts zu beobachten. Die Heiligennamen, der damals größere Teil der fremden Namen, konnten erst beliebt und vertraut werden, nachdem sie sich der deutschen Sprache angepaßt hatten. Anpassung bedeutete, daß sie im allgemeinen den deutschen Laut- und Bildungsgesetzen der alten germanischen Kurz- und Koseformen folgten. Die altdeutschen Namen wurden fast alle auf der *ersten Silbe* betont, dem mußten sich die meist griechisch-lateinischen Namen fügen. Bei ihrer oft vier- bis fünfsilbigen Länge ergab es sich von selbst, daß *Kürzungen* und *Zusammenziehungen* (Kontraktionen) erfolgten.

Je häufiger die fremden Namen gebraucht wurden, desto mehr abgeschliffene Kurz- und Koseformen entstanden. Sie wurden schließlich noch gefördert durch die anziehende und wunderlich umwandelnde Kraft der *Volksetymologie*. Die später durch romanische Einflüsse hinzukommende französisch-neuhochdeutsche Betonung der *Namenendsilben* verdrängte die alte deutsche Betonung der ersten Silbe zum Teil, so daß durch *zwei Betonungsweisen* bei den mehrsilbigen Fremdnamen eine mannigfache und landschaftlich vielfältige Zahl von Kurznamen entstand. Auswahl zweier Beispiele:

Jóhannes	*Johánnes*	*Jákobus*	*Jakóbus*
Johann	*Hannes*	*Jakob*	*Köbus, Köbes*
John, Jahn	*Hans, Hänsel*	*Jäckel, Jäckle*	*Kob*
Jan, Jann	*Hanke, Henschel*	*Jockel, Jogg*	*Kobel, Kowes*
Jean, Jens	*Hanneken, Henne,*	*Jagli, Joggeli*	*Köpke, Köppen*
Johnny	*Henning,Henneken*	*Jock, Jöck*	*Kubes, Kub(e)*

Mit *Johannes* war Johannes Baptist, Johannes der Täufer, gemeint, der am häufigsten gebrauchte Name in Einzel- und Doppelformen bis in die Neuzeit. Am fruchtbarsten gedieh der Heiligenname *Nikolaus*, der im deutschen Sprachraum insgesamt 480 Nebenformen, Kurz- und Koseformen sowie Zusammensetzungen einschließlich der mundartlichen und landschaftlichen Varianten erreichte[32], von denen allerdings der größte Teil zu Familiennamen erstarrte oder wieder unterging.

Die Auswirkung der mittelalterlichen Heiligenverehrung auf die Namengebung wird in unserer säkularisierten Welt leicht vergessen. Hunderte von Heiligen- und biblischen Namen haben einen weit stärkeren Einfluß auf die europäische Namenwelt gehabt als jede andere Gruppe, das bezeugen die kaum bewußt wahrgenommenen 4000 bis 5000 Familiennamen, die aus hagiologischen Namen hervorgegangen sind.

Modenamen

Dem Begriff Modenamen wird oft zu unrecht eine umgangssprachlich abwertende Bedeutung beigelegt, etwa bei der übertriebenen Vorliebe von Eltern für den einen oder anderen häufig vorkommenden »schönen« Namen eines Show- oder Filmstars. Sicher kann man über den Geschmack des einzelnen Namengebers anderer Meinung sein und Modenamen als nachahmensbegehrte Namen abqualifizieren. Das ändert nichts daran, daß Namenmoden und Modenamen seit Jahrhunderten ein Regulativ in der Namengebung sind, das durchaus positiv zu bewerten ist. Modenamen sind dann willkommen, wenn sie »in einer bestimmten Zeit als vorbildlich geltender bevorzugter Geschmack, [als] Zeitgeschmack«[33] gewählt werden.

32 Nachzusehen bei Edmund Nied, Heiligenverehrung und Namengebung, Freiburg i.B. 1924, S. 9–14.

33 Klappenbach/Steinitz, Wörterbuch der deutschen Gegenwartssprache, 32. Lfg., Berlin 1970, S. 2537.

Das war bereits bei den Taufnamen unserer Voreltern so. »Auch die sogenannten Taufnamen [. . .] unter den Deutschen mußten und müssen sich noch in den Geschmack der Modegöttin fügen, welcher oft so launig war, daß man in allen älteren und neueren Theorien des Geschmacks sich nach einem obersten Grundsatz für manche Art dieses Modegeschmacks vergebens umsehen und denselben auch wohl schwerlich finden dürfte« [. . .][34]. Mit den Modenamen meinte Dolz 1825 durchaus und richtig die damals bevorzugten Vornamen, mit der Mode selbst den Brauch der Zeit.
Schon im Abschnitt »Namenwahl«, S. 35, wird darauf hingewiesen, daß heute die fremdländischen Namen eindeutig in Führung sind, ihre »Spitzenreiter« bestimmen die Mode der Vornamen. Der mahnende Ruf früherer Autoren »Gebt Euren Kindern deutsche Namen« wäre heute aussichtslos und unnütz, denn die Modeströmung neuer Namen ist nicht aufzuhalten. Damit ist nicht gesagt, daß die befürchtete »Überfremdung« einzutreten braucht.
Wer die heranwachsende Generation kennt, weiß, daß sie weltaufgeschlossen ist, aber auch die heimische Kultur richtig einzuschätzen weiß. So ist auch der Trend nach »fremden Namen« oft gar nichts anderes als ein Wiederbeleben alter Namen eines erweiterten und anverwandten Kulturkreises. Zum Beispiel bei der Vorliebe für *nordische Namen: Birgit, Brigitt(e), Birga, Berga, Bergit, Gitte, Gitta, Kristin* – wie ja auch die beliebten männlichen Vornamen *Andreas, Daniel, Klaus, Thomas* wiederbelebte Taufnamen des Mittelalters sind.
Sprachliche Probleme gibt es meist nur bei Übernahme *englischer Vornamen*, weil zwischen Schreibung und Lautung der heutigen englischen Sprache und ihrer Namen Unterschiede bestehen. Englische Vornamen werden häufig gehört und in Unkenntnis der englischen Schreibung so niedergeschrieben, wie sie ins Ohr kommen. Die Enttäuschung ist groß, wenn der Standesbeamte die willkürlich gebildete Namenschreibung zurückweisen muß:

Alaine, Ailyn	für *Aileen*	Ilen	für *Eileen*
Angy, Eangi	für *Angie*	Iw	für *Ev*
Brayn	für *Brian*	Iwen	für *Ivan*
Carolain	für *Caroline*	Cessrin	für *Catherine*
Denni	für *Dennis*	Kayth	für *Keith*
Devid	für *David*	Madi	für *Maidie*
Eilin, Eylin	für *Eileen*	Saimen	für *Simon*
Elves	für *Elvis*	Steave, Stiev	für *Steve*
Endru	für *Andrew*	Vinsent	für *Vincent*
Hellen	für *Helen*	Winny	für *Winnie*

Für Vornamen fremder Herkunft gilt grundsätzlich, daß sie in der bereits beurkundeten heimischen Form der Fremdsprache zu übernehmen sind. Eine willkürliche Schreibung ist nicht zulässig. Es ist deshalb bedauerlich, daß die Ausspracheform *Maik, Meik* für *Mike = Michael* bereits als »eindeutschende Schreibweise« akzeptiert wurde.

34 Joh. Christian Dolz, Die Moden in den Taufnamen; mit Angabe der Wortbedeutung dieser Namen. Leipzig 1825, S. 14.

Tabelle 8. Vornameneinträge eines deutschen Standesamtes im August 1977.

Geburten		Eheschließungen	Sterbefälle
Kind	Eltern	Vornamen des Paares	ältere Generation
Tina	Herbert, Heidi	Thomas Patrick,	Franziska
Jessica	Rubirosa Ramos	Diana Marie	Wilhelm Theodor
	(Deutscher),	Jürgen, Edith	Heinrich Joseph
	Cornelia Renate	Rolf Hans-Joachim,	Else Margarethe
Kai	Wolfgang, Ingeborg	Gabriele	Marie Elisabeth
Kai	Wolfgang, Uta Maria	Mario Ludwig,	Wilhelm
	Hedwig	Stefanie	Mathilde
René	Günter, Renate	Hans-Peter, Bärbel	Wilhelm Heinrich
Marco	Rainer, Gabriele	Berthold Helmut,	Ernst Karl Heinrich
Jan-Patrick	Heinz-Jürgen,	Karin	Karl Gottlieb
	Birgit Annemarie	Reiner Andreas,	Heinrich Gustav Wilhelm
Mara	Jörg Volkmar, Karin	Isolde	Elise Auguste Caroline
Janka	Franz Dieter, Marion	Bernd, Brigitte	Gustav Wilhelm Adolf
	Marina Annemarie	Jack Stephen,	Hedwig
Maik Torben	Bernd, Heidrun	Gail Ann	August Wilhelm
Christian	Hans-Jürgen, Sonja	Dirk Ralf, Georgia	Friedrich Ludwig
Tanja	Walter, Monika	Johannes Dieter,	Charlotte
Guido Pierre	Heinrich Friedrich,	Brigitte Elisabeth	Elisabeth
	Edelgard	Wolfgang, Antonia	Paul
Mareike	Manfried, Gundula	Günter, Erika	Johann Heinrich
Tobias	Helmut, Hiltrud	Reinhard, Annemarie	
Kolja	Gerhard, Heidi	Volker, Annelie	
Bianca	Gerhard, Adelheid	Dieter, Margot	
Katja	Bruno, Ursula	Rainer-Heinrich,	
Thomas	Helmut, Margarete	Maria	
Matthias-Alexander	Hubert, Elfriede	Klaus, Annegret	

Bitte für den Namenteil beachten:

Beliebte und gern gewählte Vornamen der letzten Jahre haben wir links neben dem betreffenden Namen durch ein * ausgezeichnet.

Namenstage

Adalbert 23. April
Adam 24. Dezember
Adelgunde 30. Januar
Adelheid 16. Dezember
Adolf 11. Januar
Afra 7. August
Agathe 5. Februar
Ägid 1. September
Albert 15. November
Agnes 21. Januar
Alban 21. Juni
Alexandra 21. April
Alexis 17. Juli
Alfons 1. August
Alfred 28. Oktober
Alois 21. Juni
Amandus 6. Februar
Amatus 13. September
Ambrosius 7. Dezember
Andreas 30. November
Angela 27. Januar
Anna 26. Juli
Anno 4. Dezember
Anselm 21. April
Ansgar 3. Februar
Anton 17. Januar, 13. Juni
Apollonia 9. Februar
Apollonius 18. April
Arno 13. Juli
Arnold 18. Juli
Arnulf 18. Juli
Augustin 28. August

Barbara 4. Dezember
Bartholomäus 24. August
Basilius 14. Juni
Beate 6. September
Beatrix 29. Juli
Beatus 9. Mai
Benedikt 11. Juli
Benno 16. Juni
Bernhard 20. August
Bernward 26. Oktober
Berta 1. Mai, 4. Juli
Berthold 27. Juli, 14. Dezember
Birgitta 8. Oktober
Blandine 2. Juni
Blanka 2. Dezember
Blasius 3. Februar
Bonaventura 15. Juli
Bonifatius 5. Juni
Brigida 1. Februar
Bruno 6. Oktober, 11. Oktober
Burkhard 14. Oktober

Cäcilie 22. November
Carmen 16. Juli
Cäsar 27. August
Chantal 12. Dezember
Christian 3., 12. November
Christine 24. Juli
Christoph 25. Juli
Claudia 18. Mai
Clemens 23. November
Cölestin 19. Mai
Cordelia 22. Oktober
Cornelius 16. September
Crescentia 5. April, 15. Juni
Crispinus 25. Oktober

Daniel 21. Juli
Daria 25. Oktober
David 29. Dezember
Dietlinde 22. Januar
Dietmar 15. Mai, 6. März
Dietrich 27. Januar
Dominika 6. Juli
Dominikus 4. August
Donatus 7. August
Dorothea 6. Februar, 25. Juni

Eberhard 22. Juni
Eckehard 28. Juni
Edgar 8. Juli
Edith 16. September
Eduard 13. Oktober
Egon 15. Juli
Elfriede 8. Dezember
Elisabeth 19. November
Elvira 25. August
Emerentia 23. Januar
Emma 29. Juni
Emmerich 4. November
Engelbert 7. November
Erasmus 2. Juni
Erhard 8. Januar
Erich 18. Juni
Ernst 13. Juli
Erwin 29. Mai
Eugen 13. Juli
Eva 24. Dezember
Ewald 3. Oktober

Fabian 20. Januar
Fabiola 27. Dezember
Felicitas 23. November
Felix 30. Mai, 20. November
Ferdinand 30. Mai, 5. Juni
Fidelis 24. April
Flora 29. Juli
Florian 4. Mai
Franz(iskus) 4. Oktober
2. April, 24. Januar
Franziska 9. März
Fridolin 6. März
Friedrich 18. Juli

Gabriel 24. März
Gabriele 24. Juli
Gangolf 11. Mai
Gebhard 27. August
Georg 23. April
Gerhard 23. April, 24. Sept.
Gerlinde 22. Mai
Gero 19. März
Gertrud 17. März, 16. Nov.
Gisela 7. Mai
Gottfried 8. November
Gotthard 4. Mai
Gregor 25. Mai, 3. September
Gudula 8. Januar
Gunter 9. Oktober

Hedwig 16. Oktober
Heinrich 13. Juli
Helene 18. August
Herbert 16. März
Hieronymus 30. September
Hilarius 13. Januar
Hilda 17. November
Hildegard 17. September
Hiltrud 27. September
Hubert 3. November
Hugo 29. April

Ida 4. September
Ignatius 31. Juli
Ingeborg 30. Juli
Ingrid 9. Oktober
Innozenz 28. Juli
Irene 3. April
Irmgard 16. Juli, 14. September
Isabella 23. Februar
Ivo 19. Mai

Jakob 25. Juli, 11. Mai
Joachim 16. August
Jodokus 13. Dezember
Johanna 21. August
Johannes 24. Juni
27. Dezember
Joseph 19. März
Julia 2. Juni, 15. Juli
Juliana 5. April, 19. Juni
Julius 12. April
Justina 26. September
Jutta 22. Dezember

Karl 4. November
Kasimir 4. März
Katharina 25. November,
29. April
Kilian 8. Juli
Klara 11. August
Knut 19. Januar
Konrad 26. November,
20. April
Konstantin 11. März
Konstanze 18., 25. Februar
Korbinian 20. November
Kunigunde 3. März

Lambert 17. September
Laurentius 10. August
Leo 10. November
Leonhard 6. November
Leopold 15. November
Liborius 23. Juli
Linus 23. September
Lioba 28. September
Lothar 15. Juni
Lucia 13. Dezember
Lucius 4. März
Ludger 26. März
Ludolf 29. März
Ludwig 25. August
Lukas 18. Oktober

Magdalena 22. Juli
Manfred 28. Januar
Marcella 31. Januar
Marcellus 16. Januar
Margarete 20. Juli
Maria alle Marienfeste
Marianne 26. Mai
Markus 25. April
Martha 29. Juli
Martin 11. November
Martina 30. Januar
Mathilde 14. März
Matthäus 21. September
Matthias 24. Februar
Maximilian 12. Oktober
Meinrad 21. Januar
Melanie 31. Dezember

Melchior 6. Januar
Michael 29. September
Michaela 24. August
Monika 4. Mai, 27. August
Moritz (Mauritius)
22. September

Nepomuk 16. Mai
Nikolaus 6. Dezember
Nina 8. Mai
Norbert 6. Juni
Notburg 14. September

Odilie 13. Dezember
Olaf 29. Juli
Olga 21. Juli
Oliver 10. Juli
Olympia 17. Dezember
Otmar 16. November
Otto 2. Juli

Pankratius 12. Mai
Patricia 13. März, 25. August
Patrick 17. März
Paul 29. Juni
Paula 26. Januar
Peter 29. Juni
Philipp 3. Mai
Pia 19. Januar
Pius 11. Juli
Prisca 18. Januar

Quirin 30. März

Radegund 13. August
Raimund 23. Januar
Rainer 4. August
Raphael 24. Oktober
Regina 1. Juni
Regula 11. September
Reinhard 7. März
Reinhild 30. Mai
Reinhold 7. Januar
Renate 22. Mai
Richard 3. April
Rita 22. Mai
Robert 29. April
Rochus 16. August
Rosa 23. August
Rotraud 22. Juni
Rudolf 15. Juli
Rupert 27. März

Sabine 29. August
Salome 22. Oktober
Sebald 19. August
Sebastian 20. Januar
Serena 30. Januar
Sergius 8. September
Servatius 13. Mai

Severin 23. Oktober
Sibylle 8. Oktober
Siegbert Februar
Siegfried 15. Februar
Sieglinde 24. Juli
Sigismund 1. Mai
Sigrid 22. Juni
Silvester 31. Dezember
Silvia 3. November
Simon 28. Oktober
Sophia 15. Mai
Stanislaus 7. Mai
Stephan 26. Dezember
Susanne 11. August

Thekla 23. Sept., 15. Oktober
Theodor 9. November,
16. August
Therese 15. Oktober
Thomas 3. Juli

Ulrich 4. Julift
Urban 25. Mai
Urs 30. September
Ursula 21. Oktober

Valentin 7. Januar, 14. Februar
Valeria 28. April, 6. Mai
Valerian 14. April
Valerius 29. Januar
Veit 15. Juni
Vera 24. Januar
Verena 1. September
Veronika 27. Februar
Viktor 30. September,
10. Oktober
Viktoria 11. Februar, 6. Mai
Vinzenz 22. Januar
Viola 3. Mai

Walburg 25. Februar, 1. Mai
Waltraud 9. April
Wendelin 20. Oktober
Wenzel 28. September
Werner 19. April
Wilfried 28. April
Wilhelm 28. Mai, 5. Juli
Willibald 7. Juli
Wiltrud 6. Januar, 30. Juli
Winifred 3. November
Wladimir 15. Juli
Wolfgang 31. Oktober
Wolfram 20. März
Wunibald 18. Dezember

Xaver 3. Dezember

Zacharias 5. November
Zeno 12. April
Zita 27. April

Erklärung der häufigsten althochdeutschen Gliedwörter

adal, adel ahd. *adal* »edel, adlig, echt, hervorragend«, altnord. *adhall*, germ. *athala*; »Ansehen, Bedeutung, von edler Art und Abstammung, hervorragende Stellung, Vollkommenheit«.

ald, alt ahd. *alt*, altsächs. *ald* »alt, bewährt, erfahren, erprobt, hervorragend, erhaben«; »Vornehmster«; »groß und kräftig an Macht«.

alf, alb, alp altnord. *alfr*, mhd. *alb, alf* »Alb, Elfe, Dämon, kleines Naturwesen, Wicht«; näher für die Namenbild. liegt nd. *alf* »bewegliches, munteres, geschäftiges Mädchen«, entspr. norweg. *elv*, schwed. *aelv* »lebendiges, bewegtes Wasser«.

Agi(l)- germ. Ausgangsform zu got. *agis* »Schrecken (verbreiten)«, die sich in der Namenbedeut. wohl mit altsächs. *eggia* »Schneide, Spieß«, ahd. *agal* »Spitze«, *ekka* »Ecke, Spitze, Schwertschneide« gekreuzt hat.

al, alah, alk ahd. *alah*, ags. *ealh* »heilig, geweiht«; »Heiligtum, Tempel, gesicherter Ort« = »heiler Ort, von dem Heil kommt«.

Amal(a)-, Aman(a)- germ. 1. namenbildend durch den Namen des ostgot. Königsgeschlechts der Amaler, Amelungen; 2. zu altnord. *amla* »sich abmühen, anstrengen, geschäftig, mühevoll«; *aml* »eifrig, heftig, vordrängen, Arbeit, Rührigkeit«.

Angil- germ. Ausgangsform zum Stammesnamen der Angeln, die mit Teilen des Volkes von Schleswig aus England besiedelten; zu ahd. *angul* »Angel(haken), Spitze«, auch zu ahd. *ango* »Angelpunkt, Mittelpunkt, Stachel«; die Bed. kreuzte sich nach Einführung des Christentums mit ahd. *engil* »Engel«.

ans, as, os altnord. *as*, ags. *os* »göttlich, gottgleich, Gott«, d.h. den Asen gleich, germ. Göttergeschlecht in der Himmelsburg Asgard; altnord. *ass*, schwed. *as* für etwas Hervorragendes, Segelstange, Hügel, Dachfirst.

arbi, erbi ahd. *arbi*, mhd. *erbe* »(angestammtes) Erbe, Erbgut, Erbschaft, Eigentum«.

arn, aro, arin, ern ahd. *aro*, ags. *earn* 1. »Adler, stark, kühn wie ein Adler, herrschend«; 2. »Ernte, Gewinn, Ertrag«.

ask, asc ahd. *asc*, ags. *aesc* »Esche, Baum, Eschenspieß, Speer«.

aud, ad →*ot*.

badu, batu, baud, bod, pat got. *bado*, ags. *beadu* »Kampf, Vorstoß; Kämpfer, Streiter, Vorgehen, Raum gewinnen«; nd. *bot*, engl. *bout* »Vorangehen«.

bald, balt, baldo ahd. *bald*, altnord. *baldr* »kühn, mutig, dreist, schnell, eifrig, frisch und munter«; »ein Streiter, Held«; ags. *beald* »kühn, tapfer«; ital. *baldo*, altfrz. *baud* »keck, fröhlich«.

ber, beren, berin, bern ahd. *bero* »Bär«, »stark, mächtig, kräftig wie ein Bär«; in der dt. Tiersage ist der Bär der König der Tiere; ags. *beorn, biorn* »hervorragend durch Kraft und Stärke«, altnord. *björn* »Bär«; auch als *brun* »der Braune«.

bert, brecht, beraht, berht, breht, pert, precht ahd. *beraht* »hell, glänzend, strahlend, ansehnlich«, mhd. »Glanz, Pracht«.

berg ahd. *bergan*, nur bei weibln. VN, »bergen, schützen«, verwandt mit ahd. *burg*, got. *bairgan*, zu germ. **-bergo* mit vielschichtiger Bed. 1. »die Gefallenen Bergende«; 2. »die Schützende«; 3. »die Geburtshelferin«.

bot, bod, boto ahd. *biotan* »Bote, Gebieter, Herr«, dazu ahd. *beotan*, ags. *biodan, bodan* »bieten, darbieten, (ge)bieten«.

brand, brant, prant ahd. *brant* »Brand, Feuerschwert, Klinge«, gemeint ist wohl stets das ›flammende Schwert‹; Kämpfer, der dies beherrscht. Entlehnt zu ital. *brando* »Schwert«.

brun ahd. *brun* »braun, glänzend«; in den Koseformen *Bruno, Bruna* auf den »Braunen«, den Bären bezogen.

brun(n), brünn, brun(n)ia, brunna ahd. *bruna* »schützen mit der Brünne, Brustharnisch«, mit *brun* »braun« verwandt; urspr. aus Leder, später auf Eisen bezogen, Brünne, Panzer (brünieren, Metall bräunen).

burg, berg, birg ahd. *burg*, altnord. *borg* »Burg, Schutz, Bergung, Zuflucht(stätte), Sicherheit«, nur bei weibl. VN, zu ahd. *borgen* »wahren, sichern«, nhd. »geborgen« sein; Wunsch: Schutz und Geborgenheit bieten; kann auch als »die die Schlachttoten Bergende«, als Walkürenname verstanden werden.

dag, tag ahd. *tac* »hell, licht, glänzend«, ahd. *tagen* »ans Licht bringen, offenlegen«; »Tag, Licht, Glanz, Leben, strahlend wie der Tag«.

dank, thank, dang(h), danch ahd. *danc* »Dank, Gnade, Lohn, Zustimmung«; ahd. *danchon* »erkenntlich sein, freundlich sein, geneigt sein«; ahd. *(gi-)danch*, mhd. *(ge-)danc* »Gedanke, Geist«.

degan, thegan ahd. *degan*, mhd. *degen* »Degen = Held, junger Held, Ritter, Gefolgsmann«; »tapfer, ritterlich«.

diet, dit, det ahd. *diot*, got. *thiuda*, ags. *theod* »Volk, Menge, Haufe, (Kriegs-)Schar, zum Volk gehörig, volkstümlich, deutsch«.

eber ahd. *ebur*, ags. *eofor* »Eber, kräftig, stark, mutig«; der Eber war das Reittier des nord. Gottes Freyr; altnord. *jöfurr* »Fürst« = »stark, kräftig, mächtig«.

eg, ecke, ekka ahd. *ekka* »Spitze, Schwertschneide« s.a. →*Agi(l)*.

Engel- →*Angel-*.

folk, volk ahd. *folc* »Volk, Leute, Schar, Heerschar, Kriegsvolk«; nd. *folk* »Verwandtschaft, Stamm«.

fried, frid ahd. *fridu* »Friede, Ruhe, Sicherheit, Schutz vor Waffengewalt«; altsächs. *friten*, altengl. *fridhian* »schützen, sichern«; altnord. *fridhr* jedoch »schön, hübsch, angenehm«.

gard ahd. *gardan* »einfriedigen, einzäunen«, Movierung von germ. **gardaz* »Zaun«; altnord. *gardhr, gerdha* »Haus, Hof, abgeschlossenes Gehege, Hort, Schutz«; nur bei weibl. VN.

ger ahd. *ger*, altnord. *geirr* »Speer, Ger, Wurfgeschoß«; »streitbar, kämpfend, mutiger Streiter, Kämpfer«.

gisel ahd. *gisel*, altnord. *gisl(i)*, mhd. *geisel* 1. »Pfeilschaft, Pfeil, Stab, Speer«; norweg. *gisla* »flimmern, blinken, strahlen lassen«, Sunnigisil »Sonnenstrahl«; 2. ahd. *gisal*, altnord. *gisl* »Geisel« (edle Kriegs-)Gefangene zum Austausch, Adelssproß schlechthin.

god 1. ahd. *got*, altnord. *godh, gudh* »Gott, göttlich«; 2. ahd. *guot*, altnord. *godhr* »gut, gut machen, sich gnädig, freundlich und wohlwollend erweisen«.

grim ags., altnord. *grima* »Maske, Larve«, wohl auf den Kampf bezogen; auch ahd. *grim, grimmi* »zornig, wild, schrecklich, erregt sein, heftig vorstoßen«, ags. *grimman* »wüten, ungestüm eilen«; später *kriem*, auch bei *Kriemhild*.

gund, gunt 1. ahd. *gund(-fano)* in »Kriegsfahne«, altnord. *gunnr*, germ. **gunthi* »Kampf«; nur bei weibl. Namen; 2. ahd. *giunnan, gunnen* »gewähren, erlauben, gestatten, gönnen«.

hadu ahd. *hadu* »Kampf«, entspr. spätmhd. *hader*, nhd. Hader »Streit, Zwist«.

hagan, hagi ahd. *hagan, hag* »Gehege, umfriedetes Gebüsch, Umzäunung, Weideplatz, Dornbusch, (Dorn-)Hecke, Schutzwall aus Dornen, schützen, schirmen«.

hard, hart, ahd. *harti* »hart, stark, fest, entschlossen, kühn, hart machen, stark machen«.

hari, heri ahd. *hari, heri*, altnord. *herr* »Heer«, altsächs. *heri* »Menge, Volk«, got. *harjis, chario-* in germ. Eigennamen zur Römerzeit (Chariomerus) = Krieger.

heid, heit 1. altnord. *heidh* »klar, heiter, glänzend«, auf Tag und Himmel bezogen, urspr. germ. **haithi* wohl »hell«, auch bei Personen; 2. ahd. *heit* »Art, Wesen, Erscheinung einer Person«; 3. ahd. *heidan, heidin* »wild, wild wachsend«.

heil ahd. *heil* »Schutz, Heil, Gedeihen, gesund, unverletzt, vollständig, stark, kräftig, blühend, gerettet«, mhd. *heil* »Gesundheit, Glück«, altnord. *heill* »Glück verheißendes Vorzeichen«.

heim ahd. *heim* »Haus, Wohnung«, mittelnd. *heime* »(gute) Heimat«.

helm ahd. *helm* »Helm, Schutz«; ags. auch »Beschützer, Hülle«, gleichen Stammes wie ahd. *helan* »verbergen, bedecken«.

hild, hilt ahd. *hiltiu, hiltja*, altnord. *hildr* »Kampf«; häufigstes Endglied in germ. Frauennamen; »kämpfen, sich eifrig bemühen«.

hug ahd. *hugu* »Sinn, Gedanke, Geist, Munterkeit, auch Klugheit« – bezogen auf Odins Raben Hugin.

ing altnord. *ingi* »König«; *Ingwio* »Gott der Ingwäonen«, ags. *Ing* »Gott«, altnord. *Yngvi*, Name des nord. Gottes Freyr; 2. als Endglied germ. Geschlechts- und Ortsnamen; patronym. *-ing* »Sproß, zugehörig zum Geschlecht, zur Familie«.

irmin ahd. *irmin, ermen* »gewaltig, groß, erhaben, allumfassend«; zum Namen des germ. Stammes der Irminonen, Herminonen.

isan, isen ahd. *isan* »Eisen, Waffe«; Bed. »eisern, fest, stark«.

kuni ahd. *kuoni, chuoni* »kühn, mutig, tapfer, stark«, ahd. *kunni* »Geschlecht«, *chunni* »Verwandtschaft, Nachwuchs«, dazu auch *kuning* »König«.

land ahd. *lant* »festes Land, (heimisches) Land, Boden, Feld, Landgut, landangesessen«.

leib, leip, lef, leif 1. ahd. *leiba*, altnord. *leif* »Erbe, Hinterlassenschaft, der Hinterlassene, Sohn, Tochter«; zu germ. **laibaz* »Nachkomme, Sproß«; 2. altnord. *leyfa*, engl. *leave* »freigeben, laufen lassen, wachsen lassen«.

lind, lint 1. ahd. *linta, linda*, ags. *lind* »Linde«, ahd., ags., altnord. »Lindenschild«, aus Lindenholz gearbeitet oder aus Lindenbast geflochten, steht für den persönlichen, unmittelbaren Schutz, Schild, Schirm; 2. ahd. *lindi*, mhd. *linde* »weich, nachgiebig, empfänglich, zart, mild«, *lind(j)an* »weich machen«; 3. ahd. *lint*, altnord. *linnr* »Schlange, Wurm«. Weibl. VN, wohl meist Walkürennamen in der Bed. »Schildkämpferin«, aber auch in der 2. Bedeutung.

liob, lieb ahd. *liob, liub*, ags. *leof* »lieb, wert, freundlich, zugeneigt, gütig, gut, günstig, gnädig«, *liuban* lieben, liebevoll behandeln, zu germ. **liubaz* »lieb, geliebt«.

liut, obd. **luit** ahd. *liut*, altnord. *liud*, altfries. *liod*, ags. *leod* »Volksstamm, Geschlecht«, altnord. *lidh*, altslaw. *ljudu* »Leute, Volk, Gesinde«; ahd. *liotan*, altsächs. *liodan* »wachsen, sprossen, hervorsprießen«.

lud, (h)lut, *chlod, klod* 1. ahd. *hlut*, altfränk. *chlod* »laut, berühmt, helltönend«; 2. ags. *hlodh* »Schar, Trupp, Masse«, ahd. *fluot*, ags. *flod* »Aufschwemmung, Masse«.

mein, magan ahd. *magan, megin, mehin* »Macht, Vermögen, Kraft, Menge, Mächtiges«; altnord. *megin* »stark, gewaltig, sehr groß«; verwandt mit griech. *megas* »groß«.

mar ahd. *mari, mare*, ags. *maere, mere* »berühmt, ansehnlich, groß, herrlich«.

mund, munt ahd. *munt* »Hand (darüberhaltend), Schutz, Bevormundung, Schutz der (unmündigen) Person, die sich noch nicht selbst vertreten kann, altfries. *mund, mond* »Vormundschaft, Vormund«, ags. *mund* »die (flache) Hand, Gewalt über eine unselbständige Person, Schutz, Schirm«; altnord. *mundr* »Kaufpreis der Braut, dadurch erworbene Vormundschaft über sie«.

muot, mut ahd. *muot*, germ. **modaz* »Seelenstimmung, auf etwas gerichteter Sinn«, d.i. Sinn, Geist, Mut, Gesinnung, Verlangen, Begehren, ahd. *mouton, mouten* »begehren, verlangen, erstreben«; erst ab 13. Jh. die heute noch bekannte Bed. »wagende Kampflust, Entschlossenheit, trotziger Eigenwille«.

-nand ahd. *nendan, nindan*, germ. **nanthaz*, got. *nanthjan* »etwas wagen, angreifen, kühn, mutig, eifrig sein«.

odal, odil ahd. *odhil, uodal, uodil* »Besitz, Erbgut, Reichtum«, altfränk. *ethel, othol* »Erbgut«, ags. *odhel, edhel* »(angestammte) Heimat, Heimatland«.

ot, od ahd. *ot*, altsächs. *od* »Besitz, Gut«, ags. *ed, ead* »Besitz, Glück, Sicherheit«, altnord. *audhr* »Besitz, Reichtum, Glück«; noch heute in nhd. *Allod*, ahd. *alot* »das echte (vererbliche) Eigentum«.

(h)old →*wald, walt*.

ort ahd. *ort*, altnord. *oddr*, germ. **uzda* »Spitze, spitze Waffe, Waffenspitze«, ags. *ord* »stechende, schneidende Waffe, Beginn, Schlachtordnung«; mittelnd./nd. *ord, ort* »Spitze, Ecke, Winkel, Anfang, Ende, Platz, Raumpunkt«.

os →*ans*.

(h)raban, (h)ram ahd. *(h)raban*, verkürzt *(h)ram*, germ. **hramn* »Rabe«, spätahd. *rabo*, mhd. *rabe(n), rappe*, mittelnd. *rave(n)*; bezogen auf den Raben Hugin des germ. Gottes Odin in der Bed. »Klugheit, Schnelligkeit«.

rai, rain, rein, ragan, ragin, regin got. *ragin*, ags. *regn* »Rat, Beschluß«, altnord. *regin* »Rat der Götter, die Ratgebenden«.

rad, rat ahd. *rat* »Rat, Einsicht, Vorsorge, Gewinn«, ags. *raed* »Hilfe, Gewinn, Vorteil«.

rich, rik ahd. *rihhi* »groß, mächtig, reich, umfangreich, herrschend«, ahd. *richi, rihhi, riche* »Reich, Herrschaft, Bereich, Besitz«, got. *reiks* »Herrscher, Fürst«.

run, runa ahd. *runa*, ags. *run*, altnord. *run* »Zauber, Geheimnis, Weissagung«, ahd. *runen*, ags. *runian*, altnord. *runon* »raunen«, ags. *gereonian* »flüstern, murmeln«. Dazu *Rune*, urdt. Schriftzeichen, ags. *run* »Beratung, Geheimschrift, Zauberzeichen«.

rut, (h)ruot ahd. *hruod*, altnord. *hrodhr* »Ruhm; berühmt, ruhmvoll«; ags. *hroedhe* »wild, grimmig, rauh, bewegt, lebenskräftig«.

sieg, sig, sigi ahd. *sigu* »Sieg, Kraft, Vorangehen, Gewinn, Gedeihen, Zunahme«.

traud, trud 1. altnord. *thrudhr* »mutiges Weib«, germ. **thruthi*, altengl. *thrydh* »Kraft«, Umdeutung des Endgliedes weibl. Namen zu 2. ahd. *triu, trut*, mhd. *trud*, altnord. *tryggr, trur* »lieb, beliebt, zuverlässig, sicher, treu, traut, fest«, altnord. *tryggia* »treu, zuverlässig«.

wald, walt ahd. *waltan*, zu germ. **waldaz* »waltend«; »walten, herrschen, für etwas sorgen, etwas bestimmen, beherrschen«, altnord. *valda* »bewirken, verursachen«; bei *-ald* sind die Namen oft noch abgeschliffen worden zu *-old*, und danach angelehnt an *-hold*, z.B. *Reinwald, Reinald, Reinold, Reinhold*.

ward, wart ahd. *wart* »Hüter, Schützer, Wächter, achtgeben auf etwas«; bedeutungsverwandt bei alten Namen auch *-wara*, ahd. *waran* »wahren«, got. *wars* »behutsam«.

wig ahd. *wig* »Kampf, Streit«, ags. *wigan*, got. *weihan* »Kämpfer, Streiter«; möglich Bedeutungskreuzung mit ahd. *wihan*, got. *weihan* »weihen, heiligen«, d.h. erhalten, bewahren.

wil ahd. *willio, willon* »willig sein, streben, gern bereit, freudig, mit Lust«, *wiljo* »Wille, Begehr, Streben, Freude«.

win, wine, wyn ahd. *wini* »Freund, Geliebter«, wohl bedeutungsverwandt mit ahd., altsächs. *gi-unnan* »gönnen, erlauben«, altnord. *unna* »lieben, zuwenden«.

wid, wit, witt 1. ahd. *witu* »Wald, Holz, im Walde wohnend«, konkurriert 2. mit ahd. *witjan, wittan* »weit machen, erweitern«, ahd. *wit*, ags. *wid* »weit, groß, stark, kräftig«.

wolf, wulf, -olf, -ulf ahd. *wolf*, got. *wulfo* 1. zu ahd. *wolf* »Wolf«, häufig in vielen Namen mit den Eigenschaften Kraft, Stärke, Ausdauer, List. Angriffslust des Kriegers und Kämpfers; konkurriert mit den alten Bedeutungen 2. ahd. *wolf, wulf* »Wildes, Starkes, Aufgewühltes« in Gewässernamen; 3. nd. *wulfen* »schwer arbeiten, wühlen«.

Abkürzungen

AF	Adoptivform
ags.	angelsächsisch
ahd.	althochdeutsch
altfrz.	altfranzösisch
altisländ.	altisländisch
altsächs.	altsächsisch
A.T.	Altes Testament
bibl.	biblisch
BN	Beiname
bulgar.	bulgarisch
dän.	dänisch
DF	Doppelform, Zusammenziehung
dialekt.	dialektisch, mundartlich
dt.	deutsch
engl.	englisch
Ffm., Städel	Frankfurt, Städelsches Kunstinstitut
finn.	finnisch
FN	Familienname
fries.	friesisch
frz.	französisch
gall.	gallisch
germ.	germanisch
got.	gotisch
griech.	griechisch
hebr.	hebräisch
hl.	heilig
HlN	Heiligenname
illyr.	illyrisch
ind.	indisch
ir.	irisch
ital.	italienisch
Jh.	Jahrhundert
🄺	Kunstwerke, Grabmale namenbezogen
kelt.	keltisch
KF	Kurzform und/oder Koseform
lapp.	lappisch

lat.	lateinisch
lit.	litauisch
LN	Lallname, kindersprachlich
m	männlich
MA	Mittelalter
mhd.	mittelhochdeutsch
mittelnd.	mittelniederdeutsch
München, A.P.	München, Alte Pinakothek
m/w	männl. und/oder weibl. Form
Nbg., Germ. Mus.	Nürnberg, Germanisches Museum
nd.	niederdeutsch
NF	Nebenform
niederl.	niederländisch
nord.	nordisch
nordfries.	nordfriesisch
N.T.	Neues Testament
obd.	oberdeutsch, alemannisch
ostfries.	ostfriesisch
pers.	persisch
poln.	polnisch
portug.	portugiesisch
provenz.	provenzalisch
rätoroman.	rätoromanisch Engadin, Graubünden
RN	Rufname
roman.	romanisch
röm.	römisch
runeninschr.	Runeninschrift, altnordisch
russ.	russisch
schwed.	schwedisch
schweizer.	deutschschweizerisch
slaw.	slawisch
slowen.	slowenisch
span.	spanisch
TN	Taufname
tschech.	tschechisch
ungar.	ungarisch
urspr.	ursprünglich
VklF	Verkleinerungsform
VN	Vorname
w	weiblich
westfries.	westfriesisch

A

Aaron, **Aron** *m* bibl. Name, zu hebr. *'aharon* »Erleuchteter, Bergbewohner«; älterer Bruder des Moses.

Abbe, **Abbo** *m* ostfries. LN, auch KF von Namen mit *Adal-*, z. B. *Adalbert*.

Abel *m* bibl. Name, zu hebr. *hebel* »Hauch, Vergänglichkeit«; zweiter Sohn Adams, von Kain erschlagen.

Abelina, Abeline *w* neuere Weiterbild. des bibl. Namens →*Abel* od. KF von →*Adelberta*.

Abelke *w* ostfries. KF zu Namen mit *Adal-*, z. B. *Adalberta*.

Abelone *w* dän./norweg. Form von →*Apollonia*.

Abigail *w* bibl. Name, zu hebr. *'abigajil* »Quell der (Vater-)Freude«, auch »Vortänzerin«.

Abraham *m* bibl. Name, zu hebr. *'abraham* »Vater der Menge«; urspr. *'abram* »hoher, erhabener Vater«; arab. *Ibrahim*. KF *Abram*.

Absalom, *Absalon m* bibl. Name, zu hebr. *abshalóm* »Vater des Friedens«; Sohn Davids.

Achaz, lat. *Achatius, Achatus m* bibl. Name, zu hebr. *achaz* »der Herr besitzt«; *Ahas* im AT.

Der hl. Achatius, Märtyrer, einer der 14 Nothelfer.

***Achill**, **Achilles** *m* VN, griech. Herkunftsname *Achilleion*; in der Sage griech. Held vor Troja; frz. *Achille*.

***Achim** *m* KF von →*Joachim*.

[K] Achim (Ludwig Joachim) v. Arnim, romant. Dichter, Gr. Wiepersdorf, Kr. Jüterbog.

Achmed *m* arab. VN, Bed. »preis- und lobenswürdig«.

Acke *m* schwed. KF von →*Axel*.

Ada *w*, auch *Adda*, KF von Namen mit *Adal-*, *Adel-*; heute verbreitet.

Adal- erstes Glied zahlreicher alter dt. VN, zu ahd. *adal* »edel, vornehm«.

Adalbert, Adelbert *m*, **Adalberta**, **Adelberte** *w*, **Adalbrecht**, **Adelbrecht** *m* alte dt. VN, zu ahd. *adal* »edel, vornehm« + *beraht* »glänzend«.

[K] hl. Adalbert (10. Jh.), Gr. im Dom zu Gnesen, einer der Landespatrone Böhmens.

Adalbrand, **Adelbrand**, **Aldebrand**, **Albrand** *m* alte dt. VN, zu ahd. *adal* »edel, vornehm« + *brant* »Brand, flammendes Schwert«.

Adalfried *m* alter dt. VN, zu ahd. *adal* »edel« + *fridu* »Friede«.

Adalger, **Adelger** *m* zu ahd. *adal* »edel« + *ger* »Speer«.

Adalhard, **Adalhart**, **Adelhard** *m* zu ahd. *adal* »edel« + *harti* »hart«.

Adalhelm, **Adelhelm**, **Aldhelm**, **Adhelm** *m* zu ahd. *adal* »edel« + *helm* »Helm«.

Adalie *w* NF zu *Adela* (=Adelheid) oder KF von Namen mit *Adal-*.

Adalmar, **Adelmar** *m*, auch *Aldemar*, zu ahd. *adal* »edel« + *mari* »berühmt«.

Adalrich, **Adelrich**, **Alderich** *m* zu ahd. *adal* »edel« + *rihhi* »mächtig, reich«.

Adalwin, **Adelwin** *m* zu ahd. *adal* »edel« + *wini* »Freund«.

***Adam** *m* bibl. Name, zu hebr. *'adam* »der von *adama* (aus roter Erde) Genommene, Mensch«; VN im Rheinl. seit dem 12. Jh. häufiger.

Adela, **Adele** *w* selbständ. KF von →*Adelheid*; frz. *Adèle*.

Adelaida, Adelaide, *Adélaïde w* alte frz. Form von →*Adelheid*.

Adelar *m* zu ahd. *adal* »edel« + *aro* »Adler«; der hl. Adalar, †754, von den Friesen erschlagen.

Adelberta, **Adelberte** *w* →*Adalbert*.

Adelbrecht *m* →*Adalbert*.

Adelfriede, *Adelfrieda w* zu →*Adalfried*.

Adelgund(e), *Adelgundis* *w* zu ahd. *adal* »edel« + *gund* »Kampf«.

***Adelheid** *w* alter dt. VN, zu ahd. *adal* »edel« + *heit* »Art, Wesen«; sehr beliebter VN des MA, durch die romant. Dichtung seit dem 19. Jh. neu aufgekommen.

engl. *Adelaide*, frz. *Adélaide*; KF *Aleid, Aleit, Alheit, Aletta, Alette, Alke, Elke, Alice, Alida, Heidi, Lida, Lettie, Liddy.*

🅺 Die hl. Adelheid, dt. Kaiserin (931–999), Grabplatte in Villich.

Adelhild(e) zu ahd. *adal* »edel« + *hiltja* »Kampf«.

Adelina, Adeline *w* VklF von →*Adela*.

Adelinde *w* zu ahd. *adal* »edel« + *linta* »Lindenholzschild« od. *lind* »sanft«.

Adelmut(e) *w*, auch *Almod, Almudis*, zu ahd. *adal* »edel« + *muot* »Sinn, Geist, Gemüt«.

Adelrun(e) *w* zu ahd. *adal* »edel« + *runa* »Geheimnis, Zauber«.

Adeltraud, Adeltrud *w* zu ahd. *adal* »edel« + *trud* »Kraft, Stärke«.

Adelwin *m* zu ahd. *adal* »edel« + *wini* »Freund«.

Adhelm *m* KF von →*Adalhelm*.

Adina *w* KF von →*Ada*.

Adna *w* NF des engl. VN →*Edna*, zu hebr. *adna* »Wonne, Lieblichkeit«.

Adolar *m* →*Adelar*; Name adliger Helden- und Rittergestalten.

Adolf *m* aus altem VN *Adalwolf*, zu ahd. *adal* »edel« + *wolf* »Wolf«, im MA Fürstenname, auch seit dem Schwedenkönig Gustav Adolf verbreitet.

KF *Alf, Adi, Adje, Ado, Dolf*; engl. *Adolph*, frz. *Adolphe*, ital. *Adolfo, Azzo, Ezzo*, span. *Adolfo*. 🅺 Adolf v. Nassau, dt. König, Gr. in Speyer, Dom.

Adolfa *w* Form von →*Adolf*.

Adolfina, **Adolfine**, *Adolphina, Adolphine* *w* Weiterbild. von →*Adolfa*.

Adolph *m* engl., **Adolphe** frz. Form von →*Adolf*.

Adonia *w* VN zum griech. VN *Adonias, Adonis*.

Schöner Jüngling, Liebling der Venus, dessen Totenfeier, urspr. oriental. Kult, symbol. Entschwinden des Frühlings bedeutete.

Adrian *m*, früher auch *Hadrian*, lat. *(H)adrianus* »Mann aus Hadria« (südl. Venedig); Papstname, darunter Hadrianus aus Utrecht (16. Jh.).

niederl. *Adriaan, Adrien*, frz. *Adrien*, ital. *Adriano*.

***Adriana**, **Adriane** *w*, auch *Ariane*, zu →Adrian.

engl./frz. *Adrienne*, rumän. KF *Riana*.

Adrienne *w* engl./frz. Form zu *Adriana*; verbreitet durch die hl. Adrienne von Cortona.

Afra *w* VN, zu lat. *afra* »afrikanisch«, »die Afrikanerin«.

Die hl. Afra, Märtyrerin in Augsburg, Kloster/Landesschule St. Afra in Meißen.

🅺 Steinsarkophag St. Ulrich u. Afra, Augsburg.

Agascha *w* russ. KF von *Agafja* = *Agathe*.

Agatha, **Agathe** *w* VN, griech. *agathós* »gut«; beliebter VN des 19. Jh.

Die hl. Agatha (3. Jh.), Patronin d. Bergleute u. Hüttenarbeiter.

Agda *w* schwed. Form von →*Agathe*.

Age- →*Agi-*.

Aggie, **Aggy** *w* engl. KF von *Agathe*; auch von *Angelika*.

Ägid, **Ägidius** *m*, auch *Egid, Egidius*, zu griech. *aigis* »Ziegenfell«, *aegis* »Schutzmantel des Zeus«.

Seit dem Wirken des Abts Ägidius vom Kloster St. Gilles (Provence) verbreiteter volkstüml. VN.

KF *Egidi, Gidi, Gil, Gilg, Ilg, Tilg*; engl. *Giles*, frz. *Gilles*, span. *Gil*, poln. *Idzi*, schwed. *Ilian*.

Agilbert *m* *Agil-* »Schwert« zu ahd. *ekka* »Spitze (der Waffe)« + *beraht* »glänzend«; KF *Agilo*, neuere Form *Eilbert*.

Agilhard *m* *Agil-* »Schwert« zu ahd. *ekka* »Spitze« + *harti* »hart«.

Agilo *m* KF von Namen mit *Agil-*.

Agilolf, **Agilulf** *m* *Agil-* »Schwert« zu ahd. *ekka* »Spitze (der Waffe)« + *wolf* »Wolf«; Agilolf, Kölner Lokalheilige; das älteste bayer. Herzogsgeschlecht der Agilolfinger; NF *Aigolf*.

Agilu(s) *m* lothring. HlN.

Agimar, *Agemar* *m* *Agi(l)-* »Schwert« + ahd. *mari* »berühmt«.

Agimund, *Agemund m Agi(l)-* »Schwert« + ahd. *munt* »Schutz (der noch unmünd. Person)«.

Agin *m* KF von Namen mit *Agi(n)-* »Schwert«.

Aginald, *Agenald m* zu *Agi(n)-* »Schwert« + ahd. *waltan* »walten, herrschen«.

Aginolf, *Aginulf m* zu *Agi(n)-* »Schwert« + ahd. *wolf, wulf* »Wolf«.

Aglaia, *Aglaja w* griech. KF, eine der Göttinnen der Anmut (»Charitinnen«) der griech. Mythologie, zu griech. *aglaia* »Glanz, Pracht«.

***Agnes** *w* VN, »die Heilige, Keusche, Reine«, zu griech. *agnós* »heilig, geweiht«, *agnōs* »keusch, rein«. In schweizer. Ausspr. *ág-nes*.

Die hl. Agnes, mit dem Lamm (Gottes) dargestellt, Patronin d. Jungfräulichkeit.

⊠Glasfenster (14. Jh.) Kirche Heiligkreuztal (Württ.).

Agnese (ital.), **Agnete** *w* NF von →*Agnes*.

Agnola *w*, **Agnolo** *m* ital. Formen zu →*Angela, Angelo*.

Ago *m* KF von Namen mit *Agi-, Ago-*.

Agomar *m* NF von →*Agimar*.

Ahasver *m* bibl. Name, hebr. *achasveros* »Hauptkönig, Großfürst«, auf altpers. Keilschr. *chschersche* = Xerxes, der »Löwenkönig«.

Aida *w* altgriech. Frauenname, vermutl. zu griech. *aithiopis* »die Äthioperin«; Gestalt der äthiop. Sklavin in Verdis Oper »Aida« (1871).

Aimé *m* frz. VN »der Geliebte«, zu lat. →*Amatus*.

Aimée *w* frz. VN, »die Geliebte«, zu lat. →*Amata*.

Aimo *m* finn. VN, zum lat.-hebr. VN →*Achaz, Achatius*.

Ake, **Akke**, **Akko** *m*, auch *Agge, Aggo*, fries. KF von *Alke, Aleke*, latinis. *Alconis*, zu Namen mit *Adal-*.

Akelei *w* »Blumenname«.

Die geschützte Akelei zählt zu den Hahnenfußgewächsen, im Gebirge bis 2000 m hoch, wachsen die blauvioletten Einseles Akelei, die braunvioletten Dunklen Akelei und die blaue Gemeine Akelei.

Akim *m* KF zum nord. u. südslaw. VN *Joakim = Joachim*.

***Alain** *m* frz. Form von →*Alan, Allan*.

***Alan**, **Allan**, **Allen** *m* engl. VN kelt.-breton. Urspr., frz. *Alain, Allain*, lat. *Alanus*; zum ethn. Namen der Alanen (Skythen), kaukas. Bergvolk.

Alard *m* NF von →*Adalhard*.

Alarich *m*, got. *Alareiks*, zu ahd. *alah* »Heiligtum« + *rihhi* »mächtig, Herrscher«; Westgotenkönig, der Rom besetzte, Grab im Busento.

Alba *w* zu lat. *alba* »(weiße) Perle«, *albens* »weiß, hell«.

Alban *m* zu lat. *Albanus* »Mann aus Alba«, Mittelitalien; der hl. Alban von Mainz, Märtyrer (4. Jh.).

⊠Hochaltar (1499) in der Albanikirche Göttingen.

Alberad *m* NF von →*Alfrad*.

Alberich, *Elberich m* zu ahd. *alb* »Naturgeist« + *rihhi* »mächtig, reich«.

Albero *m* NF von *Adalbero*, ahd. *adal* »edel« + *bero* »Bär«.

Im 12. Jh. in Köln unter den zehn häufigsten Namen.

***Albert** *m*, **Alberta**, **Alberte** *w* KF von →*Adalbert, Adalberta*; Gelehrten- u. Künstlername im MA, Fürstenname im 19. Jh.

engl.-frz. *Albert*, ital. *Alberto*.

⊠hl. Albertus Magnus, Gr. St. Andreas, Köln; Bronzewerk von G. Marcks (1956), Univ. Köln.

Albertina, **Albertine** *w* Weiterbild. von *Alberta*.

Alberto *m* ital. Form von →*Albert*.

Albin *m* NF von *Albwin, Alboin*, auch zu lat. *Albinus* »der Weiße«, aus *albus* »weiß«; frz. *Aubin*.

Albina, **Albine** *w* Formen zu →*Albin, Alwin*.

Alboin, **Albuin** *m* NF von *Albwin*.

Albrand *m* →*Adalbrand*.

***Albrecht** *m* alter dt. VN, zu →*Adalbert, Adalbrecht*; seit dem MA verbr. Fürstenname, VN von Dichtern u. Malern (Dürer, Altdorfer).

⊠Albrecht I., dt. König, Gr. in Speyer, Dom; Albrecht II., dt. König, Gruft d. ungar. Könige, Stuhlweißenburg.

Albrun(e) *w* zu ahd. *alb, alp* »Elf(e), Naturgeist« + *runa* »Geheimnis, Zauber«.

Alburg(a) *w* zu *Adelburg(a)*, ahd. *adal* »edel« + *burg* »Schutz, Zuflucht«.

Albwin *m*, auch *Alboin, Albuin*, zu ahd. *alb, alp* »Elf, Naturgeist« + *wini* »Freund«.

Alda *w* KF von Namen mit *Adal-, Adel-*.

Aldebrand *m* wie *Albrand* zu →*Adalbrand*.

Aldeger *m* zu →*Adalger*.

Aldegund(e), Algonde, Algunde *w* zu →*Adelgunde*.

Aldemar *m* zu →*Adalmar*.

Alderich *m*, auch nd.-fries. *Alderk*, zu →*Adalrich*.

Aldhelm *m* zu →*Adalhelm*.

Aldiger *m* zu →*Adalger*.

Aldina, Aldine *w* Weiterbild. von →*Alda*.

Aldo *m* ital. KF von *Aldobrando*, zu →*Adalbrand*.

Aldona *w* Weiterbild. zu →*Aldo*.

Alec, *Alick m* engl. KF von →*Alexander*.

Aleida, Aleide *w* nordd. KF von →*Adelheid*; ostfries. auch *Alida, Alide*.

Aleit, Alheit *w* nd. KF von →*Adelheid*.

Aleke *w* ostfries. VN →*Alke*.

Aleko *m* bulgar. KF von →*Alexander*.

Aleksascha *w* russ. Verkürz. von *Aleksandra*; KF *Sascha, Saschura, Schura*.

Alena, Alene *w* tschech. u. ungar. KF von →*Magdalena*.

Alenica *w* russ. KF von →*Elena = Helene*.

Alenka *w* südslaw. u. ungar. KF von *Alena*, zu →*Magdalena*.

***Alessandra** *w* ital. Form von →*Alexandra*.

***Alessandro** *m* ital. Form von →*Alexander*.

***Alessa, Alessia** *w*, **Alessio** *m* ital. KF von *Alexa, Alexia, Alexius*.

Aleta, Aletta, Alette *w* ostfries. KF; *Alette* auch frz. VklF von →*Adelheid*.

***Alex** *m* KF von →*Alexander*.

***Alexa** *w* KF von →*Alexandra*.

***Alexander** *m* »der Abwehrende, Schützer«, zu griech. *aléxō, alexein* »schützen, verteidigen« + *andrós* »Mann«; Name von Königen, Kaisern, Päpsten des MA, in jüngster Zeit häufig unter den beliebten VN.

KF *Alex, Lex, Xander*; engl. KF *Alec, Sander, Sandy*, frz. *Alexandre*, ital. *Alessandro*, russ. *Aleksandr, Alexej*; slaw. KF *Aleks*.

🄺 Papst Alexander I., Kanzel Alexanderkirche Marbach (1480/90); Humboldt-Grabstätte, Berlin-Tegel (Alexander v. H.).

***Alexandra** *w* Form von *Alexander*; legendärer HlN, VN von Fürstinnen im 19. Jh., Beliebtheit des VN steigt in jüngster Zeit.

Alexandrina, Alexandrine *w* Weiterbild. zu →*Alexandra*.

Alexej, Aleksej *m* russ. Formen von →*Alexius* und *Alexander*.

***Alexia** *w* Form von *Alexis*, KF von →*Alexandra*.

Alexis, Alexius *m* zu griech. *alexein* »beschützen«, *alexis* »Hilfe, Abwehr«; *Alexis* KF von →Alexander.

🄺 Zum hl. Alexis im MA die Wandmalerei (1340) im Chor d. Frauenkirche Esslingen.

Alf *m*, **Alfa** *w* KF von männl. u. weibl. Namen mit *Alf-*; KF von →*Adolf*.

Alfard, Alfhard *m* zu ahd. *alb, alf* »Naturgeist« + *harti* »hart, stark«.

Alfhild(e) *w* zu ahd. *alb, alf* »Elf(e), Naturgeist« + *hiltja* »Kampf«.

Alfons, Alphons *m*, **Alfonsa, Alphonsa** *w* urspr. germ. *Adalfuns*, von den Westgoten nach Spanien gebracht, danach über Frankreich zurückgekommen, zu ahd. *adal* »edel« + *funs* »eifrig, bereit«.

Span., portugies. u. neapolitanischer Königsname. 🄺 Alfons X., dt. König, Gr. in Santa Maria, Sevilla.

Alfrad *m*, **Alfrada** *w* zu ahd. *alb, alf* »Naturgeist« + *rat* »Ratgeber«.

***Alfred** *m*, **Alfreda** *w* zu germ. *Alfrad*, über die altengl. Form *AElfred*, zu *aelf* »Naturgeist« + *raed* »Rat(geber)« zu uns gekommen, im 19. Jh. verbreitet, auch in neuerer Zeit.

Alfried *m* KF von *Adalfried*.
Alfrun *w* NF von *Albrun*.
Alger *m* westfries. VN, zu ahd. *adal* »edel« + *ger* »Speer«; auch *Alker*.
Algunde *w* NF zu *Adelgunde*.
Alhard, **Alhart** *m* zu →*Adalhard, Adalhart*. Im MA oft in den oberen Schichten.
Alheid, *Alheit w* nd. KF von *Adelheid*.
Ali *m* KF von Namen mit *Al-*, *Adel-*, z.B. *Albrecht*; arab. *Ali* »der Erhabene« entspr. hebr. *alja* »hoch, erhaben«.
***Alice** *w* engl. VN, bürgerte sich im 19. Jh. im dt. Sprachgebiet ein, KF von →*Adelheid*; aus latinis. *Alesia, Alicia*, altfrz. *Adaliz, Aliz*, engl. *Ade-liz*.
Verbreitet auch durch Carrolls Märchen »Alice in Wonderland«, KF von Elisabeth, Alexandra, Aloysia; engl.-frz. KF *Alison*.
Alid, **Alida**, **Alide** *w* ostfries. KF von →*Adelheid*.
Alik *m* russ. KF von *Aleksandr, Albert*.
***Alina**, **Aline** *w* populäre Form zu *Adelina*, HlN; auch schwed. u. ungar. VN, slaw. *Alina, Alena* KF zu *Helena*.
Alinda, **Alinde** *w* KF zu *Adelinde*.
Alisa *w* NF von →*Alice*.
Alison *w* engl.-frz. KF von →*Alice*.
Alix *w* frz. KF von →*Alice*.
Kommt auch als männl. KF von frz. *Alissandre* = *Alexander* vor.
Alja *w* KF von →*Alexandra*.
Aljoscha *m* russ. KF von *Aleksandr*.
Alke, **Alkje** *w* nd.-fries. KF aus *Adalika, Alika*, von Namen mit *Adel-*, *Al-*, insbes. von →*Adelheid*.
Alker *m* westfries. VN, →*Alger*.
Alkuin, **Alkwin** *m* zu ahd. *alah* »Tempel, Heiligtum« + *wini* »Freund«.
Allrich *m* VN, zu →*Adalrich*.
Alma *w* VN 1. aus dem Span., »die Nährende«, zu lat. *almus* »nährend, wohltätig«; 2. KF von Namen mit got. *Amal-*.
Almar *m* VN, zu →*Adalmar*.
Almerich *m* NF von *Amalrich*.
Almod(a) *w* NF von *Almudis*, →*Adelmut*.
***Almut** *w* NF von →*Adelmut*.
***Alois**, *Aloisius, Aloys, Aloysius m* romanis. Formen des ahd. VN *Alwisi* »vollkommen weise«, als kath. HlN nach Südd. zurückgekommen.
frz. *Aloyse, Louis*, ital. *Aloisio, Luigi*, ungar. *Alajos*.
Aloisa, *Aloisia, Aloysia w* Formen zu *Alois*; KF *Alice, Loisa, Wisa, Wisia*.
Alphonse *m* →*Alfons*.
Alraune *w* NF von →*Adelrune*.
Alrich, **Alrik** *m*, **Alrike** *w* verkürzte Formen von →*Adalrich*.
Alrun(e) *w* NF von *Adelrune*.
Altfried *m* VN, zu älterem *Aldefried*, →*Adalfried*.
Alto *m* westfries. VN, ostfries. auch KF von *Altman*; zu *Alde-*, *Adal*-Namen.
Altman, **Altmann** *m* VN, zu einer älteren Form *Aldeman*, ahd. *adal* »edel« + *man* »Mann«.
🄺 Bischof Altmann von Passau, Reliquien Stift Göttweig.
Altraud, **Altrud** *w* NF von →*Adeltraud*.
Alvaro *m* span. VN, urspr. germ. *Alwart*, zu ahd. *al(a)* »all, ganz« + *wart* »Hüter«; alte weibl. Form: *Alwara*.
Alwin *m* KF von *Adalwin*; seit dem 19. Jh. neben der weibl. Form *Alwine* verbreitet.
Alwina, **Alwine** *w* Formen zu →*Alwin*.
engl. auch *Alwyne*, schwed. *Alvina*, KF *Alvi, Alvy*; engl.-dt. KF *Alwy*.
Amabel (engl.), **Amabella** *w* VN, zu lat. *amabilis* »liebenswert«, »die Liebenswürdige«; engl. KF *Mabel*.
Amadeus *m* lat. Name des 12. Jh., aus lat. *ama* »liebe!« (zu *amare* »lieben«) + *deus* »Gott« = »liebe Gott!«; bekannt und beliebt durch den VN des Komponisten Wolfgang Amadeus Mozart.
frz. *Amédée*, ital. *Amadeo*.
Amalberga, **Amalburg(a)** *w* VN zu *Amal-*, dem ostgot. Königsgeschlecht der Amaler, got. *amal-s* »tapfer, tätig« + ahd. *bergan* »bergen, schützen«.
Amalbert *m*, **Amalberta** *w* zu *Amal-* (→*Amalberga*) + ahd. *beraht* »glänzend, hell«.

Amalfried *m*, **Amalfrieda**, **Amalfriede** *w* zu *Amal-* (→*Amalberga*) + ahd. *fridu* »Friede«.

Amalgard *w* zu *Amal-* (→*Amalberga*) + ahd. *gard* »Gehege, Hort, Schutz«.

Amalgunda, **Amalgunde** *w* VN zu *Amal-* (→*Amalberga*) + ahd. *gund* »Kampf«.

Amalia, Amalie *w* alter dt. VN, schon im 14. Jh., zu *Amalina*, →*Amalinde*, ahd. *Amalindis;* NF *Amelie;* KF *Male, Malchen, Mali;* frz. *Amélie.*

Amalinde, *Amalindis w* alte dt. VN, zu ahd. *Amal-* + *linta* »Lindenholzschild«; neuere VN *Ameline, Amalie.*

Amalrich *m*, auch *Emelrich*, zu *Amal-* (Amaler, ostgot. Königshaus) + ahd. *rihhi* »mächtig, reich«.

engl. *Almeric*, frz. *Amaury*, ital. →*Amerigo, Emerico*, russ. *Amalrik*.

Amand *m*, **Amanda** *w*, **Amandus** *m* zu lat. *amandus* »liebenswürdig«; Namen verbreitet nach dem hl. Amandus, Apostel der Belgier.

Amarante *w* »Blumenname«.

Gemeint ist der Goldgelbe Kugelamarant *(Gomphrena haageana* oder *aurantiaca);* zu griech. *a-márantos* »nie welkend, unvergänglich«.

Amaryllis *w* »Blumenname«.

Urspr. Name einer griech. Nymphe, danach der von griech. Hirten besung. goldgelben Amaryllis *(Sternbergia lutea)*. Im Volksmund ist heute bekannt »Amaryllis«, die *Amaryllis belladonna* aus Südafrika, hoher Stengel, der eine Dolde großer zartrosafarbener Blüten trägt, oder der *Ritterstern* mit rosa und roten Blüten fast strahliger Symmetrie.

Amata *w*, lat. *amata* »die Geliebte«, zu lat. *amare* »lieben«; engl. KF *Amy*, frz. *Aimée*.

Amatus *m*, lat. *amatus* »der Geliebte«, zu lat. *amare* »lieben«; frz. *Aimé*.

Amber *w* engl. VN, über altfrz. *ambre* aus arab. *anbar*, urspr. gelber Amber = Bernstein; hier *Amber* = »die Blonde«; frz. *Ambre*, ital. *Ambra*.

***Ambra** *w* ital. VN, in der ital. Schweiz beliebt, Bed. s. →*Amber*.

Ambrosia *w*, engl. *Ambrosine*, weibl. Form von →*Ambrosius*.

Ambrosius, **Ambros** *m* zu griech. *ambrósios* »unsterblicher Natur, göttlich«; der hl. Ambrosius, Kirchenlehrer u. Verbreiter des christl. Glaubens, Verf. d. Ambrosianischen Lobgesangs.

KF *Broß, Bros, Brasch*; engl. *Ambrose*, frz. *Ambroise*, ital. *Ambrogio, Ambrosio, Brogio.* 🄺 Großgemälde van Dycks, Wien, Kunsthist. Museum; Sant'Ambrogio, Mailand.

Amelia, Amelie *w* NF von →*Amalie*.

Ameline, *Amelina w* zum ahd. Namen →*Amalindis*.

Amerigo *m*, auch *Emerico*, ital. VN, älter *Amalrigo*, zum germ. Namen →*Amalrich*; Amerigo Vespucci gab mit seinem VN dem Erdteil *Amerika* seinen heutigen Namen.

Ämilia *w*, **Ämilius** *m* →*Emilie, Emil.*

Amon *m* 1. bibl. Name, zu hebr. *'amon* »geübter, geschickter Arbeiter«; 2. auch *Amun (Re)* ägypt. Sonnengott, Königsname »Erhabenheit, Größe«; 3. *Ammon m* amer. VN, zu hebr. *'ammon* »eigenständig, Sohn meines Volkes«.

Amöna, **Amöne** *w* wohl zu lat. *amoenus* »anmutig, lieblich«.

Amos *m* bibl. Name, zu hebr. *'amos* »von Gott getragen«, auch »Träger, Lastträger«; Name eines Viehhirten, zum bibl. Propheten auserwählt.

Amrei *w* südd./schweizer. KF von →*Annemarie, -marei.*

Amy *w* KF zu →*Annemarie.*

Ana *w* span. Form von →*Anna* oder KF von Namen mit *-(i)ana.*

Anabel *w* KF zu →*Annabella.*

Anastasia *w* zu griech. *anástasis* »Auferstehung«; dt. KF *Asta, Stase, Stasi*; russ. KF *Nastja, Nastjenka.*

Anastasius *m* VN griech. Herkunft wie →*Anastasia*; dt. KF *Anestasl, Stas, Stasl, Stasi, Statz*; frz. *Anastasie*, ital. *Anastasio.*

Anatol *m* Herkunftsname, zu griech. *anatole* »der aus Anatolien (Kleinasien) Stammende«; HlN, Titelheld im Roman »Stiller« von Max Frisch.

Andel *w* obd. KF von →*Anna.*

Anders *m* dän.-schwed. Form von →*Andreas.*

Andi *m* KF von →*Andreas.*

Andor *m* ungar. NF von *András* = *Andreas.*

Andra *w* KF von *Alexandra.*

***André** *m*, **Andrée** *w* frz. Formen von →*Andreas* und →*Andrea.*

***Andrea**° *w* sehr beliebte weibl. Form von →*Andreas.*

***Andrea**° *m* ital. Form von →*Andreas*; häufiger männl. VN in der Schweiz.

Andrea-Gwendolyn *w* DF, 1976/77 wiederholt gegeben nach dem VN der Tochter des Bundespräsid. Walter Scheel.

***Andreas** *m* sehr beliebter VN griech. Herkunft, »der Mannhafte«, zu griech. *andreios* »mannhaft, tapfer«.

Als Apostelname im Abendland schon früh verbreitet; der Kult des hl. Andreas drang im 9. Jh. in Rußland ein, dort u. in Schottland Landespatron; Name ungar. Könige im MA; heute unter den 10 beliebtesten VN.

KF nd. *Anders, Andres, Andris; Anderl* (österr.), *Andi, Drees, Dreis* (westf.), *Dries, Drewes* (nd.), *Enderle* (obd.); engl. *Andrew, Andy, Andraé*, frz. *André*, dän.-schwed. *Anders*, slaw. *Andra, Andrej, Andrij, Andrus(ch)*, poln. *Andrzej*, ungar. *András, Andor;* slaw. KF *Andrak, Andrik, Andro.*

Andreana *w* südslaw. NF von *Andrejana*, Andrijana, zu →*Andrea w.*

Andree *m* eindeutschende Schreibung des frz. VN André, z.B. *Andree-Pascal* (Siegen 1976).

***Andres, Andrees, Andries** *m* nd.-niederl. Formen von →*Andreas.*

Andrew *m* engl. Form von →*Andreas.*

Andrijan *m* russ. NF von →*Adrian.*

Andriko *m* ukrain. KF von *Andrej* = *Andreas.*

Andro *m* südslaw. KF von →*Andreas.*

Andruscha *m* russ. KF von *Andrej* = *Andreas.*

***Andy** *m* engl. u. ungar. KF von →*Andreas.*

Anemone *w* »Blumenname«.

Zum Hain- oder Buschwindröschen, *Anemone nemorosa*, urspr. zu griech. *anemos* »Wind, die Windsbraut«, denn die Anemone öffnet sich nur bei wehendem Wind.

Anette *w* nicht zu empfehlende Form (falsche Schreibung, zu *Anna*!), dafür →*Annette.*

Ange *w* frz. VN, zu lat. *angelus* »Engel«.

***Angela** *w* griech.-lat. Herkunft, »die Engelhafte«, zu lat. *angelus* »Engel«; frz. *Angèle.*

Angelia *w* Weiterbild. von →*Angela.*

***Angelika**, *Angelica* *w* Weiterbild. von →*Angela*; frz. *Angélique*; zum sehr beliebten Namen geworden (1976).

Angelikus *m* »der Engelgleiche«, Weiterbild. von →*Angelus*; ital. *Angelico.*

***Angelina Angeline** *w* »Engelchen«, auch »Engelhafte«, ital.-span. Form, auch Weiterbild. von →*Angela.*

Angélique *w* frz. Form von *Angelika.*

Die Flut der Angélique-Romane von Anne und Serge Golon führt nach ersten Beobachtungen nicht zur Verbreitung dieses frz. VN, sondern zum beliebten VN →*Angelika.*

***Angelo** *m* engl./ital. Form von →*Angelus.*

Angelus *m* lat.-griech. Herkunft, »Bote Gottes«, zu lat. *angelus*, griech. *ággelos* »Bote, Verkündiger«; engl./ital. *Angelo*, slaw. Angel, Andel.

⊠Der hl. Angelus, einer der ersten Karmeliter, Altartafel (um 1500), Mainzer Dom.

Anica *w* südslaw. Form von →*Anna.*

Aniela, Aniele *w* poln. u. lit. Form von →*Angela.*

***Anik, Anika, Annika** *w* slaw. KF von →*Anna.*

Aniska *w* russ. KF von →*Anna.*

***Anita** *w* span. VklF von *Ana* = *Anna.*

***Anja** *w* russ. KF von *Anna*; nicht mehr so häufig.

Anjo *m* bulgar. KF von →*Angelus.*

Anjuscha, Anjuschka *w* slaw. KF von *Anna*; auch *Hanusja.*

Anjuta *w* bulgar. KF von →*Anna.*

Anjutta *w* vermutl. Neubild. aus *Anna* + *Jutta* (Seibicke); angelehnt an slaw. Koseformen von *Anna.*

Anka *w* nd. und slaw. KF von →*Anna.*

***Anke** *w* beliebte nd. KF von *Anna.*

Ann *w* engl. Form von *Anna*; auch in DF, wie *Ann-Kathrin.*

***Anna** *w* bibl. Name, griech. Form von →*Hannah*, Mutter Mariens.

Seit dem 16. Jh. sehr große Verbreitung, mit Maria der häufigste dt. Frauenname. *Anna*, die alte dt. weibl. Form von →*Anno*, wurde durch den bibl. Namen der hl. Anna verdrängt.
KF *Ann, Anni, Anneli, Annchen, Annerl, Anke, Antje, Nann, Nanni, Nannerl, Nanneli*; engl. *Ann, Anne*, frz. *Anne*, russ. *Anja, Anjuscha*.
🄺 Anna, dt. Kaiserin, Kapuzinergruft Wien.

***Annabarbara**, **Annebarbara** *w* DF aus *Anna*+*Barbara*.

***Annabell**, **Annabella** *w* DF aus *Anna*+*Bella*, ital. »die Schöne«.

***Annabeth** *w* aus *Anna* + (Elisa)*beth*.

***Annalene**, **Annelene** *w* DF aus *Anna*+(He)*lene* oder (Magda)*lene*.

***Annalies**, **Annalisa**, Annalise *w* DF aus *Anna*+*Lisa*.

***Annamaria**, **Annamarie** *w* alte DF aus *Anna*+*Maria*; beliebt auch *Anna-Maria*.

Annarösli, **Annerösli** *w* schweizer. DF aus *Anna*+VklF von *Rosa*.

***Annbritt** *w* schwed. DF aus *Anna* + *Brigitte*.

***Anne** *w* dt., engl. u. frz. NF von →*Anna*.

Änne *w* NF von →*Anna*.

***Annebärbel** *w* obd. DF von *Anna*+*Barbara*.

***Annedore** *w* DF aus *Anne*+*Dore*.

Annegard *w* DF aus *Anne*+*Irmgard*.

***Annegret** *w* DF aus *Anne*+(Mar)*gret*.

***Annekathrin**, **Annekatrin** *w* DF aus *Anne*+*Kathrin*.

***Anneke** *w* nd.-niederl. VklF von *Anna*.

***Anneli**, **Annelie** *w* obd. KF von *Anna*.

***Annelies(e)**, **Annelis(e)** *w* DF von *Anne*+*Liese*.

***Annelore** *w* DF aus *Anne*+*Lore*.

***Annelotte** *w* aus *Anne* + (Char)*lotte*.

Anneluise *w* DF aus *Anne*+*Luise*.

Annemarei *w* obd./schweizer. Form von *Annemarie*.

Annemargret *w* DF aus *Anne*+*Margret*.

***Annemarie** *w*, auch *Annemaria*, nach wie vor im dt. Sprachraum beliebte DF aus *Anne*+*Marie*; weniger verbreitet die frz. Form *Anne-Marie*.

Annemie *w* Koseform von *Annemarie*.

***Annerose** *w* DF aus *Anne*+*Rosa*.

Annetilde *w* DF aus *Anne*+(Ma)*tilde*.

Annetraud, **Anntraud** *w* DF aus *Anne*+(Ger)*traud*.

***Annett**, **Annette** *w* VklF von *Anna*, aus dem Frz. übernommen; 1976/77 sehr beliebter Name; *Anette* (Falschschreibung) nicht zu empfehlen.

🄺 Annette v. Droste-Hülshoff, dt. Schriftstellerin, Grab Friedhof Meersburg.

***Anni**, **Annie**, **Anny** *w* KF von *Anna*.

***Annik**, **Annika**, *Annick* *w* schwed. KF zu *Anna*.

***Annina**, **Annine** *w* Weiterbild. von *Anna*; dän. *Anine*.

Anno *m* westfries. NF von *Ane*, zu germ. *Arn*-Namen, ahd. *arn* = Adler.

🄺 Der hl. Anno, Erzbischof von Köln (11. Jh.), Grabmal Klosterkirche Siegburg.

Annunziata *w* ital. VN, *Maria Annunciata* »die Angekündigte«, bezogen auf Mariä Verkündigung, 25. März.

Anouk, *Anouck, Annouk, Anouchka* *w* mehr in der Welschschweiz gebräuchl. slaw. KF →*Anuscha*.

Ansbert *m* zu germ. *ans* »(Ase), Gott« + ahd. *beraht* »glänzend«.

Anselm, *Anshelm* *m* zu germ. *ans* »(Ase) Gott« + ahd. *helm* »Helm, Schutz«.

Anselma *w* Form zu →*Anselm*.

Anselmina *w* Weiterbild. von *Anselma*.

Ansfried *m* zu germ. *ans* »Gott« + *fridu* »Friede«.

Ansgar *m* alter dt. VN, zu germ. *ans* »(Ase) Gott« + *gar, ger* »Speer«, heute bekannt ist die übernommene Form →*Oskar*, aus altengl. *Osgar*.

🄺 Der hl. Ansgar, Erzbischof von Hamburg–Bremen, wurde als »Apostel des Nordens« verehrt; »Gedenktafel« (1457) Petrikirche Hamburg; Statue in Klanxbüll.

Ansgard *w* zu germ. *ans* »Gott« + ahd. *gard* »Gehege, Hort, Schutz«.

Anshelm *m* →*Anselm*.

Answald *m* zu germ. *ans* »Gott« + ahd. *waltan* »walten, herrschen«; jüngere Form →*Oswald*.

Anta *w*, **Ante, Antek, Anto** *m* slaw. KF von →*Anton*.

Anthony *m* engl. Form von →*Anton*.

***Antje** *w* fries. KF von →*Anna*.

Antka *w* poln. KF von *Antonina, Antonia*.

Antoine *m* frz. Form von →*Anton*.

Antoinette *w* frz. VklF von *Antoine* = *Anton*.

***Anton** *m* VN lat. Herkunft, *Antonius*, zum Namen der altröm. Familie *Antonia*; der plebejische Zweig brachte die bekannten geschichtl. Personen hervor. Unter mehreren Heiligen war der hl. Antonius von Padua, Schutzpatron der Eheleute.

KF *Dönges, Thön(e), Toni, Ton, Tonke, Tönges, Tönnies*, rhein. *Tünnes*; engl. *Anthony*, frz. *Antoine*, ital. *Antonio*.

⊠ Altar Stiftskirche Xanten (1521); Il Santo (Friedhof) Padua.

Antonella *w*, **Antonello** *m* ital. VklF zu *Anton, Antonia*.

Antonetta, **Antonette** *w* rätoroman. VklF zu *Antonia*.

Antonia, **Antonie** *w* Formen zu *Anton*; eigtl. Frau aus der altröm. Familie Antonia.

Antonietta *w* ital. VklF von *Antonia*.

Antonin *m* roman. und tschech. Form von *Anton, Antoninus*.

Antonina *w* bulgar. u. poln. Form von *Antonia*; eigtl. AF der altröm. Familie Antonia.

⊠ Die hl. Antonina, Schrein (14. Jh.) mit Reliquien in St. Johannes-Baptist, Köln

Antoninus *m* übernommene AF der altröm. Familie Antonia, einer von dieser Familie Adoptierten.

Der hl. Antoninus von Florenz (14. Jh.); Antoninus, Soldat der Thebaischen Legion, Piacenza, ⊠ Kirche zu Obino, Tessin (16. Jh.).

***Antonio** *m* ital. Form von *Anton*.

Anuscha, **Anuschka** *w* slaw. Koseformen von *Anna*.

Apke *m/w* westfries. männl., ostfries. männl. u. weibl. stark verkürzte Form von *Adalbert, Adalberta*

Apollinaris *m*, **Apolline** *w zu lat. Apollinarius*, griech.-lat. Herkunft, →*Apollonius*.

Apollonia *w* Form von →*Apollonius*; die hl. Apollonia, im MA verehrt.

⊠ Holzstatue (14. Jh.) in Münstereifel; desgl. von 1456 in Sterzing.

Apollonius *m* VN griech. Herkunft, »dem Gott Apollo geweiht«, griech. *Apollōnis*, Göttername *Apóllōn*; Heiligen- und Märtyrername im MA.

Arabella *w* Urspr. umstritten, möglich Anlehnung ital./span. *Bella* »die Schöne« an span. *arabella* »kleine Araberin«; engl. KF *Arabel*.

Aranka *w* ungar. VN, über ungar. *arany* »Gold« urspr. zu lat. *Aurelia* (röm. Familie) und zu der lat. Bed. *aureolus* »aus Gold gemacht«.

Arbo *m* KF von →*Arbogast*.

Arbogast *m* alter dt. VN, zu ahd. *arbi* »Erbe« + *gast* »Fremder, Gast«; nd. KF *Arp, Erb, Eppo*.

⊠ Der hl. Arbogast zählt zu den Heiligen im Elsaß, Patron von Rufach; Glasfenster (13./14. Jh.) in Niederhaslach.

Archibald *m* NF von →*Erkenbald*.

***Arend**, **Arent** *m* nord. KF von Namen mit Arn- »Adler«, zu selbständ. VN geworden.

Areta, **Aretha** *w* angloamer. VN griech. Herkunft, zu griech. *aristos, aretē* »die Vortreffliche«.

Arfast, **Arfst** *m* nordfries. übernommene VN nord. Herkunft, altnord. *Arnfastr, arn* »Adler« + *fastr* »fest«.

Arhild *w* NF von *Arnhild*.

Ari, **Arie**, **Ary** *m*, **Aria**, **Arya** *w* niederl. KF von *Adrian, Adriane*; auch KF von *Aribert*.

Ariadne *w* Name einer minoischen Göttin, zu griech. *adein* »singen«.

In der Sage des Theseus gab sie diesem das Garnknäuel, damit er aus dem Labyrinth entkam (der Ariadnefaden).

Arian *m* niederl. u. ungar. KF von →*Adrian*.

***Ariane** *w* frz. Form von *Ariadne*, ital. *Arianna*, danach auch *Arianne*.

Aribert *m* frz. Form von →*Herbert*.

***Ariela**, **Ariella**, **Arielle** *w* frz.-ital. VN zum männl. bibl. Namen *Ariël*, hebr. *'ariel* »Opferstelle, Held Gottes«.

Arieta, **Arietta** *w* VklF von *Adriane*.
Arik *m* russ. KF von *Alberik* = *Alberich* und anderen russ. VN.
Arild *m* dän. Form von →*Arnold*.
Arist *m* KF von →*Aristide*.
Arista *w* KF griech. Urspr., zu *Arist*, →*Aristide*.
Aristid, **Aristide** *m* frz. VN griech. Urspr., zu griech. *aristos* »Bester, Vornehmster, Vortrefflicher« + *eidos* »Ansehen, Gestalt«.
Arka *w*, **Arke**, **Arko** *m* niederl.-westfries. KF von Namen mit *Arn-*, z.B. Arnold.
Arkadius *m* zu lat. *Arcadius* »Mann aus Arkadien«; russ. *Arkadij*.
Arlene *w* engl.-ir. VN, weibl. Form zum urspr. männl. kelt. Namen *Arlen* »Liebespfand, Kind«.
***Arlett, Arlette** *w* frz. VklF zu *Arlene* oder eines urspr. normann. Namens, älter *Harlette*.
Armand, **Armant** *m* frz. VN der alten Form *Harmand*; bezogen auf *Hartmann* und *Hermann*.
Armande (frz.), **Armanda** (ital.) *w* Formen von *Armand*.
Armando *m* ital. Form von *Hermann*.
Armella, Armelle, **Armilla** *w* VklF zum frz. VN *Armel*, ein breton. HlN, lat. *Armagilus*.
Armgard *w* NF von →*Irmgard*.
Armida, **Armide** *w* ital. u. rätoroman. VN, wie *Armina*, *Arminia* auf *Armanda*, *Armande* = *Hermanna* bezogen.
***Armin**, **Arminius** *m* latinis. Form eines germ. *Ermen-*, *Irmin*-Namens, der vielleicht auch den Römern nur als KF bekannt war.

Name eines Cheruskerfürsten, der 9 n.Chr. Varus im Teutoburger Wald schlug (fälschlich als »Hermann« dt. Symbol geworden). In Italien entspr. *Arminio* dem VN *Hermann*.

Arna, **Arnalde** *w* KF sowie NF von *Arnolde*.
Arnaud *m* frz. Form von →*Arnold*.
***Arnd**, **Arndt**, **Arne** *m* nord. KF von Namen mit *Arn-* »Adler«, zu selbständ. VN geworden.
Arndis *w* nord. VN, zu ahd. *arn* »Adler« + *dis* »Schutzgöttin«.
Arnfred *m* Neubild. 1976, Fügung aus *Arnfried* + *Alfred*.
Arnfried *m*, **Arnfrieda**, **Arnfriede** *w* zu ahd. *arn* »Adler« + *fridu* »Friede«.
Arngard *w* zu ahd. *arn* »Adler« + *gard* »Gehege, Hort, Schutz«.
Arnger *m* zu ahd. *arn* »Adler« + *ger* »Speer«.
Arngrim *m* VN, zu ahd. *arn* »Adler« + *grima* »Maske, Helm«.
Arnhard *m* zu ahd. *arn* »Adler« + *harti* »hart«.
Arnhelm *m* zu ahd. *arn* »Adler« + *helm* »Helm, Schutz«.
Arnhild, **Arnhilde** *w* zu ahd. *arn* »Adler« + *hiltja* »Kampf«.
Arnika *w* ungar. KF von →*Arnolde*; bei uns wohl in Anlehnung an die Korbblütlerstaude Arnika.
Arniko *m* KF von Namen mit *Arn-*.
Arnim *m* Neubild. 1976 durch Umkehren des VN *Armin*, Anlehnung an *Arn*-Namen, auch an den FN Achim von Arnim (s.a. →*Achim*).
***Arno** *m* KF von Namen mit *Arn-*, insbes. von →*Arnold*.
Arnold, **Arnolt**, **Arnhold** *m*, **Arnolde** *w* alte dt. VN, zu ahd. *arn* »Adler« + *waltan* »walten, herrschen«.

Häufiger, beliebter Name im MA, gering und nur lokal beeinflußt durch HlN; der hl. Arnold (9. Jh., Arnoldsweiler bei Düren), Arnold von Hiltensweiler, ein Volksheiliger am Bodensee. KF *Arno, Ernke, Noldel;* frz. *Arnaud,* dän. Arild, ital. *Arnaldo, Arnoldo*.

Arnoldine *w* Weiterbild. von *Arnolde*.
Arnt *m* nord. KF von Namen mit *Arn-* »Adler«.
Arntraud, **Arntrud** *w* zu ahd. *arn* »Adler« + *trud* »Kraft, Stärke«.
Arnulf *m* alter dt. VN, zu ahd. *arn* »Adler« + *wulf* »Wolf«.

Der hl. Arnulf, Bischof von Metz, war Stammherr der Arnulfinger und Karolinger.
Ⓚ Arnulf von Kärnten, ostfränk. König, dt. Kaiser, Grabdenkmal St. Emmeram, Regensburg.

Arnwald *m* zu ahd. *arn* »Adler« + *waltan* »walten, herrschen«.

Aron *m* →*Aaron*.

Arpad *m* ungar. Herrschername Árpád, zu *arpa* »Gerstenkorn«.

Arsen *m* griech.-lat. HlN *Arsenius*, zu griech. *arsēn* »männlich, der Männliche«; frz. *Arsène*, ital. *Arsenio*.

Artur, *Arthur m* aus dem Engl. übernomm. VN, der sich nach König Artus (um 500) um die kelt. Sagen über ihn und seine Tafelrunde verbreitete. Um 1900 beliebter VN, heute seltener.

Artura *w* Form von →*Artur*.

Arwed *m* dt. Form des nord. VN *Arved, Arvid*, älter *Ar(n)vidh* »Adler« + »weit (umher)«.

Asa, **Asina** *w* zu schwed. VN mit *As-*, germ. *ans* »Gott«.

Asbjörn *m* nord. VN, zu schwed. *as*, germ. *ans* »(Ase) Gott« + schwed. *björn* »Bär«.

Aschwin *m* →*Aswin*.

Asgard *w* NF von →*Ansgard*.

Asja, **Assja** *w* russ. KF von →*Anna*, *Anastasia*.

Askan, **Ascan(ius)** *m* VN, zu altem *Ascwin*, →*Aswin*.

Aslaug *w* nord. VN, *As-* zu germ. *ans* »Gott«.

Asmus *m* KF von →*Erasmus*.

Aspasia *w* VN griech. Herkunft, »die Willkommene«, zu griech. *aspásios* »willkommen, erwünscht«.

Assunta *w* ital. VN, zu *Maria Assumpta*, die »in den Himmel Aufgenommene«, die hl. Maria, bezogen auf Mariä Himmelfahrt, 15. August.

Asta *w* KF von *Anastasia*, *Astrid* und *Augusta*. Bekannt: Asta Nielsen, dän. Schauspielerin.

***Astrid** *w* schwed. VN, Walkürenname, runeninschr. *Asfrith*, zu schwed. *as*, germ. *ans* »Gott« + altnord. *fridhr* »schön«.

Zeitweilig beliebter VN in der Schweiz durch die belg. Königin Astrid, die 1935 bei Küßnacht tödlich verunglückte.

Aswin *m*, auch *Aschwin*, älter *Ascwin*, *Askwin*, altengl. *Aescwine*, zu ahd. *ask* »Esche« + *wini* »Freund«.

Aswine, *Aswina w* Form zu →*Aswin*.

Athalia *w* bibl. Name, zu hebr. *athaljāh* »stark, erhaben ist Gott«, frz. *Athalie*.

Athanasius *m* »der Unsterbliche«, zu griech. *athanasia* »Unsterblichkeit«.

🄺 Zum hl. Athanasius, griech. Kirchenlehrer, einer der vier großen Kirchenväter, ein Fresko (1737) in Spital am Pyhrn.

Attala *w* zu got. *atta*, ahd. *atto* »Vater, Vorfahr«.

🄺 Die hl. Attala, Äbtissin eines Frauenklosters in Straßburg, Glasfenster (14. Jh.) Straßburger Münster.

Attila *m* VN bezogen auf den Namen des Hunnenkönigs *Attila*, zu got. *attila* »Väterchen«, als König Etzel bekannt; ital. *Attilo, Attilio*.

Aubrey *m* engl.-frz. Form germ. Urspr., zu →*Alberich*.

Aud, **Auda** *w* 1. isländ. VN, zu altisländ. *authegr* »reich«; 2. *Auda, Aude w* alter südfrz. VN *Alde*, zu germ. *Alda*, Namen mit *Ald(e)-*, ahd. *alt* »alt, bewährt, hervorragend«.

***Audrey** *w* engl. VN, zu *Etheldreda* = *Adeltrude*, ahd. *adal* »edel« + *trud* »Kraft, Stärke«.

August, *Augustus m* urspr. BN für Gajus Julius Caesar Octavianus, bekannt als Kaiser Augustus z.Z. Christi Geburt, zu lat. *augustus* »heilig, ehrwürdig«; Name im 19. Jh. häufiger, heute selten.

KF *Gust, Gustl*, nd. *Austen*; engl. *Augustine, Augsten, Austin, Gus, Gussy*, frz. *Auguste*, ital. *Agosto, Augusto*; entspr. arab. *Ali*.
🄺 August II., der Starke, Gr. Schloßkirche Krakau, Herz Fürstengruft Dresden.

Augusta, **Auguste** *w* Form zu →*August*.

KF *Asta, Gusta, Guste, Gustel, Gustchen*; arab. entspr. *Aline*.
🄺 Augusta, dt. Kaiserin († 1890), Mausoleum Charlottenburg.

Augustin *m* lat. *Augustinus*, Weiterbild. von →*Augustus*.

Name verbreitet durch Verehrung des hl. Augustinus, einer der vier großen Kirchenväter (4./5. Jh.), durch Augustinus, Apostel der Angelsachsen (6./7. Jh.); volkstümlich durch das Lied »Ach, du lieber Augustin«.
🄺 Pacher-Tafeln (1490/91), München, A.P.; Augustin Bea, dt. Kardinal, Gr. Riedböhringen b. Donaueschingen.

Augustina, **Augustine** *w* Formen zu →*Augustin*.

Aura *w* rumän. KF zu →*Aurelia*.

Aurelia, **Aurelie** *w* Formen zu →*Aurelius*.

engl. auch *Oralia, Oriel, Goldy*, frz. *Aurélie*, niederl. auch *Auralia*, rumän. *Aura, Aurica*, slaw. auch *Zlatka, Zlata*, ungar. auch *Aranka*. 🄺Die hl. Aurelia, in Straßburg verehrt; Glasfenster (13. Jh.), Straßburger Münster.

Aurelian *m* lat. *Aurelianus*, AF von →*Aurelius*.

Aurelius, **Aurel**, *m* nach dem röm. Geschlechternamen Aurelius, zu lat. *aureolus* »aus Gold gemacht«.

frz. *Aurèle*, südslaw. auch *Zlatan, Zlatko*. 🄺Die Reliquien des hl. Aurelius kamen nach Hirsau; dort die seit 1956 renov. Aureliuskapelle (von 1056), Chorwand, Reliquienschrein, 1970/71.

Aureus *m* zu lat. *aureus* »golden, aus Gold«.

🄺Der hl. Aureus, Bischof von Mainz (um 450), Hochgrab (14. Jh.) Ägidiuskirche Heiligenstadt.

Aurica *w* rumän. Form von →*Aurelia*.

Aurora *w* die röm. Göttin der Morgenröte, zu lat. *aurora* »das Morgenrot«.

frz. *Aure, Aurore*, illyr. *Zora, Zorana*.

Austen *m* nd. Form von →*August*.

Austin *m* engl. Form von →*Augustin*.

Austine *w* NF von →*Augustine*.

Auxilia *w* zu lat. *auxilium* »Hilfe, Beistand, Schutz, Rettung«.

Ava *m* russ. KF von →*August*.

Ava *w*, **Awa** *m/w*, **Ave**, **Awe** *w*, **Awe**, **Awo** *m* stark verkürzte ostfries. VN, zu ahd. *awa* »Wasser, Strom«.

***Axel** *m* nord. Umbild. des bibl. Namens →*Absalom*; dän. *Aksel*, schwed. KF *Acke*.

Aye *m/w*, **Ayk** *m*, **Ayke** *m/w*, **Ayko** *m* sind ost- und westfries. KF zu germ. Namen mit *Agi-*, *Ago-* »Schwertspitze«; ebenso die Formen mit *Ey (Eyring)* →*Iring*.

Ayold *m*, **Ayolda** *w* ost- und westfries. VN, wohl zu *Agi-wald* oder zu germ. Namen mit *Agi-*, *Ago-* »Schwertspitze« + ahd. *waltan* »walten, herrschen«.

Azalea, **Azalee**, **Azalie** *w* Pflanzenname griech. Urspr. als VN, griech. *azaléos* »trocken«, Gattung der Heidekrautgewächse.

Azius *m* = *Bonifazius, Servazius, Pankrazius*, die Eisheiligen Kölns.

Azo, **Azzo**, **Azzing** *m* westfries. KF von Namen mit *Ad-*, *Ado-*, z.B. *Adolf*.

Babette, *Babetta w* im 18. Jh. aus dem Frz. übernommene VklF von →*Barbara*; *Babett, Bawettche, Bäppche* sind rhein. Formen.

Bahne *m* fries. VN →*Bane*.

Balbina, **Balbine** *w* »die Stammelnde«, zu lat. *balbus* »stottern«, *balbutio* »stammeln, lallen«.

Balda *w* KF von Namen mit *Bald-*.

Baldebert *m* zu ahd. *bald* »mutig, kühn« + *beraht* »glänzend«.

Baldegund(e) *w* zu ahd. *bald* »kühn« + *gund* »Kampf«.

Baldemar *m* zu ahd. *bald* »kühn« + *mari* »berühmt«.

Balder *m* 1. NF von →*Baldur*; 2. KF von Namen mit *Bald-*.

Baldfried, *Baltfried m* alter dt. VN, zu ahd. *bald* »kühn« + *fridu* »Friede«.

Baldo *m* ostfries. KF von Namen mit *Bald-*; ital. KF zu *Rambaldo, Ubaldo*.

Baldomar *m* zu ahd. *bald* »kühn« + *mari* »berühmt«.

Der hl. Baldomaris, als Subdiakon mit einer Zange in der Hand, gilt als Patron der Schlosser.

Baldram *m* →*Baltram*.

Balduin *m* →*Baldwin*.

Baldur *m* nord. VN nach dem altnord. Götternamen *Baldr*, Gott des Lichts.

Baldus *m* KF von *Sebaldus, Sebald.*

Baldwin, *Balduin m* zu ahd. *bald* »kühn« + *wini* »Freund«; *Balduin*, im MA der Name flandrischer Grafen, wird heute noch von König Baudouin I. von Belgien in der frz. Form geführt; engl. *Baldwin.*

Balte, **Baltus** *m* VN zu Namen mit *Bald-.*

Baltfried *m* zu ahd. *bald* »kühn« + *fridu* »Friede«.

Balthasar *m* bibl. Name babylon. Herkunft, assyr. *Beltas-assar*, hebr. *Belsa'zar* »Bel (babylon. Gott) schütze den König«.

Einer der Hl. Drei Könige, Name im MA durch Volksbrauch des Dreikönigsspiels verbreitet.

Balthes *m* volkstüml. KF von →*Balthasar.*

Balthilde *w* zu ahd. *bald* »kühn« + *hilta* »Kampf«.

Baltram *m* zu ahd. *bald* »kühn« + *hraban* »Rabe«.

Baltrun *w* zu ahd. *bald* »kühn« + *runa* »Geheimnis, Zauber«.

Balz, **Balzer** *m* KF von →*Balthasar.*

Bane, **Bahne**, **Baan**, **Banne**, **Bannert**, **Bantje** *m* fries. KF zu Namen mit ahd. *ban*, altfries. *ban, bon* »Aufgebot, Bann«.

Baptist *m* zu griech. *baptistēs* »Täufer«, urspr. BN Johannes des Täufers, häufig noch durch DF *Johann Baptist* erkennbar; frz. *Baptiste*, ital. *Battista.*

Baptista *w* Form von *Baptist.*

***Barbara** *w* »die Fremde«, zu lat. *barbarus*, griech., *bárbaros* »ausländisch, fremd«.

Die namengebend hl. Barbara, vom 14. Jh. an sehr verehrt, wurde Patronin der Bergleute, Glöckner, Architekten und der Artilleristen, gehörte außerdem zu den 14 Nothelfern.
KF *Barb, Barbe, Bärbel, Barbi, Barbro, Bäppche, Babett, Barbla, Barbli, Bibi.*
Ⓚ Altartafel von Jörg Ratgeb (1510) in Schwaigern (Württ.); Hochaltar Pfarrkirche Deggio, Tessin.

Barbe *w* frz. KF von →*Barbara.*

***Bärbel** *w* VklF von →*Barbara*; zum sehr beliebten Namen geworden.

Barberina, **Barberine** *w* Weiterbild. von →*Barbara.*

Barbi, **Barbla**, **Barbli** *w* KF von →*Barbara.*

Barbro *w* schwed. KF von →*Barbara.*

Bardo *m* KF von *Bardolf.*

Bardolf, **Bardulf** *m* zu ahd. *barta* »Streitaxt« + *wolf, wulf* »Wolf«.

Barnabas *m* bibl. Name aram. Herkunft, *Barnabia* »Sohn der (tröstlichen) Weissagung«.

KF *Barnes, Bas*; engl. auch *Barnabe, Barnaby*, frz. *Barnabé.*

Barnd *m* nd.-fries. Form von →*Bernd.*

Barnet *m* mittelengl. Form von *Bernhard.*

Bart, **Barthel**, **Bartel** *m* KF von →*Bartholomäus.*

Barthold *m* NF von *Berthold.*

Bartholomäus *m* bibl. patronym. Name aram. Herkunft, *Bar Tolmai*, griech. *Bartholomaios* »Sohn des Tolmai«; KF *Barthel*

Der hl. Bartholomäus, der Darstellung nach im Volksbrauch den Beruf des Winzers ausübend, war früher sehr volkstümlich; die Redensart »Wissen, wo Barthel den Most holt«, sagt: schlau und verschlagen sein.
Ⓚ Altar, Bartholomäusmeister (um 1500), München, A.P.; frz. *Barthélemy, Bartholomé.*

Bartholomea *w* Form von *Bartholomäus.*

Baruch *m* bibl. Name, zu hebr. *bārūkh* »der Gesegnete«.

Basil, **Basilius** *m*, **Basilea**, **Basilia** *w* zu griech. *basileios* »der Königliche«.

Der Kirchenvater St. Basilius der Große wurde vor allem im Osten verehrt.
Ⓚ Statue am Lettner im Dom zu Meißen.

***Bastian**, *Bast m* KF von →*Sebastian.*

Bastienne *w* frz. Form zu *Bastien* = *Sebastian.*

Bathilde, *Bathildis w* zu ahd. *batu* »Kampf, Vorstoß« + *hiltja* »Kampf«.

Baudouin *m* frz. Form von →*Baldwin, Balduin.*

Baue, **Bauwe**, **Bauwen** *m* westfries. VN, weitere Formen *Bouw, Bouwe* können auf ahd. *Buobo* = Bube hinweisen; weibl. ostfries. Formen: *Bauwa, Bauwe, Bauwine.*

Bea *w* KF von →*Beate.*

Bean *m*, **Beanke** *w* westfries. KF zu *Bernhard.*

***Beat** *m* sehr beliebte schweizer. KF von →*Beatus*, dem »Apostel der Schweiz«; NF *Beath, Beato.*

Der hl. Beatus lebte nach der Legende als Einsiedler in einer Höhle bei Beatenberg am Thuner See (2. Jh.), Patron von Thun und Lausanne.

🄺 Holzfigur (15. Jh.) Rechberghausen/Württ.

***Beata**, **Beate** *w* zu lat. *beatus* »glückselig«, sehr beliebter VN geworden.

***Beatrice** *w* ital. Form des lat. Namens →*Beatrix* literar. Gestalt in Dantes »Göttlicher Komödie«, Sinnbild des Glaubens u. der Gnade.

***Beatrix** *w* zu lat. *beatus* »glückselig«.

Der HlN war im 12. Jh. im Rheinland sehr verbreitet; heute bekannt: Beatrix, Kronprinzessin der Niederlande; in der Schweiz auch *Beatrixe.*

Beatus *m* »der Glückselige«, zu lat. *beatus* »glückselig«; bevorzugt ist die KF →*Beat.*

Beda, *Bede m* altengl. VN kelt. Urspr.

Der hl. Beda Venerabilis, »Vater der engl. Geschichte« († 735).

🄺 Relief (16. Jh.) in Münster (Westf.).

Beek *m*, **Beeke**, **Beekje** *w*, nd. KF von *Bert*-Namen, *Beke* = *Bertke.*

Bega, **Begga** *w* alte KF zu einem germ. Namen mit *Bert-*, ahd. *beraht* »glänzend«.

Die hl. Begga (7. Jh.) war die Großmutter Karls d. Gr.

🄺 Rubens »Pippin und Bega« (1612/1615), Kunsthistor. Museum, Wien.

Begonia *w* VN, Pflanzenname Begonia (Schiefblatt) nach Michael Begon, Gouverneur von San Domingo.

Beke *w* alte KF von →*Elisabeth.*

Bela *m* ungar. VN *Béla*, zum bibl. Namen →*Abel.*

Bele *w* mittelalt. KF von →*Elisabeth*; auch *Bele* = *Bertila.*

Belina *w* zu frz. *Béline*, Frauengestalt bei Molière; die frz. männl. Form *Belin* zum Namen des hl. →*Benignus.*

***Belinda,** *Belinde w* engl., aus dem Ital. übernomm. VN, zu ital. *bello* »schön«, *belina* »Spielzeug«.

Bella *w* ital./span. KF von *Isabella.*

***Ben** *m* KF zu →*Benjamin*; westfries. auch *Ben, Bene, Beno, Benno* KF von →*Bernhard*; bei jüd. Namen bedeutet hebr. *ben* »Sohn des . . .«.

Bendicht, Benedicht *m* schweizer. NF von →*Benedikt.*

Bende, **Bendine** *w* ostfries.-nd. Formen von *Bernhardine.*

Bendiks *m* westfries., **Bendix** *m* nordfries. KF von *Benediktus.*

Benedetta *w* ital. Form von →*Benedikta.*

***Benedikt**, *Benedict, Benedictus m* »der Gesegnete«, zu lat. *benedicere* »segnen«, namengebend war der hl. Benediktus von Nursia, Begründer des abendländ. Mönchtums, Abt von Monte Cassino.

KF *Bendix, Benno*; engl. *Benedict, Bennet,* frz. *Bénédict, Benoît,* ital. *Benedetto,* dän. *Bengt, Bent,* schwed. *Bengt,* span. *Benedicto,* ital./span. *Benito.*

Benedikta, *Benedicta w* Form von *Benedikt.*

Engl. *Benedicta, Benita,* frz. *Bénédicte, Benoîte,* ital. *Benedetta, Betta,* span. *Benedicta,* ital./span. *Benita,* dän./schwed. *Bengta.*

🄺 Die hl. Benedikta auf einem Wandteppich (15. Jh.) aus Neuburg/Donau (Kunstgewerbe-Museum Köln).

Beneke *m* nd. KF von Namen mit *Bern-.*

Bengt *m*, älter *Benkt*, schwed. KF von →*Benedikt*; auf Terschelling KF von →*Bernhard.*

Beni, *Benit m* frz. KF von *Benedikt.*

Benigna *w* »die Gütige«, zu lat. *benignus* »gütig, freundlich, liebevoll«.

Benignus *m* zu lat. *benignus* »gütig, freundlich, liebevoll«, Apostel der Gallier (2. Jh.).

🄺 Benignus-Schrein (12. Jh.), Benediktinerabtei Michaelisberg, Siegburg.

***Benita** *w* ital./span. Form von →*Benidikta.*

***Benito** *m* ital./span. Form von →*Benedikt.*

***Benjamin** *m* bibl. Name, zu hebr. *binjāmin* »Sohn der rechten (glücklichen) Hand, Glückssohn«.

Bennet, **Bennett** *m* engl. KF von *→Benedikt.*

***Benno** *m* selbständ. KF von Namen mit *→Bern-*; auch von *→Benedikt.*

Der hl. Benno, Bischof von Meißen, widmete sich bes. der Bekehrung der Slawen.

Benny *m* engl. KF von *→Benjamin.*

***Beno** *m* westfries., auch bulgar., serbokroat., slowen. NF zu *→Benno*; bulgar. KF von *Benjamin.*

Benoît *m* frz. Form von *Benedikt.*

Bent *m*, **Bente** *w* dän. KF von *Benedikt, Benedikta.*

Benvenuto *m* ital. VN, »der Willkommene«, zu ital. *benvenuto* »willkommen«.

Benz *m* alte obd. Form von *→Bernhard*; auch KF von *Benedikt.*

Beppa *w*, **Beppo** *m* ital. kinderspr. LN von *Giuseppa, Giuseppe = Josefa, Josef.*

Berchtold, **Berchthold** *m* alte NF von *Berthold.*

Der Berchtoldstag, auch Bechtelistag, ist ein volkstümlicher Feiertag im Elsaß und in der Schweiz (2. Januar).

Berend *m* nd. KF von *→Bernhard.*

Berendina, **Berendine** *w* nd. KF von *Bernhardine.*

Berengar *m* VN, neben frz. Bérenger roman. Form des germ. Namens *Beren-gari = →Bernger*; HlN.

Berenike *w* zu griech. *pherenikē* »den Sieg bringend«, der Name entspr. mittellat. *→Veronika*; auch *Bernice.*

Bergit, **Bergita** *w* NF von *Birgit.*

***Berit** *w* dän.-schwed. NF von *→Birgit, Brigitte*; nord. *Beret.*

Berlinde *w* zu ahd. *bero* »Bär« + *linta* »Lindenholzschild«.

Berna *w* KF von Namen mit *Bern-.*

***Bernadette** *w* frz. VklF von *Bernarde = Bernhardine.*

Name der Maria Bernarda Soubirous von Lourdes, 1933 heiliggesprochen; dazu Franz Werfels »Lied von Bernadette«.

Bernald *m*, **Bernalde** *w* alte dt. VN, älter *Bernwald*, zu ahd. *bero* »Bär« + *waltan* »walten, herrschen«.

***Bernard** *m* engl., frz., niederl. Form von *Bernhard.*

***Bernarda**, *Bernarde* *w* engl., roman., niederl., slaw. Form von *Bernharde.*

Bernardina *w* roman., niederl., schwed. Weiterbild. von *→Bernhardine.*

Bernardo *m* ital., span., portug. Form von *→Bernhard*; popul. KF *Nardo.*

***Bernd** *m* beliebte KF von *→Bernhard*; andere Schreibung: *Bernt*; seit Jahren zum sehr beliebten Namen geworden.

Bernfried *m*, **Bernfriede** *w* zu ahd. *bero* »Bär« + *fridu* »Friede, Schutz«.

Berngard *w* zu ahd. *bero* »Bär« + *gard* »Gehege, Hort, Schutz«.

Bernger, *Berngar* *m* zu germ. *Beren-gari*, ahd. *bero* »Bär« + *ger* »Speer«.

***Bernhard**, *Bernard* *m* alter dt. VN, zu ahd. *bero* »Bär« + *harti* »hart«.

Beliebter Name seit etwa 800, nur zum geringen Teil durch Verehrung des hl. Bernhard von Clairvaux, Begr. des Zisterzienserordens. Der VN ist im 19. Jh. durch die romant. Dichtung wieder aufgekommen. KF *Bernd, Bernt, Benz*; engl./frz. *Bernard*, engl. KF *Bernie*, ital. *Bernardo, Benso*, ungar. *Bernát.*
🄺 Bebenhausen; Hochaltar Augustinerkirche Nürnberg im Germ. Museum; Altar Jörg Breu (ca. 1500) Stiftskirche Zwettl.

Bernharde, **Bernharda** *w* Form von *Bernhard.*

Bernhardin, *Bernardin* *m* Weiterbild. von *→Bernhard.*

engl./frz. *Bernardin*. Der hl. Bernhardin von Siena (14./15. Jh.).

Bernhardine *w* Weiterbild. von *Bernharde.*

Engl. *Bernadette*, frz. *Bernardine, Bernadette.*

Bernhelm *m* zu ahd. *bero* »Bär« + *helm* »Helm«.

Bernhild(e) *w* zu ahd. *bero* »Bär« + *hiltja* »Kampf«.

Bernhold *m →Bernold.*

Berno *m* alte dt. KF von Namen mit *Bern-*, insbes. *→Bernhard.*

Bernold, **Bernald**, **Bernhold** *m*, **Bernolde** *w* alte dt. VN, zu ahd. *bero* »Bär« + *waltan* »walten, herrschen«.

***Bernt** *m* KF von *Bernhard*; geläufiger ist die Form *→Bernd.*

Bernwald *m* ältere Form von *Bernald, Bernold*, zu ahd. *bero* »Bär« + *waltan* »walten, herrschen«.

Bernward *m* alter dt. VN, zu ahd. *bero* »Bär« + *wart* »Hüter«.

🅺 Der hl. Bernward, Bischof von Hildesheim, großes künstlerisches Wirken; Domschatz in Hildesheim; B. v. Münchhausens Ballade »Die Glocken stürmten vom Bernwardsturm ...«

Bero *m* KF »der Bär«, zu alten dt. Namen mit *Bern-*.

Berold *m* zu ahd. *bero* »Bär« + *waltan* »walten, herrschen«.

***Bert** *m*, **Berta**, **Berte**, **Bertha**, **Berthe** *w* KF von Namen mit *Bert-*, zu ahd. *beraht* »glänzend«.

KF *Bertl, Beke, Bele, Bertin, Bertina*. Berta war im MA beliebter Name, die hl. Berta wurde in Bayern als Stifterin des Klosters Biburg verehrt. Durch die Romantik im 19. Jh. wurde der Name volkstümlich – bis zur »dikken Berta«, dem Kruppgeschütz des 1. Weltkrieges; Bertha v. Suttner, Kriegsgegnerin, erhielt 1904 den Friedensnobelpreis.

Bertfried *m*, **Bertfriede** *w* zu ahd. *beraht* »glänzend« + *fridu* »Friede«.

Berthild(e) *w* zu ahd. *beraht* »glänzend« + *hiltja* »Kampf«.

***Berthold**, *Bertold, Bertolt m* alter dt. VN *Berhtwald*, zu ahd. *beraht* »glänzend« + *waltan* »walten, herrschen«; beliebter VN in SW-Dtschl. durch die Zähringer-Herzöge; →*Berchtold*.

KF *Bert, Bertel, Berti, Berto*. Namenverbreitung auch durch den sel. Berthold, Abt von Garsten, Benediktiner, und durch den Volksprediger und Franziskaner Berthold von Regensburg.

Bertholde, Bertolda, Bertolde *w* Formen von →*Berthold*.

Bertil schwed., **Bertilo** *m* KF von Namen mit *Bert-*, insbes. *Berthold*.

Bertin *m* KF von Namen mit *Bert-*.

Der hl. Bertinus gab dem Kloster St. Bertin bei S. Omer/Calais den Namen.

Bertine, *Bertina w* Form von *Bertin*, Weiterbild. von →*Berta*; auch zu *Hubertina, Albertina*.

Berto *m* KF von Namen mit *Bert-*, insbes. von →*Berthold*.

***Bertold** *m* →*Berthold*.

Bertolda *w* →*Bertholde*.

Bertolf, *Bertulf m* zu ahd. *beraht* »glänzend« + *wolf, wulf* »Wolf«.

Bertolt *m* →*Berthold*.

***Bertram** *m* alter dt. VN *Beraht-hraban*, ahd. *beraht* »glänzend« + hraban »Rabe«; wird als zeitgemäßer, moderner Name angesehen.

Bertrand *m* frz. VN, wird wegen der NF *Bertran, Bertram* zum dt. VN *Bertram* gestellt, kann zum dt. VN *Bertrand*, ahd. *beraht* »glänzend« + *rand* »Schild« gehören.

Bertraude, **-trude**, **Bertraut** *w* zu ahd. beraht »glänzend« + *trud* »Kraft«.

Bertrun *w* zu ahd. *beraht* »glänzend« + *runa* »Geheimnis, Zauber«.

Bertwin *m* zu ahd. *beraht* »glänzend« + *wini* »Freund«.

Beryl *w* engl. VN, zu griech. *bēryllos*, engl. *beryl*, Bez. des durchsichtigen, wasserhellen Edelsteins Beryll.

Bess, **Bessie**, **Bessy**, **Betsy** *w* engl. KF von →*Elisabeth*.

Bessel *m* westfries. VN zu Namen mit *Bert-* und *-brecht*.

Bethli, *Bethly w* schweizer. KF zu →*Elisabeth*.

Betta, **Bette**, **Betti**, **Betty** *w* KF von →*Elisabeth*.

***Bettina** *w* Weiterbild. der vorgenannten KF von *Elisabeth*.

🅺 Bettina v. Arnim, dt. Schriftstellerin, Grabmal Wiepersdorf, Kr. Jüterbog.

Bernharde, **Bernarde** *w* Formen zu →*Bernhard*.

Bettemie *w* Fügung aus *Elisabeth+Marie*.

***Bianca**, **Bianka** *w* ital. VN, »die Weiße«, zu ital. *bianco* »weiß«.

Bibernell(e) *w* VN, Pflanzenname, lat. *Pimpinella*, zu ahd. *bibinella*, mhd. *pimpenelle*, damit auch zu den VN *Pimpinelle, Pimpernell(e)*.

Bibiana, **Bibiane** *w* zu lat. *Viviana*.

Bilke *w* ostfries. VN, älter *Bielke, zu Namen mit ahd. bil* »Streitbeil« oder *billi* »Schwert«.

Bill *m* engl. kinderspr. LN von *William*; Koseform *Billy*; auch *Bili*.

Billfried *m* zu ahd. *billi* »Schwert« + *fridu* »Friede«.

Billhard *m* zu ahd. *billi* »Schwert« + *harti* »hart«.

Billy *m* engl. KF von *Bill* → *William*.

Bina, Bine *w* KF von Namenendungen wie bei *Sabina, Sabine* u.a.; *Bina* auch KF von *Benigna* im Engadin.

Binka, Binke *w* KF zu →*Benigna*; bulgar. NF zu *Bibiana*.

Bionda, Biondetta *w* ital. Formen zu *Blonda, Blondina* »die Blonde«; rätoroman. *Blondigna* (Graubünden).

***Birga** *w* NF von →*Birgit, Brigitte*.

Birger *m* nord. VN, runenschr. *Birghir, Byrghir*, »bergen, helfen, schützen«.

***Birgit, Birgitta** *w* schwed. Formen von →*Brigitte*, auch *Birgid, Birgitt*; *Birgitta*, älter *Brigitta*, ist Umbild. von kelt. Brigit, latinis. *Brigida*. *Birgit* wie *Brigitte* sind heute sehr beliebte VN.

Verbreitung der Namen geht zurück auf die irische Nationalhl., die hl. Brigitte (5./6. Jh.) und die hl. Birgitta von Schweden (14. Jh.), Gründerin des Birgittenordens.

Birk *m* alemann. KF von →*Burkhard*.

Birke, *Birka* *w* Neubild. zum Baumnamen Birke in der Grundbed. »die Glänzende«.

Birkhild *w* Neubild. aus *Birke* + *Hilde*.

***Birte**, *Birthe* *w* dän. KF von *Birgitta*.

Biserka *w* kroat. KF, zu *biser* »Perle«; auch wörtlich: *biserka* »Perlhuhn«.

Bjarne *m* nord. NF von →*Björn*.

***Björn** *m* beliebter nord. VN, norweg. *bjørn*, schwed. *björn* »Bär«, »der Braune«, entspr. indogerm. *bhero* »braun«; →*Bruno*.

Blaise *m* frz. Form von →*Blasius*.

***Blanca** *w* rätoroman. VN, frz. *Blanche*, »die Helle, Weiße«; →*Blanka*.

Blanche *w* frz. VN, »die Weiße«, entspr. *Bianka*.

Blanchette *w* frz. VklF von *Blanche*.

Blanda *w* zu lat. *blandus* »freundlich«.

Blandina, Blandine *w* Weiterbild. von *Blanda* »die Freundliche«; zu altfrz. *blandir* »schmeicheln, liebkosen«.

***Blanka** *w* VN span. Herkunft, zu span. *blanco* »weiß«, mhd. *blanc* »blank, weißglänzend«.

Die hl. Blanka, span. Königstochter, heiratete Kg. Ludwig VIII. von Frankreich und trug zur Verbreitung des VN in den roman. Ländern bei.

Blasius *m* VN griech.-lat. Herkunft, zum lat. BN *Blaesus*, griech. *Blaisos*, urspr. Übername für »Mensch mit nach auswärts gekrümmten Füßen«.

Verbreitung des Namens durch den volkstüml. hl. Blasius, Patron der Ärzte, Bauarbeiter, Schneider, Schuhmacher und Weber, Wetterheiliger; Reliquien nach St. Blasien (Schwarzwald); frz. *Blaise*, ital. *Biasio, Biaggio*. 🄺 Herlins Altar (1472) in Bopfingen; Kopfreliquiar im Welfenschatz, Blasiusdom, Braunschweig.

Bleikard *m* älter *Blickhart, Blicker*, mhd. *Bligger*, zu *Blidger*, ahd. *blidi* »fröhlich, heiter« + *ger* »Speer«.

Blide *w* KF zu →*Blidhilde*.

Blidhilde *w* zu ahd. *blidi* »fröhlich, heiter« + *hiltja* »Kampf«.

Blonda *w* »die Blonde«; *Blondine* Erweit. von *Blonda*.

Bluette *w* frz. VklF, zu frz. *bluet* »Kornblume« und *beluete* »Funken«, zusammengezogen zu *bluette* »(blaues) Fünkchen«; übertrag. Bed. »Geistesblitz, witziger Einfall«.

Bo *m* dän./schwed. VN, runeninschr. *Boe* »der Angesessene, Seßhafte«.

Bob, Bobby *m* engl. kinderspr. LN von →*Robert*.

Bodewald *m* zu ahd. *boto*, altsächs. *bodo* »Bote, Gebieter« + waltan »walten, herrschen«.

Bodmar, *Bodmer* *m* →*Bodomar*.

***Bodo** *m* selbständ. KF von alten dt. Namen mit *Bodo-, Bode-, Bot-*.

Bodobert, *Bodebert* *m* zu ahd. *boto* »Bote« + *beraht* »glänzend«.

Bodomar *m* zu ahd. *boto* »Bote, Gebieter« + *mari* »berühmt«.

Bogdan *m*, **Bogdana** *w* slaw. VN, zu russ. *bog* »Gott« + *dan* »Gabe« = Gottesgeschenk.

Bogislaw, Boguslaw *m* slaw. VN, zu russ. *bog* »Gott« + *slava* »Ruhm, Ehre«.

Bogumil, tschech. *Bohumil* *m* slaw. VN, zu russ. *bog* »Gott« + *milyj* »lieb, angenehm«.

Bohumil *m*, **Bohumila** *w* tschech. VN, die den VN →*Gottlieb, Theophil* entsprechen.

Bogomir *m* slaw. VN, zu russ. *bog* »Gott« + *mir* »berühmt«.

Bohuslaw *m* tschech. Form von →*Bogislaw*.

Bohdan *m*, **Bohdana** *w* tschech. Formen zu →*Bogdan, Bogdana*.

Boi, **Boie**, **Boje**, **Bojo**, **Boy**, **Boye** *m* fries. KF zu *Bodo* oder Namen mit *Bodo-*, *Bode-*.

Boleslaw *m* slaw. VN, zu russ. *bólee* »mehr« + *slava* »Ruhm«.

Bolko *m* KF von *Boleslaw*.

Bona *w* »die Gute«, lat. *bonus* »gut«.

Bonaventura *m* zu lat. *bonus* »gut« + *ventura* »Zukunft«.

Verbreitet durch den Namen des hl. Bonaventura, Kirchenlehrer u. General des Franziskanerordens.

Bone, **Bonke** *m* nord- u. ostfries. NF von →*Bane*, zu ahd. *ban*, altfries. *ban, bon* »Aufgebot, Bann«.

Bonifatia *w* Form zu →*Bonifatius*.

Bonifatius, *Bonifaz, Bonifazius m* lat. umgedeutet, *bonus* »gut« + *facere* »tun, machen« = der Wohltäter.

Frühe Verbreitung des Namens seit dem hl. Bonifatius, Apostel in Hessen und Thüringen (7./8. Jh.).
Bonifatius, urspr. ags. Wynfrith, päpstl. Vikar für das dt. Missionsgebiet, wurde 754 bei Dokkum von den Friesen erschlagen.
K Grabstätte im Dom zu Fulda.

Boppo *m* alte dt. KF, →*Poppo*.

Borchard *m* nd. Form von →*Burkhard*.

Borghild *w* NF von *Burghild*.

Borgward *m* nd. Form von →*Burgward*.

***Boris** *m* slaw. KF von *Borislaw*, zu slaw. *boru* »Kampf« + *slava* »Ruhm«.

Bork *m* nd. KF von *Burkhard*.

Borris, **Börre**, **Borries**, **Börries** *m* nd. KF von *Liborius*, HlN.

Bosco *m* ital. KF von *Burkhard*.

Der hl. Johannes Bosco, als Don Bosco genialer Pädagoge (1815–1888).

Bosse, **Bosso** *m* nd. KF von *Borchard* = *Burkhard*.

Bosshard *m* alter dt. VN *Bos-hart*, zu ahd. *bos* »eitel« + *harti* »hart«.

Bothilde *w* zu ahd. *boto* »Bote, Gebieter« + *hiltja* »Kampf«.

Botho, **Boto** *m* NF von →*Bodo*.

Botmar *m* →*Bodomar*.

Botwin *m* zu ahd. *boto* »Bote, Gebieter« + *wini* »Freund«.

Brand *m* KF von Namen mit *Brand-*.

Branda, **Brenda** *w* Formen von →*Brand* oder Namen mit *-brand*.

Brandolf, *Brandulf m* zu ahd. *brant* »Brand, Brunst« + *wolf* »Wolf«.

Branka *w*, **Branko** *m* slaw. KF von *Branislaw, Bronislaw* od. *Franziskus*.

Braun, *m* ältere Form von →*Bruno*.

Brian *m* engl. VN kelt. Herkunft, urspr. in Irland gebräuchl., in der Bretagne *Brior, Briunal*, zu kelt. *bryn* »Hügel«.

***Brida** *w* KF von *Brigida*, zu *Brigitte*.

Bridget *w* engl. Form zu →*Brigitte*.

***Briga**, **Brigga** *w* KF von →*Brigitte*.

***Brigida**, **Brigide** *w* latinis. Formen von →*Brigitte*.

Die hl. Brigida von Kildare, Äbtissin, ist die Patronin Irlands (5./6. Jh.) und von Essen.

***Brigitte**, auch *Brigitt, Brigitta w* VN kelt. Urspr. »die Hohe, Erhabene«.

Verbreitung durch die hl. Brigitte, latinis. Brigida, irische Nationalheilige, und die hl. Birgitta von Schweden (14. Jh.).
KF *Gitta, Gitte*, engl. *Bridget, Brigid, Brigit, Bride, Briddy, Biddy*; über lange Jahr sehr beliebter weibl. VN.

Bringfried *m*, **Bringfriede** *w* wörtlich zu nehmende Neubild. des 20. Jh.

Bris, Brix *m* KF des südd. HlN *Brictius, Briccius*, kelt. Urspr. in der Bed. »der Starke, Kräftige«.

Briska *w*, **Brisko** *m* slaw. KF *Fritzchen*

***Brit**, **Brita**, **Britt**, **Britta** *w* KF zur älteren schwed. Form *Brigitta*. *Britt* beliebt in Schweden bei DF.

Brixius *m* zu lat. *Brictius, Bricius, Briccius*, vermutl. kelt. Urspr.

Der hl. Brictius, Nachf. des hl. Martin, Bischof von Tours; Brictius, noch heute in Heiligenblut am Großglockner verehrt; engl./frz. *Brice*.

Broder *m* fries. VN, runeninschr. *Brodhir*, ältere Form für *Bror*, beide in der Bed. »Bruder«.

Bronislaw *m*, **Bronislawa** *w* slaw. VN, zu russ. *bronja* »Brünne, Panzer« + *slava* »Ruhm, Ehre«.

Bronja *w* slaw. KF von *Bronislawa*.

Brun *m* KF von Namen mit *Brun-* (= braun), alter ostfries. Personenname.

***Bruna** *w* urspr. alter fries. Personenname, zu ahd. *brun* »braun«; auch ital., slowak. weibl. Form »die Braune«; →*Bruno*.

Bruneke *w* nd. VklF von *Brunhilde*.

***Brunella** *w* ital. NF von *Brunelda* = *Brunhilde*.

Brunello *m* ital. Entspr. zu *Brunella*.

Brunhard *m* zu ahd. *brun* »braun« + *harti* »hart«.

***Brunhild**, **Brunhilde**, **Brünhild(e)** *w* alte dt. VN, zu ahd. *brunni* »Brünne, Panzer« + *hiltja* »Kampf«.

Bruni *w* KF von →*Brunhilde*.

***Bruno** *m* beliebter VN des MA, älter auch *Braun, Praun*, selbständ. KF von Namen mit *Brun-*, auch zu ahd. *brun* »braun, der Braune«, wohl urspr. auf den Bär bezogen; →*Brunold*, →*Björn*; ital. auch *Brunone*.

Der hl. Bruno aus Köln, Stifter des Kartäuserordens (11. Jh.), 1084 in der »Cartusia« (Wildnis bei Grenoble), daher dt. Karthaus(e).

Brünne *w* KF von *Brünhilde*.

Brunold *m* alter dt. VN, zu ahd. *brun* »braun, der Braune« (der Bär) + *waltan* »walten, herrschen«.

Bruntje *w* ostfries. KF von →*Brunhilde*.

Burchard, *Burghard m* →*Burkhard*, im MA im alemannischen Raum beliebter u. häufiger Name.

Burga *w* KF von Namen mit *-burg*.

Burgel, *Burgl w* südd. KF von Namen mit *Burg-*, *-burg*, z. B. *Walburga*.

Burghard *m* NF von *Burkhard*.

Burghilde *w* zu ahd. *burg* »Burg, Schutz« + *hiltja* »Kampf«.

***Burgit** *w* Neubild. (DDR), wohl aus Namen mit *Burg-* und *Birgit*.

Burglinde *w* zu ahd. *burg* »Burg, Schutz« + *linta* »Lindenholzschild«.

Burgunde *w* VN in Anlehnung an »die Burgunderin«, zu ahd. *burg* »Burg, Schutz« + *gund* »Kampf«.

Burk, **Bürk** *m* KF von →*Burkhard*.

Burkard, **Burkart** *m* NF von *Burkhard*.

***Burkhard**, *Burghard m* alter dt. VN, zu ahd. *burg* »Burg« + *harti* »hart«.

Im Oberdt., insbes. in Schwaben und am Oberrhein, beliebter VN, verbreitet nach dem hl. Burkhard, Bischof von Würzburg (8. Jh.).

Busse, **Busso** *m* nd. KF von →*Burkhard*.

C

Cäcilia, Cäcilie *w* VN lat. Herkunft, Frau aus der altröm. Familie der Caecilier; wohl zu lat. *caecus* »blind, trübäugig«.

Die hl. *Cäcilia* (3. Jh.) war Schutzpatronin der Musik, der Sänger und Dichter; fromme Umdeutung »coeli lilia«, »himmlische Lilie«.
K St. Cäcilien, St. Kunibert in Köln, Glasfenster, Altartafel; Bild Rubens (1638), Berlin, Staatl. Museen.

Cäcilius *m* VN lat. Herkunft, aus der altröm. Familie der Caecilier.

Cajetan *m* →*Kajetan*.

Calla *w* schwed. KF von →*Karoline*.

***Camilla**, *Kamilla w* VN, lat. *camillus* »ehrbar, aus unbescholtener Familie«.

Name in Stifters Novelle »Die Schwestern«; frz. weibl. Form *Camille*° nur in Verb. mit anderen weibl. VN.

***Camille** (frz.), **Camillo** (ital.) *m*, auch *Camill*, lat. *camillus* »ehrbarer Knabe aus unbescholtener Ehe«.

Candid *m*, lat. *candidus* »hell, glänzend, weiß, aufrichtig«.

Candida, *Kandida w* Form von →*Candid*; engl. KF *Candy, Candie*.

Cara, *Kara w* VN, zu lat. *carus* »teuer, lieb und wert«.

Carin *w* NF von →*Karin*.

***Carina**, **Carine**, *Karina, Karine w* VN »die Hübsche, die Niedliche«.

Carinne *w*, auch *Karynne*, NF von Corinna, →*Korinna*; an die slaw. Formen *Karina*/Korina angelehnt.

Caritas, **Charitas** *w* VN, zu lat. *caritas* »hochachtende Liebe, Nächstenliebe«.

* **Carl** *m* NF von →*Karl*.

* **Carla** *w* Form von →*Karl*.

* **Carlo** *m* ital. Form von →*Karl*, aus lat. *Carolus*.

Carlos *m* niederl., portugies., span. Form von →*Karl*, aus lat. *Carolus*.

Carlota *w* span./portugies. Form von →*Charlotte*.

* **Carlotta** *w* ital. Form von →*Charlotte*.

* **Carmela** *w* span. NF von →*Carmen*.

Carmelia, **Carmelina** *w* Weiterbild. von →*Carmela*.

* **Carmen** *w* span. VN, urspr. Beiname der *Virgen del Carmen* = Jungfrau Maria vom Berg Karmel (Palästina); dort ein Karmeliterkloster.

Carmina, **Carmine** *w* Weiterbild. von →*Carmen*.

* **Carol** *m* rumän. Form von →*Karl*, lat. *Carolus*; weibl. engl. KF von *Caroline*; im Deutschen dagegen kein weibl. VN.

* **Carola**, **Carole** *w* latinis. Formen von →*Karla*.

* **Carolin**, **Carolina**, **Caroline** *w* beliebte Weiterbild. von →*Carola*; dt. Formen →*Karolina*, *Karoline*; engl. *Carolyn*, KF *Carrie*, *Carry*.

Carolus *m* latinis. Form von →*Karl*.

Carrie, **Carry** *w* engl. KF von →*Carola*, *Carolina*.

Carsta *w* →Karsta.

* **Carsten** *m* →Karsten.

Cäsar, **Caesar** *m* Name einer altröm. Familie, lat. *caesaries*, Kennzeichn. für buschiges Haar oder langes Barthaar, *caesaries longae barbae*.

Gajus Julius Caesar (100–44 v.Chr.), röm. Herrscher; Name in der Zeit des Humanismus und durch Shakespeares Tragödie volkstümlich geworden.

Cäsarina, **Cesarina**, **Cäsarine**, **Cesarine** *w* Formen zum Namen →*Cäsar*.

Casimir *m* →*Kasimir*.

* **Caspar** *m* →*Kaspar*.

Cassian *m* Weiterbild. von →*Cassius*.

Castor *m* →*Kastor*.

* **Catarina**, **Caterina**, **Catharina**, **Catherine**, **Cathrin** *w* →*Katharina*.

* **Cathia**, **Catia**, **Catiana**, **Catina** *w* roman. Formen zu →*Käthe*, *Käthchen*.

Cecil *m* engl. Form von →*Cäcilius*.

* **Cécile**, **Cecilia**, **Cecily** *w* →*Cäcilia*.

* **Cedric** *m* engl. VN kelt. Urspr., zu altengl. *Cerdic*, Gründer des westsächs. Königreichs.

Celestina *w* ital. VN →*Cölestina*.

Celia *w* KF von →*Cäcilia*.

* **Celine**, *Celina* *w* KF von →*Marceline*; frz. *Céline*.

Cella, *Celina*, *Cellina* *w* KF von →*Marcella*, *Marcellina*.

* **Cendrine** *w* VN frz. Urspr., zu frz. *cendre* »Asche«.

Eigentlich zu *faire pénitence dans le sac et la cendre* »in Sack und Asche Buße tun« (von glücklichen Eheleuten); *cendrillon* »Aschenbrödel«.

Centa *w* KF zu *Vincenta*.

Cesar *m* roman. Form von →*Cäsar*.

* **Chantal** *w*, auch *Chantale*, frz. VN, aus älterem *cantal* (Languedoc) »Stein« (nach Dauzat); vielleicht angelehnt an provenz. *cantarel* »singfreudig«, zu frz. *chant*, lat. *cantus* »Gesang«; sehr beliebter moderner Name.

Charis *w* VN zu griech. *charis* »Anmut, Liebreiz«.

* **Charlotte** *w* frz. Weiterbild. von *Charles* (= *Karl*).

Populär durch Elisabeth Charlotte, »Liselotte von der Pfalz« (1652–1722), seit Anfang des 18. Jh. Modename; Charlotte Buff, Charlotte von Stein, Goethes Freundinnen, nd. *Charlot*, beliebter KF *Lotte*, auch *Lola*, *Lolo*, ital. *Carlotta*, span. *Carlota*.

* **Charles** *m* frz./engl. Form von →*Karl*.

* **Charlie**, **Charly** *m* engl. KF von →*Charles* = *Karl*.

* **Chatrina** *w* Form von →*Katharina* im Engadin.

Che *m* VN, urspr. eigentlich span.-argentin. Zuruf »He, Hallo«, danach kuban. Spitzname für den Revolutionär Ernesto Guevara, nach seinem Tod verbreitet als VN im nicht-spanischsprechenden Ausland.

***Chiara**, **Chiarella** *w* ital. Formen von →*Klara*.

Chilenka, **Chiletschka** *w* russ. Koseformen und Weiterbild. von →*Chilja*.

Chilia *w* NF von →*Chilja*.

Chilja *w* russ. KF von *Rachil'*, zum bibl. Namen *Rahel, Rachel*.

Chlodwig *m* alter fränk. VN nach dem Frankenkönig *Chlodwig*, altfränk. *Chlodovech*, dt. Form →*Ludwig*.

Chloe *w* VN ['klo:e:], zu griech. *chlóē* »erster grüngelber Pflanzentrieb, junger Keim«.

Chlothar *m* alte Form von →*Lothar*.

Chlothilde *w* →*Klothilde*.

Chonz, **Conz** *m* schweizer. KF von →*Konrad*.

Chrischona *w* VN, wohl urspr. zu *Grischouns, Grischun* = roman. Graubünden, wobei an *Christ(i)ana*, Name einer legendären Heiligen, angelehnt wurde.

Chris, **Christ** *m* KF von →*Christian*.

***Christa** *w* KF von →*Christiana*, gegenwärtig mit *Christiane* sehr beliebter VN.

Christabel *w* engl. VN, wohl Fügung aus *Christa* und *Bella*.

***Christel**° *m/w* KF von →*Christian* und *Christiane*; auch *Christl*.

Christele, **Christeli**, **Christelle** *w* Weiterbild. in der Schweiz zu →*Christel* = *Christiane*.

Christer *m* dän./schwed. Form von →*Christian*; auch Krister.

Christfried *m* VN, pietist. Neubild. des 18. Jh. zu »Christus« + »Friede«.

Christhard *m* Fügung aus *Christian* und Namen mit *-hard*.

Christhild(e) *w* Fügung aus *Christine* und Namen mit *-hild*.

***Christian** *m* VN lat.-griech. Herkunft, lat. *Christianus* »der Christ«, aus griech. *Christós* »der Gesalbte«. Nach der Reformation weit verbreitet, in Dänemark Königsname, auch heute beliebter VN.

***Christiane**, *Christiana* *w* Form zu →*Christian*; gegenwärtig sehr beliebter VN.

Christianne *w* Weiterbild. von →*Christiane*.

***Christin** *w* neuere Form von →*Christine*; nord. Schreibung *Kristin*.

***Christina**, **Christine**, *Kristina* *w* NF von →*Christiane*; noch beliebter VN, jedoch weit hinter *Christa, Christiane*.
🄺 Die hl. Christina (3. Jh.) früh verehrt; zahlreiche rhein.-niederl. Altäre (um 1500) mit Mühlstein und Pfeilen.

Christlieb *m* pietist. Fügung aus *Christian* und Namen mit *-lieb*.

Christmar *m* Neubild. aus *Christian* und altem *-mar*-Namen.

Christo *m* KF von *Christophorus*.

Christoff, **Christoffer** *m* NF von →*Christoph*.

***Christoph**, **Christof** *m* VN, zu griech. *Christo-phóros* »Christus tragend«.
Name aus der Legende entstanden, im MA, bes. seit den Kreuzzügen, weite Verbreitung durch Verehrung des hl. *Christophorus*; der Volksheilige war Schutzpatron der Schiffer und Flößer, Nothelfer.
KF *Stoffel, Stoffges* (rhein.), *Toff(e)l*, engl. *Christopher, Chris, Kit*, frz. *Christophe*, ital. *Cristoforo*, span. *Cristóbal*, nd. *Christoffel, Kristoffel*, slaw. *Krysztof*.
🄺 Die zahlreichen Darstellungen des »Christusträgers« förderten die Namengebung, Tafelmalerei Konrad Witz (1440, Basel), Dierick Bouts (München, A.P.); bis heute populärer Name.

Christophe *m* frz. Form von →*Christoph*.

***Christopher** *m* engl. Form von →*Christoph*.

Christophine, **Christophora** *w* Formen zu →*Christoph*.

Chrysantha *w* »Blumenname«, weibl. Form zu →*Chrysanthus*.

Chrysanthus, **Chrysant(h)** *m* VN zu griech. *chrysós* »Gold« + *ánthos* »Blume« = »Goldblume«.
Der VN ist in Münstereifel noch gebräuchlich, wo um 844 Reliquien des hl. Chrysanthus hinkamen.

Chrysostomus *m* VN zu griech. *chrysós* »Gold« + *stóma* »Mund«; der hl. Chrysostomus, griech. Kirchenlehrer des 4./5. Jh., ist der Johannes Guldenmund des 15. Jh.

Cia *w* KF von →*Lucia*.

Cilia, *Cilla, Cille, Cilli, Cillia, Cilly, Zilla, Zilli, Zilly w* KF von →*Cäcilia*.
Cinderella *w* engl. VN »Aschenbrödel, Aschenputtel«, Heldin des in England bekannten Feenmärchens; s.a. unter →*Cendrine*.
Cindy *w* KF von →Cinderella.
Cinja *w* KF des dt. Pflanzennamens *Zinnie*, eine mexikan. Korbblütlergattung, benannt nach Joh. Zinn, lat. *Zinnia*, zum ungar. VN *Cinnia*.
Cinzia *w* ital. VN, entspr. der ungar. Form *Cintia* = →*Cynthia*.
Ciril *m* roman. Form von →*Cyrill*.
Cissy *w* engl. KF von *Cecily* = *Cäcilie*.
Claas *m* →*Klaas*.
* **Claire** *w* frz. Form von →*Klara*.
Clamor *m* VN zu lat. *clamor* »lauter Ruf, freundlicher Zuruf«.
Clara *w* →*Klara*.
Clare *w* engl./frz. Form von →*Clara*.
Clarelia *w* Weiterbild. von *Clara*.
Claretta, **Clarette** *w* VklF frz. Herkunft von *Clara*; frz. *Clairette*.
* **Clarissa**, **Clarisse**, *Klarissa w* Weiterbild. von *Clara*, →*Klara*; engl. *Clarice*.
Clarita *w* span. KF von *Clara* = *Klara*.
Clark *m* amer. VN zu lat. *clericus* »Geistlicher, Gelehrter, Schreiber«; engl. *Clarke, Clerk, Clerke*.
* **Claude**° *m/w* frz. Form von *Claudius/Claudia*.
Claudette *w* frz. VklF von →*Claudia*.
* **Claudia**, *Klaudia w* Form von →*Claudius*; weiterhin unter den beliebten VN.
* **Claudine**, *Claudina w* Weiterbild. von →*Claudia* [frz. Aussprache: klo'di:n].
Claudinette *w* frz. Weiterbild. von *Claudine* [frz. Aussprache: klodi'net].
* **Claudio** *m* ital. Form von →*Claudius*.
Claudius *m* altröm. Name, »aus dem Geschlecht der Claudier«, zu lat. *claudus* »lahm, hinkend«, urspr. BN »der Lahme«.

Verbreitet ist seit der Humanistenzeit der Name des röm. Kaisers *Claudius*.

* **Claus** *m* →*Klaus*.
Celia *w* engl. VN zu lat. *Cloelia*, röm. Jungfrau aus der Familie *Cloelius*.
Clematis *w* VN, nach dem Pflanzennamen *Clematis vitalba* »gemeine Waldrebe«.
* **Clemens** *m* →*Klemens*.
* **Clement** *m* engl./frz. Form von →*Clemens*.
Clemente *m* ital./span. Form von →*Clemens*.
Clementia, **Clemenza**, *Klementia w* Formen zu →*Clemens*.
Clementina, **Clementine**, *Klementina w* Weiterbild. von *Clementia*.
Cleopatra *w* →*Kleopatra*.
* **Cliff**, *Clif m* engl. KF von *Clifton*, →*Clifford*.
Clifford *m* engl. VN, urspr. BN nach einem engl. Ortsnamen, VN seit Ende des 19. Jh.
Clio *w* VN, in der griech. Mythologie ist *Kleiō* die Muse der Geschichte, zu griech. *kleō* »Ruhm«, *kleíō* »bekannt, berühmt machen, preisen«.
Clive [klaiv] *m* engl. VN, nach dem FN Robert Clive's gebildet.
Clivia, *Klivia w* »Blumenname«, nach Lady Charlotte Florentia, Herzogin v. Northumberland, Enkelin →*Clive's*.
Clodia *w* NF von →*Claudia*.
Cloe *w* →*Chloe*.
Clorinda *w* →*Klorinde*.
Cola *m* ital. VklF von →*Nikolaus*.
Cöleste, **Cölestina**, **Cölestine**, *Zölestine w* Form von →*Cölestin*.

engl. *Celestina*, frz. *Célestine*, ital./span. *Celestina*.

Cölestin *m*, auch *Cölestinus, Zölestin, Zölestinus*, zu lat. *caelestis* »himmlisch, zum Himmel gehörig«.

engl. *Celestine*, frz. *Celestin*, ital./span. *Celestino*.

* **Coletta** *w* ital. KF und VklF von →*Nicoletta*; frz. *Colette*.
Colette *w* frz. KF von →*Nicolette*.
Colin *m* engl. KF von →*Nikolaus*.
Columba, *Columbina, Kolumbina w* VN zu lat. *columba* »Taube«.
Columban *m* →Kolumban.
Concordia, *Konkordia w* VN zu lat. *concordia* »Eintracht, Harmonie«, nach der röm. Göttin Concordia.

*__Connie, Conny°__ *m/w* engl. KF von *Conrad, Constance, Constantin, Cornelia.*

Conrad *m* →*Konrad.*

Conradin *m*, **Conradine** *w* →*Konradin, Konradine.*

Consilia *w* VN zu lat. *consiliatrix* »Ratgeberin«.

*__Constantin__ *m* →*Konstantin.*

Constanze *w* VN →*Konstanze.*

Consuela *w*, **Consuelo** *m* span.-ital. VN, zu span. *consuelo* »Trost, Tröstung«, zu *Consus*, dem altlat. Gott der Erde, und *consualia*, dem dargebrachten Volksfest.

*__Cora__ *w* NF von →*Kora, Korinna* zur griech. KF *Kora*, »Mädchen«. KF von →*Cordelia, Cordula*, niederl. von *Cornelia.*

Corbinian *m* →*Korbinian.*

Cord, Curd *m* nd. Formen von →*Kurt.*

Cordelia *w* NF von →*Cordula.*

*__Cordula__, *Kordula* *w* VN zu griech. *kora* »Mädchen«, *kórē* »Jungfräulichkeit«, *kóreia* »Opferfest« der *Kórē* oder *Koria*, BN der Athene in Arkadien; ebenso zu *korídion* »Mägdlein«.

Coretta, Corette *w* VklF von →*Cora.*

*__Corina, Corinna__, *Korinna* *w* VN, nach dem alten griech. Namen *Kórinna.*

Bekannt durch die gleichnam. Dichterin aus Böotien, Zeitgenossin des Pindar; Weiterbild. von *Kórē, Koria*, »die Jungfräuliche«, BN der Göttin Athene in Arkadien.

Corine, Corinne, *w* →*Corinna, Korinna*

*__Cornelia__, *Kornelia* *w* VN; frühe Namensträgerin der weibl. Form zu →*Cornelius* ist die altröm. Patrizierin Cornelia, Tochter des Scipio Africanus d. Ä., Mutter der Gracchen; Beliebtheit des Namens steigend.

KF *Connie, Conny, Cornell, Lia, Nelia, Nellie, Nelly, Nella, Nelske*, engl. auch *Cornela, Cornelle, Corrie, Corry*, frz. *Cornélie.*

Cornelius, *Kornelius* *m* VN, altröm. Geschlechtername »aus der Familie der Cornelier«.

KF *Cornel, Kornel, Cornelis, Cors, Kors, Niels, Nils, Nelson, Neelke*, ital., span. *Cornelio*, slaw., norweg. und ungar. *Kornel.*

Cornell, Corny *w* engl. KF von →*Cornelia.*

Corona, *Korona* *w* VN in der Bed. »Kranz, Blüten- oder Blumenkrone«, zu lat. *corona* »Kranz, Krone«.

Die hl. Corona (2. Jh.), wegen ihrem Namen als »Krone« = Geldzeichen gedeutet, war Patronin des Schatzgutes; sie wurde in Bayern, Niederösterreich und Böhmen verehrt. 🄺 Glasfenster (14. Jh.) Münster Straßburg.

Corrado *m* ital. Form von →*Konrad.*

Corrie, Corry *w* engl. KF →*Cornelia.*

Corsin, Corsinus *m* rätoroman. VN des Engadin, zu lat. *corsus* »der Korse, von der Insel Korsika«.

Cortina *w* VN um 1960, Erinnerung an die Olymp. Winterspiele in Cortina d'Ampezzo, älter ist lat. *cortina* »Sitz der apollonischen Weissagerin«.

Corvina *w*, **Corvinus** *m* VN zu lat. *corvus* »Rabe«, *corvinus* »kleiner Rabe«.

Cosetta, Cosette *w* frz. VklF von →*Nicole.*

Cosima, *Kosima* *w*, **Cosimo**, *Kosimo* *m* ital. VN griech. Herkunft, urspr. →*Cosmas*, zu griech. *kósmos* »Ordnung, Glanz, Ehre, Hochachtung«.

Cosine *w* VN zu ital. *cosina* »kleines Ding«.

Cosmas, *Kosmas* *m* VN zu griech. *kósmos* »Ordnung, Glanz, Lob, Ehre, Hochachtung«; *Cosmas* und *Damianus* waren arab. Heilige des 3. Jh.

Engl. *Cosmo*, frz. *Côme, Cosme*, ital. *Cosimo, Cosmo*, weibl. Form *Cosima.*

Cosmea *w* »Blumenname« nach dem zweifiederspaltigen, violettrosa oder purpurrosa (auch orangefarben, gelb, rot, weiß) blühenden *Schmuckkörbchen* oder *Cosmee* (= Cosmos), eine aus Mexiko stammende einjährige Gartenpflanze.

Crescentia *w* →*Kreszentia.*

Crispin, Crispinus *m* VN, zu lat. *crispus* »mit krausen Haaren«; namengebend der hl. Crispinus, Märtyrer des 3./4. Jh.

*__Cristian, Cristiano__ *m* ital. Formen von →*Christian.*

*__Cristiana, Cristina__ *w* ital. Formen von →*Christiane.*

Cristobal *m* span. Form von →*Christoph(er).*

Curadin, **Curdin** *m* rätoroman. Formen von →*Konradin.*

Curd, **Curt** *m* nd. Formen von →*Kurt.*

Curtis *m* engl. VN frz. Herkunft, zu altfrz. *Curtise* »höflich, artig, ritterlich«; engl. KF auch *Curt*; ital. *Curzio*, wird zur dt. Form Curt, Kurt gezogen.

* **Curzio** *m* ital. Form zu engl. →*Curtis.*

Cynthia *w* engl.-amer. VN, urspr. BN *Kynthia* der griech. Jagdgöttin Artemis, »vom Berge *Kynthos*«, Insel Delos; ital. →*Cinzia*, ungar. *Cintia.*

Cyprian *m* VN, zu griech. *kyprioi* »Einwohner von Zypern«.

Cyriac, **Cyriacus**, **Cyriakus** *m*, dt. *Zyriak, Zyriakus*, zu griech. *kyriakós* »zum Herrn gehörig«, *kyrios* »der Meister, der rechte Herr«, *Christus.*

🄺 Der hl. Cyriakus, Hochaltarschrein (1520) in Besigheim (Württ.).

* **Cyrill**, **Cyrillus** *m* VN, zu griech. *kyrillos*, Vkl. von *kyrios* »der rechte Herr, Gebieter« (neutestamentl. *Christus*); auch *Cyril*, frz. *Cyrille.*

Cyrus *m* VN, zu griech. *Kyros*, pers. *Khurush*, Bez. für die Sonne; Name bes. in England und den USA.

Dafne *w* ital. Form von →*Daphne.*

Dag *m* nord. VN, KF von Namen mit *dag-* »Tag«.

* **Dagmar** *w* dän. VN, Umbildung des slaw. VN *Dragomir* über →*Dagomar*; zu altslaw. *dragi* »lieb, teuer« + *mir* »Friede«; angelehnt an →*Dagomar.*

Name einer böhm. Prinzessin, die im 13. Jh. dän. Königin wurde.

Dagny *w* jüng. nord. VN, zu schwed. *dag* »Tag« + *ny* »neu«.

Dagobert *m*, **Dagoberta** *w*, *Dago-* wohl zu kelt. dago »gut« + ahd. *beraht* »glänzend«.

🄺 Der hl. Dagobert II., König von Austrasien (7. Jh.), Steinfigur (13. Jh.) Stiftskirche Weißenburg, Elsaß.

Dagomar *m* VN, zu kelt. *dago* »gut« + ahd. *mari* »berühmt«; KF *Dago.*

* **Daisy** *w* engl. VN, *daisy* »Maßliebchen, Gänseblümchen«, eig. »Tagesauge«.

Dalila, **Dalilah** *w* bibl. Name, zu hebr. →*Delilah* »die Sehnende«.

Damaris *w* VN, zu griech. *dámar* »Gattin, Geliebte«.

* **Damian** *m* VN, zu griech. *damios* für *demios* »Volk«; der hl. *Damianus* war Märtyrer, Bruder des →*Cosmas*; frz. *Damien*, ital. *Damiano.*

Damiana *w*, **Damiano** *m* ital. Formen zu →*Damian.*

Dammo *m*, auch *Tammo*, fries. KF zu *Dankmar, Thankmar.*

Dan *m* 1. bibl. Name, zu hebr. *dān* »Richter«; 2. engl. KF von →*Daniel.* 3. slaw. KF von →*Bogdan.*

Dana *w* KF von →*Daniela*; auch schwed. weibl. Form von *Dan* »Däne«; slaw. KF von →*Bogdana.*

Danela *w* NF von →*Daniela.*

Danella, **Danelle** *w* engl. Form zu →*Daniel.*

* **Daniel** *m* bibl. Name, zu hebr. *dānijjē'l* »(mein) Richter ist Gott«.

Name des großen Propheten Daniel, seit der Reformation verbreitet, heute beliebtester Schweizer VN seit 25 Jahren.

KF engl. *Dan, Danny, Nel*, slaw. *Danil, Danilo, Dano*, serb. *Dančo, Dane*, ungar. auch *Dános;* slaw. VklF *Dangel.*

🄺 Glasfenster (12. Jh.), Augsburger Dom; Goldene Pforte Marienkirche, Freiburg/Sa., Altdorfer (1526), München, A.P.

* **Daniela**, **Daniella** *w* Formen zu →*Daniel*; slaw. *Dana, Danila, Danilka, Danaila*; amer. DF *Danniebelle.*

* **Daniele**°, *Daniello m* ital. Formen von →*Daniel*; häufiger männl. VN in der Schweiz.

* **Danielle** *w* frz. Form zu →*Daniel.*

* **Danila** *w* slaw. Form zu →*Daniel.*

* **Danilo** *m* slaw. Form von →*Daniel.*
Danja *w* slaw. Koseform zu *Danila.*
Danka *w* 1. dt. KF von Namen mit *Dank-*; 2. serbokroat. weibl. Form von →*Danko.*
Dankmar *m* VN, zu ahd. *danc* »Dank, Geneigtheit« + *mari* »berühmt«.
Danko *m* 1. KF von ahd. Namen mit *Dank-*; 2. serbokroat. VN »der Gegebene, Geschenkte«.
Dankrad *m*, **Dankrade** *w*, zu ahd. *danc* »Dank, Geneigtheit« + *rat* »Rat«.
Dankward, *Dankwart m*, zu ahd. *danc* »Dank, Geneigtheit« + *wart* »Hüter, Schützer«.
* **Danny, Dany** *m* engl. KF von →*Daniel.*
Dano *m* bulgar. KF von →*Daniel.*
* **Dante** *m* ital. VN, verkürzt aus dem alten ital. Namen *Durante*, lat. *Durandus* (im 11. Jh. in Trier), zu lat. *durare* »abhärten, ausdauern, fortdauern«.
Dante Alighieri (1265–1321), Dichter der »Göttlichen Komödie«.

Danuta *w* poln. Form von →*Daniella.*
* **Dany** *w* frz./engl. KF von →*Danielle, Daniela*; auch KF von →*Daniel.*
Daphne, *Dafne w* VN, zu griech. *dáphnē* »Lorbeer, Lorbeerbaum«.
Nymphe in der griech. Sage, von Apoll verfolgt, in einen Lorbeerbaum verwandelt; Oper »Daphne« von R. Strauß.

Dargard *w* VN zu einem dt. *-gard-*Namen.
* **Daria** *w* Form zu →*Darius*, Name mehrerer pers. Könige; Reliquien einer hl. Martyrerin Daria in Münstereifel.
* **Dario** *m* ital., span./portug. Form von →*Darius.*
Darius *m*, zu griech. *Dāreios* »der Mächtige, Bezwinger«, Name mehrerer pers. Könige, altpers. *Dârajavusch.*
Darja *w* slaw. Form von →*Daria.*
* **David** *m* bibl. Name, zu hebr. *dāvid, dawîdh* »Geliebter, Liebender«.
Name des jüd. Königs David, verbreitet seit der Reformation; wird heute als moderner, beliebter Name empfunden. KF *Vit*, engl. *Davy, Davie, Taffy*, ital. auch *Davide*. 🄺 Glasfenster (12. Jh.), Augsburger Dom; Chorgestühl Bamberg, Ulm, Köln, Bern; David mit Goliath, Fußbodenmosaik, St. Gereon, Köln.

Davida *w* Form zu *David*; engl. auch *Davina*, niederl. auch *Davide, Davita.*
Davide *m* ital. Form für →*David.*
Davina, *Davine w* schott. NF von →*Davida.*
Dawn *w* engl. VN, im 20. Jh. aufgekommen als literar. Name bei den engl. Novellenschreibern, engl. *dawn* »Tagwerden, Morgendämmerung«.
Dea *w* KF von *Andrea* und *Desideria* (schon 1910).
Dean *m* engl.-amer. VN, urspr. Personenname, frz. *Dean(e)*; engl. *dean* »Dekan, Dechant, Ältester«.
Deba *w* KF von →*Debora(h).*
Debald *m* nd. Form von →*Dietbald.*
* **Debora**, **Deborah** *w* bibl. Name, zu hebr. *debōrāh* »Biene, Wespe«.
Richterin und Prophetin im alten Israel; wiederbelebt durch die engl. Puritaner und verbreitet in Amerika.

Deb, Debby, Debir, Debra *w* engl. KF von →*Deborah.*
Deda, **Dedda**, **Didda** *w*, **Dedde**, **Deddo**, **Dedo** *m* nd.-ostfries. KF von Namen mit *Diet-*.
Deert *m* nd. Form von →*Diethard.*
Degenhard *m*, zu ahd. *degan* »junger Held, Krieger« + *harti* »hart, stark«.
Deik *m*, **Deike** *w* nd. KF von Namen mit *Diet.*
Deinhard *m* NF von →*Degenhard.*
Dela, **Dele**, **Della** *w* KF von →*Adele.*
Delan *w* schwed. KF von *Adele.*
Delf *m* KF von →*Detlef.*
Delfons *m* KF von älterem VN *Adelfons*, →*Alfons.*
* **Delia** *w* urspr. BN der griech. Göttin Artemis, die röm. Diana, die Herkunft angebend: »von der Insel *Delos* stammend«.
Delila(h) *w* bibl. Name; engl. *Delilah*, →*Dalila.*
Delphine, *Delphina, Delfine w* frz. VN, zu griech. *delphis* »Delphin«.
Demetrius *m* griech. Männername *Dēmētrios*, »der Göttin Dēmētēr geweiht«; russ. *Dmitri, Dimitri.*
Demos *m* griech.-amer. KF zu griech. VN mit *démios* »Volk«.

Demut *w* VN, älter *Demot*, zu ahd. *deomuoti* »Demut«, ein Wort der ältesten obd. Kirchensprache.

* **Denis**, *Dennis m* frz. VN, zum griech.-lat. Namen *Dionysius*, »dem Gott Dionysos geweiht«; *Dennis* engl. Schreibung.

* **Denise** *w* Form des frz. VN →*Denis*.

Deno *m* KF von →*Degenhard*.

Deodata *w*, **Deodatus** *m*, lat. *Adeodata, Adeodatus* »von Gott gegeben«.
Der hl. Deodatus, Einsiedler in den Vogesen, gründete das Kloster Ebersmünster b. Schlettstadt.

Derek, **Derik**, **Derk** *m* nd.-ostfries. KF von →*Dietrich*. Auch *Derrik*, engl. *Derrick*.

Desideria *w* Form von →*Desiderius*.

Desiderius *m*, zu lat. *desiderare* »verlangen, begehren«; frz. *Didier*.

* **Desirée** *w* »die Erwünschte, Ersehnte«, frz. Form von *Desideria, zu lat. desiderare* »verlangen, begehren, ersehnen«.

Deta, **Detje**, **Dette** *w* nd.-ostfries. KF von Namen mit *Diet-*.

Dethard *m* nd. Form von →*Diethard*.

* **Detlef**, **Detlev** *m* nd. VN, älter *Dietleib*, zu ahd. *diot* »Volk« + *leiba* »Erbe, Hinterlassenschaft«.

Detmar, *Dettmar m* nd. Form von →*Dietmar*.

Detwin *m* nd. Form von →*Dietwin*.

Dewald *m* nd. zu *Dietbald*, oder *Dietwald*.

* **Diana**, **Diane** *w* VN, urspr. Name der röm. Jagd- und Mondgöttin, gleichbed. der griech. Artemis; niederl. KF von *Adriana*.

Dianne *w* moderne frz. NF von →*Diane*.

Dick, *Dicky m* engl. kinderspr. LN für →*Richard;* slaw. VklF zu *Dietrich*.

Didakus *m* lat. *Didacus*, griech. *didachē, didáskein* »Lehre, lehren, unterrichten«.

Didda, **Didde** *w*, **Didde**, **Diddo** *m* ostfries. KF von Namen mit *Diet-*; dazu dän. *Ditte*.

* **Didier** *m* frz. Form von →*Desiderius*.

Dido *w* griech. VN, *Didō*, Tochter des Königs Belos aus Tyros und Gründerin von Karthago (Äneis-Dichtung Vergils).

Diebald, **Diebold** *m* VN, NF von →*Dietbald, Dietbold*.

Diede *m* fries. KF zu →*Dietrich*.

Diederich, **Diederik** *m*, **Diederike** *w* nd.-niederl. Formen zu →*Dietrich*; *Diedrich* auch fries. VN.

* **Diego** *m* span. Form von →*Jakob*; zusammengezogen aus *Santiago* = »santi Jago« = »heiliger Jakob«.

Diemo *m* KF von Namen mit *Diet-*.

Diepolt *m*, auch *Deotpold*, alte NF zu →*Dietbald, Theobald*.
Im MA Name der Oberschicht und des Patriziats, nach dem hl. Theobald von Provins (11. Jh.), Wallfahrtsort Thann (Elsaß).

Dierk *m* nd.-fries. KF von *Diderik* →*Dietrich*.

Dieta *w* KF zu Namen mit *Diet-*.

Dietbald *m*, zu ahd. *diot* »Volk« + *bald* »kühn«.

Dietberga, **-burga** *w*, zu ahd. *diot* »Volk« + *berga, burg* »Schutz, Zuflucht«.

Dietbert *m*, **Dietberta** *w*, zu ahd. *diot* »Volk« + *beraht* »glänzend«.

Dietbold *m* →*Dietbald*.

Dietbrand *m*, zu ahd. *diot* »Volk« + *brand* »flammendes Schwert«.

Dietegen *m* VN, zu ahd. *diot* »Volk« + *degan* »(junger) Held«.

* **Dieter** *m*, älter auch *Diether*, alter dt. selbständ. VN →*Diether*, aber auch KF von →Dietrich geworden; zu ahd. *diot* »Volk« + *heri* »Heer«, im MA sehr verbreitet; heute zusammengefallene KF von *Dieter* →*Diether* und *Dieter* →*Dietrich*; unter den beliebtesten Namen.

Dietfried *m* VN, zu ahd. *diot* »Volk« + *fridu* »Friede«.

Dietgard *w* VN, zu ahd. *diot* »Volk« + *gard* »Gehege, Hort, Schutz«.

Dietger *m* VN, zu ahd. *diot* »Volk« + *ger* »Speer«.

Dietgund(e) *w*, zu ahd. *diot* »Volk« + *gund* »Kampf«.

Diethard *m*, zu ahd. *diot* »Volk« + *harti* »hart, stark«.

Diethelm *m*, zu ahd. *diot* »Volk« + *helm* »Helm«.

Diether *m*, neuere Form **Dieter**, zu ahd. *diot* »Volk« + *heri* »Heer«, die mit der KF *Dieter/Diether* des Namens *Dietrich* zusammenfiel.

Diethild(e) *w*, zu ahd. *diot* »Volk« + *hiltja* »Kampf«.

Dietleib *m* alte Form von →*Detlef*.

* **Dietlind(e)**, *Dietlindis w*, zu ahd. *diot* »Volk« + *linta* »Lindenholzschild« oder *lind* »sanft, mild«.

* **Dietmar**, *Ditmar, Dittmar m*, zu ahd. *diot* »Volk« + *mari* »berühmt«; weitere Formen: *Detmar, Dittmer, Thietmar*; Kurz- oder Koseformen: *Diemo, Thiemo, Tim, Timmo*.

Beliebter Name bereits im 12. Jh. in der oberen und mittleren Schicht.

Dietmund *m*, **Dietmunde** *w*, zu ahd. *diot* »Volk« + *munt* »Schutz (der noch unmündigen Person)«.

Dietmut *m*, **Dietmute** *w*, zu ahd. *diot* »Volk« + *muot* »Geist, Gesinnung«.

Dieto *m* KF von Namen mit *Diet-*.

Dietolf *m*, zu ahd. *diot* »Volk« + *(w)olf* »Wolf«.

Dietrad *m*, **Dietrade** *w*, zu ahd. *diot* »Volk« + *rat* »Ratgeber, Berater«.

Dietram *m*, zu ahd. *diot* »Volk« + *hraban* »Rabe«.

* **Dietrich**, *Dietreich m* alter dt. VN, zu ahd. *diot* »Volk« + *rihhi* »Reich, Herrschaft«, *rihhan* »beherrschen« = »der Volksherrscher«.

Durch die Heldengestalt Dietrichs von Bern (Verona) lebte in der Sage der Ostgotenkönig *Theoderich* weiter; nach mittelalt. Verbreitung und Höhepunkt des volkstümlichen Namens im 13./14. Jh., insbes. im nd. und mitteldt. Raum, kam er im 20. Jh. erneut zur Geltung. Bei dem heimischen Sagen- und Heldennamen Dietrich hatte die lokale Heiligenverehrung nur geringen Einfluß.
Nd./niederl. Formen: *Derek, Derik, Derk, Dieterik, Dierk, Dirk, Dietje, Thiede, Dido, Tide, Tido, Til, Tile, Till, Tillmann, Tilo, Tillo*; engl. *Derek, Derrick*, frz. *Thierri, Thierry*.

Dietrun, *Dietrune w*, zu ahd. *diot* »Volk« + *runa* »Geheimnis«.

Dietwald *m*, zu ahd. *diot* »Volk« + *waltan* »walten, herrschen«.

Dietward, **Dietwart** *m*, zu ahd. *diot* »Volk« + *wart* »Hüter, Schützer«.

Dietwin *m*, zu ahd. *diot* »Volk« + *wini* »Freund«.

Dietwolf *m*, zu ahd. *diot* »Volk« + *wolf* »Wolf«.

Dietz *m* KF zu →*Dietrich*, heute als patronymischer FN verbreitet.

Dija *w* russ. KF von Konkordija →*Concordia*.

Diktus *m* KF von →*Benediktus*.

Dilia *w* KF von *Odilia*, →*Odilie*.

* **Dimitri** *m* russ. Form von *Demetrius*; auch *Dimitrij, Dmitrij*.

* **Dina** *w* 1. KF von Namen, die auf *-dina* enden; 2. selbständ. bibl. Name, auch *Dinah*, zu hebr. *dinah* »eine, der zu Recht verholfen wurde«; 3. im Kanton Tessin weibl. Form zu →*Dino*.

* **Dino** *m* ital. KF von Namen mit *-dino*, wie *Bernardino, Corradino, Orlandino, Rinaldino*.

Dionys, Dionysius *m* »der Fröhliche«, griech. *Dionysos*, lat. auch *Bacchus*, Gott der Fruchtbarkeit, bes. des Weinbaus.

KF *Dion, Dins, Dinnies, Niese*, engl. *Dennis*, frz. *Dénis*, böhm. *Diwis*, ungar. *Denes, Dennis*.

Dionysia *w* VN zu *Dionys*, engl. *Denise, Denice, Denny*, frz. *Dénise*, roman. *Dionisia*, ungar. auch *Döniz*.

Diotima *w*, zu griech. *dios* + *tima* »(für) Gott bestimmt«.

Literarische Namen: Diotima in Platons *»Symposion«*, in Hölderlins *»Hyperion«*.

* **Dirk** *m* nd. KF von →*Diderik*.

Dismas *m* Name des Schachers zur Rechten Christi, Heiliger, Patron der zum Tode Verurteilten.

🄺 Deckenmalerei (12. Jh.) Kapitelsaal Brauweiler; Wandmalerei (1420) Neustadt b. Waiblingen.

Ditta *w*, dän. *Ditte*, NF zu →*Dieta*.

Ditte *w*, dän. KF von weibl. Namen mit *Diet-*.

Dittmar, **Dittmer** *m*, auch *Dithmar*, NF zu →*Dietmar*.

Dix *m* KF von *Bendix, Benedikt.*

Django *m* Zigeuner-RN →*Johannes.*

Dodo *w* KF von →*Dorothea,* kinderspr. LN von den KF *Dora, Doris, Dorle.*

Dolf *m* KF von Namen mit *-dolf,* wie *Adolf, Ludolf, Rudolf.*

* **Doll**, **Dolly**, **Doly** *w* engl. KF zu →*Dorothea*; ungar. *Dolli.*

Dolitta *w* KF zu *Dolly* = *Dorothea*, angelehnt an *Lolita*; entspr. ungar. Form *Dollika.*

Dolores *w* span. BN der Mutter Maria, lat. *Mater dolorosa* »schmerzensreiche Mutter«; span. *Virgen de los dolores* »Jungfrau der Schmerzen«.

Doma *w* südslaw. KF von →*Dominika.*

* **Domenic** *m* rätoroman. Form von →*Domenikus.*

* **Domenica**, **Dominica**, **Domenika**, **Dominika** *w* VN zu →*Dominikus.*

* **Domenico** *m* ital. Form →*Dominikus.*

* **Dominik**, **Dominikus**, *Dominic m*, zu lat. *dominicus* »dem Herrn gehörig«, Jesus Christus betreffend.

Der Spanier Domingo Guzman, der spätere hl. *Dominikus*, ist Gründer des Dominikanerordens.

Engl. *Dominic*, frz. *Dominique*, ital. *Domenico*, span. *Domingo*, slaw. *Dominik, Dinko, Dunko*, ungar. *Domo(n)kos, Domos, Doman.*

🄺 Maulbronner Altar (1432); Holbein d. Ä. (1501), Städel, Ffm.; Stuttgart, Württ. Staatsgalerie; Wimpfen am Berg, Hochaltar, Statue (1480).

* **Dominique**° *m/w* frz. Form von →*Dominik(us)*; häufiger männl. VN in der Schweiz, zugleich weibl. Entsprechung; in Dtschld. nur weibl. VN.

Domka *w* südslaw. KF →*Dominika.*

Don *m* engl. KF von →*Donald*; Koseform *Donny.*

* **Donald** *m* engl. VN, zu kelt. *Domhnall* »Weltherrscher«.

* **Donat**, *Donatus m*, zu lat. *donatio* »Schenkung (Gottes)«, zu *donare* »schenken, geben, weihen«.

engl. *Donet*, frz. *Donat, Donatien*, ital./span. *Donato*, bulgar./mazedon. *Dote, Doto.*

🄺 Der hl. *Donatus* von Münstereifel, Wetterheiliger, verehrt in der Eifel, Luxemburg, Süddtschl., Österreich; silberne Büste (1656), Münstereifel.

* **Donata, Donate** *w* Form →*Donatus.*

frz. *Donatienne*, ital. *Donatella*, bulgar./mazedon. *Dota, Donka.*

Donatella, **Donatina** *w* ital. VklF zu →*Donata.*

* **Donato**, **Donatello** *m* ital. Formen (VklF) zu →*Donatus.*

Donka *w* russ. NF von *Domna* = *Dominika*; bulgar. KF von *Donata.*

Donny *m* engl. Koseform von →*Donald.*

* **Dora**, **Dore** *w* KF von →*Dorothea*, griech. →*Theodora.*

* **Doreen** *w* engl. VN irischen Urspr., VklF von *Dorothy* = *Dorothea.*

* **Dorett**, **Dorette** *w* frz. VklF von *Dorothée*, →*Dorothea.*

Dori, *Doride w* ital. VN zu →*Doris.*

Dorian, *Dorien m* engl. VN griech. Herkunft, »der Dorer«; ital. *Doriano*; bekannt Oscar Wilde's Roman *Das Bildnis des Dorian Gray* (1891).

Doriet, **Dorrit**, **Dory** *w* engl. KF zu *Dorothy* = *Dorothea.*

Dorina, Dorinka *w* ungar. Formen zu →*Dora, Dorothea.*

Dorinda, **Dorinde** *w* ital. KF von *Dorothea.*

* **Doris** *w* KF von →*Dorothea* oder →*Theodora*; vielleicht auch griech. Urspr., »die Dorerin«.

* **Dorit**, **Dorita**, **Dorith** *w* KF von →*Dorothea.*

* **Dorle**, **Dorli** *w* obd., schweizer. KF von →*Dorothea.*

Doro *w* KF von →*Dorothea.*

Doroteo *m* ital. VN = *Dorotheus*, Umkehrung von →*Theodor.*

* **Dorothea**, **Dorothee** *w* VN griech. Urspr., Umkehrung von →*Theodora* »Gottesgeschenk« zu griech. *doron* »Geschenk, Gabe« + *theós* »Gott«.

KF *Dora, Dore, Dorle, Dorte, Dorthe, Dörte, Dörthe, Dortel, Dortje, Dürte, Thea*, engl. *Dorothy, Doreen, Doriet, Dorit, Dorrit, Dory*, frz. *Dorothée*, poln./tschech. *Dorota*, ital./span. *Dorotea.*

🄺 Die hl. Dorothea (3./4. Jh.), in der mittelalterl. Kunst eine der beliebtesten Heiligen, dadurch namenverbreitend; Gemälde Baldung Griens (1520/30), Prag, National-Galerie.

Dorrit *w* VN →*Doriet.*

* **Dorte**, **Dörte**, **Dorthe**, **Dörthe** *w* KF von →*Dorothea.*

Dortje, **Doortje** *w* nd., niederl. KF zu →*Dorothea.*

Dothias *m* ost- und westfries. VN, urspr. *Dothe, Dote, Dotte*, zu alten niederl.-fries. Namen *Douwe, Duive* = *duif, duive* »Taube«.

Douglas *m* engl. VN, urspr. kelt. Flußname, *dub(h)glas* »dunkelblau«, in weiterer Bed. »dunkles Wasser«.

Dragan, **Drago**, **Dragotin** *m* KF zu slaw. Namen mit slaw.-german. *Drago-*, zu altslaw. *dragi* »lieb, teuer, wert«.

Dragana *w* slowen. KF zu →*Dragan.*

Drees, **Drewes**, **Dries** *m* nd. KF von →*Andreas.*

Drogo *m*, frz. *Dron*, KF zu slaw.-germ. Namen mit *Drago-* »lieb, teuer«.

Drudilo *m*, wie *Trudo* alte obd. KF zu →*Traut*-Namen.

Drudmunt *m* alte obd. Form von →*Trautmund.*

Dubravka, *Doubravka w* tschech. VN, älter *Dobravka*, poln. *Dąbrówka*, zu slaw. *dobru* »gut« oder zum Pflanzennamen »der Günsel«, ein Lippenblütler.

Dufina, **Dufke**, **Duifke**, **Duva**, **Düveke**, **Duyve**, **Dyveke** *w* west- und ostfries. Koseformen »Taube, Täubchen«, zu niederl. *duif, duive*, ahd. *duba* »Taube«.

Duglora, **Duglore** *w* VN südslaw. Herkunft, zu slaw. dlugu »lang«.

Duncan *m* VN, zu altir. *Dunecan, Dunchadh* »brauner Krieger«.

Dunja *w* slaw. KF von russ. *Avdot'ja, Evdokija*, zu griech. *Eudokía* »die wohlgefällt, angesehen ist«.

Duri, *Durio, Durisch, Durs m* rätoroman. KF zu ital. *Doriano* = *Dorian* »der Dorer«.

Dürte, **Dürten** *w* wie Dörte KF zu →*Dorothea.*

Dusja *w* russ. KF aus *Idusja, Ida.*

Dute *m*, **Dutje** *w* fries. KF zu Namen mit *Diet-*.

Earl *m* engl. VN, ags. *eorl* »edler, freier Mann«; heute engl. Grafentitel.

Ebba, **Ebbe** *w* (ostfries.), **Ebbe**, **Ebbo** *m* fries. KF von Namen mit *Eber.*

Eberfried *m*, zu ahd. *ebur* »Eber« + *fridu* »Friede«.

Ebergard *w*, zu ahd. *ebur* »Eber« + *gard* »Gehege, Hort, Schutz«.

Ebergund, **Ebergunde** *w*, zu ahd. *ebur* »Eber« + *gund* »Kampf«.

* **Eberhard**, **Eberhart**, **Everhard** *m*, **Eberharde**, **Eberhardine** *w* alte dt. VN, zu ahd. *ebur* »Eber« + *harti* »hart«.

Unter den *Eber*-Namen ist Eberhard der verbreitetste und volkstümlichste bis in die heutige Zeit, in Schwaben gefördert durch die Namen der württembergischen Herzöge, z.B. Eberhard im Barte. Der hl. Eberhard, Erzbischof von Salzburg (12. Jh.). 🄺 Eberhard I. v. Württemberg, Stiftskirche, Stuttgart.

Eberhild, **Eberhilde** *w*, zu ahd. *ebur* »Eber« + *hiltja* »Kampf«.

Eberta *w* KF von →*Eberharde.*

Ebertine *w* KF von →*Eberhardine.*

Eberwein, **Eberwin** *m*, zu ahd. *ebur* »Eber« + *wini* »Freund«.

Eck, **Ecke** *m* KF von Namen mit *Eck-*.

Eckart *m* NF von →*Eckehard.*

Eckbert, **Eckbrecht** *m*, zu ahd. *ekka* »Spitze, Schneide einer Waffe« + *beraht* »glänzend«.

* **Eckehard**, **Ekkehard**, **Eckhard** *m* alte dt. VN, zu ahd. *ekka* »Spitze, Schneide einer Waffe« + *harti* »hart, stark«.

Ekkehard I. von St. Gallen, Verfasser des »Waltharliedes«, auch Ekkehard IV. vom gleichen Kloster und die Sagengestalt des »getreuen Eckart« haben den Namen bewahrt; aus neuerer Zeit stammt Scheffels Roman »Ekkehard«.

Eckert *m* NF von →*Eckehard.*

Eckeward, **Eckward**, **Eckwart** *m*, zu ahd. *ekka* »Spitze, Schneide einer Waffe« + *wart* »Hüter, Schützer«.

Eckfried, **Ekfried** *m*, zu ahd. *ekka* »Spitze, Schneide einer Waffe« + *fridu* »Friede«.

Eckwin *m*, zu ahd. *ekka* »Spitze einer Waffe« + *wini* »Freund«.

Ed *m* engl. KF von →*Edward, Edgar*; Koseform: *Eddie, Eddy.*

Eda *w* NF von →*Edda*, schwed. KF von *Edwardina.*

Edbert *m* ags. NF von *Otbert.*

Edburg, **Edburga** *w* VN, engl. *Edborough*, zu ags. *ead*, ahd. *od, ot* »Erbgut, Besitz« + *burg* »Schutz«.

* **Edda** *w*, auch *Eda, Etta*, KF von Namen mit *Ed-*, ags. *ead*, ahd. *od, ot* »Erbgut, Besitz«.

Die altnord. Liedersammlung *Edda*, »Poetik« oder »Buch von Oddi«, des altisländ. Schrifttums hat keinen Bezug zum Namen Edda.

Eddi, **Eddie**, **Eddy** *m* engl. KF von →*Edward = Eduard.*

Ede *m* dt., ungar. KF von →*Eduard.*

* **Edi**, **Edio** *m* KF von →*Eduard.*

Edelbert *m*, **Edelberta**, **Edelberte** *w* neuere Formen für →*Adelbert, Adelberte.*

Edelburg, **Edelburga** *w* neuere Form für →*Adelburg(a).*

* **Edelgard, Edelgart** *w* neuere Form für den altdt. Namen →*Adalgard*, zu ahd. *adal* »edel, vornehm« + *gard* »Gehege«, Hort, Schutz«; engl. *Ethelgard.*

Edelinde *w* neuere Form für →*Adelinde.*

Edelmira, **Edelmire** *w* VN, Neubildung in Anlehnung an den arab.-span. Namen →*Elmira.*

* **Edeltraud**, **Edeltrud** *w* neuere Formen für →*Adeltraud.*

* **Edgar** *m* engl. VN, altengl. *Eadgar*, zu ags. *ead*, ahd. *od, ot* »Erbgut, Besitz« + *gar* »Ger, Speer«.

Name angelsächs. Könige, bekannt: Edgar Allan Poe, Edgar Wallace; seit dem 19. Jh. in Deutschland verbreitet; ital. *Edgaro.*

Edgard *m* Neubild. zum VN →*Edgar*, wohl in Anlehnung an weibl. *-gard-*Namen, z.B. *Edelgard*; ital. *Edgardo.*

Edigna *w* VN lat. Herkunft.

🄺 Die sel. (hl.) Edigna lebte als Einsiedlerin in einer hohlen Linde zu Puch bei Fürstenfeldbruck; Statue in Puch; Altarflügel (15. Jh.), Bayr. Nat.-Mus. München.

Edik *m* russ. KF von →*Eduard.*

Edina *w* Weiterbild. von →*Edna* oder zum bibl. Namen *Adina*, hebr. *'adina* »Wonne, Wollust« und »Zierde, Schmuck«; auch nordfries. VN.

Edita, **Edite** *w* NF von *Edith, Editha.*

* **Edith** *w* engl. VN, altengl. *Eadgyth*, zu ags. *ead* »Erbgut, Besitz« + *gyth* (ahd. *gund*) »Kampf«; engl. auch *Edithe, Edyth, Eydie.*

Editha *w* latinis. Form von →*Edith*; KF *Dita.*

Edla *w* schwed. KF von dt. Namen mit *Adal-, Edel-.*

Edlef *m* ost- und nordfries. VN, zu ags. *ead*, ahd. *od, ot* »Erbgut, Besitz« + altfries. *leva*, ahd. *leiba* »Hinterlassenschaft«.

Edmar *m* NF von →*Otmar.*

Edmond *m* engl., frz., niederl., rumän., ungar. Form von →*Edmund*; ital. *Edmondo.*

* **Edmund** *m*, aus dem Engl. übernommener VN, aus ags. *Ead-mund*, altisländ. *Audhmundr* »Beschützer des Erbguts«, zu ags. *ead*, ahd. *od, ot* »Erbgut, Besitz« + *munt* »Schutz (der unmündigen Person)«; Name seit dem 19. Jh. in Deutschland.

engl./frz. *Edmond, Ned, Neddy*, irisch *Eamon, Eamonn*, ital. *Edmondo*, ungar. *Ödön*. Namenträger: der hl. Edmund, König der Ostangeln (9. Jh.), Patron der engl. Könige.
🄺 Andreas-Altar, St. Stephan in Wien; Hochaltar in Nördlingen (1518).

Edmonda, **Edmonde** *w* engl., frz. und niederl. Formen zu →*Edmond.*

Edmunda, **Edmunde** *w* Formen zu →*Edmund*; engl./niederl. *Edmonda*, frz. *Edmonde, Edmée*, ital. *Edmea.*

Edna *w* engl. VN, zum bibl. Namen *Adna*, hebr. *'adena(h)* »Wonne, Lieblichkeit«.

Edo *m* KF von →*Eduard*, auch anderen Namen mit *Ed-*.

Edoardo, *Odoardo m* ital. Formen zu →*Eduard*.

Edouard *m* frz. Form von →*Eduard*.

Edsardt, **Edsart**, **Edsert** *m* wie →*Edzard* fries. Formen von →*Eckehard*.

Edu *m* rumän. KF von →*Eduard*.

* **Eduard** *m* über die frz. Form *Edouard* bei uns verbreiteter Name engl. Herkunft: →*Edward*, zu ags. *ead*, ahd. *od*, *ot* »Erbgut, Besitz« + ags. *weard*, ahd. *wart* »Hüter, Schützer«; der Name drang über die Literatur im 18. Jh. vom Engl. und Frz. ins Deutsche.

engl. *Edward, Ed, Eddy, Ned, Ted, Teddy*, frz. *Edouard*, ital. *Edoardo, Eduardo*, portugies. *Duarte*, norweg. *Edvard*. Der hl. Eduard, Sohn des Königs Edgar von England (10. Jh.). Ⓚ Eduard Mörike, dt. Lyriker, Grab Pragfriedhof, Stuttgart.

Eduarde *w* Form von →*Eduard*.

Eduardine, **Edwardine** *w* Weiterbild. von *Eduarde*.

Edward *m* engl. VN, altengl. *Eadweard*, zu ags. *ead* »Erbgut, Besitz« + *weard* »Hüter, Schützer«. Seit dem 18. Jh. in der dt. Form →*Eduard*.

Histor. Namenträger: der hl. Edward der Bekenner, angelsächs. König (11. Jh.); der Name verbreitete sich seit dem MA in alle europ. Länder. KF *Ned, Neddy*.

Edwardina *w* erweiterte Form von →*Edward*.

* **Edwin** *m* engl. VN, zu ags. *ead* »Erbgut, Besitz« + *wine* »Freund«, entspricht ahd. →*Otwin*.

Edwina, **Edwine** *w* Formen von →*Edwin*.

* **Edy** *m* KF von →*Edward, Eduard*.

Edzard *m* fries. Form von →*Eckehard*; auch *Edsart, Edsert*.

Bekannt: Schriftsteller Edzard Schaper.

Edzarda *w* Form zu →*Edzard*.

Effi *w* KF von →*Elfriede*; bekannt durch Th. Fontanes Roman »Effi Briest«.

Efrem *m* ital. Form von →*Ephraim*.

* **Egbert** *m*, **Egberta**, **Egberte** *w* NF von →*Eckbert*.

Egbertine *w* Weiterbild. zu →*Egberta*.

Egbrecht *m* NF von →*Eckbert*.

Egge, **Eggo** *m* west- und ostfries. KF von Namen mit *Eg-*.

Eggert *m* nd. und schwed. Form von →*Eckehard*.

Egid, **Egidius** *m* NF von →*Ägidius*.

Egidio *m* ital. Form von →*Ägidius*.

Egil *m* KF von *Eilbert*, älter *Egilbert/Agilbert*.

Egilbert *m* NF zu *Agilbert*, germ. *Agil-* zu ahd. *ekka* »Spitze, Schneide einer Waffe« + *beraht* »glänzend«.

Egilmar *m*, zu germ. *Agil-*, ahd. *ekka* »Spitze, Schneide einer Waffe« + *mari* »berühmt«.

Egilo *m* KF von Namen mit *Egil-*, *Agil-*.

Egilolf *m* NF von →*Agilolf*.

Egilward *m*, zu germ. *Agil-*, ahd. *ekka* »Spitze, Schneide einer Waffe« + *wart* »Hüter, Schützer«.

Eginald *m*, zu germ. *Agi(l)-*, ahd. *ekka* »Spitze, Schneide einer Waffe« + *waltan* »walten, herrschen«.

Eginbert *m*, zu germ. *Agi(l)-*, ahd. *ekka* »Spitze, Schneide (der Waffe)« + *beraht* »glänzend«.

Eginhard *m*, zu germ. *Agi(l)-*, ahd. *ekka* »Spitze, Schneide (der Waffe)« + *harti* »hart, stark«.

Eginolf, **Eginulf** *m*, zu germ. *Agi(l)-*, ahd. *ekka* »Spitze (der Waffe)« + *wolf, wulf* »Wolf«; KF *Egino*.

Eglof, **Egloff** *m* NF von →*Egolf*.

Egmund *m* jüngere NF von →*Agimund*.

Egmond, **Egmont** *m* nd./niederl. Formen von →*Egmund*.

Graf Egmont, Gegner der span. Verwaltung in den Niederlanden, Trauerspiel von Goethe. KF *Monti, Monty*.

Egolf *m* VN aus *Egilolf*, ältere Form →*Agilolf*.

* **Egon** *m* VN, seit dem MA selbständige NF von *Egino*, einer KF von Namen mit *Egin-*.

Ehm *m* nd.-fries. KF von Namen mit *Egin-*, z.B. *Eginhard*, oder aus ostfries. *Eimo*.

Bekannt: Schriftsteller Ehm Welk († 1966).

Ehmi *w* KF zu →*Ehm, Eme*; *Emi, Emy* kann KF von *Emina, Emine* sein; *Emi* ist auch NF von *Ema* = *Emma*.

Ehregott, **Eregott**, **Ehrgott** *m* pietist. Name des 17./18. Jh., Imperativ: »Ehre Gott!« entspr. →*Timotheus*.

Ehrenfried, **Ehrenfrid**, **Erenfried** *m*, wohl Bildung nhd. Zeit, auf »Ehre« und »Friede« bezogen; angelehnt an älteren Namen *Erinfrid*, zu ahd. *arn, arin* »Adler«, →*Arnfried*.

Ehrengard *w* VN, wohl Neubild. von »Ehre« mit einem *-gard*-Namen.

Ehrenreich *m*, älterer• *Ehrenrich*, Neubild. des 16./17. Jh., »reich an Ehren«; beliebt bei der Annahme jüd. Familiennamen.

Ehrentraud, **Ehrentrud** *w* VN, Neubild. des 16./17. Jh., »Ehre« + *traud*-Namen; auch Anlehnung an den alten Namen *Erinthrut*, ahd. *arn, arin* »Adler« + *trud* »Kraft, Stärke«.

Die hl. Erentrudis (8. Jh.), erste Äbtissin auf dem Nonnberg in Salzburg, Benediktinerinnenkloster.

Ehrfried *m* NF von →*Ehrenfried*, älter *Erfried*, das noch auf den ahd. Namen *Erinfried* bezogen werden kann.

Ehrhard *m* NF von →*Erhard*.

Eiba, **Eibbe**, **Eibe** *w*, **Eibe**, **Eibo** *m* ostfries. KF von germ. Namen mit *Agi-*, *Egi-*; *Eibe* = *Egibert*.

* **Eika**, **Eike** *w* ost-/nordfries. KF zu Namen mit *Eg-*, älter *Agi(l)-*.

* **Eike**, **Eiko** *m* ostfries. KF zu Namen mit *Eg-*, älter *Agi(l)-*.

* **Eila** *w* VN, zu den norweg. Formen *Eilen, Eili* = KF von *Helene*.

Eilard *m* →*Eilhard*.

Eilbert *m* neuere Form von →*Egilbert* = *Agilbert*.

Eilburg *w*, zu germ. *Agil-*, ahd. *ekka* »Spitze, Schneide einer Waffe« + *burg* »Schutz, Zuflucht«.

Eilert *m* nd. Form von →*Eilhard*.

* **Eileen** *w* engl. VN irischer Herkunft, zu →*Helene*.

Eilfried *m*, zu germ. *Agil-*, ahd. *ekka* »Spitze, Schneide einer Waffe« + *fridu* »Friede«.

Eilhard *m*, auch *Eilard*, NF von →*Agilhard*, zu ahd. *ekka* »Spitze, Schneide einer Waffe« + *harti* »hart, stark«.

Eilmar *m* NF von ahd. *Agi(l)mar* zu germ. *Agi(l)-*, ahd. *ekka* »Spitze des Schwerts« + ahd. *mari* »berühmt«.

Eiltraud, **Eiltrud** *w*, zu germ. *Agil-*, ahd. *ekka* »Spitze, Schneide einer Waffe« + *trud* »Kraft, Stärke«.

Eilward, **Eilwart** *m*, zu germ. *Agil-*, ahd. *ekka* »Spitze, Schneide einer Waffe« + *wart* »Hüter, Schützer«.

Eina *w* schwed. Form von →*Einar*.

Einar *m* nord. VN, zu altisländ. *Einarr, einn* »allein« + *herr* »Heer« = »der Alleinkämpfer«.

Einhard *m*, **Einharde** *w* NF von →*Eginhard*.

Eitel *m* VN, erst aus der Verbindung seiner alten Bedeutung mit einem Namen selbständiger VN geworden: *eitel* = »nichts als . . ., bloß, nur«, bei *Eitelfritz* = »allein Fritz« (besagt: sonst kein anderer Name).

So auch bei den Hohenzollernprinzen: *Eitel* Friedrich »nur Friedrich (genannt)«. Die Bed. »eingebildet« für *eitel* erscheint erst im 18. Jh.

Eka *w* KF von Namen mit *Eg-*, *Eck-*.

Ekaterina *w* russ VN →*Katharina*.

Ekkehard *m* ist die alte dt. Form von →*Eckehard*.

Ela *w* KF von →*Elisabeth*; slowak. auch von *Helene*.

Elard, **Elart** *m*, **Elarda** *w* fries.-nd. Formen von →*Eilhard* (Agilhard) oder *Edelhard* (Adelhard).

Elbert *m* NF von →*Eilbert*.

Elborg, **Elburg** *w* NF von →*Eilburg*.

Eldrid *w* nord. Form von →*Edeltraud*.

Eleanor *w* engl. KF zu provenz. *Aliénor* (= *Helena*) oder →*Eleonora*.

* **Elena** *w* bulgar., griech., ital., norweg., rumän., russ. und span. Form von →*Helena*; NF *Eleane*.

* **Eleonora**, **Eleonore** *w* VN zu griech. *eleos* »Mitleiden« oder arab. *ellinor* »Gott ist mein Licht«.

KF *Ela, Eli, Lenore, Leonore, Lora, Nora, Nore*, schwed./norweg. *Elna*, engl. *Eleanor, Ellinor, Elinore*, frz. *Eléonore*.

Elert *m* nd.-fries. Form von *Eilert*, *Eilhard*.

Elfe *w* KF von Namen mit *Elf-*.

Elfgard *w*, zu ahd. *alb* »Elfe, Naturgeist« + *gard* »Gehege, Schutz«.

Elfi, **Elfie** *w* KF von →*Elfriede*.

***Elfriede** *w*, alte NF des HlN *Elfriede* sind *Alfrida, Alfryth, Elfrith*; sie zeigen gemeinsame Herkunft von *Elfriede* und *Alfried*: zu ahd. *adal* »edel, vornehm« + *fridu* »Friede«; KF *Effi, Elfi*, engl. *Elfreda*.

Elfrun *w* jüngere NF von →*Albrun*.

Elftraud, **Elftrud** *w*, zu ahd. *alb* »Elfe, Naturgeist« + *trud* »Kraft, Stärke«.

Elga *w* nord. KF von →*Helga*; auch amer. weibl. VN.

Elgard *w* NF von *Eilgard*.

Elger *m* westfries. VN, zu germ. *Agil-* oder zu ahd. *adal* »edel, vornehm« + *ger* »Speer«.

Elgin, **Elgine**, **Ellegina** *w* niederl.-fries. KF, wie *Alke, Eilke, Elik, Elke, Eltina* zu *adal*-Namen, z. B. *Adelheid*.

***Elian**, **Eliana**, **Eliane** *w* Formen von ital. *Elia, Eliano* = →*Elias*.

Weitere weibl. Formen zu *Elias*: engl. *Ellice*, bulgar./mazed. *Ilka, Ilana, Ilina, Ilinka*, ungar. *Eliana, Elianka*.

Elias *m* bibl. Name, griech. Form von hebr. *Elia, Elija* »mein Gott ist Jahwe (oder Jehova).

Elia(s), der große Prophet Israels. Die »Eliashöhle« auf dem Berg Karmel (Israel) ist Ursprung des Mönchswesens.
engl. *Elias, Ellis*, frz. *Elie*, ital. *Elia, Eliano*, slaw. *Elis, Ilja, Ilija*, mazed., ukrain. *Ilko*.

Elida *w* nord. VN, isländ. *Ellidhi* »das schnell segelnde (Schiff)«.

Elieser *m* bibl. Name, zu hebr. *'eli'ezer* »(Mein) Gott ist (Quell der) Hilfe«.

Eliette *w* frz. VklF zu *Elie* = *Elias*.

Eligius, *Eulogius m* VN »der Auserwählte«, zu lat. *eligere* »auswählen«; engl., frz. *Eloi*, span. *Eloy* »Stifter eines Ordens mit kornblumenblauen Gewändern«.

Der hl. Eligius (6. Jh.) ist Patron aller Schmiede (🅺Schmiedefenster im Freiburger Münster); dazu der alljährliche »Eulogiusritt« bei Großschönach/Überlingen.

Elimar *m* NF von →*Adalmar*.

Elina *w* finn., rumän., schwed. KF von →*Helena*.

Elinor, **Elinore** *w* engl. Formen von →*Eleonora* und *Eleanor*.

Elio *m* beliebte ital. KF von *Eliodoro* = lat. *Heliodorus*.

Elisa, **Elise** *w* KF von *Elisabeth*. Der bibl. *Elisa* ist Männername.

***Elisabeth**, **Elisabetha** *w* bibl. Name, zu hebr. *elischeba* »die Gott verehrt, Gottgeweihte«.

Durch die Verehrung der hl. Elisabeth, Landgräfin von Thüringen und Hessen (13. Jh.), war der Name schon im MA sehr volkstümlich, über Jahrhunderte stark verbreitet und ist heute noch ein beliebter Name.
Auswahl der KF: *Else, Elisa, Elsbeth, Ella, Elli, Elly, Lisa, Lisbeth, Lise, Liesel, Lisette, Lissy, Babette, Betty, Bettina, Betsy*; engl. *Elizabeth*, frz. auch *Isabelle*, ital. *Elisabetta, Lisabetta*, span., portug. *Isabel*.
🅺Elisabethkirche und Grabmal der hl. Elisabeth in Marburg a. d. Lahn.

***Elka**, **Elke**, **Elleke** *w* fries. KF, zu *Alke*, entspr. dem VN *Adelheid* oder ahd. Namen mit *adal* »edel, vornehm«; *Elke* weiterhin sehr beliebter VN.

***Elke**, **Elko** *m* nd.-fries. KF zu Namen mit *Elk-*, *Alk-*, z. B. →*Elkmar*, und zu ahd. Namen mit *adal* »edel«.

Elkmar *m* NF von *Alkmar*, zu ahd. *adal* »edel, vornehm« + *mari* »berühmt«.

***Ella** *w* KF von →*Elisabeth*, auch von *Elfriede, Eleonora, Gabriella*.

Ellen *w* engl. NF von →*Helen(e)*; KF von *Eleanor, Ellinor*.

Elli, **Elly** *w* KF von →*Elisabeth*.

Ellinor *w* engl. Form zu →*Eleonora*.

Elma *w* NF zu →*Alma*; auch KF von →*Elmira*.

Elmar *m*, auch *Ellmar, Elimar*, engl./schwed. *Elmer*, NF von →*Eilmar* oder KF von →*Adelmar*; KF *Elmo*.

Elmer *m* engl./schwed. Form von →*Elmar*.

Elmira *w* VN arab.-span. Herkunft, »erhaben, vornehm, edelmütig, fürstlich«; KF *Elma*.

Elmo *m* ital./span. KF von *Erasmo* = *Erasmus*; engl./schwed. KF von *Elmer* = *Elmar, Eilmar*.

Elms *m* dt. KF von →*Erasmus*.

Elna *w* schwed. KF von →*Helena*.

Elof, **Elov** *m*, älter *Elef*, nord. Name, runenschr. *ailaifr* »jederzeit (fester) Erbe«; schwed. Koseform *Loffe*, dän. *Eluf*.

Elrike *w* NF von *Alrike* = *Adelrike*.

Elsa *w* KF von →*Elisabeth*.

Bekannt: Elsa von Brabant aus der Lohengrinsage und der gleichnam. Oper von Richard Wagner; die Schwedin Elsa Brändström, genannt der »Engel von Sibirien« (1. Weltkrieg).

Elsabe, **Elsbe**, **Elsebe** *w* nd.-ostfries. KF von →*Elisabeth*.

Elsabea *w* KF von →*Elisabeth*, auch Fügung von *Elsa* + *Bea(te)*.

* **Elsbeth** *w* KF von →*Elisabeth*; seit Beginn des 19. Jh. verbreitet, in der Schweiz immer noch beliebt.

Elscha, **Elsche** *w* nd.-ostfries. KF von *Else*, *Elisabeth*.

* **Else** *w* VN, alte, weit verbreitete, selbständige nd. KF von →*Elisabeth*; Modename um 1900, heute noch verbreitet, in der Schweiz wird *Elsa* bevorzugt; häufige literar. Gestalt.

Elseke, **Elsk**, **Elske** *w* nd.-fries. Kurz- und Koseformen von →*Elisabeth*.

Elsi *w*, auch *Elsy*, Koseform von →*Elisabeth*.

Elsie, **Elsy** *w* engl. KF von *Elizabeth*.

Elsike *w* nd. KF von →*Elisabeth*.

Elsine, **Elsita** *w* Koseformen und Weiterbild. von *Elsa*, *Else*.

Elskea *w* weibl. fries. KF von →*Elisabeth*.

Elso *m* ostfries. KF von Namen mit *Adal-*.

Die gleichfalls im »Verzeichnis guter ostfries. Namen« vorgeschlagene männl. Form *Else* sollte vermieden werden.

Elvira, *Elwira* *w* VN, »die Erhabene«, aus dem Span. übernommene weibl. Form von *Alvaro*, durch Opern Mozarts und Aubers bekanntgeworden.

Elvis *m* engl.-amer. VN, eine NF von *Elvin*, *Elwin* = *Alwin*.

Bekannt: der amer. Schlagersänger Elvis Presley († 1977).

Elwin *m*, auch *Elvin*, **Elwine** *w*, auch *Elvine*, engl. NF von →*Alwin*, *Alwine*.

Emanuel *m* griech.-lat. Form von hebr. →*Immanuel* »Gott mit uns«.

engl./frz. *Emanuel*, *Emmanuel*, ital. *Emanuele*, *Manuele*, *Manolo*, span. *Manuel*.

Emanuela *w* Form zu →*Emanuel*.

frz. *Emmanuelle*, ital. *Emanuela*, span. *Manuela*, *Manuelita*.

Emeram, **Emmeram** *m* VN, zu *Amal-* »die Amaler betreffend« + ahd. *hraban* »Rabe«.

Der hl. Emmeram war aus Gallien nach Bayern gekommen (7. Jh.). ⓚ Steinrelief (1052) in St. Emmeram, Regensburg.

Emerentia, **Emerenz** *w* VN »die Würdige, die Verdienstvolle«, zu lat. *e-mereri* »verdienen, würdig sein«.

Die hl. Emerentia war Märtyrerin, unter Diokletian verfolgt. ⓚ Tafeln: Ortenberger Altar (Darmstadt); Soest, Wiesenkirche (1473); Lukas Cranach (1509) Städel, Ffm.

Emerenz *w* →*Emerentia*.

Emerich, **Emmerich** *m* alter dt. VN, zu *Amal-*, germ. Stamm der Amaler, und ahd. *rihhi* »mächtig, herrschen«.

Der hl. Emerich, Sohn des hl. König Stephan von Ungarn (11. Jh.).

Emerita *w* VN »die Verdienstvolle«, zu lat. *e-mereri* »verdienen, würdig sein«.

Die hl. Emerita, Märtyrerin in Chur (Graubünden), dort ⓚ Hochaltar in der Kathedrale.

Emi *w*, auch *Emy*, KF von →*Emilie*.

* **Emil** *m* aus dem Frz. übernomm. VN lat. Urspr., *Aemilius* »aus der Familie der Ämilier«, zu lat. *aemulus* »nacheifernd, nachahmend, wetteifernd«; *Emil* war schon 1825 Modename, 1900 verbreitet, heute noch beliebt.

frz. *Emile*, ital./span. *Emilio*, slaw. KF *Mile*, *Milo*, *Milko*.

Emile *m* frz. Form von →*Emil*.

Emilia, **Emilie** *w* Form von →*Emil*.

Name mehrerer Heiliger, bereits 1825 ein »schöner Romanname«.
KF *Emmi*, *Miele*, *Mila*, *Milli*, *Miggi*, *Mielchen*, auch in der urspr. Form *Ämilia* (s. →*Emil*); engl. *Emily*, frz. *Emilie*, slaw. *Emilka*, *Mila*, *Milka*.

Emilian *m*, **Emiliana** *w* VN lat. Herkunft, zu *Aemilianus*, engl. *Emilian*, frz. *Emilien*, ital. *Emiliano*.

Emilio *m* ital. Form von →*Emil*.

Emily *w* engl. Form →*Emilia*, *Emilie*.

* **Emma** *w* KF von Namen mit *Irm-*, aber auch zu *Imme* »die Biene, die Fleißige«.

engl. auch *Imma, Emme, Emmy, Em*, span. *Ema*.

Emmanuel *m* VN, in der Schweiz verbreitete NF von →*Immanuel*.

Emmanuelle *w* VN, weibl. NF von →*Immanuel*.

Emmeline, *Emmelina w* neuere Form des alten dt. Namens →*Ameline*.

Emmerich *m* →*Emerich*.

Emmi, **Emmy** *w* KF von *Emma*, aber auch von *Emilie*.

Emmilotte *w* DF aus *Emmi* und *Lotte*.

Eme, **Emo**, **Emme**, **Emmo** *m* west- und ostfries. KF von →*Emmerich* oder von Namen mit *Erm-*.

Ena *w*, schwed. NF von *Eina*, auch von einem urspr. kelt. Namen, zu irisch *Eithne*, engl. *Enid* »kleines Feuer«.

Enders, **Endres** *m* NF von →*Andreas*.

Endrich, **Endrik** *m* nd. KF von *Hen(d)rich, Hen(d)rik* = *Heinrich*.

Engbert *m* NF von →*Ingbert*.

Engel *m/w* alter männl. wie weibl. VN, KF zu *Engelbert, Engelberta, Engelhard, Inge, Ingram*; fries. Weiterbild. sind: *Ingele, Ingel, Ingle m, Engela, Engelina, Engelke w*.

Auch obd. gebräuchlich (Bauernkrieg »Engel Hiltensperger«); *Engel* gehört zum Stammesnamen der Angeln (→*Engelbert*), wird aber seit dem SpätMA mit *»angelus«*, dem Begriff des himmlischen Engels, verbunden.

Engelberga *w* VN, zu *Angel-* (→*Engelbert*) + ahd. *bergan* »schützen«.

Engelbert *m*, **Engelberta** *w*, **Engelbrecht** *m* alte dt. VN, zum Stammesnamen der *Angeln* + ahd. *beraht* »glänzend«.

Die spätmittelalt. Verbreitung der *Engel*-Namen erfolgte jedoch vor allem durch die mystische Verbindung zu *»angelus«*, dem Begriff des himml. Engels.

Der hl. Engelbert, Erzbischof von Köln (13. Jh.) gegen die Bedrückung durch die Klostervögte; 1225 ermordet, als Märtyrer verehrt. ⓚSchrein (1633) Kölner Dom.

Engelburg, **Engelburga** *w* VN, zu *Angel-* + ahd. *burg* »Zuflucht, Schutz«; →*Engelbert*.

Engelfried *m* VN, zu *Angel-* + ahd. *fridu* »Friede«; →*Engelbert*.

Engelgard *w* VN, zu *Angel-* + ahd. *gard* »Hort, Schutz«; →*Engelbert*.

Engelhard *m* VN, zu *Angel-* + ahd. *harti* »hart, stark«; →*Engelbert*.

Engelina, **Engeline** *w* VN, Weiterbild. von →*Engel*.

Engelmar *m*, zu *Angel-* + ahd. *mari* »berühmt«; →*Engelbert*.

Engelram *m* VN, zu *Angel-* + ahd. *hraban* »Rabe«; →*Engelbert*.

Engeltraud, **Engeltrud** *w* VN, zu *Angel-* + ahd. *trud* »Kraft, Stärke«; →*Engelbert*.

Engla *w* schwed. KF, älter *Engela*, Umbildung der dt. KF →*Engel*.

Enke *m/w* VN, westfries. männl., ostfries. weibl. Form zu *Agin-*, *Egin*-Namen.

Enkea *w* ostfries. KF zu *Agin-*, *Egin*-Namen, die eindeutig die weibl. Form anzeigt.

Enna *w* ostfries. KF zu *Agin-* oder *Egin*-Namen.

Enne, **Enno** *m* ostfries. KF zu *Agin-* oder *Egin*-Namen.

Enrica *w* ital. Form zu →*Enrico* = *Heinrich*.

* **Enrico** *m* ital. Form von →*Heinrich*.

Enrik *m* nd. KF von *Henrik* = *Heinrich*.

Enzio, **Enzo** *m* ital. Koseformen von →*Heinz* und →*Enrico* = *Heinrich*.

Eoban *m*, **Eobane** *w* VN, zu griech. *eōs* + *ban, bainō* »der Morgenröte entgegengehend«.

Der hl. Eoban, Begleiter des Bonifatius' zu den Friesen, dort 754 erschlagen.

Eos *w* VN, zu griech. *eōs*, lat. *aurora*, ahd. *os-tar* »Die Morgenröte«.

Name der griech. Göttin *Eos*, Tochter des Sonnengottes Hyperion, Schwester des Helios und der Selene.

Ephraim *m* bibl. Name, zu hebr. *epherajim* »doppelt fruchtbar, fruchtbare Nachkommenschaft«.

Ephrosine *w* NF von →*Euphrosine*.

Eppo *m* NF von fries. →*Ebbo*.

Eraldo *m* VN, ital. Form von →*Harald*.

Erasmus *m* griech. *Erasmós*, zu *erannós* »liebenswürdig, anmutig«.

Der hl. Erasmus war Patron der Seeleute und Drechsler; bekannt ist der niederl. Humanist Erasmus von Rotterdam.

KF *Rasmus, Asmus, Elms* (St.-Elms-Feuer), frz. *Erasme*, roman. *Erasmo, Elmo*.

⊠ Tafel mit dem hl. Mauritius, Mathis Nithart (1521), München, A.P.

Erda *w* Urmutter im »Ring des Nibelungen«; altnord. Erdgöttin *Jörd*.

Erdmann *m* pietist. Neubild. des 17. Jh. durch Übersetzen des hebr. VN →*Adam*; früher NF von →*Hartmann*.

Erdmut *m* NF von →*Hartmut*.

Erdmute, **Erdmuthe** *w* VN, wendisch *Hortmuta*, lit. *Jertme*, weist auf →*Hartmute* hin; obd. KF *Erdele*.

Erdtrud *w* VN, wohl Neubild. von »Erde« und *-trud*-Namen.

Erdwin *m* VN, wohl NF zu →*Hartwin*.

Erfried *m* VN, verkürzt aus →*Ehrenfried*.

* **Erhard**, **Erhart**, **Ehrhard** *m* alter dt. VN, zu ahd. *era* »Ehre, Ansehen« + *harti* »hart, stark«.

Im MA durch den Namen des hl. Erhard von Regensburg (7./8. Jh.) in Südd. verbreitet und volkstümlich geworden, Patron gegen Pest und Viehseuchen.

⊠ Relieffigur des Dionysius-Schreins (1440), St. Emmeram, Regensburg.

Erhardine *w* Form von →*Erhard*.

Eric *m* engl. Form von →*Erich*.

Erica *w* NF von →*Erika*.

* **Erich** *m* nord. VN, schwed./nd. *Erik*, runenschr. *airikr*, isländ. *Eirikr* »alleiniger beständiger Herrscher«, nach schwed. Königsnamen in Dtschld. verbreitet; engl. *Eric*, weitere schwed. Formen *Erk, Erker, Jerker*.

Erik *m* schwed. Form von →*Erich*.

Verbreitung des Namens nach dem Tod des schwed. Königs Erik († 1160), Landesheiliger Schwedens.

⊠ Tafel (1484), Kunsthalle, Hamburg.

* **Erika,** *Erica* *w* Form zu *Erik*, →*Erich;* Neubild. durch Literatur u. Pflanzenname Erika (Ericaceae).

Volkstüml. seit W. Jensens »braune Erica« (1868) und »Erika das Heideblümlein« in Scheffels Ekkehard (1857).

Erk, **Erker** *m* schwed. Formen zu *Erik*, →*Erich*.

Erkenbald *m*, zu ahd. *erkan* »ausgezeichnet, echt« + *bald* »kühn«.

Erkenbert, **Erkenbrecht** *m*, zu ahd. *erkan* »ausgezeichnet, echt« + *beraht* »glänzend«.

Erkenfried *m*, zu ahd. *erkan* »ausgezeichnet, echt« + *fridu* »Friede«.

Erkengard *w*, zu ahd. *erkan* »ausgezeichnet« + *gard* »Hort, Schutz«.

Erkenhild, **Erkenhilde** *w*, zu ahd. *erkan* »ausgezeichnet, echt« + *hiltja* »Kampf«.

Erkenrad *m*, zu ahd. *erkan* »ausgezeichnet, echt« + *rad* »Ratgeber«.

Erkentraud, **Erkentrud** *w*, zu ahd. *erkan* »ausgezeichnet« + *trud* »Kraft, Stärke«.

Erkenwald *m*, zu ahd. *erkan* »ausgezeichnet, echt« + *waltan* »walten, herrschen«.

Erkmar *m*, zu ahd. *erkan* »ausgezeichnet, echt« + *mari* »berühmt«.

Erko *m* KF von Namen mit *Erken-*.

Erla *w* KF von Namen mit *Erl-*.

Erland *m*, **Erlanda** *w* nord. VN, isländ. *Erlendr*, zu altnord. *örlendr* »ausländisch, fremd«; in ostfries. Quellen *Erlandus*.

Erlfried *m*, **Erlfriede** *w*, zu ahd. *erl* »freier Mann« + *fridu* »Friede«.

Erlgard *w*, zu ahd. *erl* »freier Mann« + *gard* »Gehege, Hort, Schutz«.

Erling *m* nord. VN, zu ahd. *erl* »freier Mann, Edelmann«.

Erltraud, **Erltrud** *w*, zu ahd. *erl* »freier Mann« + *trud* »Kraft, Stärke«.

Erlwin *m*, **Erlwine** *w*, zu ahd. *erl* »freier Mann« + *wini* »Freund«.

Erma *w* NF von →*Irma*.

Ermelina *w* NF von →*Irmela, Irmelin*, zu →*Irma*.

Ermelinda, **Ermelinde**, **Ermlinde** *w* NF von →*Irmlinde*.

Die hl. Ermelindis (6. Jh.).

⊠ Statuette am Bronzegrabmal Kaiser Maximilians I. in Innsbruck.

Ermenbald *m*, zu ahd. *irmin, erman* »groß, allumfassend« + *bald* »kühn«.

Ermenbert, **Ermenbrecht** *m* NF zu *Irmenbert, Irmenbrecht.*

Ermenfried *m* NF zu *Irmenfried.*

Ermengard, **Ermgard** *w* NF zu →*Irmgard.*

Ermenhard *m* NF zu *Irmenhard.*

Ermenhild, **Ermenhilde**, **Erminhilde** *w* NF zu →*Irmhild.*

Ermenrad *m* NF zu *Irmenrad.*

Ermenrich *m*, der erste Teil ist Stammesname der Herminonen (Irminonen), zu ahd. *irmin* »groß, allumfassend« + *rihhi* »mächtig, herrschen«.

Ermentraud, **Ermentrud** *w* NF zu *Irmtraud, Irmtrud.*

Ermgart *w* ostfries. Form →*Irmgard.*

Ermhild *w* NF zu →*Irmhild.*

Ermingard *w* alte NF zu →*Irmgard.*

Erminhild *w* alte NF zu →*Irmhild.*

Ermina *w* 1. nd.-fries. KF von *Ermin-, Irmin*-Namen = *Irmina*; 2. *Ermina* NF von *Hermina*; 3. *Erminia* ital. Form zu *Hermina, Hermine.*

Erminold *m* alter dt. VN, zu ahd. *irmin, erman* »groß, allumfassend« + (*-old, -ald* =) *waltan* »walten, herrschen«.

Der hl. Erminold, erster Abt vom Kloster Prüfening in Regensburg. 🄺 dort prächtiges Hochgrab (1283), Statue (1610) am Hochaltar.

Ermo *m* ital. KF von *Ermogene, Erminio* (Hermes, Merkur), *Ermanno* (Hermann) und *Erasmus.*

Ermtraud, **Ermentraud**, **Ermintraud**, **Ermtrud**, **Ermentrud**, **Ermintrud** *w* NF von →*Irmtraud, Irmtrud.*

Erna *w* selbständ. KF von →*Ernesta* oder von Namen mit *Arn-, Ern-*; um 1900 beliebter VN, häufiger als Kosename; heute weniger gebräuchlich.

Erne *w* NF von →*Erna.*

Ernest *m* engl., frz., roman. Form von →*Ernst.*

Ernesta *w* Form von →*Ernst.*

Ernestina, **Ernestine**, **Ernstina**, **Ernstine** *w* Weiterbild. von →*Ernesta.*

Ernesto, **Ernestino** *m* ital. Formen von →*Ernst.*

Ernfried *m*, **Ernfriede** *w* NF zu →*Arnfried, Arnfriede.*

Erno *m* selbständige niederl. KF von Namen mit *Arn-, Ern-* wie bei *Erna.*

Ernö *m* ungar. Form von →*Ernst.* KF *Erni, Ernike, Ernöke, Nö, Nöke.*

***Ernst** *m* alter dt. VN, ahd. *Arnest, Arnust*, latinis. *Ernestus, Ernestinus* »der Ernste, Gestrenge, Besonnene«, zu ahd. *ernust* »Ernst, Entschlossenheit, Beharrlichkeit«.

Im MA bekannter und in allen Schichten verbreiteter schwäb. Herzogsname, danach häufiger Fürstenname, vor dem 1. Weltkrieg sehr beliebt, heute noch verbreitet, dazu in DF. engl., frz. *Ernest*, ital./span. *Ernesto*, tschech. *Arnošt*, ungar. *Ernö.*
Der hl. Ernst, Abt von Zwiefalten (12. Jh.). 🄺 Altartafel Kapuzinerkirche Dinkelsbühl.

Eros *m* VN, nach dem altgriech. Götter- und Männernamen *Erōs*, Gott der Liebe, lat. *Cupido.*

Erpe, **Erpo** *m* ostfries. KF, nd. *Arp*, ags. *eorp*, altnord. *iarpr* »dunkel, braun, glänzend«.

Errol *m* engl.-amer. VN, vielleicht NF von engl. *earl*, altengl. *eorl* »Edler«.

***Erwin** *m* alter dt. VN aus dem älteren *Herwin*, zu ahd. *heri* »Heer« + *wini* »Freund«.

🄺 Erwin von Steinbach, Baumeister der Gotik und des Straßburger Münsters, Grabplatte dortselbst.

Erwine *w* Form zu →*Erwin.*

Esmeralda *w* span. VN, zu span. *esmeralda* »Smaragd, Edelstein«.

Esmond *m* engl. VN, wohl zu *Osmund*, aus germ. *Ase* »Gott« + ahd. *munt* »Schutz (der Unmündigen)«; auch zu altengl. *Estmund.*

Esra *m* bibl. Name, zu hebr. *ezerah* »Hilfe (ist der Herr)«.

Jüd. Priester, der die Juden aus der babylon. Gefangenschaft zurückführte.

Esta *w* engl. KF des altengl. VN *Estalind, Estalinda*, zu ags. *Eostre* »Frühlingsgöttin« + ahd. *linta* »Lindenholzschild«, entspr. →*Osterlind.*

Esteban *m* span. Form von →*Stephan.*

Estella *w* ital., **Estrella** *w* span. Formen zu lat. →*Stella* »Stern«.

Estelle *w* frz. Form zu lat. →*Stella* »Stern«.

Ester, **Esther** *w* bibl. Name, zu hebr. *estēr* »junge Frau«, auch »Stern« (Planet Venus).

🄺 Burgkmair (1528), München, A.P.; Witz (1435) Heilsspiegelaltar, Basel.

Estrella *w* →*Estella*.

Estrid *w* nord. NF von →*Astrid*.

Etel, **Etelka** *w* ungar. KF zu *Adela*, →*Adelheid*.

Ethel *w* engl. KF von Namen mit *Ethel-*, z.B. *Ethelinda*.

Etienne *m* frz. Form von →*Stephan*.

Etta *w* Kurz- und Nebenform von versch. Namen, NF von *Ida, Itta* (Jutta), *Edda*, KF von *Henrietta, Marietta* und dem ungar. VN →*Etelka*.

Ettina *w* VN, Koseform von stark verkürzten fries. Namen *Et, Eta, Etta, Etje*, zu *Adal-*, *Edel*-Namen.

Etzel *m* KF von Namen mit *Adal-*, ahd. *Azilo, Azzilo;* war der Name des Hunnenkönigs Attila in der deutschen Heldensage.

Etelka *w* ungar. Bildung über *Etele* von *Ottilia*; KF *Eta, Ete, Etka, Etta*.

Euchar, **Eucharius** *m* VN, zu griech. *eucharistia* »Dankbarkeit, dankbare Gesinnung«.

Der hl. Eucharius, erster Bischof von Trier (2./3. Jh.).

🄺 Statue (17. Jh.) Kirchhof St. Matthias, Trier.

Eugen *m* »der Wohlgeborene«, zu griech. *eu-genes* »edel, wohlgeboren«.

Mittelalt. Papstname, volkstümlich seit den Türkenfeldzügen des 17. Jh. durch Prinz Eugen von Savoyen.

engl. *Eugene*, *Gene*, frz. *Eugène*, ital./span. *Eugenio*, KF bulgar./serbokroat. *Geno*, ungar. *Jenö*.

Eugenie *w*, auch *Eugenia*, weibl. Formen zu →*Eugen(ius)*.

KF bulgar/serbokroat. *Gena*, ungar. *Génia*, rumän. *Jeni*, finn. *Senni*. Die hl. Eugenia, Tochter der hl. Odilia, Äbtissin von Hohenburg, Elsaß.

Eulalia, **Eulalie** *w* VN, zu griech. *eulalos* »wohlredend, beredt«, sonst »geschwätzig«.

Eulogius *m* VN, 1. NF von →*Eligius*; 2. zu griech. *eu-logia* »Lob, Ruhm, schöner Ausdruck, Segen«.

Euphemia, **Eufemia**, **Euphemie** *w* VN, zu griech. *eu-phēmia* »guter Ruf, gute Vorbedeutung«.

Die hl. Euphemia, röm. Senatorentochter, Märtyrerin (3. Jh.). 🄺 Altartafel des Bertold von Nördlingen (1415), Bonn.

Euphrosine, **Euphrosyne** *w* VN, zu griech. *eu-phrosynē* »Frohsinn, Heiterkeit, Freude (beim Mahl)«; griech. Göttin der Anmut.

Europa *w* VN vom Namen unseres Erdteils, benannt nach der griech. *Eurōpē*, Tochter des Phönix, von Zeus entführt; zu griech. *eurus* »weit, geräumig«.

Eusebia *w*, **Eusebius** *m* VN, zu griech. *eu-sebeō* »fromm, gottesfürchtig, Pflichten gegen Gott und Eltern erfüllend«.

Eustach *m*, **Eustachia** *w* zum lat. VN *Eustachius*, griech. *eu-stachyos* »mit schönen Ähren, ährenreich«.

Der hl. Eustachius, einer der 14 Nothelfer (2. Jh.), Märtyrer. 🄺 auf Dürers Paumgärtneraltar (1495), München, A.P.

Eutropia *w*, **Eutropius** *m*, zu griech. *eu-tropia* »Gewandtheit, Beweglichkeit, gute Sinnesart«.

***Eva** *w* bibl. Name, zu hebr. *chavvah* »Leben, die Lebensspenderin, Mutter aller Lebendigen«.

NF *Eve, Ewa, Ewe*, KF *Ev, Evchen, Evi*.

Evalina, **Evaline** *w* →*Evelina*.

Evamaria *w* DF aus *Eva* + *Maria*.

Evangeline *w* engl. VN, wohl nach Longfellows Gedicht *Evangeline* (1847) abzuleiten von griech. *euaggelion* »(Lohn für) gute Botschaft«.

Evangelist *m*, zu griech. *euaggelistes* »eine frohe Botschaft verkünden«.

Evarist *m* »der Wohlgefällige«, zu griech. *eu-aréstōs* »wohlgefällig«.

Eve *w* NF von →*Eva*.

Eveke *w* nd. KF zu →*Eva* oder Namen mit *Ever-*, *Ewer-*.

***Evelin**, **Evelina**, **Eveline**, **Eweline** *w* Weiterbild. von →*Eva*; urspr. *Avelina*, zu altsächs. *aval* »Kraft«.

Evelinde *w* DF zu *Eva* + *Linde* = KF von *-linde*-Namen, ahd. *lindi* »sanft«.

Evelyn *w* engl. Form für *Eveline*, Weiterbild. von →*Eva*; frz. auch *Evelyne*.

Everdina, *Everdine w* →*Ewerdina*.

Everose *w* DF aus *Eva* + *Rose, Rosa*.

Evert *m* nd. KF von →*Eberhard*.

Evi *w* KF von →*Eva*.

Evita *w* span. Koseform von →*Eva*.

Ewald *m* alter dt. VN, zu ahd. *ewa* »Recht, Gesetz« + *waltan* »walten, herrschen«.

Name zweier Heiliger des 7. Jh., insbes. eines Kölner Lokalheiligen; der VN verbreitete sich erst im 19. Jh. Die hl. Ewaldi, zwei angelsächs. Brüder, nach ihrer Haarfarbe der weiße und der schwarze Ewald.

Eward, **Ewart**, **Ewert** *m* fries. Namen, zu altfries. *ewe* »Rechtsgebrauch« + ahd. *wart* »Hüter, Schützer«.

Ewerdina, **Ewerdine** *w* Weiterbild. von nd. *Ewert* = *Eberhard*.

Ezechiel *m* zum bibl. Namen *Hesekiel*, hebr. *jechezeqēl* »stark ist El (Gott)«; Prophetenname.

Ezzo *m* ital. KF von *Adolfo* = *Adolf*.

F

Fabia *w*, zu lat. *Fabius*, altröm. Geschlechtername, zu lat. *faba* »Bohne«.

* **Fabian** *m* VN, lat. *Fabianus*, Weiterbild. von *Fabius*, altröm. Geschlechtername, zu lat. *faba* »Bohne«; frz. *Fabien*, ital. *Fabiano*.

Der hl. Fabian, Papst des 3. Jh.
🄺 Flügelaltar von Hoyer (15. Jh.).

* **Fabiana**, **Fabiane** *w* VN, zu →*Fabian*; frz. *Fabienne*.

* **Fabio** *m* ital. Form von lat. →*Fabius*.

Fabiola *w* VklF von *Fabio*, auch spätröm. Weiterbild. von →*Fabia*, die in Spanien heimisch wurde.

Fabius *m* urspr. lat. FN, »aus dem Geschlecht der Fabier«, zu lat. *faba* »Bohne«.

Fabrice *m* frz. Form von *Fabricius* (s. u. →*Fabrizia*).

Fabrizia *w*, **Fabrizio** *m* ital. Formen zu lat. *Fabricius*, Name einer röm. Familie, lat. *faber* »handwerklich, künstlerisch geschickt«.

Falk, **Falko** *m* alte dt. VN, zu ahd. *falcho* »Falke«.

Falkmar *m* VN, zu *Falk-* »Falke« + ahd. *mari* »berühmt«.

Fanni, **Fanny** *w* KF von →*Franziska* und von →*Stephanie*.

Farald, **Farold**, **Farolt** *m*, **Faralda** *w*, zum germ. Namen *Far(a)-wald*, ahd. *fara(n)* »fahren« + *waltan* »walten«.

Farfried *m*, zu ahd. *fara(n)* »fahren« + *fridu* »Friede«.

Farhild, **Farhilde** *w* VN, zu ahd. *fara(n)* »fahren« + *hiltja* »Kampf«.

Farmund *m*, älter *Faramund*, zu langobard. *fara* »Geschlecht, Nachkomme« + ahd. *munt* »Schutz«.

Farold *m* →*Farald*.

Fastmar *m*, zu ahd. *fasti* »fest« + *mari* »berühmt«.

Fastmund *m*, zu ahd. *fasti* »fest« + *munt* »Schutz (der Unmündigen)«.

Fastrad *m*, **Fastrade** *w*, zu ahd. *fasti* »fest« + *rat* »Rat(geber)«.

Fatima, **Fatime** *w* arab. VN, nach Fatima, der Tochter des Propheten Mohammed.

Fausta *w*, **Faustus** *m*, zu lat. *faustus* »günstig = Glück bringend«.

Die hl. Fausta, Märtyrerin (4. Jh.). 🄺 Wandteppich (15. Jh.) Kunstgew.-Museum, Köln.

Faustina, **Faustine** *w*, **Faustino**, **Faustinus** *m* VklF von *Fausta*, *Faustus*.

Fausto *m* ital. Form von lat. *Faustus*.

Fedde, **Feddo** *m* fries. KF von Namen mit *-frede* = *-friede*.

Federica, *Federiga w*, **Federico**, *Federigo m* ital. Formen zu *Friedrich* und *Friederike*.

Fedor, *Feodor m* eingedeutsche Form von russ. *Fjodor* = *Theodor*.

Fedora *w* NF von *Feodora.*

Fee *w* engl. KF von *Felicia.*

Feike, Feiko *m*, **Feie, Feike** *w* fries. Formen aus der Kindersprache, zu Namen mit *-fred(e) = -friede.*

Felicia, Felizia *w* ital. Formen zu *Felice, →Felix.*

Felicitas, Felizitas *w*, zu lat. *felicitas* »Glück, Glückseligkeit«.

Die hl. Felicitas, Märtyrerin (2. Jh.).
🄺 Altartafeln (um 1500), Neustift, Tirol.

* **Felix** *m*, urspr. röm. BN wie *Augustus*, zu lat. *felix* »glücklich«.

Name einer Reihe von Heiligen und Papstname im MA. frz. *Félix, Félicien*, ital. *Felice*, russ. *Feliks*, ungar. auch *Bódog*.
🄺 Felix von Fritzlar, Reliquienschrein im Dom zu Fritzlar.

Femke *m*, **Femma,** *Femmy w* westfries. KF zu *Fredemar, →Friedemar.*

Femke *w* fries. KF zu *Euphemia.*

Fenella *w* engl. VN, kelt. *Fionnghuala*, zu *fionn* »weiß« + *guala* »Schulter«.

Fenja, Fenka, Fenke, Fenna, Fenne *w*, **Fenno** *m*, **Fenneke** *m/w* fries.-nd.-niederl. kindersprachl. Formen von Namen mit *-frede = -friede.*

Feodor *m →Fedor.*

Feodora *w* russ. VN, weibl. Form von *→Fedor = Theodor.*

Feodosi *m* russ. Form von *Theodosius.*

Feodosia *w* russ. Form von *Feodosi.*

Ferdinand *m* romanis. Form des ahd. Namens *Fridenand*, westgot. *Fridunanth*, zu germ. *frithu* »Friede, Schutz« + *nantha* »mutig, kühn«.

Ferdinand kam als beliebter span. Fürstenname *Fernando*, NF *Hernando*, durch die Habsburger nach Dtschl. zurück.
KF *Ferdi, Ferdl, Fernand, Nante*; frz. *Fernand, Fernandel, Ferrand*, ital. *Fernando, Ferrante, Nando*, ungar. *Nándor*.
🄺 Ferdinand I., dt. Kaiser, Grabmal im Dom, Prag; Ferdinand III., dt. Kaiser, Kapuzinergruft, Wien.

Ferdinanda, Ferdinande, Fernanda, Fernande *w* Formen von *→Ferdinand*; KF *Nanda, Nande.*

Ferdinandine *w* niederl. Form zu *→Ferdinand.*

Ferdinando, Fernando, *Ferrante m* ital. Formen von *→Ferdinand.*

Ferenc *m* ungar. Form von *→Franz.*

Ferfried *m* NF von *→Farfried.*

Ferhild *w* NF von *→Farhild.*

Fermund *m* NF von *→Farmund.*

Fernand *m*, **Fernande** *w* frz. Formen von *→Ferdinand.*

Fernanda *w* VN, engl., ital., span., weibl. Form von *→Ferdinand.*

Fernando *m* ital., span., portug. Form von *→Ferdinand.*

Ferry, *Fery m* populäre KF in Frankreich von *Frédéric = Friedrich.*

Fidel *m* KF von *Fidelis, Fidelius.*

Fidelia *w* Form von *→Fidelis.*

Fidelio *m* ital. Form von *→Fidelius.*

Fidelis, Fidelius *m*, zu lat. *fidelis* »getreu, ehrlich, zuverlässig«; auch weibl. VN *Fidelis.*

Der hl. Fidelius von Sigmaringen, Kapuziner, 1622 von Kalvinisten erschlagen.

Fides *w* VN, zu lat. *fides* »Vertrauen, Zutrauen, Glaube«.

Eine hl. Fides wird im Elsaß und in der Schweiz verehrt. 🄺 Reliquien der hl. Fides, St. Gallen; St. Fides in Schlettstadt u. Conques, Auvergne.

Fieke *w* nd. KF von *→Sophie.*

Fiene *w* nd. KF von *→Josefine.*

Fiete *m* nd. KF von *→Friedrich.*

Filibert *m*, **Filiberta** *w*, alte dt. VN, in Anlehnung an Philipp auch *Philibert*, ahd. *filu* »viel« + *beraht* »glänzend«.

Filippo *m* ital. Form von *→Philipp*, VklF *Filippino.*

Filomela *w* VN *→Philomela.*

Filomena *w* VN *→Philomena.*

Fina, Fine *w* KF von *Josefine.*

Finetta, Finette *w* Koseformen von *→Josefine.*

Finja, Finne, Finni, Finnja *w*, **Finn, Fynn** *m* nord. Namen, wohl zu »Finne, Finnin«, ältere Bed. kann auch »Wanderer« sein.

Fiona *w* engl. VN, zu kelt. *fionn* »rein, weiß«.

Fiore *m* ital. VN = *Florus*, zu *fiore* »Blume«, lat. *floris* »Blume, Blüte«.

Fiorella *w* ital. Form von *→Florella*; VklF zu *→Fiore.*

Fiorenza *w* ital. Form von *→Florenze, Florentine.*

Fiorenzo *m* ital. Form von *Florenz*, →*Florens*.

Fioretta *w* ital. Form von →*Floretta*; VklF zu →*Fiore*.

Fiorina *w* ital. Form von →*Florina*.

Firmin(us) *m*, **Firmina** *w* AF zu →*Firmus*.

[K] Statuette des hl. Firminus am Grabmal Maximilians I. in Innsbruck.

Firmus *m* VN, zu lat. *firmus* »fest, beharrlich standhaft«.

Fita *w* KF zu der span. VklF →*Josefita*.

Bekannt: Schauspielerin Fita Benkhoff.

Fito, Fitko *m* slaw. KF zu →*Vitus*.

Fjodor *m* russ. Form von →*Theodor*.

Flavia *w* Form von *Flavius*, →*Flavio*.

Flavio *m* ital. Form von lat. *Flavius*, »aus der Familie der Flavier«, zu lat. *flavus* »feuergelb«.

Fleur *w* frz. Form für →*Flora*.

Fleurette *w* frz. VklF für →*Floretta*.

Flodoard *m* alter fränk. Name, wohl aus fränk. *Chlōdward*, zu germ. *hlutha* »laut« + ahd. *wart* »Hüter«.

Flora *w* Blumenname, zu lat. *Flora*, röm. Göttin der Blumen und Blüten; lat. *flos, floris* »Blume, Blüte«.

Zu Ehren der Göttin Flora wurde im alten Rom vom 28. April bis 3. Mai das Frühlingsfest der »Floralia« gefeiert.

* **Florence** *w* engl. u. frz. Form von →*Flora, Florens, Florentia*.

Florens *m*, älter *Florenz*, zu lat. *florens* »im blühenden Alter stehend«; HlN am Niederrhein und in den Niederlanden.

Florent *m* frz. Form von *Florentius*.

Florentia, **Florenzia** *w* VN, zu lat. *florens* »im blühenden Alter stehend«.

Florentin, **Florentinus** *m* VN, Weiterbild. von →*Florentius*.

Florentina, **Florentine** *w* VN, Weiterbild. von →*Florentia*.

Florentius *m* VN, zu lat. *florens* »im blühenden Alter stehend, höchst angesehen«.

Florenz *m* dt. Form von →*Florens, Florentius*.

Florenze *w* Form von *Florenz, Florens*.

Floretta, **Florette** *w* VklF von →*Flora*.

Flori *m* obd. KF von →*Florian*.

Floria *w* NF von →*Flora*.

* **Florian**, **Florianus** *m* volkstümlicher dt. VN, zu lat. *florere* »blühen, frisch sein, im blühenden Alter, glänzend, in hohem Ansehen sein«.

Im MA als Name des hl. Florian (4. Jh.) verbreitet, Schutzheiliger von Oberösterreich, Patron gegen Feuersgefahr (Stift St. Florian). [K] Tafeln Altdorfers (1520/30), Nürnberg, German. Museum.

Floriana, **Floriane**, **Florianne** *w* ital./frz. Formen zu →*Florian*.

Floribella *w* VN, zu lat. *florens* »blühend, blumenreich« + *bella* »schön«.

Floribert *m* VN aus einem *Flor*-Namen und altem *-bert*-Namen, »blühend, glänzend«.

Florida *w* Form zu *Floridus* »der Blühende«; niederl., span. *Floris*.

Florin *m*, **Florina**, **Florine** *w* NF von →*Florian*.

Der hl. Florinus, angelsächs. Pilger in Vintschgau (9. Jh.).
[K] Chur, Hochaltar und Lucius-Schrein.

Florinda *w* span. VN, zu lat. *florens* »blühend, blumenreich«.

Florus *m*, zu lat. *florus* »blühend, schmuck, glänzend«.

Flurin *m* VN, rätoroman. NF von →*Florian*.

Focke, **Focko**, **Foke**, **Fokka**, **Fokke**, **Fokko** *m/w* fries. KF von Namen mit *Folk-*, *Volk-*.

Folina, **Foline**, **Folinda** *w* ostfries. Weiterbild. zum Namen mit *Folk-*, *Volk-*.

Folke *m/w* nd.-ostfries. männl. VN von Namen mit *Folk-*, *Volk-*, aber auch ostfries. weibl. VN *Folke, Volke*.

Folker *m* NF von →*Volker*.

Folkert, **Folkhard** *m* NF von →*Volkhard*.

Folko *m* ostfries. KF von Namen mit *Folk-*, *Volk-*.

Folkwein *m* NF von →*Volkwin*.

Foma *m* russ. Form von →*Thomas*.

Fons *m* KF von →*Alfons*.

Fortuna *w* VN, zu lat. *fortuna* »Zufall, Glücksfall«; *Fortuna*, röm. Schicksals- oder Glücksgöttin.

Fortunat(us) *m*, **Fortunata** *w* VN, zu lat. *fortunatus* »beglückt, glücklich«.

Framgard *w* zu ahd. *fram* »vorwärts, fördern« + *gard* »Hort, Schutz«.

Framhild *w* zu ahd. *fram* »vorwärts, fördern« + *hiltja* »Kampf«.

Fran, **Frane** *m* südslaw. KF von *Francisko*.

France *w* frz. Form von *Franc* »der Franke«.

Frances, *Francis* *w* engl. Form von →*Franziska*. VklF *Francie, Frankie*.

Francesca, **Francisca** *w* roman. Formen zu →*Franziska*.

Francesco *m* ital. Form von →*Franziskus*; VklF *Fresco = Fränzchen*.

Francis *m* engl. Form von →*Franz, Franziskus*.

* **Francine** *w* frz. VklF von *Franc* »der Franke«.

Franciscus *m* →*Franziskus*.

Franco *m* ital. KF von *Francesco*.

* **François** *m* frz. Form von *Franz, Franziskus*.

* **Françoise** *w* frz. Form von *Franziska*.

Franek *m* poln., slowen. KF von *Franciszek = Franziskus*.

* **Frank** *m* sehr beliebter VN, urspr. BN »der Franke«, aber auch zu *frank* »offen, frei« = »der Freie«.

Franka, *Franca* *w* Formen zu →*Frank*.

Frankhild, **Frankhilde** *w* Neubild. aus *Frank + Hilde*.

Franko *m* zu ahd. *franko* »Franke«.

Frankobert, **Frankomar**, **Frankowig**, **Frankward** *m* mit *Frank-* gebildete Namen zu alten Zweitgliedern *-bert, -mar-, wig-, ward*.

Frans *m* niederl. u. schwed. Form von →*Franz*; elsaß-lothr. NF von *Frantz*.

* **Franz** *m* KF von →*Franziskus*, sehr beliebter VN in Südd. und Österreich, DF *Franz-Josef* und *Franz-Xaver*.

Der Name verbreitete sich nach dem hl. Franz von Assisi, Stifter des Franziskanerordens, nach dem hl. Franz von Paula, Stifter des Paulanerordens und durch Franz von Borja, General des Jesuitenordens.
🅺Statue (1647) Jesuitenkirche Landshut. Franz I., Franz II., dt. Kaiser, Grabmäler Kapuzinergruft Wien.

Franzine *w* eindtsch. für *Francine*, weibl. Form zu →*Franz*.

* **Franziska** *w* Form von →*Franziskus* seit dem 18. Jh.

KF *Fanny, Franzi, Fränze, Fränzi, Fränzel, Cissi, Ziska*. engl. *Frances*, frz. *Françoise*, ital. *Francesca*, slaw. Formen: *Franciska, Františka, Franeka, Franja, Franica, Fanika*, ungar. auch *Fanni, Ferike*.

Franziskus *m* dt. Form von lat. *Franciscus*, ital. *Francesco, Franco*, frz. *François*, engl. *Francis*, span./portug. *Francisco* = »der Franke«, bezogen auf den germ. Stamm der Franken.

Slaw. Formen: *Franc, Francisk, Franciszek, František, Fran, Frane, Franek*, ungar. *Ferenc*. Der Name ist volkstümlich geworden durch den hl. Franziskus von Assisi, Wanderprediger im 13. Jh., Stifter des Minoritenordens, des Ordens der Klarissen und des Tertiarierordens.

* **Franz-Xaver** *m* beliebte südd. DF nach dem hl. Franz Xaver (*Xaver* arab./span. BN »der Glänzende«).

Heiliger des Jesuitenordens, vom span. Schloß Javier (Xavier) bei Pamplona herstammend (16. Jh.). 🅺Standbild Groß-Pöchlarn (1773), in Starnberg.

* **Frauke** *w* fries. VN, urspr. ostfries. *m/w* Form; weitere weibl. ostfries. Formen: *Frauwa, Frauwe, Frawa, Frawe* weisen auch auf westgerm. *fraw, frau* »fröhlich, flink« hin.

Fraukea, **Fraukeline** *w* ostfries. Weiterbild. von →*Frauke*.

Fred *m* nd.-fries. KF von *Frederich*; auch KF von *Alfred, Manfred*.

Freda *w* nd., schwed. KF von *Frederika*, engl. von *Winifred*.

Freddi, **Freddo** *m* nd. KF von *Frederich, Frederik*, Koseformen zu *Fred*.

Freddy, **Fredy** *m* aus dem Engl. ins Nd. übernommene KF von *Frederick* und *Alfred*.

Fredegar *m* nd. Form von *Friedeger*.

Fredegard *w* nd. Form von *Friedegard*.

Fredegund *w* NF von *Friedegund*.

Frédéric, **Frédérick** *m*, **Frédérique** *w* frz. Formen von *Friedrich, Friederike*.

* **Frederich**, **Frederik** *m* nd.-fries. Formen von →*Friedrich*.

Fredi, **Fredo** *m* KF von *Frederik, Alfred, Manfred*.

Fredrik *m* schwed., auch ostfries. Form von →*Friedrich*.

Freerik, **Freerk**, **Frerik**, **Frerk** *m* nd.-fries. Formen von →*Friedrich*.

Freia, **Freya** *w* nord. (isländ.) VN, Name der altnord. Göttin Freyja, isländ. *freyja* »Herrin, Herrscherin«.

Freimund, **Freimut** *m* nhd. Namenbild. zu »frei« und alten Zweitgliedern *-mund, -mut*.

Frerich *m* nd. Form von →*Friedrich*.

Fricka, **Fricke**, **Frikke** *w* nd.-fries. KF von →*Friederike*; schwed. *Frigga* für *Fredrika*.

Frida *w* ältere Form von →*Frieda*.

Frido, *Friddo m* KF von *Friedrich*.

Fridolin, *Friedolin* m obd. KF von *Friedrich*.

Volkstümlich geworden durch Verehrung des hl. Fridolin von Säckingen. Schirmherr von Glarus und des Kantons St. Gallen. 🅺 Fridolinsschrein, Münster in Säckingen.

Fried *m* KF von Friedrich, auch von anderen Namen mit *Fried-*.

* **Frieda**, älter *Frida w* KF von Namen mit *Fried-* oder *-friede*; sehr beliebter Modename um 1900; NF *Friede, Friedchen*.

Friedbert, **Friedebert** *m* zu ahd. *fridu* »Friede« + *beraht* »glänzend«.

Friedburg *w* zu ahd. *fridu* »Friede« + *burg* »Schutz, Zuflucht«.

Friedebald *m* zu ahd. *fridu* »Friede« + *bald* »kühn«.

Friedeborg, **Friedeburg** *w* →*Friedburg*.

Friedegund, **Friedgund** *w* zu ahd. *fridu* »Friede« + *gund* »Kampf«.

Friedel *m/w* KF, von weibl. Namen mit *Fried(e)-, -friede*, von männ. VN mit *Fried-* oder *-fried*; auch *Friedl*.

Friedelind *w* →*Friedlind*.

Friedemann, **Friedmann** *m* zu ahd. *fridu* »Friede« + *man* »Mann«.

Friedemar, **Friedmar** *m* zu ahd. *fridu* »Friede« + *mari* »berühmt«.

Friedemund, *Friedmund m* zu ahd. *fridu* »Friede« + *munt* »Schutz«.

Friedenand *m* alte dt. Form von →*Ferdinand*.

Frieder *m* alte selbständ. KF von *Friedrich*; Grimmsche Märchenfigur.

* **Friederike** *w* Form von Friedrich, die erst im 18. Jh. bekannt wurde.

KF *Rika, Rike, Frika*, nd./schwed. *Frigga*, frz. *Frédérique*.

Volkstümlich durch Goethes Jugendliebe Friederike Brion aus Sesenheim (1752–1813). 🅺 Grab Meissenheim, Kr. Offenburg.

Friedewald *m* →*Friedwald*.

Friedgard, **Friedegard** *w* zu ahd. *fridu* »Friede« + *gard* »Hort, Schutz«.

Friedger, *Friedeger m* zu ahd. *fridu* »Friede« + *ger* »Speer«.

Friedhard *m* zu ahd. *fridu* »Friede« + *harti* »hart, stark«.

Friedhelm *m* zu ahd. *fridu* »Friede« + *helm* »Helm«.

Friedhild, **Friedhilde** *w* zu ahd. *fridu* »Friede« + *hiltja* »Kampf«.

Friedhold *m* neuere Bildung aus Namen mit *Fried-* + *-hold*.

Friedhorst *m* neuere Bildung aus Namen mit *Fried-* und *-horst, Horst*.

Friedlieb *m* pietist. Bildung des 18. Jh. oder Umdeutung des alten VN *Friedleib* (ahd. *leiba* »Erbe«).

Friedlind, **Friedlinde** *w*, auch *Friedelind*, zu ahd. *fridu* »Friede« + *linta* »Lindenholzschild«.

Friedmund, *Friedemund m* zu ahd. *fridu* »Friede« + *munt* »Schutz (der Unmündigen«.

Friedo, **Frido** *m* KF von Namen mit *Fried-*.

Friedolf *m* zu ahd. *fridu* »Friede« + *wolf* »Wolf«.

* **Friedrich**, **Friederich** *m* alter dt. VN, got. *Frithareiks*, ahd. *Fridurich*, zu ahd. *fridu* »Friede« + *rihhi* »Herrschaft«, *rihhi* »mächtig, reich«.

Einer der am meisten verbreiteten dt. VN, im MA durch die Namen der dt. Kaiser Friedrich Barbarossa und Friedrich II. beliebt, in neuerer Zeit durch die Namen der Hohenzollern, insbes. durch Friedrich d. Gr. (der auch als der *Alte Fritz* diesen Namen populär machte); zahlreiche Dichter und Philosophen mit dem Namen Friedrich: Schiller, Hölderlin, Schlegel, Hebbel, Nietzsche.

– **Friedrich**

KF *Fried, Friedel, Frieder, Fritz, Fritze, Fritzel, Fred, Fredo, Fredy, Fiedje, Fiddy*; engl. *Frederick, Fredric*, frz. *Frédéric, Frédérick, Ferry*, ital. *Federico*, dän., niederl. *Frederik*, schwed. *Fredrik*, span. *Federigo*, poln. *Fryderyk*, tschech. *Bedrich*, russ. *Frederik*, ungar. *Frigyes*.

🄺 Friedrich II., dt. Kaiser, Grabmal Dom, Palermo. Friedrich d. Gr., Sarg Burg Hohenzollern b. Hechingen.

Friedrun *w*, auch *Friederun, Friderun*, zu ahd. *fridu* »Friede« + *runa* »Geheimnis, Zauber«.

Friedwald, **Friedewald** *m* zu ahd. *fridu* »Friede« + *waltan* »walten«.

Friedward, **Friedeward** *m*, auch *Friedwart*, zu ahd. *fridu* »Friede« + *wart* »Hüter«.

Frigge, Frike *w* nd. KF von →*Friederike; Frigga* schwed. für *Fredrika*.

Frithjof, *Fritjof m* zu altnord. *fridhr* »Liebe« + *thjofr* »Heimlicher«.

Friso *m*, auch *Frieso*, alter dt. VN, urspr. BN »der Friese«.

Fritz *m* seit etwa 1550 selbständ. KF von →*Friedrich*, volkstümlich seit Friedrich d. Gr. zum Alten Fritz geworden war.

Ende des 19. Jh. so häufig, daß der dt. Soldat des 1. Weltkriegs für Engländer und Franzosen zum »Fritz« wurde (gemeint eigtl. das Hohenzollernhaus); die abwertende Bedeutung von »Fritze« in der Umgangssprache hat den Rückgang beschleunigt.

Fritza, **Fritzi**, **Frizzi** *w* KF zu *Friederike*; weibl. Entspr. zu *Fritz*.

Frodebert *m* zu ahd. *frot, fruot* »klug, weise« + *beraht* »glänzend«.

Frodegard *w* zu ahd. *frot, fruot* »klug, weise« + *gard* »Hort, Schutz«.

Frodeger *m* zu ahd. *frot, fruot* »klug, weise« + *ger* »Speer«.

Frodehild, **Frodehilde** *w* zu ahd. *frot, fruot* »klug, weise« + *hiltja* »Kampf«.

Frodelinde *w* zu ahd. *frot, fruot* »klug, weise« + *lind* »sanft, lind, mild«.

Frodemund *m* zu ahd. *frot, fruot* »klug, weise« + *munt* »Schutz«.

Frodewald *m* zu ahd. *frot, fruot* »klug, weise« + *waltan* »walten«.

Frodewin *m*, **Frodewine** *w* zu ahd. *frot* »klug, weise« + *wini* »Freund«.

Frodina, Frodine *w* KF zu einem *Frod*-Namen.

Frogard, **Frohild**, **Frohilde**, **Frolinde**, **Fromute** *w* NF zu gleichen Formen mit *Frode*-, aber bereits an nhd. »froh« angelehnt.

Frohmut, **Fromut** *m*, **Frohmute** *w* pietist., zu »frohem Mut« umgebildete VN aus altem dt. *Frodemut*, zu ahd. *frot, fruot* »klug, weise, verständig« + *muot* »Sinn, Geist«.

Frommhold *m* pietist. Umbildung aus älterem *Frommwald*, zu ahd. *fruma* »Nutzen, Vorteil« + *waltan* »walten«.

Fromund *m* NF von *Frodemund*.

Frone, *Froane* (fries.) *w* KF von →*Veronika;* rätoroman. *Frona*.

Frosina *w* schweiz. VN zu *Frode*-VN.

Frowald *m* NF zu →*Frodewald*.

Frowein, **Frowin** *m*, **Frowine** *w* NF zu *Frodewin*.

Fryderyk *m*, **Fryderyka** *w* poln. Formen von →*Friedrich, Friederike*.

Fulbert *m* NF von *Volbert (Volkbert)*. Wird in England als normann. Name zu *Filbert, Filibert* gestellt.

Fulberta *w* NF von →*Volkberta*.

Fulk *m*, **Fulke** *m/w*, **Fulko** *m* ost- und nordfries. KF von Namen mit *Volk*-. Aus den alten RN *Fulcher, Folk-her*, engl. auch *Fowke, Fawke*, frz. *Fouchier*.

Fulvia *w*, **Fulvio** *m* ital. Formen zum lat. Namen *Fulvius* »der Rotgelbe«, zu *fulvus* »rotgelb«.

Fulvius, *Fulvian m* VN lat. Herkunft, »mit rotgelbem Haar«, zu lat. *fulvus* »rotgelb«.

Fumia *w* rätoroman. KF von →*Euphemia*.

Fürchtegott *m* pietist. Bildung des 18. Jh., Imperativ: »Fürchte Gott!«.

Bekannter VN durch den dt. Schriftsteller Christian Fürchtegott Gellert (18. Jh.).

Furio *m* ital. VN, zu lat. *furia, furio* »Begeisterung, Verzückung«, auch »Liebeswut, Raserei«.

Zum Namen der Furie, Rachegöttin; Furia, Name einer altröm. Familie.

G

***Gabi, Gaby** *w* KF zu *Gabriela, Gabriele, Gabrielle.*

Gábor *m* ungar. Form von →*Gabriel.*

Gabriel *m* bibl. Name, zu hebr. *gabri'el* »Mann, Held Gottes«.

Im MA als Name des Erzengels Gabriel verbreitet. Niederl. *Gabriel*, ital. *Gabriele, Gabriello, Gabrio*, russ. auch *Gavriil*, ungar. *Gábor.*

***Gabriele**° *m/w*, **Gabriela, Gabriella, Gabrielle** *w* Formen zu *Gabriel*; beliebte Modenamen.

KF *Gabi, Gaby, Jella.*

Gaga *w* russ. KF von →*Galina.*

Galdina *w*, **Galdino** *m* ital. VklF zu *Galdo*, dies eine KF von *Gherardo* = *Gerhard.*

Galina *w* russ. VN, Bed. »Ruhe, Stille, Frieden«.

Galla *w*, **Gallus** *m* VN lat. Herkunft, »die Gallierin, der Gallier«, aus den röm. Provinzen Gallia (Frankreich/Belgien); ital. *Gallo*, slaw. *Galo m.*

Der hl. Gallus, irischer Missionar der Ostschweiz, gründete 612 eine Einsiedelzelle, an dessen Stelle das Kloster St. Gallen entstand.

Gandolf, *Gandulf m* zu altisländ. *gandr* »(Wer)wolf« + ahd. *wolf* »Wolf«.

Gangolf *m* Umkehrung von →*Wolfgang*. Name in Bayern sehr verbreitet; KF *Gangl.*

Märtyrer (8. Jh.), in Dtschl. verehrt, Reliquien in Eichstätt und Bamberg. 🄺 Hochaltar St. Gangolf (15. Jh.), Neudenau, Baden.

Ganja *w* russ. KF von →*Galina, Gavrila* (= *Gabriele*).

Garbert ostfries., **Garbeth**, **Garbit**, **Gerbit** westfries. männl. Formen von →*Gerbert.*

Garbine *w* fries. KF zu *ger*-Namen, z.B . →*Gerborg.*

Garbrand, Garbrant *m* ostfries. VN zu →*Gerbrand.*

Gard *m* fries. KF von →*Gerhard.*

Garde *w* fries. KF von →*Gerharde.*

Garimund *m* NF zu →*Warmund.*

Garlef *m* ostfries. VN, zu älterem *Gerleib*, ahd. *ger* »Speer« + *leiba* »Erbe, Hinterlassenschaft«.

Garlieb *m* aus älterem *Gerleib*, angelehnt an »lieb« (siehe →*Garlef*).

Garret, **Garriet**, **Garrit** *m* ost- und westfries. Formen zu →*Gerhard.*

Gaspar, **Gaspard** *m* frz. Formen, **Gaspare**, *Gasparo m* ital. Formen von →*Kaspar.*

Gaston *m* frz. Form des fläm. HlN *St. Gast, Vaast* oder *Wadast, Waast*, lat. *Vedastus;* engl. *Foster.*

Name des sehr beliebten Volksheiligen Vedast (5./6. Jh.) aus Périgord, der sich stark im frz. Sprachgebiet verbreitete.

Gaudenz *m* beliebter VN in der Schweiz, zu lat. *Gaudentius, gaudeo, gaudere*, »sich freuen, fröhlich sein«.

Gea *w* KF von weibl. VN mit *Ge-a* oder zum Namen der griech. Göttin *Gäa*, zu griech. *ge* »Erde«.

Geba, **Gebba** *w* ostfries. KF von Namen mit *Geb-,Ger-*, wie *Gebharde.*

Gebbe *m/w* fries. Form von Namen mit *Geb-* oder *Ger-.*

Gebbert *m* nd. Form von →*Gebhard.*

Gebbo *m* fries. KF zu Namen mit *Geb-* oder *Ger* .

Gebhard *m*, **Gebharde** *w* zu ahd. *geba* »Gabe« + *harti* »hart«.

Der hl. Gebhard II., Bischof von Konstanz (10. Jh.), Gründer des Benediktinerklosters Petershausen, wirkte auf die Namengebung der oberen und mittl. Schichten in Südwestdtschl.

Gebine *w* ostfries. Form zu *Geba.*

Gebke, **Gebkea** *w* ostfries. KF zu Namen mit *Geb-.*

Geel, **Geelke**, **Geeltje** *w* westfries. KF germ. Namen, zu got. *gails* »fröhlich«, ahd. *geil* »übermütig, lustig«.

Geerdina, **Geerdruit** *w* ostfries.-niederl. Formen zu *ger*-Namen und *Gertrud.*

Geert *m* westfries. KF von →*Gerhard.*

Geerta, **Geertje**, **Gertje**, **Geert(s)ke** *w* westfries. KF von *Gerharde.*

Geeske, **Geske**, **Geska** *w* westfries. KF zu *Gese, Gesa* aus *Geltrudis* = *Gertrud*, niederl. auch zum männl. VN *Gesinus.*

Gefion *w* VN nach der altnord. Meeresgöttin *Gefjon* »die Gebende, Spenderin«; kelt. Bed. »weiße Kuh«.

Gel *m*, **Gela** *w* slaw. KF zu *Daniel.*

Gela, **Gele** *w* KF von →*Gertrud.*

Geli *w* KF von →*Angelika.*

Gelja *w* russ. KF von →*Angelina.*

Geltrudis *w* alte Form von *Gertrud, Gertraud.*

Gemma *w* zu lat. *gemma* »Edelstein, Kleinod«.

Genest *m* frz. VN, aus griech. *génos* »Sprößling, Nachkomme«.

Geneviève *w* frz. Form von →*Genoveva.*

Genia *w* KF von *Eugenia.*

Genoveva, *Genovefa w* VN, Name der hl. Genovefa aus Nanterre, Patronin von Paris, zu gall.-provenz. *gen(o)* »Volk, Leute« + *wefa* »Frau«.

Geo *m* südniederl. KF von →*Georg.*

***Georg** *m* VN griech. Herkunft, »Akkermann, Bauer«, zu griech. *geōrgós* »Landmann«; der Name des hl. Georg gewann durch die Legende seines Kampfs mit dem Drachen seit der Zeit der Kreuzzüge große Beliebtheit.

Zahlreiche KF: obd. *Jörg, Jörgel, Görgel, Gergl, Giergl, Girg, Jerg, Jirg*, nd.-fries. *Jürgen, Jürn, Gorg*, rhein. *Schorsch* – die heute durch *Jörg/Jürgen* wieder sehr beliebt sind; engl. *George* (Schutzheiliger Englands), frz. *Georges*, niederl. *Georgius, Joris*, dän. *Jorgen*, schwed. *Göran, Jöran*, span.-portug. *Jorge*, ital. *Georgio, Giorgio*, poln. *Jerzy*, russ. *Jurij*, tschech. *Jiři*, slaw. *Jurek*, ungar. *György*, arab. *Omar.*

🄺 zum hl. Georg: Altar (1460) Wallraf-R.-Museum, Köln; Hochaltar von Weltenburg (1721).

George, **Georges** *m* engl. u. frz. Formen zu *Georg.*

Georgette *w* beliebte frz. VklF von *Georgia.*

Georgia *w* Form von →*Georg.*

Georgina, **Georgine** *w* Weiterbild. zu *Georgia.*

Gepa *w* KF des alten dt. VN *Gerpirga*, männl. Form *Gerbrich*, zu ahd. *ger* »Speer« + *bergan* (zu *-brich, -berg, -burg*) »bergen, schützen«; Name einer Stifterin im Naumburger Dom.

Gepke *m/w*, **Gepko** *m* ostfries. KF zu Namen mit *Geb-* oder *Ger-*.

Gera *m* slaw. KF von *Gerhard, German.*

Gera *w* KF von Namen mit *Ger-*.

Gerald *m* ags. Form für →*Gerold.*

Geralde *w* Form zu *Gerald.*

Geraldine *w* Weiterbild. zu *Geralde*, populärer engl. VN des 19. Jh.

***Gérard** frz., **Gerard** engl. *m* VN zu →*Gerhard.*

Gerarda *w* bulgar., niederl., poln. Form zu *Gerard, Gerhard.*

Gerbald *m* zu ahd. *ger* »Speer« + *bald* »kühn«.

Gerbert *m* zu ahd. *ger* »Speer« + *beraht* »glänzend«.

Gerbod(o) *m* zu ahd. *ger* »Speer« + *boto* »Bote, Gebieter«.

Gerbold *m* NF von →*Gerbald.*

Gerborg, **Gerburg** *w* zu ahd. *ger* »Speer« + *burg* »Burg, Zuflucht«.

Gerbrand *m* zu ahd. *ger* »Speer« + *brand* »flammendes Schwert«.

Gerch *m* KF zu →*Gerrich.*

***Gerd**, **Gert** *m* KF von →*Gerhard.*

***Gerda** *w* beliebter nord. VN, nach der Jahrhundertwende in Dtschl. volkstümlich geworden, zu altnord. *Gerdhr* »Schützerin«, ahd. *gard* »Schutz«; auch KF von *Gertraud, Gertrud.*

***Gerde**, **Gerdi**, **Gerdie** *w* NF von *Gerda.*

Gerdina, **Gerdken** *w* ost- und westfries. KF zu *Gerharde.*

***Gerdis** *w* schwed. VN, zu altnord. *geirr* »Speer« + *dis* »Schutzgöttin«.

Gereon, *Gerion m* röm. Name griech. Herkunft, zu griech. *gērōn* »Greis«.

Der hl. Gereon, Soldat der Thebaischen Legion, wurde als Märtyrer in Köln verehrt.

🄺 Köln: St. Gereon; Dom, Dreikönigsaltar von Stefan Lochner (1440/50).

Gerfried *m* zu ahd. *ger* »Speer« + *fridu* »Friede«.

*__Gerhard__, *Gerhart, Gerard m* alter dt. VN, ahd. *ger* »Speer« + *harti* »hart«.
Im Nordwesten heimisch und seit alters her verbreitet, gering beeinflußt durch HlN; Name des Adels im MA, seit dem 19. Jh. wiederbelebt, in neuerer Zeit beliebter VN.
engl. auch *Garret(t), Garrard, Garrit*, frz. *Gérard*, niederl. auch *Gerardus, Gaard*, ital./span. *Gerardo*, ital. auch *Gherardo, Gaddo, Galdo*, ungar. *Gellért*.

Gerharda, **Gerharde** *w* Form zu →*Gerhard*.

Gerhardine *w* Weiterbild. zu *Gerharde*; ital. *Gerardina*.

Gerhild(e) *w* zu ahd. *ger* »Speer« + *hiltja* »Kampf«.

*__Geriet__, __Gerit__ *m* ostfries. KF von *Gerhard*; s.a. →*Gerrit*.

Gerke(n) *m/w*, **Gerko** *m* ost- und westfries. KF zu *Gerhard, Gerharde*.

Gerlach *m* zu ahd. *ger* »Speer« + *lah*, latinis. *lachus*, »Einschnitt in den Grenzbaum, Grenzzeichen«; im MA verbreitet nach dem hl. Gerlach.

Gerlind, **Gerlinde**, **Gerlindis** *w* zu ahd. *ger* »Speer« + *linta* »Lindenholzschild«.

Gerlis *w* Neubild. aus *ger*-Namen + *Lise*.

Germa *w* KF, wohl zu →*Germo*.

Germain, **German**, **Germann** *m* →*Germanus*; *Germain* frz. VN nach dem hl. Germanus (Auxerre), urspr. BN »der Germane«.

Germaine *w* Form von →*Germain*.

German *m*, dazu urspr. die bjeloruss. Form *Herman*, danach allg. *German* = russ. Entspr. für *Hermann*.

Germanus, *German m* VN »der Germane«, zu ahd. *ger* »Speer« + *man* »Mann, Mensch«; urspr. BN, der die Volkszugehörigkeit kennzeichnete; außerhalb Dtschlds. männl. VN.
engl. *German, Jarman, Jerman, Jermyn*, frz. *Germain*, ital. *Germano*, bjeloruss., ukrain., rumän. *Herman*, bulgar. auch *Gero, Germo*.

Germana *w* häufige weibl. Form von *Germanus, German* in den europ. Sprachen außerhalb Dtschlds.
engl./frz. *Germaine*, niederl. *Germina, Germien*, bulgar./mazedon. *Gera*.

Germar *m* zu ahd. *ger* »Speer« + *mari* »berühmt«.

Germo *m* KF von Namen mit *Ger-*, insbes. *Germar*; bulgar. NF von *German* »der Germane«.

Gernhard *m* wohl Neubild. aus »gern« + *-hard* der alten Namenformen.

Gernot *m* zu ahd. *ger* »Speer« + *not* »Bedrängnis, Gefahr«; burgund. König des Nibelungenliedes, Umkehrung von →*Notker*.

Gero *m* KF von Namen mit *Ger-*, ahd. *ger* »Speer«.

*__Gerold__ *m* alter dt. VN zu →*Gerwald*.

Gerolda, **Gerolde** *w* Formen zu →*Gerold*.

Gerolf, *Gerulf m* NF von →*Gerwulf*.

Gerrich, **Gerrik** *m* alter sächs. u. nd. VN, zu ahd. *ger* »Speer« + *rihhi* »mächtig, reich«.
Der hl. Gerrich (9. Jh.), Patron von Gerresheim b. Düsseldorf.

*__Gerridt__, __Gerriet__, __Gerrit__ *m* fries. KF von →*Gerhard*.

Gerritdina *w* westfries.-niederl. Form von *Gerharde*.

Gerritje *w* westfries. KF zu *Gerharde*.

Gersom, **Gerson** *m* VN hebr. Herkunft, hebr. *Gērschōm* »Fremdling«, *gērsōn* »Vertreibung, Verbannung«.

*__Gert__, __Gerd__ *m* KF von →*Gerhard*. Früher häufiger VN im Münsterland.

Gerta, **Gerti** *w* KF von *Gertraud, Gertrud*.

Gerthold *m* Neubild. aus *Gert-* + *hold* der alten Namenformen.

Gertje(n), **Gertke** *w* fries. KF zu *ger*-Namen.

Gertraud(e), **Gertraut** *w* NF zu *Gertrud*.

*__Gertrud(e)__, __Gertrudis__ *w* alter dt. VN zu ahd. *ger* »Speer« + trud »Kraft, Stärke«.
Beliebter HlN des MA, danach durch die romant. Dichtung seit dem 19. Jh. wieder verbreitet.

Gervais *m*, **Gervaise** *w* engl./frz. Formen des alten dt. RN →*Gervas*.

Gervas, *Gervasius m* HlN, zu ahd. *ger* »Speer« + kelt. *vass* »Knecht«.

Gervasia *w* latin. Form zu →*Gervas*.

Gerwald *m* zu ahd. *ger* »Speer« + *waltan* »walten, herrschen«.

Gerwig *m* zu ahd. *ger* »Speer« + *wig* »Kampf«.

Gerwin *m*, **Gerwine** *w* alte dt. VN, zu ahd. *ger* »Speer« + *wini* »Freund«.

Gerwulf *m* zu ahd. *ger* »Speer« + *wulf* »Wolf«.

Gesa, **Gese**, **Gesche** *w* nd.-fries. KF von →*Gertrud*.

Gesina, **Gesine** *w*, **Gesinus** *m* westfries. KF von Namen mit *Ger-*; weibl. auch Weiterbild. von *Gesa, Gese*.

Gevehard *m* nd. KF von→*Gebhard*.

Ghislain, **Gislain** *m*, **Ghislaine** *w* frz. Formen zu dem lat. HlN *St. Gislenus*.

Gislin, St. Chislain (7. Jh.), Apostel des Hennegaues, verbreitet in Frankreich, Belgien, Südholland, weibl. Form in der Schweiz beliebt.

Giacomo *m* ital. Form von →*Jakob*.

Gian *m* beliebter Kurzname in der Schweiz des in Italien meist in DF vorkomm. *Gian = Hans, Johann*.

Gianna *w*, **Gianni** *m* beliebte ital. Formen von →*Johanna, Johann*.

Giannino, Giovannino m ital. VklF = *Hänschen*.

Gideon, *Gedeon m* bibl. Name, hebr. *gideon* »(Baum)Fäller, Krieger«.

Giese obd., **Gieseke** nd. *m* KF zu Namen mit *Gis-*, *Gisel-*.

Gigi, *Gigio m* ital. VklF zu *Luigi = Ludchen* (Ludwig).

Gil, **Gils**, **Gilles** *m* 1. KF von *Ägilius*, ält. NF von →*Ägidius*; 2. fries. VN *Gild-*, *Gel-*, *Gis-*; s. a. →*Gildebert*. *Gill, Jill w* engl. KF zu →*Julia*.

Gila, **Gilla** *schwed. w* KF von →*Gisela*.

Gilbert *m*, **Gilberte** *w*, **Gilbrecht** *m* NF von *Giselbert, Giselberta*.

Gilda *w* ital. Form von germ. Namen mit *-ilda*-Endung; auch weibl. KF zu den HlN *Ägidius* oder *Gildas*.

Gildebert, **Gildebrecht** *m* zu ahd. *gelt*, ags. *gild* »Zahlung, Opfer, Vergeltung« + *beraht* »glänzend«.

Gildo *m* fries. KF von *Gildebert* oder Namen mit *Gild-*.

Gilg, **Gilgian** *m* beliebte KF von →*Ägidius*.

***Gilles** *m* beliebte KF von *Ägilius*, ältere NF von →*Ägidius*; engl. *Giles*.

Gillian *m* schweizer. für *Gilgian*, KF von →*Ägidius*; *Gillian* ist auch engl. weibl. NF von *Juliana*.

Gilmar *m* KF von →*Giselmar*.

Gina, **Gine** *w* KF von →*Regina, Regine*; im Ital. ist *Gina* auch weibl. Entspr. von →*Gino*.

Bekannt: Filmschauspielerin Gina Lollobrigida.

Ginette *w* frz. VklF von *Geneviève = Genoveva*.

Gino *m* ital. VklF von *Luigi = Ludwig*.

Gion *m* beliebte rätoroman. Form von →*Johann* in der Schweiz.

Giona *m* ital. Form von →*Jonas; Gionata m* ital. = *Jonathan*.

Giordano *m* in der Schweiz verbreitete ital. Form des alten dt. VN →*Jordan*.

Giorgio *m* ital. Form von →*Georg*.

Giovanna *w* ital. Form von →*Johanna*.

Giovanni *m* ital. Form von →*Johannes*.

Gisa *w* KF von →*Gisela* oder von Namen mit *Gis(el)*.

Gisberga, **Gisburga**, **Giselberga**, **Giselburga** *w* VN zu germ. *gisa(l)* »Sproß« oder ahd. *gisal* »Geisel« + *bergan* »bergen, schützen«.

Gisbert *m*, **Gisberta** *w*, **Giselbert** *m*, **Giselberta** *w*, **Giselbrecht** *m* alte dt. VN mit der nicht ganz geklärten Bed. germ. *gisa(l)* »Sproß«, ahd. *gisal* »Geisel« (etwa: gefangenes Kind adliger Abstammung) + *beraht* »glänzend«.

Gisbrand, **Giselbrand** *m* zu germ. *gisa(l)* »Sproß«, ahd. *gisal* »Geisel« + *brand* »flammendes Schwert«.

***Gisela** *w* alte selbständ. KF zu Namen mit *Gis-*, *Gisel-*.

Frauenname des dt. Hochadels im MA, in neuerer Zeit wieder beliebt geworden; auch *Gisele*, KF *Gisa, Gila*; engl.-frz. *Giselle*, frz. *Gisèle*, ital. *Gisella*.

Giselberga *w* VN zu germ. *gisa(l)* »Sproß«, ahd. *gisal* »Geisel« + *bergan* »bergen, schützen«.

Giselheid *w* zu germ. *gisa(l)* »Sproß«, ahd. *gisal* »Geisel« + *heit* »Art, Wesen«.

Giselher *m* alter dt. VN, zu germ. *gisa(l)* »Sproß«, ahd. *gisal* »Geisel« + *heri* »Heer«.

Giselmar, **Gismar** *m*, auch *Gilmar*, zu germ. *gisa(l)* »Sproß«, ahd. *gisal* »Geisel« + *mari* »berühmt«.

Giselmund, **Gismund**, *Gilmund m*, **Gismunda**, **Gismunde** *w* alte dt. VN, zu germ. *gisa(l)* »Sproß«, ahd. *gisal* »Geisel« + *munt* »Schutz«.

Giseltraud, **Giseltrud**, **Gistraud(e)**, **Gistrud** *w* zu germ. *gisa(l)* »Sproß«, ahd. *gisal* »Geisel« + *trud* »Kraft, Stärke«.

Gislind(e) *w* zu germ. *gisa(l)* »Sproß«, ahd. *gisal* »Geisel« + *lindi* »leicht, zart, mild«.

Gismar *m* KF von *Giselmar*.

Gismara *w* Form von *Gismar*.

Gismut *m* zu älterem *Giselmut*, ahd. *gisal* »Geisel« + muot »Geist, Sinn«.

Giso *m* alte dt. KF aus Namen mit *Gis-*, *Gisel-*.

Gita, **Gitta**, **Gitte** *w* KF von *Brigitta*, *Brigitte*.

Giulia, **Giuliana** *w* ital. Formen von →*Julia, Juliana*.

Giulio, **Giuliano** *m* ital. Formen zu →*Julius, Julian*.

Giuseppe *m*, **Giuseppa** *w*, **Giuseppina** *w* ital. Formen zu →*Josef, Josefa, Josefina*.

Gladys *w* engl. VN, urspr. kelt. *Gwladys, Gladusa*, Bezug auf →*Claudia*.

Glaubrecht *m* VN aus der Zeit des Pietismus (17. Jh.), »glaube recht«.

Glen, **Glenn** *m* engl. VN, urspr. Teil eines engl. Herkunftsnamens, *Glen-* auf alte kelt. Ortsbez. *glen* »enges, dunkles Tal« bezogen.

Gloria *w* zu lat. *gloria* »Ruhm, Ehre, Zierde«; Weiterbild. *Gloriana*.

Gobbo *m* KF von Namen mit *God-*, *Gode-*, wie *Godebert, Gobert*.

Goda *w* KF von Namen mit *Gode-*.

Göde *m* nd.-fries. KF von Namen mit *Gode-*, *Göde-*.

Godebert, **Gobert** *m*, **Godeberta**, **Goberta** *w* alte dt. VN, zu ahd. *got* »Gott« + *beraht* »glänzend«.

Godela *w* Weiterbild. von →*Goda*.

Godelewa, **Godolewa** *w* nd. Formen von →*Gottlieb*.

Godelinde, **Gotelinde**, **Gotlinde** alte dt. VN, zu ahd. *got* »Gott« + *lindi* »leicht, lind, mild«.

Godhard, **Godehard** *m* ältere und nd. Formen zu →*Gotthard*.

Der hl. Godehard, Abt in Niederaltaich, Bischof von Hildesheim.

🄺 Schrein, Domschatz Hildesheim.

Godo, **Gody**, **Göde** nd., **Göke** ostfries., **Golo** *m* KF von Namen mit *Gode-*, *Gott-*, Namenelemente in ausgehender heidnischer Zeit.

Godwin *m* nd. Form von *Gottwin*.

Golda *w* 1. VN westfries.-niederl. Herkunft. *Goudtsje*, niederl. *Goudje* angelehnt an *goud* = Gold. 2. *Golda, Goldine, Goldchen* jüngere jüd. Koseformen zu »goldig«.

Gombert, **Gompert**, **Gomprecht** *m* alte NF von →*Guntbert*.

Gonda *w* KF von Namen mit *-gonde*.

Gönke, Gönna *w* niederl.-fries. KF zu Namen mit *-gonde, -gonda*.

Goswin *m* alter dt. VN, *gos* = *gauta* (Goten) + ahd. *wini* »Freund«.

Gotelinde, **Gotlinde** *w* →*Godelinde*.

Gothild *w* →*Gotthild*.

Gotje *w* nd. KF von Namen mit *Got-*.

Götje *m* KF von →*Gottfried*.

Gotmar, **Gottmar** *m* zu ahd. *got* »Gott« + *mari* »berühmt«.

Gottbert *m* zu ahd. *got* »Gott« + *beraht* »berühmt«.

Gottfried, *Gotfrit m*, **Gottfriede** *w* alte dt. VN, zu ahd. *got* »Gott« + *fridu* »Friede«; beliebter Name des MA in der oberen und mittleren Schicht.

KF zu Gottfried: *Fried, Godo, Götz, Götje*; engl. *Godfrey*, niederl. *Godfried, Gevert, God(e)fridus, Govert*, frz. *Geoffroy, Godefroy*, ital. *Goffredo*.

Gottgetreu *m* pietist. Neubild., »sei Gott getreu!«.

Gotthard *m* zu ahd. *got* »Gott« + *harti* »hart«.

Gotthelf, *Gotthilf m* pietist. Neubild., »dem Gott hilft«.

🄺 Erzähler Jeremias Gotthelf, d.i. Albert Bitzius, Grab Lützelflüh, Kanton Bern.

Gotthelm *m* zu ahd. *got* »Gott« + *helm* »Helm, Schutz«.

Gotthild(e) *w* zu ahd. *got* »Gott« + *hiltja* »Kampf«.

Gotthold *m* 1. pietist. Neubild., die den alten urspr. VN überdeckt, »treu, hold u. gütig wie Gott«; 2. alter dt. VN, zu →*Gottwald*, ahd. *Godolt*, angelehnt an das Adjektiv »hold«.

Gottlieb *m* 1. pietist. Neubild., die den alten urspr. VN überdeckt, »der Gott lieb hat«; 2. alter dt. VN *Gotleib*, zu ahd. *got* »Gott« + *leip, leiba* »Nachkomme, Hinterlassenschaft«, umgebildet, angelehnt an »lieb«.

Gottlob *m* pietist. Neubild., »der Gott lobt«.

Gottlobine *w* Form zu *Gottlob*.

Gottschalk *m* alter dt. VN, zu ahd. *got* »Gott« + *scalk* »Knecht, Diener«.

Gonsela *w* KF aus *Hildegonda, Hildegundis*.

Gontard *m* frz. Form von *Gunthard*.

Göntje *w* nordfries. VN von Namen mit *-gonde, -gunde*; auch KF *Göndi*.

Göpf *m* schweizer. KF für →*Gottfried*.

Gora *m* russ. KF von *Georgij* = *Georg*.

Göran *m* schwed. NF von *Jöran* = *Jürgen* (= *Georg*).

Gorch, **Gorg** *m* nd. Formen von →*Georg*; ostfries. auch *Görg*.

Gore(s), **Gorjes**, **Gorres** *m* KF von →*Gregor*.

Görd *m* nd.-ostfries. KF von →*Gotthard*.

Gordian, *Gord m* lat. Herkunftsname »aus Gordium« Stadt in Phrygien, Kleinasien; bekannt durch den »Gordischen Knoten«.

Gordon *m* engl. VN des 19. Jh.

Vor 1885 schott. Familienname, den der Dichter Lord George *Gordon* Byron bereits 1788 bei der Taufe zusätzlich bekommen hat, erst nach dem Heldentod des engl. Generals Gordon Pascha 1885 bei Khartum allgemein VN geworden.

Gorius *m* KF von →*Gregorius*.

Gorm *m* alter dän. Name, KF von *Guttorm*, zu altnord. *gudh* »Gott« + *thyrma* »Ehre«.

Görres, *Göres m*, auch *Göris, Görs*, rhein. KF von *Georg(ius), Gregor(ius)*.

Gosbert *m*, *Gos-* zum Namen der Goten + ahd. *beraht* »glänzend«.

Gosina *w* ostfries. KF, *Gos-* zum Namen der Goten.

Gosling, **Gosman**, **Gosse** *m* ost- und westfries. KF, *Gos-* zum Namen der Goten.

Gosta *w* KF von →*Augusta*.

Gösta *m* schwed. KF von älterem *Göstav* = *Gustav*.

Goswin *m* ostfries. VN, *Gos-* Name der Goten + ahd. *wini* »Freund«.

Göte, **Göthe** *m* nord. VN, urspr. in der Bed. »gotischer Mann«, insbes. »Westgote«; später auch KF von Namen mit *Göt-*, wie *Götmar, Götulf*.

Gottwald *m* 1. alter dt. VN, dessen ahd. Form *Godolt* im MA (in Anlehnung an »hold«) zu →*Gotthold* führte; 2. *Gotwald* aus *Gozbald* zu *Godebold*, ahd. *got* »Gott« + *bald* »kühn«.

Gottwert *m* pietist. Neubildung.

Gottwin *m* zu ahd. *got* »Gott« + *wini* »Freund«.

Die zugehörige alte Form *Gozwein* war häufiger Name der oberen und mittleren Schicht im 12. Jh. in Südd.

Götz *m* KF von →*Gottfried*.

🄺 Reichsritter Götz v. Berlichingen, Grabmal Kreuzgang Klosterkirche Schöntal.

Govert *m* nd.-niederl. KF von →*Gottfried*.

Grace *w* engl. Form von →*Grazia*.

Gracia *w* span. u. niederl. Form von →*Grazia, Gratia*.

Gralf *m* NF von ostfries. *Garrelf*.

Granja *w* russ. KF von *Agrafena*.

Gratian *m* →*Grazian*.

Grazia, *Gratia w* VN lat. Herkunft, zu lat. *gratia* »angenehmes Wesen«.

Grazian *m* VN, zu lat. *Gratianus, gratia* »angenehmes Wesen, Anmut«.

engl. *Gratian*, frz. *Gratien*, span. *Graciano*, ital. *Graziano*.

Graziana *w*, **Graziano** *m* ital. Formen zu *Grazian*.

Graziella *w* ital. VklF von *Grazia*.

Greet, **Greetje**, **Gretje**, **Grietje** *w* nd.-niederl. KF von →*Margarete*, Koseformen von *Grete*.

Gregor, **Gregorius** *m* VN »der Wachsame«, zu griech. *ergēgoros* »wachsam, rege«.

Im MA Namen bedeutender Päpste, eine Reihe von Heiligen vom 3.–11. Jh. gaben dem VN weite Verbreitung.

engl. *Gregory*, frz. *Gregoire*, niederl. *Gregoor*, *Joris*, ital./span. *Gregorio*, slaw. *Grigor*, russ. *Grigorij*, KF *Grischa*.

Gregory *m* engl. Form von →*Gregor*.

* **Gret**, **Greti**, **Gretske**, **Griet** *w* KF von →*Margarete*.

Greta, **Grete**, **Gretchen**, **Gretel** *w* KF von →*Margarete*.

Gri *m* russ. KF von *Grigorij* = *Gregor*.

Grimbald *m* alter dt. VN, zu ahd. *grim* »wild, grimmig« + *bald* »kühn«.

Grimbert *m* alter dt. VN, zu ahd. *grim* »grimmig« + *beraht* »glänzend«.

Grimwald *m* alter dt. VN, zu ahd. *grim* »grimmig, wild« + *waltan* »walten«; auch zu altnord. *grima* »Maske«; NF *Grimald*, älter *Grimoald*, *Grimold*.

Grischa *m* russ. KF von *Grigorij* = *Gregor*.

Griselda, **Griseldis** *w* alter dt. VN, zu ahd. *gris* »grau« + *helde*, *helt* zu *hiltja* »Kampf«.

Bereits 1348 Gestalt in Boccaccios »Decamerone«, danach von Chaucer entlehnt und in Schottland mit *Grizelda*, *Grizel*, *Grizzel* volkstümlich geworden.

* **Grit**, **Grita**, **Gritli**, **Gritta** *w* KF zu *Margarete*, über *Margarita* und *Margrit* gebildet.

Guda *w* KF von Namen mit *Gud-* oder *Gund-*.

Güde, *Gyde* *w* nordfries. VN, zum altnord. VN *Gudhfridh*, *gudh* »Gott« + *fridhr* »Liebe, Friede«.

Gudmund *m* nord. VN, zu altnord. *gudh* »Gott« + *munda* »achtgeben«.

Gudrun *w* nord. VN, ahd. *Gunderun*, *gund* »Kampf« + *runa* »Geheimnis, Zauber«.

Gudula *w* Weiterbild. von →*Guda*.

Im MA verbreitet durch den Namen der hl. Gudula, Patronin von Brüssel.

Guglielmo *m*, **Guglielmina** *w* ital. Formen von →*Wilhelm*, *Wilhelmina*.

* **Guido** *m* romanis. Form von germ. Namen mit *Wid-*, z.B. Wido, Widukind, zu ahd. *witu*, ags. *widu* »Wald«.

Guillaume *m* frz. Form von →*Wilhelm*.

Guillermo *m* span. Form von →*Wilhelm*.

Gulja *m/w* russ. KF von *Georgij*, *Galina*.

Gullbrand *m* nord. VN, zu altnord. *gudh* »Gott« + *brand* »Brand, Brennen (durchs Schwert)«.

Gumbert, **Gumpert**, **Gumprecht** *m* alte NF von *Guntbert*.

🄺 Der hl. Gumpertus, fränk. Abt u. Bischof (8. Jh.), Stiftskirche St. Gumpert, Ansbach, Glasfenster (um 1500).

Gumbold, *Gumpolt*, *Gumpel* *m* alte dt. Formen zu →*Gundbald*.

Gun, **Gunn** *w* nord. KF von Namen mit *Gunt-*, *-gund*.

Gunborg *w* schwed. VN, zu ahd. *gund* »Kampf« + *burg* »Burg, Zuflucht«.

Gunbritt *w* schwed. DF aus *Gun* + *Britt* (zu *Brigitte*).

Gunda, **Gunde**, *Gundela*, *Gundula* *w* alte dt. KF von Namen mit *-gunda*, -gunde, zu ahd. *gund* »Kampf«.

Gundalena *w* DF aus *Gunda* + *Lena*.

Gundbald *m* alter dt. VN, zu ahd. *gund* »Kampf« + *bald* »kühn«.

Gundel *w* KF von Namen mit *Gund-* oder *-gunde*.

Gundela *w* NF von *Gundula*.

Gundelinde, **Guntlinde** *w* zu ahd. *gund* »Kampf« + *linta* »Lindenholzschild«.

Gunder *m* dän. Form zu *Gunnar* = *Günther*.

Gundhart *m* NF von *Gunthard*.

Gundhilde *w* →*Gunthilde*.

Gundo *m* KF von Namen mit *Gund-*.

Gundobald *m* zu ahd. *gund* »Kampf« + *bald* »kühn«.

Gundobert *m* zu ahd. *gund* »Kampf« + *beraht* »glänzend«.

Gundolf *m* zu ahd. *gund* »Kampf« + *wolf* »Wolf«.
Gundomar *m* zu ahd. *gund* »Kampf« + *mari* »berühmt«.
Gundula, *Gundela w* Weiterbild. von *Gunda* oder von Namen mit *-gund*, ahd. *gund* »Kampf«.
Gunhild, **Gunild**, **Gunilla**, **Gunnhild** *w* nord. VN, die dem dt. VN *Gunthild* entsprechen.
Gunlinde *w* NF von *Guntlinde*.
Gunnar *m*, auch *Gunar*, nord. Formen von *Gunther, Günther*.
Gunnert *m* schwed. Neubild. zu *Gundhart* →*Gunthard*.
Guntberga *w* zu ahd. *gund* »Kampf« + *berga* »Schutz«.
Guntbert *m*, **Guntberta** *w*, **Guntbrecht** *m* zu ahd. *gund* »Kampf« + *beraht* »glänzend«.
* **Gunter**, **Gunther**, **Günter**, **Günther** *m* alte dt. VN, zu ahd. *gund* »Kampf« + *heri* »Heer«.
Die ältere Namenform *Gunther* (der Burgunderkönig im Nibelungenlied) wurde durch die neueren umgelauteten Namen *Günter* und *Günther* verdrängt.

Guntfried *m* zu ahd. *gund* »Kampf« + *fridu* »Friede«.
Gunthard *m* zu ahd. *gund* »Kampf« + *harti* »hart«.
Gunthilde *w* zu ahd. *gunnen* »gewähren, gestatten« (oder *gund* »Kampf«) + *hiltja* »Kampf«.
Gunthelm *m* zu ahd. *gund* »Kampf« + *helm* »Helm«.
Guntlinde *w* zu ahd. *gunnen* »gewähren, gestatten« + *lindi* »weich, mild«.
Guntmar *m* →*Gundomar*.
Guntrad *m*, **Guntrada, Guntrade** *w* zu ahd. *gund* »Kampf« + *rat* »Ratgeber«.
Guntram *m* zu ahd. *gund* »Kampf« + *hraban* »Rabe«; frz. *Gontran*.
Guntrun *w* zu ahd. *gund* »Kampf« + *runa* »Geheimnis, Zauber«.
Guntwin *m* zu ahd. *gund* »Kampf« + *wini* »Freund«.
Gurli *w* VN pers. Herkunft, »die Rose«, Gestalt aus 1001 Nacht.
Gus *m* KF von *Gustav*.
Guscha *w* russ. KF aus *Olguscha, Olga*.
Guscha *m* russ. KF aus *Serguscha, Sergej* = *Sergius*.
Gusta, **Guste**, **Gusti**, **Gustel** *w* von →*Auguste*; **Gustel** *m* KF von →*August, Gustav*.
* **Gustaf**, **Gustav** *m* aus dem Schwed. übernomm. VN, wohl zu altschwed. *göt* »Gott« + *staf* »Stab, Stütze«.
schwed. auch *Gösta*, engl., frz. *Gustave*, ital., span. *Gustavo*, niederl. *Gustaaf, Gustavus, Gust, Staf*, ukrain. *Hustav*.
Gustava, **Gustave** *w* Formen zu →*Gustav*; KF *Gusta*.
Gustel° *m/w* KF s. u. →*Gusta*.
Gustinus *m* KF von →*Augustinus*.
Gutja *w* russ. KF von *Augusta*.
Gutrune *w* NF von *Gudrun*.
Gutta *w* NF von →*Guda*.
Guy *m* frz.-engl. KF von →*Guido*, HlN, entspr. →*Vit, Veit, Vitus*.
Gwen, Gwenda *w* KF von *Gwendolin*.
* **Gwendolin**, **Gwendolyn** *w* engl. VN, urspr. kelt., zu *gwyn* »weiß«, in Anspielung auf die Mondgöttin; Name aus alten Sagen, in der Artuslegende verliebte Fee. KF *Gwen, Gwenda*.
Gwer *m* schweizer. KF von →*Quirinus*.
György *m* ungar. Form von →*Georg*.

H

Hadamar *m* →*Hademar*.
Hadburg, **Hadburga** *w* zu ahd. *hadu* »Kampf« + *burg* »Schutz, Zuflucht«.
Hadebrand *m* zu ahd. *hadu* »Kampf« + *brand* »flammendes Schwert«.
Hadelind, **Hadelinde** *w* alter dt. VN, zu ahd. *hadu* »Kampf« + *linta* »Lindenholzschild«.

Hademar *m* alter dt. VN, zu ahd. *hadu* »Kampf« + *mari* »berühmt«.

Hademund *m* zu ahd. *hadu* »Kampf« + *munt* »Schutz (der Unmündigen)«.

Hadewin *m* zu ahd. *hadu* »Kampf« + *wini* »Freund«.

Hadmut, Hadmute *w* zu ahd. *hadu* »Kampf« + *muot* »Geist, Gemüt«.

Hadrian *m* →*Adrian*.

Hadwig *w* ältere Form von →*Hedwig*.

Hadwin *m* NF von →*Hadewin*.

Hadwine *w* Form von →*Hadewin*.

Hagen *m* KF von älteren Namen mit *Hagan-*, ahd. *hag* »Einhegung, Hag«.

Name bekannt durch Hagen von Tronje aus dem Nibelungenlied, der Siegfried tötete.

Hai, Haie, Haio, Hajo, Hayo *m* fries. KF zu *Hagan-*, →*Hagen*.

***Haike, Haiko** *m* →*Heike, Heiko*.

Haimo *m* →*Heimo*.

Haitje *w* westfries. KF, wie die *Haie*-Formen zu Namen mit *Hag-*.

***Hajo** *m* Neubild. aus *Hans* + *Joachim*.

Hakon *m* nord. VN, zu altnord. *Hakvinn*, latinis. *Haquinus*, das 2. Namenglied entspr. ahd. *wini* »Freund«.

Haldo, Haldor *m* nord. VN, altschwed. *Hallor*, später *Haller*, zu *hall* »Fels, Stein« + *Thor*, altnord. Donnergott.

Halfred *m* nord. VN, zu *hall* »Fels, Stein« + *fred* »Liebe, Friede«.

Halina, Halinka, Halka *w* poln. VklF von *Helene*.

Hallgard *w*, schwed. *Hallgerd*, nord. Name, zu *hall* »Fels, Stein« + *gard* »Hort, Schutz«.

Halvar, Halvor *m* nord. VN, zu runenschr. *Hal(l)vard* = *hall* »Fels, Stein« + *vard* = ahd. *wart* »Hüter«.

Hamme, Hammo *m* fries. KF von Namen mit *Had(e)-*, zu ahd. *hadu* »Kampf«.

Hanfried *m* volkstüml. thüring. KF für den Kurfürsten Johann Friedrich I. von Sachsen (16. Jh.).

🄺 Denkmal des »Hanfried«, des vorgenannten Fürsten, auf d. Marktplatz in Jena (1858).

Hanja *w* KF von →*Johanna*, angel. an slaw. Namen wie *Anja, Tanja*.

Hanjo *m* Neubild. aus *Hans* + *Joachim* od. *Hans* + *Jochen*.

Hanka *w* slaw. VklF von →*Johanna*.

Hanke *m/w* ost- und westfries. KF von →*Johann, Johanna*; *Hanke* auch nur männl. nd. KF von *Johann*.

Hanko *m* nd. und slaw. KF von →*Johann*.

Hanna *w* KF von →*Johanna*.

Hannah *w* bibl. Name, zu hebr. *channāh* »die Anmutige, Holdselige«.

Bekannt: Hannah Arendt, dt.-amerik. Soziologin († New York 1975).

Hanne *w* NF zu *Hanna*.

Hannedore *w* DF aus *Hanna* + *Dora*.

Hannele *w* VklF von →*Hanna*.

»Hanneles Himmelfahrt«, Traumdichtung von Gerhart Hauptmann (1893).

***Hannelore** *w* beliebte DF aus *Hanna* + *Lore*.

Hannerose *w* DF aus *Hanna* + *Rosa*.

Hannes *m* mehr mundartl. gebrauchte KF von →*Johannes*.

Hanni *w* KF von →*Johanna*.

Hannibal *m* VN phöniz.-griech.-lat. Herkunft, karthag. Männername.

Berühmt war Hannibal, Feldherr im 2. pun. Krieg, Todfeind der Römer.

Hanno *m* 1. im Altertum karthag. Männername, griech. *Annōn*; 2. KF von *Johannes*; auch *Hano*.

***Hans** *m*, auch *Hanns*, sehr beliebte und stark verbreitete KF seit dem MA von →*Johannes*.

KF *Hansi, Hansli, Hänsel, Hensel, Heisi, Heiseli, Hänschen*.

Auswahl beliebter Doppelformen:

***Hansbernd, Hansbert, Hansdieter, Hansgerd, Hansheinz** *m* DF mit *Hans-*, auch gekoppelte Schreibung mit Bindestrich.

Hansi *w* KF von →*Johanna*.

Hansine *w* Weiterbild. von →*Hans*.

***Hansjakob, Hansjoachim, Hansjochem, -jochen, Hansjörg, Hansjosef, Hansjürg, -jürgen, Hanskarl, Hansmartin, Hanspeter, Hansrolf** *m* DF mit *Hans-*; auch gekoppelte Schreibung mit Bindestrich.

***Hansruedi, Hansrudi, Hansueli, Hansuli, Hansulrich** *m* obd.-schweizer. DF mit *Hans-*.

* **Hanswalter**, **Hanswerner** *m* DF mit *Hans-*.

* **Harald** *m* nord. u. engl. Form von →*Harold*.

Haralda *w* Form zu *Harald*.

Harbert *m*, **Harbertje** *w* ostfries. Formen zu →*Herbert* und →*Herberta*.

Hard, **Harder**, **Hardi**, **Hardo**, **Hardy** *m* KF von Namen mit *Hart-*, *-hard*, z.B. *Hartmann, Hartmut, Gerhard*.

Harding *m* engl. Form des germ. Namens →*Hardwin*.

Haribert *m* alte Form von →*Herbert*.

Hariolf, *Hariulf m* alte dt. VN, »Heerwolf«, zu ahd. *heri* »Heer« + *wolf, wulf* »Wolf«.

Hark *m* nordfries. KF von Namen mit *Har-, Her-*.

Harke *m/w* ostfries., **Harke** *m* westfries., **Harko** *m* ostfries. KF von Namen mit *Har-, Her-*.

Harm, **Harman**, **Harmen** *m*, **Harmanna**, **Harmke** *w* fries. Formen zu →*Hermann, Hermanna*.

Harmenkea, **Harmina** *w* ostfries. KF zu →*Hermanna*.

Haro *m* →*Harro*.

Harold *m* altengl./nd. Form, zu ahd. *Herwald, Herold, heri* »Heer« + *waltan* »walten, herrschen«.

* **Harry**, *Harri m* aus dem Engl. übernomm. NF von *Henry* = *Heinrich*.
Der Engländer nennt den Teufel »Old Harry«.

Harriet *w* aus dem Engl. übernomm. weibl. Form von →*Harry*; *Harrit, Harryt* westfries. männl. VN.

Harro *m*, auch *Haro*, KF von Namen mit *Har-, Her-*, z.B. von *Harmen* (Hermann) oder *Harbert* (Herbert).

Hartbert *m* zu ahd. *harti* »hart« + *beraht* »glänzend«.

Hart, **Harte**, **Harto** *m* fries. KF von Namen mit *Hart-, -hard*.

Hartfried *m* zu ahd. *harti* »hart« + *fridu* »Friede«.

Hartger alter dt. VN, zu ahd. *harti* »hart« + *ger* »Speer«.

Hartlef *m* alter nd. VN, zu ahd. *harti* »hart« + *leiba* »Erbe, Hinterlassenschaft« (vgl. →*Detlef*).

Hartlieb *m* alter dt. VN, zu ahd. *harti* »hart« + *liob* »lieb« oder ahd. *leiba*.

Hartmann *m* alter dt. VN, zu ahd. *harti* »hart« + *man* »Mann, Mensch«.

* **Hartmut** *m*, **Hartmute** *w* alte dt. VN, zu ahd. *harti* »hart« + *muot* »Mut, Eifer«.
Hartmut, Held der mittelalt. Gudrunsage; der VN ist beliebter als alle anderen *hart*-Namen. NF *Erdmut, Erdmute*; KF *Mutz*.

Hartrat *m* alter dt. VN, zu ahd. *harti* »hart« + *rat* »Ratgeber«.

Hartwig *m* zu ahd. *harti* »hart« + *wig* »Kampf«.

Hartwin *m* zu ahd. *harti* »hart« + *wini* »Freund«.

Haske, **Hasko** *m* ostfries. Formen von →*Hasso*.

Hasse *m* 1. KF von Namen mit *Hart-*, insbes. von →*Hartmann*; 2. schwed. Form von →*Johannes*.

Hasso *m* alter dt. VN, urspr. Beiname »der Hesse«, zu ahd. *hassi* »Hessen«, der sich mit der KF *Hasso* (zu *Hart-*) kreuzte; überwiegend Adelsname.

Hate, **Hato**, **Hatte**, **Hatto** *m* fries. KF mit *Had(e)-*, zu ahd. *hadu* »Kampf«.

Haubert *m* rhein. NF zu →*Hubert*.

Haug *m* obd. Form von ahd. *Huc*, →*Hug(o)* und Namen mit *Hug-*.

Hauk, **Hauke** *m/w* fries. KF von Namen mit *Hug-*, ahd. *hugu* »Geist, Verstand, Sinn«, z.B. von *Hugbald*.

Heda, **Hedda** *w* nord. KF →*Hedwig*.

Hede, **Hedi**, **Hedy** *w* KF von *Hedwig*.

Hedwig *w*, älter *Hadwig, Haduwig*, alter dt. VN, zu ahd. *hadu* »Streit« + *wig* »Krieg, Kampf«.
Als HlN im MA verbreitet durch Verehrung der hl. Hedwig, Herzogin und Patronin von Schlesien. Hedwig war auch alter Männername.
KF *Hedi, Hedel, Hedda*; frz. *Edwige*, niederl. *Hadewig, Hedwigis*, ital. *Edwige*, schwed. *Hedvig*, poln. *Jadwiga*.

Heibert *m* NF von →*Heidbert*.

* **Heida**, **Heide** *w* KF von *Adelheid*. Die weibl. DF bzw. Neubildungen mit *Heide-* lehnen sich an das Wort »Heide« an, damit unbewußt zutreffend an ahd. *heide* »wildes Feld«, *heidan* »wildwachsend, derb«.

Heidbald *m* zu ahd. *heitar* »klar, hell« od. *heidan* »wildwachsend, derb« + *bald* »kühn«.

Heidbert, **Heidbrecht** *m* alte dt. VN, zu ahd. *heitar* »klar, hell« + *beraht* »glänzend«.

Heidegard *w* Neubild. aus der KF *Heide* und dem 2. Teil eines *gard*-Namens, z.B. *Irmgard*.

Heidegret *w* Neubild. aus der KF *Heide* und *Grete* (Margarete).

* **Heidelinde** *w* Neubild. aus den KF *Heide* + *Linda* oder aus *Adelheid* und *Herlinde*.

Bekannt: Heidelinde Weis, österr. Filmschauspielerin.

Heidelore *w* DF aus *Heide* + *Lore*.

* **Heidemarie** *w* beliebte Neubild. aus der KF *Heide* und *Maria*.

Bekannt: Heidemarie Hatheyer, schweizer. Schauspielerin.

Heider *m* alte selbständ. Form von →*Heiderich*; dazu der altnord. Riesenname *Heidhr*, altschwed. *Heidher*.

Heiderich, Heidrich *m* alte dt. VN, zu ahd. *heidan* »Nichtchrist« + *rihhi* »mächtig« = »über die Heiden mächtig«, im MA durch die Kreuzzüge aufgekommen.

Heiderose *w* Neubild. aus den KF *Heide* + *Rosa*.

Heidewig *w*, ostfries. **Heidewich**, **Heidewicke** *w* VN, zu altfries. *hed(e)*, altniederfränk. *heide* »Ehre, Ansehen« + ahd. *wig* »Kampf«.

* **Heidi** *w* sehr beliebte Kurz- und Koseform von →*Adelheid*.

Der Name verbreitete sich auch durch das Jugendbuch »Heidi« von Johanna Spyri (1881).

Heidina *w* ostfries. KF von Namen mit *Heid-*, *-heid*.

Heidje *w* NF von *Haitje* oder KF von *Adelheid*.

Heidrich *m* →*Heiderich*.

Heidrun *w* zu altniederfränk. *heide* »Ehre, Ansehen« + ahd. *runa* »Geheimnis, Zauber«.

Heidwig *w* →*Heidewig*.

Heie, **Heio**, **Heye**, **Heyje** *m* fries. KF zu *Hagan*, →*Hagen*.

* **Heike** *w*, **Heiko** *m* sehr beliebte nd.-ostfries. KF zu *Heinrike* und *Heinrich*; *Heik* auch nordfries., *Heike* auch ostfries. männl. Form.

Heikea *w* ostfries. NF zu →*Heike*.

Heila, *Haila*, *Heile* *w* KF von Namen mit *Heil-*.

Heilburg *w* zu ahd. *heil* »gesund, unversehrt« + *burg* »Schutz, Zuflucht«.

Heile *w*, **Heilo** *m* fries. KF von Namen mit *Heil-*.

Heilgard *w* zu ahd. *heil* »gesund, unversehrt« + *gard* »Hort, Schutz«.

Heilka, **Heilke** *w*, **Heilko** *m* ostfries. KF von Namen mit *Heil-*.

Heilmar *m* zu ahd. *heil* »gesund, unversehrt« + *mari* »berühmt«.

Heilmut *m* zu ahd. *heil* »gesund, unversehrt« + *muot* »Geist, Sinn, Gemüt«.

Heilo *m* KF von Namen mit *Heil-*.

Heiltraud, **Heiltrud** *w* alte dt. VN, zu ahd. *heil* »gesund, unversehrt« + *trud* »Kraft, Stärke«.

Heilwig *m* zu ahd. heil »gesund, unversehrt« + *wig* »Kampf«; NF *Helwig*.

Heim *m*, **Heima** *w* KF von Namen mit *Heim-*.

Heime, *Haim*, *Haym*, alter dt. Name, in der Sage Waffengefährte Dietrichs von Bern.

Heimberga *w* zu ahd. *heima* »Heim, Wohnung« + *bergan* »schützen«.

Heimbert, **Heimbrecht** *m* alte dt. VN, zu ahd. *heima* »Heim, Wohnung« + *beraht* »glänzend«.

Heimburg, **Heimburga** *w* zu ahd. *heima* »Heim, Wohnung« + *burg* »Schutz, Zuflucht«.

Heimeran *m*, auch *Heimeram*, latinis. *Emeram*, alte dt. VN, zu ahd. *heima* »Heim, Wohnung« + *hraban* »Rabe« (d.h. »schnell, stürmisch«).

Heimerich, **Heimrich** *m* zu ahd. *heima* »Heim« + *rihhi* »mächtig, reich«.

Heimfried *m* zu ahd. *heima* »Heim, Wohnung« + *fridu* »Schutz, Friede«.

Heimito *m* Weiterbild. von →*Heimo*.

Bekannt: der österr. Schriftsteller Heimito von Doderer.

Heimke *w* ostfries. Form zu Namen mit *Heim-*.

Heimlinde *w* Neubildung zu »Heim« und »Linde«, auch zu *Linda*.

Heimo *m* westfries. Form von Namen mit *Heim-*.

Heimrad *m* alter dt. VN, zu ahd. *heima* »Heim, Wohnung« + *rat* »Ratgeber«; bayr. KF *Haind, Haindl, Haindel,* aber auch auf *Heinrich* bezogen.

Heimtraud, Heimtrud(e) *w* alter dt. VN, zu ahd. *heima* »Heim, Wohnung« + *trud* »Kraft, Stärke«.

Hein *m* nd. KF von →*Heinrich*.

Das Hüllwort »Freund Hein« für den Tod findet sich bereits 1650 auf einem Flugblatt und wurde durch Matthias Claudius literarisch bekannt, doch ist *Hein* schon mittelalt. Übername für den Teufel (auch →*Heinz*); volkstümlich ist Hein verkürzte wie vertrauliche Form für alte Tod-Übernamen, so dialektisch mit dem niederdt. »knökern Hinrik« oder mit dem schweizer. »Beinheirech«, beide auf das heute nicht mehr übliche Beinhaus bezogen. (Nach J. Grimm und L. Röhrich.)

Heinar *m* KF von →*Heinrich*.

Bekannt: die Schriftsteller Heinar Kipphardt, Heinar Schilling.

Heine, Heiner *m* KF von →*Heinrich*.

Heine als Rufname im Bauerntum seit dem MA verbreitet; landschaftl. Übername für die Alt-Darmstädter ist der »Darmstädter Heiner«.

Heinfried *m* Neubildung von *Heinrich* + *Friedrich*.

Heinhard *m* Neubildung von *Heinrich* und einem *-hard*-Namen.

Heini *m* häufige KF, jedoch mehr familiärer Rufname von *Heinrich*.

Umgangsspr. abgewertet, auch in der Schweiz, dem VN Heini entspricht dort der →*Heiri*. »So ein Heini«, »Waldheini«, für ungeschickten, einfältigen Menschen.

Heinke *m/w*, **Heinko** *m* ostfries.-nd. KF zu →*Heinrich*.

Heino *m* nd.-fries. KF zu →*Heinrich*.

* **Heinrich** *m* sehr verbreiteter und beliebter alter dt. VN von Kaisern und Königen im MA, bes. in der Form *Hainreich* häufigster männl. Name im 12./13. Jh., urspr. sächsisch, aus *Heimerich* oder dem ahd. *Haganrich* entstanden, zu ahd. *hag* »Einfriedigung« + *rihhi* »mächtig, reich«.

– **Heinrich**

Den Vorbildern eines dt. Fürstennamens im MA, Kaiser Heinrich I., der Vogler, Heinrich II., der Heilige, Heinrich III., Heinrich IV. (Gang nach Canossa), Heinrich V., Heinrich VI., Heinrich der Löwe, folgten zahlreiche dt. Dichter und Gelehrte des Namens Heinrich. Die Redewendung »Hinz und Kunz« für »jedermann« (s. a. →*Konrad*) läßt die volkstüml. Verbreitung des Namens erkennen.

KF *Hein, Heiner, Heini, Heinke, Heinz, Hinz, Hinrich, Hinnerk, Harry, Henner, Henneke, Henke, Henning, Heise, Heiko, Heino, Hendrik*; engl. *Henry, Harry*, frz. *Henri*, ital. *Enrico*, Arrigo, niederl., dän. *Hendrik*, schwed., norweg., ungar. *Henrik*, poln. *Henryk*, tschech. *Jindřich*, russ. *Genrich*.

Ⓚ Heinrich II., dt. Kaiser, Heiliger, Grab von Tilman Riemenschneider im Bamberger Dom; Heinrich III., IV., V., dt. Kaiser u. Könige, Gräber im Dom zu Speyer; Heinrich VI., dt. Kaiser, Grabmal im Dom zu Palermo.

Ⓚ Heinrich Heine, dt. Dichter, Montmartre-Friedhof, Paris.

Heinriette *w* NF von →*Henriette*, in Anlehnung an *Heinrike*.

Heinrike *w* nd. Form zu →*Heinrich*.

Heinkje *w*, **Heintje** *m* nd.-westfries. VklF zu *Heinrike* bzw. zu *Heinrich*.

Bekannt: Heintje, der jugendliche niederl. Schlagersänger.

* **Heinz** *m* alte beliebte KF von →*Heinrich*.

Im MA steht *Heinz* synonym für den Teufel. Luther gebraucht deshalb Heinz häufig als Hüllwort gegen einzelne Fürsten und Bischöfe in seinen Flugschriften.

Das breite Bauerntum übernimmt die Namen *Heinz, Heiri* im oberdt., *Heine* mehr im fränkischen und niederdt. Raum. Volksmund und Mundarten kennen viele derbe Spottformen und Appellativa von Heinz; unbeschadet dessen ist der Name auch heute noch sehr beliebt.

Heinzkarl, Heinzpeter *m* DF mit *Heinz-*.

Heio *m* →*Haio, Hajo*.

Heiri *m* schweizer. KF von →*Heinrich*.

Rufname, der im Volksmund der Elsässer und Schweizer durch derben Humor erheblich gelitten hat: vom »Post-Heiri« bis »Zürich-Heiri« – »Hans oder Heiri, 's isch glich«.

Hektor *m*, lat. *Hector*, griech. Name.

Bekannt durch Hektor, griech. *Ektōr* »der Halter, Anker«, des Priamos Sohn, der tapferste der trojanischen Helden, von Achilles getötet; ital. *Ettore*, frz. *Hector*.

Helen *w* engl. Form von →*Helena.*

***Helena Helene** *w* VN griech. Herkunft, ungeklärt, ob zu griech. *helios* »Sonne« oder *selene* »Mond« in der Bed. »leuchtend, strahlend« zu stellen ist.

KF *Lena, Lene*, auch *Hella*; engl. *Helen, Ellen*, frz. *Hélène*, ital. *Elena*, schwed. *Elin*, ungar. *Ilona.*

Helfgott *m* pietist. Neubildung durch Umkehren von →*Gotthelf.*

Helfrich, *Helferich m* zu ahd. *helfa* »Hilfe« + *rihhi* »mächtig, reich«.

Helfried *m* NF von *Helmfried.*

***Helga** *w* nord. VN, zu schwed. *helig* »gesund, heil, unversehrt«.

Die NF *Helge* sollte wegen des männl. VN Helge nur zusammen mit einem eindeutig weibl. VN gegeben werden.

Helgard *w* nord. Form zu →*Heilgard.*

Helge, Helgi *m* nord. VN, zu schwed. *helig* »gesund, heil, unversehrt«.

Helgo *m* NF des männl. VN *Helge.*

Heli *w* KF von →*Helene.*

Bekannt: Filmschauspielerin Heli Finkenzeller.

Heliane *w* Koseform von Helene.

Helke *w* ostfries., **Helke** *m* westfries., **Helko** *m* nd. KF von Namen mit *Hel-, Heil-, Heli, Hil-.*

Hella *w*, auch **Hela, Hele, Helle, Helli**, KF von →*Helene* oder *Helga.*

Hellfried *m* →*Helfried.*

Hellward, *Hellwardt m* NF von →*Helmward.*

Helm *m* KF von Namen mit *Helm-* oder *-helm.*

Helma *w*, auch *Hilma*, KF von Namen mit *Helm-* oder *-helma.*

Helmar *m* VN, jüngere NF von →*Heilmar.*

Helmbald, Helmbold *m* zu ahd. *helm* »Helm, Schutz« + *bald* »kühn«.

Helmbert, Helmbrecht *m* alte dt. VN, zu ahd. *helm* »Helm« + *beraht* »glänzend«.

Bekannt: die mhd. Verserzählung Meier Helmbrecht von Werner dem Gartenaere (13. Jh.).

Helmburg *w* zu ahd. *helm* »Helm« + *burg* »Schutz, Zuflucht«.

Helmer *m* VN zu *Heilmar* od. *Helmher*, ahd. *helm* »Helm« + *heri* »Heer«.

Helmfried *m* zu ahd. *helm* »Helm« + *fridu* »Friede«.

Helmgard *w* zu ahd. *helm* »Helm« + *gard* »Gehege, Hort, Schutz«.

Helmgerd *m* Neubildung aus *Helm*-Namen *(Helmut)* und *-gerd, Gerhard.*

Helmina, Helmine *w* KF von →*Wilhelmina.*

Helmke *m/w* nd. VklF von Namen mit *Helm-* oder *-helm*, z.B. *Helmut, Helmtraud, Wilhelm, Wilhelmina.*

Helmko, Helmo *m* nd. KF von Namen mit *Helm-* oder *-helm.*

Helmold *m* alter dt. VN, zu ahd. *helm* »Helm, Schutz« + *waltan* »walten, herrschen«.

Helmtraud, Helmtrud *w* alte dt. VN, zu ahd. *helm* »Helm« + *trud* »Kraft, Stärke«.

***Helmut** *m* VN, wohl NF von →*Heilmut* oder von *Hildemut* (älter *Hildimod*, verkürzt *Helmeth*), danach ahd. zu *heil* »gesund, unversehrt« oder *hiltja* »Kampf« + *muot* »Geist, Eifer, Kraft, Mut, Sinn«.

Name erst seit dem 19. Jh. allgemein verbreitet, gefördert durch den Namen Helmuth von Moltkes; um 1900 noch auserwählter »vornehmer« Name, auch für Romanhelden, in Berlin bis in die 30er Jahre Modename, gilt er heute wieder als moderner Name.
Bekannt: die beiden Politiker Helmut Schmidt und Helmut Kohl. Andere Schreibweisen: *Hellmut, Helmuth, Hellmuth*, KF *Helmke, Helle.*

Helmward *m* zu ahd. *helm* »Helm« + *wart* »Hüter, Schützer«.

Heloise *w* VN, frz. *Héloise*, aus ahd. *Helewidis*, zu ahd. *heil* »gesund, unversehrt« + *wit* »weit, groß«.

Der Name kam über die Normannen in der altengl. Form *Helewise* nach England und wurde dort im 18. Jh., nachdem Rousseau die unglückliche Liebe von *Abaelard und Héloise* novelliert hatte (1761), in der latinis. Form *Eloisa* bekannt.

Helwig, Hellwig *m* NF von →*Heilwig.*

Hemke, Hemken *m* VN, nd.-fries., insbes. westfäl. VklF eines *Heim*-Namens, zu *Hemmert*, →*Heimbert.*

Hemma *w* NF von →*Emma*.

Die hl. Hemma von Gurk (10./11. Jh.) gründete die Benediktinerinnenklöster Gurk (nördlich Klagenfurt) und Admont im Ennstal. Patronin der Augenkranken, für eine glückliche Entbindung. 🄺 Grab in Gurk, Darstellung als Frau mit Kopftuch.

Hemmo *m* fries. KF von Namen mit *Heim-*, wohl zu *Hemmert*, *Heimbert*.

* **Hendrik** *m* nd.-niederl. NF von →*Henrik* = *Heinrich*, auch *Hendrikus, Hinderk, Hindrik*.

Hendrika, **Hendrike**, **Hendrikje** *w* nd.-niederl. NF von *Henrike*, auch *Hendrina, Hindrikje, Hinderkje*.

Henk(e), **Henne**, **Henneke**, **Hennig**, **Henning**, **Henno** *m* nd. KF von *Henrik* = *Heinrich*.

Henne, **Henno** *m* KF von *Johannes* und *Heinrich*.

Henner *m* KF von →*Heinrich*.

Hennes *m* rhein. KF von →*Johannes*.

Henni, **Henny**, **Hennie** *w* KF von *Henriette*, nd.-niederl. auch von *Henrike*.

* **Hennig** *m*, auch *Henning*, nd. KF von *Johannes*.

Henri *m* frz. Form, **Henry** *m* engl. Form, **Henrik**, **Hinrik** *m* nd. Formen, **Henryk** *m* poln. Form von →*Heinrich*; nd. auch *Hinnerk, Hinnerich*.

Henrietta, **Henriette** *w* frz. VklF zu *Henri* = *Heinrich*; KF *Henni, Hennie, Henny, Jette, Jettchen*.

Henrika, **Henrike** *w* Formen des nd. VN →*Henrik;* auch *Hinrika;* KF *Henni, Hennie, Henny, Rieke, Rika*.

Hera *w* VN, Name der griech. Göttin Era, die Juno der Römer.

Herald *m* NF von →*Herwald*.

Herbald *m* zu ahd. *heri* »Heer« + *bald* »kühn«.

* **Herbert** *m*, älter auch **Heribert**, alter dt. VN, zu ahd. *heri* »Heer« + *beraht* »glänzend, prächtig«.

Im MA im Rheinland verbreitet durch den Namen des hl. Heribert (10./11. Jh.), Erzbischof von Köln; seit 1900 nahm der VN zu und blieb bis heute beliebt. NF *Herbort*, frz. *Aribert*.

Herberta *w* Form von →*Herbert*.

Herbrand *m* zu ahd. *heri* »Heer« + *brant* »Feuerbrand (durch Waffe)«.

Herdis *w* nord. VN isländ. Herkunft, zu altnord. *herr* »Heer« + *dis* »heidnische Schutzgöttin«, entspr. ags. *ides* »vornehme Frau«.

Bekannt: Fernsehansagerin Herdis Husmann (1977).

Herdina *w* VN, »verschönte« Koseform von Namen mit *Har-*, *Her-*.

Herfried *m* VN, zu ahd. *heri* »Heer« + *fridu* »Friede«.

Hergard *w* alter dt. VN, zu ahd. *heri* »Heer« + *gard* »Hort, Schutz«.

Heribert *m* VN, ältere Form von →*Herbert*.

Der hl. Heribert (10./11. Jh.), Grafensohn, Erzbischof von Köln; 🄺 Reliquienschrein St. Heribert, Köln-Deutz (12. Jh.).

Herke, **Herko** *m* nd.-fries. KF von Namen mit *Her-*, *Har-*.

Herlinde, **Herlindis** *w* VN, zu ahd. *heri* »Heer« + *linta* »Lindenholzschild«.

Herlof, *Herluf m* zu ahd. *heri* »Heer« + *wolf* »Wolf«.

Herma *w* KF von →*Hermine*.

* **Hermann** *m* alter dt. VN, zu ahd. *heri* »Heer« + *man* »Mann«, also »Heeresmann, Krieger«.

Der im Nordwesten heimische Name war insbes. im Norden u. Westen des Reichs vom 12. bis 15. Jh. beliebt und stark verbreitet; die 18 Heiligennamen Hermann bis 1300 haben nur bedingt die Namengebung beeinflußt. Die irrtümliche Zuordnung des geschichtlichen *Arminius* (der 9 n.Chr. die Römer im Teutoburger Wald schlug) zu einem »Hermann der Cherusker«, gab dem Namen seit dem 18. Jh. und nach dem Bau des »Hermannsdenkmals« bei Detmold im 19. Jh. starken Auftrieb.

KF *Herm, Hermo, Herms, Hermes, Harris, Harro*. Fries. *Harm, Harman, Harmen, Harme, Hare, Haro, Harre, Hemme, Hemmo*; engl. *Herman*, frz. *Armand*, ital. *Ermanno, Erminio*, ital./span. auch *Armando*, südslaw. *Herman*, russ. *German*, ungar. *Armand*.

Hermanna, **Hermanne** *w* Form zu →*Hermann*.

Ostfries. *Hermina, Hermke, Hermtje*; engl. *Hermina*, frz. *Armande, Armandine*, ital. *Erminia*, bulgar. *Chermina*, sonst südslaw., westslaw. u. ungar. *Hermina*, russ. *Germina, Ermina*.

Hermengilde, Hermgild *w* VN zu *Ermin-*, *Irmin-*, Name des Stammgottes der germ. Herminonen (Irminonen) + ahd. *gelt* »Zahlung, Opfer«.

Hermes, Herms *m* KF zu →*Hermann*.

Hermes *m* VN griech. Herkunft, zu *hermeneuein* »sprechen, auslegen«.

In der griech. Mythologie der listige und schnelle Götterbote, Beschützer des Handels und der Reisenden, der röm. *Merkur*.

Hermi, Hermia, Herminia *w* Ableitungen von →*Hermine*, zu *Hermanna*.

Hermien niederl., **Hermin** *m* NF zu *Hermann*.

Hermina *w* fries., slaw., schwed. und ungar. Form von *Hermanna*.

Hermine *w* NF von *Hermanna*.

Hermintrud *w* NF von *Irmintrud*.

Hermione *w* Form von →*Hermes*.

Hermo *m* KF zu →*Hermann*.

Herneid *w* engl. Form zu den männl. engl. VN *Herne*, auch *Hern, Herndon*, mittelengl. von *Heron* »Reiher«.

Auch alter engl. FN des 13. Jh., zu *Ahern*, kelt. Urspr., Name eines sagenhaften Jägers, der noch den Windsorforst durchstreifen soll.

Herold *m* NF von →*Herwald*.

Herrad *m*, **Herrade** *w* alte dt. VN, zu ahd. *heri* »Heer« + *rat* »Ratgeber«.

* **Herta, Hertha** *w* VN, entstanden aus einer irrtümlichen Lesart des Namens *Nerthus* bei *Tacitus, Germania*, der diese germ. Göttin als *Mutter Erde* bezeichnete; Nerthus entspricht dem altnord. Fruchtbarkeitsgott *Njördr*.

Hertrud *w* VN, zu ahd. *heri* »Heer« + *trud* »Kraft, Stärke«.

Hertwig *m* NF von →*Hartwig*.

Hertwiga *w* Form zu *Hertwig*.

Herwald *m* zu ahd. *heri* »Heer« + *waltan* »walten, herrschen«.

Herward *m* zu ahd. *heri* »Heer« + *wart* »Hüter, Schützer«.

Herwig, älter **Herweig** *m*, **Herwiga** *w* zu ahd. *heri* »Heer« + *wig* »Kampf«.

Herwin *m* zu ahd. *heri* »Heer« + *wini* »Freund«; ältere Form von →*Erwin*.

Herzeleide, Herzeloide *w* VN, eine literar. Gestalt in Wolfram von Eschenbachs »Parzival« (13. Jh.).

Hesso *m* NF von →*Hasso*.

Hester *w* engl. Form von →*Esther*.

Heta, Hete, Hetta, Hetti, Hetty *w* KF von →*Hedwig*.

Hias *m* bayr. KF von →*Matthias*.

Hidda *w* fries. KF von *Hildiberga*, zu ahd. *hiltja* »Kampf« + *bergan* »bergen, schützen«.

Hidde *m/w*, **Hiddo** *m* einstämmige Verkürzung von Namen mit *Hild-*.

Hieronymus *m* VN griech. Herkunft, zu griech. *hierós* »heilig« + *ónyma, ónoma* »Name«.

Der hl. Hieronymus, Kirchenlehrer, Übersetzer der Vulgata, 🄺 von Dürer dargestellt als »Hieronymus im Gehäuse« (1511/14), war namengebend im MA.
Auch *Jeronimus, Geronimus, Grommes, Gromer*, slaw.-ostdt. *Jaronim, Jarolim*; engl. *Hierom(e), Gerome, Jerom*, frz. *Jérôme*, ital. *Geronimo, Girolamo*, span. *Jeronimo*.

Hilarius, Hilar *m* VN lat. Herkunft, zu lat. *hilaris* »heiter, fröhlich«.

Im MA wurde der hl. Hilarius, Bischof von Poitiers, verehrt; frz. *Hilaire*.

Hilaria *w* Form zu →*Hilarius*.

🄺 Die hl. Hilaria, königl. Mutter der hl. Afra, Märtyrerin (3. Jh.), Tafelbild Hans Holbeins d. Ä. (1490) Eichstätt, Bischöfl. Hauskapelle.

Hilbert, Hilpert, Hilbrecht *m* NF von →*Hildebert, Hildebrecht*.

Hildburg *w* alter dt. VN, zu ahd. *hiltja* »Kampf« + *burg* »Schutz, Zuflucht«.

Hilde *w*, auch *Hilda*, alter dt. VN, urspr. KF von Namen mit *Hild-* oder *-hild*, ahd. *hiltja* »Kampf«.

Schon im MA selbständiger häufiger Frauenname durch Verehrung der hl. Hildegard von Bingen. Seit 1900 erneut verbreitet, heute zurückgehend.

Hildebald *m* zu ahd. *hiltja* »Kampf« + *bald* »kühn«.

Hildebert, Hildebrecht *m*, **Hildeberta** *w* alte dt. VN, zu ahd. *hiltja* »Kampf« + *beraht* »glänzend«.

Hildebrand *m* alter dt. VN, zu ahd. *hiltja* »Kampf« + *brand, brant* »flammendes Schwert«.

Namenvorbild war *Hildebrand*, der im Hildebrandslied besungene Waffenmeister Dietrichs von Bern, Lieblingsgestalt der dt. Heldensagen.

Hildefons *m*, auch *Ildefons*, zu ahd. *hiltja* »Kampf« + *funs* »eifrig, bereit«.

Der latinis. Name des hl. Ildefonsus, Erzbischof von Toledo, wurde bekannt durch den Maria-Laacher Abt Ildefons Herwegen.

* **Hildegard** *w* alter dt. VN, zu ahd. *hiltja* »Kampf« + *gard* »Gehege, Hort, Schutz«.

Besonders namenverbreitend durch die Verehrung der hl. Hildegard von Bingen (12. Jh.), Hiltgart Sibylla, Prophetissa, eine außergewöhnliche Frau und Mystikerin des MA; der Name wurde seit dem 19. Jh. neu verbreitet durch die romant. Helden- und Ritterdichtung althochdt. Zeit.

Hildeger, **Hildger** *m* alte dt. VN, zu ahd. *hiltja* »Kampf« + *ger* »Speer«.

Hildegund, **Hildegunde**, *Hillegonde* *w* alte dt. VN, zu ahd. *hiltja* »Kampf« + *gund* »Krieg, Kampf«.

Hildemar *m* zu ahd. *hiltja* »Kampf« + *mari* »berühmt«.

Hildemut *w* zu ahd. *hiltja* »Kampf« + *muot* »Geist, Sinn, Gemüt«.

Hilderich *m* zu ahd. *hiltja* »Kampf« + *rihhi* »mächtig, reich«.

Hildeward *m* zu ahd. *hiltja* »Kampf« + *wart* »Hüter, Schützer«.

Hildewin *m* zu ahd. *hiltja* »Kampf« + *wini* »Freund«.

Hilding *m* nord. VN aus der Frithjofssage (um 1300), altisländ. *hildingr* zu altnord. *hildr* »Kampf«.

Hildolf *m* zu ahd. *hiltja* »Kampf« + *wolf* »Wolf«.

Hildrun *w* zu ahd. *hiltja* »Kampf« + *runa* »Geheimnis, Zauber«.

Hilger *m* verkürzte Form von →*Hildeger*.

Hilka, **Hilke**, **Hilkea** *w* fries. KF von Namen mit *Hilde-*; *Hilke* westfries. auch männ. VN.

Hilla *w*, **Hille** *m/w*, **Hilleke** *w* nd.-fries. Formen von Namen mit *Hild-*.

Hilma *w* NF von *Helma*.

Hilmar *m* KF von →*Hildemar*; gilt als neuzeitlicher moderner Name.

Hilpert *m* NF von →*Hilbert*.

Hiltje, **Hiltke** *m/w* fries. KF von Namen mit *Hild-*.

Hiltraud, **Hildtrud**, **Hiltrude** *w* alte dt. VN, zu ahd. *hiltja* »Kampf« + *trud* »Kraft, Stärke«.

Hiltrun *w* NF von *Hildrun*.

Hiltwin *m* alter dt. VN, zu ahd. *hiltja* »Kampf« + *wini* »Freund«.

Hinderk, **Hinnerk** *m* nd.-fries. Formen von →*Heinrich*.

Hinderika, **Hindrika**, **Hinka**, **Hinrika** *w* ostfries. Formen zu *Henrike*.

* **Hinrich**, **Hinrik** *m* nd. Formen von →*Heinrich*.

Hinz *m* VN, der mehr als eine Nebenform von →*Heinz*, KF von →*Hinrich, Heinrich* war: die Redensart von *»Hinz und Kunz«* (= *Heinrich* und *Konrad*) war seit dem MA geläufig.

Sie war im 15. Jh. spöttischer, geringschätziger Ausdruck geworden, weil damit »jedermann, jeder x-beliebige« und damit die große gemeine Masse des Volkes gemeint war – denn die Menge der Heinriche und Konrade mitsamt ihrer vielen Kurzformen, darunter Hinz und Kunz, war inzwischen so angewachsen, daß »(fast) jedermann« diese Namen trug.

Hiob *m* bibl. Name, zu hebr. *'ijjōb* »der Angefeindete«, »Angreifer, Feind«.

Hiob ist die Form der griech. Bibelübersetzung der Lutherzeit, *Job* die der Vulgata, der älteren lat. Bibelübersetzung; entspr. wurde die ältere häufigere Form *Job* oft mit dem Namen des hl. →*Jodokus* vermischt, während *Hiob* nach der Reformation keine bes. Verbreitung erreichte.

Hippe, **Hippo** *m* ostfries. KF von Namen mit *Hild-b-*, z.B. *Hildebert*.

Hippolyt(us) *m* VN, griech. *Hippólytos*, zu *hippos* »Pferd« + *lytēr* »Schlichter, Befreier«.

Hiska *w*, **Hiske** *m/w*, **Hissa** *w*, **Hisse** *m/w* ost- und westfries. verkürzte Formen zu Namen mit *Hild-*.

Hjalmar *m* nord. VN, altisländ. *Hjalmarr*, *hjalmr* »Helm« + *herr* »Heer«.

Bekannt: Hjalmar Schacht, dt. Finanzpolitiker; Hjalmar Kutzleb, dt. Schriftsteller.

Hoimar *m* VN fries. Herkunft, wie die fries. Hoi/Hoy-KF zeigen; *Hoi-* entspr. ahd. *hoh, haoh* »hoch, erhaben« + *mari* »berühmt«; *Heahmaer* ist die ags. Entsprechung.

Bekannt: der Naturwissenschaftler Prof. Hoimar v. Ditfurth.

Holda *w* NF von →*Hulda*.

Holdine *w* Weiterbild. von *Holda*.

Holdo *m* KF von Namen mit *-hold*.

* **Holger** *m* nord. (schwed.-dän.) VN, altschwed. *Holmger*, altisländ. *Holmgeirr*, zu *holmi, holmr* »Insel(bewohner)« + *geirr* »Speer«.

Holger Danske, der dän. Nationalheld, machte den Namen in Dänemark populär, der von dort nach Dtschl. kam. Bekannt: Holger Börner, hess. Ministerpräsident.

Holk *w*, **Holke** *m*, **Holkje** *w* westfries. Formen von Namen mit *Hold-, Huld-*.

Holle *w* NF von *Holda*.

Die Märchengestalt der Frau *Holle, Holda, Hollefrau*, überwacht mit der Schar der Holden, Hollen oder Huldren im Volksglauben die Häuslichkeit als freundliches oder strafendes Wesen.

Holm *m*, **Holma** *w* nord. VN, »Inselbewohner«, »der/die von der Insel«, zu altisländ. *holmr* »Insel«.

Honorius *m* lat. VN, frz. *Honoré*, lat. *honoris* »Ehre, Ansehen, Achtung«.

Horant *m* VN, nach dem Spielmann in der Gudrunsage, zu ahd. *hoh, haoh* »hoch« + *rant* »Schild« =' »hoher Schild, sicherer Schutz«.

Horatio *m* ital./engl. Form zu lat. *Horatius*, »aus der altröm. Patrizierfamilie der Horatier«; engl./frz. *Horace*; weibl. Form *Horatia*.

Bedeutung vielleicht nach Horaz' eigenem Zitat: *amicus omnium horarum* »der zu allen Stunden zum Umgang taugt«; bekannt der röm. Dichter Horaz, lat. Quintus Horatius Flaccus.

* **Horst** *m* VN, obwohl es die alten dt. Namen →*Horstmar*, →*Horstwin* gibt, ist Horst erst in jüngerer Zeit bekannt geworden.

Alte Bed. in ahd., altsächs. *hurst* »Gebüsch, Gesträuch, Hecke, Dickicht (zum Schutz der Heimstatt), dichtes Kampfgewühl«. Für eine neuere Bildung spricht der heutige Wohnstättenname; die sehr verbreiteten Flurnamen *Horst, von der Horst, zur Horst, ter Horst, tor Horst* in Nordd. und Westfalen lassen darauf schließen, daß mittelnd. *horst* = »Gehölz, niedriges Gestrüpp« vornamenbildend wurde, als das Ausgangswort an Bedeutung verloren hatte. Der Name ist seit Anfang des 20. Jh. verbreitet, heute beliebter VN.

Horstmar *m* alter dt. VN, zu ahd., altsächs. *hurst* »Gebüsch, Hecke (zum Schutz der Heimstatt), dichtes Kampfgewühl« + *mar* »berühmt«.

Horstwin *m* alter dt. VN, bereits im Jahre 855 im Codex diplomaticus fuldensis; zu ahd., altsächs. *hurst* »Gebüsch, Hecke, dichtes Kampfgewühl« + *wini* »Freund«.

Hortense, *Hortensia* *w* VN lat. Herkunft, lat. *Hortensius*, »aus der altröm. Familie der Hortensier«, zu lat. *hortensis* »den Garten betreffend«.

Hosea *m* bibl. Name des Propheten Hosea, zu hebr. *hoschea* »Errettung, Befreiung (durch Gott)«.

* **Hubert**, **Hubertus** *m* alter dt. VN, verkürzt aus älterem *Hugbert, Hugubert*.

Verbreitet durch Verehrung des hl. Hubertus, Bischof von Lüttich (8. Jh.), Apostel der Ardennen. Erst das 15. Jh. machte ihn als *St. Hubertus* zum Patron der Jäger und Forstleute; Hubertustag 3. November. ⊠ Tafelbild (Lochner, 1450) München, A.P.

Huberta *w* Form von →Hubert; *Hubertina, Hubertine* Weiterbild.

Hubrecht *m* NF von →*Hubert*.

Hugbald, **Hubald** *m* VN, zu ahd. *hugu* »Gedanke, Geist« + *bald* »kühn«; älter *Hugwald*, zu ahd. *waltan* »walten, herrschen«.

Hugbert *m* alter dt. VN, zu ahd. *hugu* »Gedanke, Geist« + *beraht* »glänzend«; heutige Form →*Hubert*.

Hugdietrich *m* DF *Hugo* + *Dietrich*, Heldengestalt (Wolfdietrich-Epos).

* **Hugo** *m* alte dt., vor allem fränkische, selbständig gewordene KF von Namen mit *Hug-*, z.B. von *Hugbald* oder *Hugbert*, zu ahd. *hugu* »Gedanke, Geist, Sinn«.

Name im MA weit verbreitet, im 14. Jh. in der Form *Haug* (Hauk) häufig in der mittleren und der oberen Schicht, erst seit der romant. Dichtung nach 1800 wieder erneut gebräuchlich; engl. *Hugh, Hughes*, frz. *Hugues*, ital. *Ugo, Ugone, Ugolino*.

Hugues *m*, **Huguette** *w* in der Schweiz verbreitete frz. Formen von →*Hugo*.

Hulda, **Holda** *w* VN zu ahd. *holda* »weiblicher Geist«; s.a. →*Holle*.

Huldreich *m*, älter *Huldrich*, umgedeutete obd. Form von *Uldricus* = *Ulrich*.

Durch den Namen des Schweizer Reformators Huldrych Zwingli bekannt.

Humbert, **Humbrecht** *m*, **Humberta** *w* alte dt. VN, urspr. *Hunberht*, zu ahd. *hun* »braun, dunkel« + *beraht* »glänzend«.

Der hl. Humbert, Benediktinerkloster Burbach bei Fritzlar.

Humfried, **Hunfried** *m* alter dt. VN, zu ahd. *hun* »braun, dunkel« + *fridu* »Friede«.

Hune, **Hunno**, **Huno** *m* verkürzte germ. Namen mit *Hun-*, entspr. mhd. *Hiune* = »Hunne, Ungar«, dazu die ahd. Bed. *hun* »braun, dunkel«.

Hunold *m* alter dt. VN, zu ahd. *hun* »braun, dunkel« + *waltan* »walten«.

Huschke *m* eingedeutschte tschech. KF von →Johannes.

Hyazint(h), auch *Hyacinth m*, VN griech. Herkunft.

Hyakinthos, griech. Männername, ein Jüngling, der nach der Mythologie in eine Blume, die Hyazinthe, verwandelt wurde.

Ib *w* KF von *Isabel*.

Iba *w*, **Ibbe**, **Ibbo** *m*, **Ibe**, **Ibo** *m* ostfries. KF, wohl zu einem alten zweistämm. Namen *Ibrich*.

Ibrahim *m* arab. Form von →*Abraham*.

Ida *w*, auch *Idda*, alter dt. VN, ahd. *Ida, Ita, Itta, Itis* »die Göttliche, Seherin«.

Name verschiedener Heiligen, auch KF für den Namen der hl. *Iduberga*, Patronin der schwangeren Frauen (Ida-Gürtel); Name um 1900 beliebt; engl. *Ead, Eed*, frz. *Ida, Ide*.

Idis *w* NF von →*Ida*.

Iduna *w* nord. VN, nach *Idhun*, der altnord. Göttin der Jugend, der Unsterblichkeit.

Ignatia *w* Form zu →*Ignatius*.

Ignatius, *Egnatius m* zu lat. *ignis* »Feuer«, *igneus* »feurig, glühend«.

Verbreitet durch Verehrung des hl. Ignatius von Loyola (14./15. Jh.), Gründer des Jesuitenordens; besonders in Südd. KF *Ignaz*.

Ignaz *m* KF von →*Ignatius*.

Igor *m* russ. VN altnord. Ursprungs = *Ingvarr*, schwed. *Ingvar*, →*Ingwar*.

Ika *m* russ. KF von *Igor* = *Ingvar*.

Ildefons *m* NF von →*Hildefons*.

Ildiko, *Ildico w* VN, der besonders in Ungarn verbreitet ist, alte germ. KF von Namen mit *Hild-*, *-hild*, insbes. von →*Kriemhild(a)*.

Ildikó war 1967 nach Maria der beliebteste weibl. VN in Ungarn.
KF *Ilda, Ildi, Ildike, Ildóka*.

Ileana *w*, eingedeutscht *Ileane, Ilene*, rumän. Form von *Helena*.

Ilg *m* KF von →*Ägidius*.

Ilga *w* KF von →*Ilsegard*.

Iliana, **Iliane** *w* VN zu →*Juliana*.

Ilja, **Ilija** *m* russ. Formen von →*Elias*.

Iljana, *Ilana, Ilina w* südslaw. Formen zu *Elias*.

***Ilka** *w* ungar. KF von →*Helena*.

Ilona *w* ungar. Form von →*Helena*.

Ilonka, *Ilu, Iluska, Inca, Inka w* ungar. Koseformen von *Ilona*.

Ilsabe, **Ilsabeth** *w* KF von →*Elisabeth*.

***Ilse** *w*, auch *Ilsa*, selbständige KF von →*Elisabeth*.

Ilsebill *w* DF aus *Ilse* + *Sibylle*.

Ilsegard *w* Neubild., DF aus *Ilse* + *Irmgard* oder anderen *gard*-Namen.

Ilske *w* nd. VklF von →*Ilse*.

Imelda *w* NF von →*Irmhild*.

Imke *w* ostfries. KF von *Imma* bzw. von *Irm*-Namen, ahd. *irmin* »groß«.

Imma *w* NF von →*Emma*; auch KF von Namen mit *Irm-*, wie z.B. *Irmgard*; s.a. →*Imme*.

Immanuel *m* bibl. Name, zu hebr. *immānu'el* »Gott (ist) mit uns«, griech.-lat. *Emanuel*.

Imme *w* beliebte Namenform, die landschaftlich zur *Imme*, der fleißigen Biene gestellt wird; war urspr. KF von Namen mit *Irm-*.

Immo, Imo ostfries. männl. KF von alten dt. Namen mit *Irm(en)-*.

Imogen *w* engl. VN in Shakespeares Stück Cymbeline.

Soll aus einem Setzfehler entstanden sein, urspr. *Innogen*, zu lat. *innocens* »unschuldig«; möglich auch aus altirisch *ingen* »Tochter, Mädchen«.

Imre *m* ungar. Form von →*Emmerich*.

Ina *w* KF von zahlreichen weibl. VN, die auf *-ina* enden.

Indira *w* ind. VN; bekannt die ehem. ind. Ministerpräs. Indira Gandhi.

Indra *w* neuerer VN, auch im Niederl.; obwohl *Indra* die männl. Form eines altindischen Heldengottes ist, Übernahme der ital. VN *Indro m, Indra w*; zu sanskr. *indh* »flammen, funkeln« oder *ind* »bezwingen«; zweiter, eindeutig *w* VN ist erforderlich.

Ineke *w* niederl.-fries. Koseform von *Ina*.

Ineke *m* ostfries., **Inken** *w* nordfries. KF von Namen mit *Agin-, Egin-*.

***Ines** *w* VN, nach der span. Form Inés übernommen, zu →*Agnes*.

***Inga** *w* schwed. Form von *Inge*, →*Ingeborg*.

Ingbert *m* →*Ingobert*.

***Inge** *w* beliebte KF von →*Ingeborg*.

***Ingeborg**, *Ingeburg* *w* nord. VN, altisländ. *Ingibjorg*, zu ahd. *Ingi, Ingwio* (germ. Stammesgott der Ingwäonen) + burg »Schutz, Hilfe«.

Ingegund, Ingehild *w* VN, zu ahd. *Ingi, Ingwio* (germ. Stammesgott) + *gund, hiltja* »Kampf«.

Ingela *w* Koseform von →*Inge*.

Ingelene *w* DF aus *Inge* + *Lene*, einer KF von *Magdalene*.

Ingelies *w* DF aus *Inge* + *Liese*.

Ingelore *w* DF aus *Inge* + *Lore*.

Ingelotte *w* DF aus *Inge* + *Lotte*.

Ingemar, Ingmar *m* schwed. Formen von →*Ingomar*.

Bekannt: der schwed. Filmregisseur Ingmar Bergman.

Ingemaren *w* DF aus *Inge* und dän. *Maren* (→*Marina*).

***Ingemarie** *w* DF aus *Inge* + *Marie*.

Inger *w* schwed. KF von *Ingermund* und *Ingerid*, →*Ingrid*; auch unter den ostfries. VN.

***Ingerose** *w* DF aus *Inge* + *Rose*.

***Ingetraud, Ingetrud** *w* DF aus *Inge* + *Traude*, Trude.

Inghild, Ingild *w* NF zu →*Ingehild*.

***Ingo** *m* alte selbständige KF von Namen mit *Ingo-*.

Bekannt durch Gustav Freytags Romanfolge »Die Ahnen«.

Ingobald *m* zu ahd. *Ingi, Ingwio* (germ. Stammesgott) + *bald* »kühn«.

Ingobert *m* zu ahd. *Ingi, Ingwio* (germ. Stammesgott) + *beraht* »glänzend«.

Ingold *m* NF von älterem *Ingwald*, zu ahd. *Ingi, Ingwio* (germ. Stammesgott) + *waltan* »walten, herrschen«.

Ingolf *m* zu ahd. *Ingi, Ingwio* (germ. Stammesgott) + *wolf* »Wolf«.

Ingomar *m* alter nord. und dt. VN, zu altisländ. *Yngvi*, ahd. *Ingi, Ingwio* (germ. Stammesgott) + *mari* »berühmt«.

Ingraban, Ingram *m* alte dt. VN, zu ahd. *Ingi, Ingwio* (germ. Stammesgott) + *hraban* »Rabe«.

***Ingrid** *w* nord. VN, zu ahd. *Ingi, Ingwio* (germ. Stammesgott), altisländ. *Yngvi* + *fridhr* »schön«; germ. Walkürenname, heute beliebter Mode- und Romanname.

Ingrun *w* Neubild. aus *Inge* und altem *run*-Namen, wie *Gudrun, Hildrun*.

Ingvar *m* nord. VN, altnord. *Ingvarr*, zu ahd. *Ingwio* (germ. Stammesgott) + *heri* »Heer«; KF *Ingve*, russ. *Igor*.

Ingwald *m* zu ahd. *Ingi, Ingwio* (germ. Stammesgott) + *waltan* »walten«.

Ingwar, Ingwer *m* fries. Formen zu →*Ingvar*.

Ingward *m* zu ahd. *Ingi, Ingwio* (germ. Stammesgott) + *wart* »Hüter«.

Ingwin *m* zu ahd. *Ingi, Ingwio* (germ. Stammesgott) + *wini* »Freund«.

Inja *w* Neubildung aus *Ingeborg* + *Jakob* (Seibicke).

Inka, **Inken** *w* fries. KF zu Namen mit *Ing-*, z.B. *Ingeborg*.

Innozentia, *Innocentia* *w* Form zu →*Innozenz*; Bed. »die Unschuldige«; KF *Senz, Zenz*.

Innozenz *m* lat. *Innocentius, innocens* »tugendhaft, unschuldig«; Name von mehreren Päpsten; ital. *Innocente*.

Insa, **Inse**, **Inska**, **Inske** *w* fries. KF von Namen mit *Ing-*.

Inula *w* VN griech.-lat. Herkunft.

Urspr. Pflanzenname von den in Dtschl. heimischen gelb-rötlichen Korbblütlern: Weiden-Alant, *Inula salinica*; Wiesen-Alant, *Inula britannica*.

Ira *w* KF von →*Irina* oder *Irene*; in Nordamerika auch männl. VN hebr. Herkunft, *'irā* »Wächter«.

Iram *m* hebr. VN, Bed. »wachsam«.

Ireen *w* NF von →*Irene*.

Irenäus, *Ireneus* *m* VN griech. Urspr. »der Friedfertige«, zu griech. *eirēnē* »Frieden«; frz. *Irénée*.

Hervorrag. Kirchenvater und Heiliger des 2. Jh. Bekannt: der Naturwissenschaftler Prof. Irenäus Eibl-Eibesfeldt (*Wien 1928).

* **Irene** *w* VN griech. Urspr., »die Friedliche«, zu griech. *eirēnē* »Frieden«.

Die griech. Friedensgöttin Eirene gehörte zu den Horen, die den Menschen gutgesinnten Göttinnen; neugriech. *Irini*, slaw. *Irena, Irina*, frz. *Irène;* männl. frz. Form *Irénée*, HlN, 2. Jh.

Irina, **Irena** *w* slaw. Formen von *Irene*.

Irina unter den beliebtesten Mädchennamen in Leningrad und Moskau.

Iring *m* alter dt. VN.

Der Name des Markgrafen *Iring* im Nibelungenlied entspr. der mittelalt. Form *Eyring* (heute noch Familienname!), *Ey-*, *Aye* sind als altfries. Namen u. KF zu germ. Namen mit *Agi-*, *Ago-* »Schwertspitze« zu stellen. Bekannt: Prof. Iring Fetscher (*Marbach 1922).

* **Iris** *w* VN griech. Herkunft, zu griech. *eirein* »anzeigen, ankündigen«.

Iris, die Götterbotin der griech. Mythologie, wurde im Regenbogen gesehen, daher der Begriff *Iris* = Regenbogen(haut); der VN selbst wird heute auf Iris, die Schwertlilie bezogen.

Irka *w* poln. VklF von →*Irene*.

* **Irma** *w* alter dt. Name des 8. Jh., weibl. Form von →*Irmo*; auch KF von Namen mit *Irm(en)*, z.B. *Irmgard*.

Irmberga, **Irmburg**, **Irmenburg** *w* VN, *Irm(en)-* wie bei →*Irmo* bzw. zu ahd. *irmin* »allumfassend, gewaltig« + *burg, bergan*, »Schutz, Zuflucht«.

Irmbert *m* zu ahd. *irmin* »allumfassend« + *beraht* »glänzend«.

Irmela *w* VklF von *Irma*.

Irmelies *w* DF aus *Irma* + *Lies(e)*; auch *Irmelis*.

Irmelin *w* Koseform von *Irma*.

Irmene, **Irmina**, **Irmine** *w* VN, wie *Irma* weibl. Formen zu →*Irmo*; die hl. Irmina war Äbtissin bei Trier.

Irmfried *m* alter dt. VN, *Irm(en)* wie bei *Irmo* bzw. zu ahd. *irmin* »allumfassend, groß« + *fridu* »Friede«.

* **Irmgard**, **Irmengard**, **Irmingard** *w* alte dt. VN, zu ahd. *irmin* »allumfassend, groß« + *gard* »Hort, Schutz«.

Name verbreitet durch Verehrung der hl. Irmgard von Süchteln (Köln), danach durch die romant. Dichtung seit dem 19. Jh. erneut aufgekommen, beliebt bis in die heutige Zeit. ⓚ Irmingard, Äbtissin, Selige, bayr. Nationalheilige, Tochter Ludwigs des Deutschen, Klosterkirche St. Maria, Frauenchiemsee.

Irmhild, **Irminhild** *w* alte dt. VN, *Irm(en)-* wie bei *Irmo*, zu ahd. *irmin* »allumfassend« + *hiltja* »Kampf«.

Irmlinde *w* alter dt. VN, *Irm(en)-* wie bei *Irmo* bzw. zu ahd. *irmin* »allumfassend« + *lindis* »lind, mild, sanft«.

Irmo, **Irmio** *m* alte dt. VN von Namen, die mit *Irm(en)-*, *Irmin-* auf den germ. Stamm der *Herminonen* (Irminonen) bzw. auf den Stammesgott dieses Volkes hinweisen, bedeutungsverwandt mit ahd. *irmin* »Erde, Welt, allumfassend, groß, gewaltig«.

Irmtraud, **Irmentraud**, **Irmtrud**, **Irmentrud** *w* alte dt. VN, zu ahd. *irmin* »allumfassend, groß« (→*Irmo*) + *trud* »Kraft, Stärke«.

Irving, **Irwin** *m* NF des engl. VN *Irvin*, ags. Bed. »Seefreund«; KF *Irv*.

Isa *w* KF von *Isabel, Isabella*, von *Elisa, Louisa, Isadora* oder *Isolde, Isberga*.

Isā ist auch die arab. Namenform für Jesus.

Isaak *m* bibl. Name, zu hebr. *jissechāq* »er (Gott) wird lachen«.

KF *Itzig*, dt. Spottname für den Juden.

Isabe *w* KF von →*Isabella*; NF von →*Ilsabe*.

Isabel *w* span. Form von *Elisabeth* oder von hebr. *Jesabel, Isebel* = *'izebel* »nicht einheimisch, die Unberührte«. NF *Isobel*.

* **Isabella** *w* span.-ital. Weiterbild. von *Isabel* = *Elisabeth*; weitere span. KF zu *Isabel: Bela, Belisa, Belilla*.

* **Isabelle** *w* entspr. frz. Form zu *Isabella*, auch *Isabeau*.

Isadora *w* NF von →*Isidora*.

Isberga, **Isburga** *w* VN, zu ahd. *isan* »Eisen« + *bergan, burg* »Schutz, Zuflucht«.

Isbert, **Isenbert** *m* alter dt. VN, zu ahd. *isan* »Eisen« + *beraht* »glänzend«.

Isfried, **Isenfried** *m* alter dt. VN, zu ahd. *isan* »Eisen« + *fridu* »Friede«.

Isgard *w* alter dt. VN, zu ahd. *isan* »Eisen« + *gard* »Hort, Schutz«.

Isger, **Isenger** *m* VN zu ahd. *isan* »Eisen« + *ger* »Speer«.

Ishilde *w* VN zu ahd. *isan* »Eisen« + *hiltja* »Kampf«.

Isidor *m*, **Isidora** *w* VN griech. Herkunft, zu griech. *isidōros* »Geschenk der Göttin Isis« (ägypt. Göttin der Fruchtbarkeit).

Neben dem Namen des span. Bauernheiligen Isidor (🄺 Rott am Inn, 1770) war auch der des älteren Märtyrers Isidor von Chios namenverbreitend.

Iska *w* fries. KF von Namen mit *Is-*, ahd. *isan* »Eisen«.

Ismael *m* bibl. Name, zu hebr. *jischmā'el* »Gott hört« oder »erhört«; Sohn Abrahams, Stammvater der Ismaeliter.

Ismar *m* VN, zu ahd. *isan* »Eisen« + *mari* »berühmt«.

Iso *m* KF von alten dt. Namen mit *Is(en)-*, zu ahd. *isan* »Eisen«.

Isolde *w* VN kelt. oder germ.-angelsächs. Urspr.; zu ags. *isen* »eisern« + *(old) wealdan*, ahd. *waltan* »walten«.

Bekannt durch die mittelalt. Sage von »Tristan und Isolde«, seit dem 19. Jh. durch die gleichnam. Oper von Richard Wagner; ital. »Tristano e Isotta«.

Istraud, **Isentraud**, **Isentrud** *w* alte dt. VN, zu ahd. *isan* »Eisen« + *trud* »Kraft, Stärke«.

István *m* ungar. Form von →*Stephan*.

Ita, **Ite** *w* schweizer. KF von →*Jutta*.

Itta, **Itte** *w* NF von →*Ida*.

Ivan, **Iwan** *m*, **Ivana**, **Iwana** *w* slaw. Formen von →*Johannes*.

Ivar, **Iwar** *m* nord. VN, Nebenformen von *Ingvar*.

Iver *m* schwed. Form von *Ivar*, auch NF von schott. *Ivor*.

Ives *m* frz. VN, Nebenform von →*Yves*.

Ivett, **Ivette** *w* frz. VN, VklF von *Ivonne, Yvonne*. Nebenform: *Ivetta*.

* **Ivo** *m* alter engl. wie ostfries. VN, gehört wie *Ive, Yvo* wohl zu ahd. *iwa*, germ. *ihwō* »Eibe«.

Ivonn, **Ivonne** *w*, auch *Yvonne*, weibl. frz. Form von *Yvon*, zu alten westgerm. Namen wie ostfries. →*Ivo, Ive, Yvo*, ahd. *iwa*, germ. *ihwō* »Eibe«.

Iwan *m* alter russ. VN.

Der hl. Iwan (10. Jh.), Einsiedler zwischen Prag und Karlstein, über seinem Grab ein Benediktinerkloster.

Iwe, **Iwo** *m* fries. KF →*Ivo*.

J

Jachen *m* eine rätoroman. Form von →*Joachim*.

Jacinta, **Jacintha** *w* Form von *Hyazinth*.

* **Jack** *m* beliebte engl. KF von →*Johannes*, *nicht* von *Jakob*.

Vielleicht durch die fläm. Wollweber mit den niederl. Formen *Janekin, Jankin* im 15. Jh. nach England eingedrungen; weitere KF *Jacky*; jedoch ist *Jackie, Jacky* auch weibl. Form über *Jacqueline* zu *Jakob*.

Jackie, **Jacky** *w* engl-amer. VklF von *Jacqueline*, aber auch zu *Jacinta*.

Jacob *m* →*Jakob*.

* **Jacqueline**, *Jacquelin* *w* Form zu frz. *Jacques* = *Jakob*; amer. VklF *Jackie*, *Jacky*.

* **Jacques** *m* frz. Form von →*Jakob*.

Jacquetta *w* VklF zum männl. frz. VN *Jacques*.

Jadwiga *w* poln. Form von →*Hedwig*.

Jago, **Jaime** *m* span. Formen von *Jakob*.

* **Jakob** *m* bibl. Name, zu hebr. *ja'aqob* »Fersenhalter, Überlister«.

Vom 9. bis 14. Jh. kommt der Name des altte-stamentl. Sohnes Isaaks vor, seit dem SpätMA ist es der Apostelname *Jakobus*, der sich in der christlichen Welt verbreitete.

engl. *James, Jim, Jimmy*, frz. *Jacques*, ital. *Giacomo, Giacobbe* (in der Bibel), span. *Jago, Jaime, Diego*, tschech. *Jakub, Jakubowski*, russ. *Jakov*; KF s. Seite 45.

Jakoba, **Jakobea**, **Jakobina**, **Jakobine** *w* Formen zu →*Jakob*.

Jama *w* Neubild. aus *Jakob* + *Maria* (nach Seibicke).

James *m* engl. Form von →*Jakob*.

* **Jan**, **Janne**, **Janns**, **Jannich** *m* fries., **Janning** *m* nd. Formen von →*Johann*.

Jana *w* süd- und westslaw. Form zu *Johanna*.

Jane *w* 1. engl. Form (dt. Aussprache) von →*Johanna*; 2. abgeleitete KF von z.B. *Christiane, Juliane*.

Janek *m* poln. KF von →*Johann*.

Janet *w* engl. VklF von →*Jane*.

Janett, **Janette** *w* beliebte eingedeutschte Formen von →*Jeannette* (*Schanett* nur als Rufname!).

Janfried *m* Neubild. aus *Jan* und Namen mit *-fried*.

Janika *w* bulgar. VklF von *Jana* = *Johanna*.

Janina, **Janine** *w* beliebte slaw., auch ungar. Koseformen von *Jana* = →*Johanna*, insbes. von *Janine* in der Schweiz; NF *Janinka*.

Janick, **Jannick**, **Janique**, *Jannic* *w* in der Schweiz verbreitete weibl. VN, verkürzt aus *Jeannique*, zu frz. *Jeanne* = *Johanna*.

Janis *m* litauische Form von →*Johannes*.

Janita *w* west-/südslaw. KF von *Jana* = *Johanna*.

Janka *w* bjeloruss., bulgar. und ungar. VklF von *Jana*, →*Johanna*.

Janko *m* west-/südslaw. und ungar. *(Jankó)* VklF von *Jan*, Johann.

* **Janna**, **Janne** *w* 1. fries. KF von *Johanna*; *Janne* auch von *Marianne*; 2. bibl. Name, griech. *jannai* »Gott ruht«, *Janne* weibl. KF zu →*Johannes* (Gütersloh 1977).

Jannes *m* bibl. Name, griech. *jannēs* »Verführer«.

In der Bibel ein Widersacher Mose, wohl ägypt. Zauberer.

Jannes, **Jannis** *m* niederl.-fries. Formen von →*Johannes*.

Jannet(t)a, **Jannetje**, **Jannken** *w* ostfries. KF von *Johanna*; *Jannette* auch verkürzte Form von *Jeannette*.

Jannik *m* dän. Koseform von *Jan* = *Johann*; nordfries. *Jannich*.

Jannina *w* NF von →*Janina*, auch verkürzt aus *Jeannine*.

Janno *m*, **Jano** *m* slowak., ungar. KF von *Johann*.

János *m*, eingedeutscht *Janosch*, ungar. Form von *Johannes*.

* **Janpeter** *m* DF aus *Jan* + *Peter*.

Jantina, **Jantine** *w* west-/südslaw. KF von *Jana* = *Johanna*.

Jarka *m* russ. KF von *Jaroslaw*.

Jarl *m* alter nord. Name, zu altisländ. *iarl*, engl. *earl* »Freier, Edler«.

Jarla *w* schwed. Form zum nord. VN *Jarl*.

Jarmila *w* Form zu dem tschech. Namen *Jar(o)mil* aus →*Jaromir(a)*.

Jaro *m* KF von →*Jaromir, Jaroslaw*; *Jarosch* *m* KF von *Jaroslaw*.

Jaromir *m* slaw. VN, zu russ. *járyj* »ernst, streng« + *mir* »Friede«.

Jaroslaw *m* slaw. VN, zu russ. *járyj* »ernst, streng« + *sláva* »Ruhm«. KF *Jar, Jarik, Jark, Jarka, Jaro, Jaroš*.

Jarste *w* ostfries. KF von Namen mit *Ger-*, z.B. *Gerlinde, Gertrud*.

Jascha *m* russ. KF von *Jakov* = *Jakob*.

***Jasmin**, **Jasmina**, **Jasmine**, *w* VN nach der Zierpflanze pers. Herkunft, lat. *Jasminum*, pers. *jāsāmin*.

Jasper *m* nd., fries., niederl. und engl. Form von →*Kaspar*; fries. auch *Jaspar, Jaspert*, dän. *Jesper*.

***Jean** *m* 1. frz. Form von *Johann*, beliebter rhein.-pfälz. VN; 2. *Jean w* engl. Form von *Johanna* (→*Jane*).

***Jean-Baptiste**, **Jean-Bernard**, **Jean-Christophe**, **Jean-Claude**, **Jean-Daniel**, **Jean-François**, **Jean-Luc**, **Jean-Marc**, **Jean-Michel**, **Jean-Pierre** *m* beliebte Schweizer Doppelformen mit *Jean* = *Johann*.

Jeanne, *Jehanne w* frz. Form von *Johanna*.

***Jeannette** *w* frz. VklF von *Jeanne*.

Jeannine *w* frz. Weiterbildung von *Jeanne*.

Jeff *m* engl. KF von *Jeffrey, Geoffrey* = *Gottfried*.

Jefta *m* →*Jephtha*.

Jehanne *w*, **Jehannes** *m* fries. NF zu *Johannes*.

Jekaterina *w* russ. Form von →*Katharina*.

Jeldrich, **Jeldrick**, **Jelderk** *m* ostfries. Formen zu *Adalrich*.

Jelena *w* russ. Form von →*Helene*.

Jelenka *w* russ. Koseform von *Jelena*.

Jelger *m* westfries. Form von →*Adalger*.

Jelisaweta *w* russ. Form von →*Elisabeth*.

Jelka *w* wie *Ilka, Ilona* ungar. KF von →*Helena*.

Jelka, **Jelke**, **Jelle**, **Jelte** *m* westfries., **Jelle**, **Jelke** *m/w*, **Jelken** *w*, **Jelske** *m/w*, **Jelte** *m/w* ostfries. KF zu Namen mit *Geld-, Jeld-*.

Jendrich, **Jendrick**, **Jendrik** *m* slaw. Formen zu →*Heinrich*.

Jenni, **Jenny** *w* KF von *Johanna*; die schweizer. (ungar.) KF *Jenni* ist männ. Entspr. zu →*Eugen*.

***Jennifer** *w* engl., urspr. kelt. Name, zu *Genevieve, Guinevere*, kelt. gwyn »weiß«, »die Weiße«, →*Gwendolin*.

Jenning *m* nd. KF zu *Johann*, →*Jan, Janning*.

Jenö *m* ungar. Form für →*Eugen*.

***Jens** *m* aus dem Nordfries. und Dän. übernommene KF von *Johannes*.

Jephtha, **Jefta** *m* bibl. Name, zu hebr. *jiphtāch* »Gott öffnet, möge öffnen«.

Jeremias bibl. Name, zu hebr. *jirmjāhū* »(den) Gott erhöht«; alttestamentl. Prophet.

Jeronimo, **Jeronimus** *m* NF von →*Hieronymus*.

Jerra *w*, **Jerre** *m* nordfries. KF von *Gertrud* und *Erik*.

Jerrit *m* ostfries. Form zu →*Gerhard*.

Jerry *m* engl. KF zu *Jeremy*, →*Jeremias*.

Jervis *m* engl. Form von →*Gervas*.

Jerzy *m* poln. Form von →*Jürgen*.

Jesko *m* slaw. KF von *Jaromir* und *Jaroslaw*.

Jesper *m* dän. Form von →*Jasper*.

***Jessica**, **Jessika** *w* engl. VN, zum bibl. Namen *Jiska*, hebr. *jiskāh* »Gott schaut«; im Schwed. ist *Jessika* KF von *Johanna*.

Jessie *w* schott. VklF von →*Janet*, auch von *Jessica*; KF *Jess*.

Jetta, **Jette** *w* KF von →*Henriette*.

Jill *w* engl. KF von *Gillian* = *Juliane*.

Jim, **Jimmy** *m* engl. KF von →*James*.

Bekannt: Jimmy Carter, seit 1976 US-Präsident.

Jindra *w* tschech. Form von *Jindřich*.

Jindřich *m* tschech. Form von →*Heinrich*.

Jiři *m* tschech. Form von →*Georg*.

Jirko *m* (besser als die urspr. Form *Jirka*), tschech. KF für *Jiři* = *Georg*.

Jitka *w* beliebte tschech. KF von *Judita* = *Judith*.

Jo *m* KF von *Johann, Johannes*.

***Joachim**, **Jochim**, **Jochem**, **Jochen** *m*, **Joachime** *w* VN zu den bibl. Namen *Jojakim, Jojakin*, zu hebr. *jehōjāqim, jehōjākhin* »Jehova richtet auf«, »der Herr gründet«.

Im MA als TN häufig, seit der Reformation in Nordd. verbreitet; insbes. die KF *Jochem, Jochen, Achim*; engl. auch *Kim*, dän. *Jokum*.

Joan *w* engl. Form von *Johanna*; vgl. die weibl. Formen *Jane* und *Jean*.

Job *m* NF von *Hiob*.

Der bibl. Dulder *Job* des Heiligenkalenders war im MA Leprosenpatron, hierbei wurde zugleich gedacht an den hl. *Jodokus* unter dem Namen →*Jobst*.

Jobst *m* VN für den hl. →*Jodokus*, auch *St. Jost, St. Jobst* genannt.

Das ihm zugedachte Siechenpatronat des *Job* (Hiob) führte über die volkstüml. Form *Jost* zu der Namenkreuzung *Jobst*.

🄺 Jobst von Mähren, dt. König, Grabmal Thomaskirche Brünn.

* **Jocelyne**, **Joceline** *w* beliebte VN in der Schweiz, entstanden aus frz. *Josselin*, weibl. Form zu altfrz. *Josse* = *Jodokus, Jobst, Jos*.

* **Jochem**, **Jochen** *m* volkstümliche KF von →*Joachim*.

Jockel, **Jocki**, **Jocky**, **Joggi** *m* obd.-schweizer. KF von →*Jakob*.

Joder *m* obd.-schweizer. KF von →*Theodor*.

Jodokus *m* VN kelt. Urspr., zu breton. *jud* »Kampf« = »Kämpfer, Krieger«; seit dem 9. Jh. durch den breton. HlN Jodokus in Deutschland verbreitet; früheste Formen haben bereits sekund. t, indem *Jos* zu *Jost* wird.

Der hl. Jodokus wurde im MA sehr verehrt, galt als Patron der Pilger und Schiffer, aber auch der Siechenhäuser und Pestkranken, daher Verquickung von *Job* und *Jost* zu *Jobst*; engl. *Joyce, Jocey, Jossy*, frz. *Josse*.

🄺 Stettener Altar (1488), Stuttgart, Landesmuseum; Altar Schloßkirche Winnenden.

Joe *m* engl. KF von →*Joseph*.

Joel *m* bibl. Name, zu hebr. *jo'ēl* »Jehova ist Gott«; in der frz. Schreibung *Joël* beliebter Schweizer VN.

* **Joëlle** *w* beliebte weibl. Form von *Joël* in der Schweiz.

Johan *m* nord. und fries. Form von *Johann(es)*.

* **Johann** *m* kürzere Namenform von →*Johannes*.

Seit dem MA sehr häufiger TN, meistens mit zweitem Namen verbunden; bezogen auf *Johann Baptist* = Johannes der Täufer; ital. *Giambattista*.

🄺 Johann Sebastian Bach, Komponist, Grabmal Thomaskirche Leipzig.

* **Johanna**, **Johanne** *w* Formen von *Johann(es)*; griech. *Jōanna* oder *Jōanan* »die Gottbegnadete«; zu hebr. *jochanan* →*Johannes*.

KF *Hanna, Hanne, Hannele, Hanni, Jane, Janine, Jeanne, Jeannette, Jo, Jopie, Nanne, Netta, Nettchen*; engl. *Jane, Janet, Jenny, Jessie, Joan*, schott. *Jean*, frz. *Jeanne, Jeannette*, rhein. *Schanett*, dän. *Jensine, Jonna*, schwed. *Hanna*, poln. *Janina, Joanna*, tschech. *Jana, Ivana*, russ. *Ivanna*, serbokroat. *Ivanka, Jovanka*, ital. *Giovanna, Gianna*, span. *Juana, Juanita*, ungar. *Janka*.

* **Johannes** *m* bibl. Name griech.-hebr. Ursprungs, griech. *Johannes*, zu hebr. *jochanan* »der Herr ist gnädig, gütig«.

Die Beliebtheit des Namens geht auf den asketischen Bußprediger Johannes der Täufer und auf Johannes den Evangelisten zurück, die mit ihren Namenstagen ziemlich genau an der Sonnenwende des Sommers und Winters das Kalenderjahr halbieren. Bereits im 12. Jh. seit der Zeit der Kreuzzüge häufig, erreicht der Name im 15./16. Jh. seinen Höhepunkt, insbes. im obd. Raum mit der KF *Hans*, um bis in die Neuzeit führender VN bei Doppelformen zu bleiben. Johannistage waren Abgabe-, Zahlungs- und Huldigungstage, der 24. Juni außerdem Festtag der Buchdrucker.

KF *Hannes, Hanke, Hans, Heiseli, Hennes, Jahn, Jan, Jann, Jaus, Jens, Jo, John, Johnny*, engl. *John, Jack*, schott. *Ian*, walis. *Evan*, irisch *Sean*, frz. *Jean*, rhein. *Schan*, dän. *Jens, Iven, Evan*, schwed. *Johan, Jan, Hans, Hasse*, poln., tschech. *Jan, Hanus*, russ. *Ivan, Iwan*, ital. *Giovanni, Gian, Gianni*, span. *Juan*, ungar. *Janko, János*, lit. *Ansat, Jons*, finn. Juhani, *Jukka, Jussi*, zigeun. *Django;* KF s. a. Seite 45.

Johannetta, **Johannette**, **Johannine** *w* Weiterbild. zu →*Johanna*.

Johanno *m* Weiterbild. von →*Johann* in Anlehnung an slaw. Formen.

John *m* alte nd.-nordfries. und engl. KF von *Johann*, →*Johannes*.

* **Johnny**, *Jonni, Jonny m* beliebt gewordene engl. KF von *John* = *Johann*.

Joke *m/w* ostfries. Form von →*Johann, Johanna*.

Jokim *m* hebr. KF zu →*Joachim*.

Jolan *w* ungar. KF von →*Jolanda*.

* **Jolanda**, **Jolande**, **Jolantha**, **Jolanthe** *w* VN griech.-lat. Herkunft, zu griech. *io(n)* »Veilchen« + *(l)ánthos* »Blüte«, lat. *Violante*, angelehnt an altfrz. *Iolente*.

Jon *m* beliebte KF von *Johann, Jonas.*

***Jonas** *m* griech. Form des bibl. Namens *Jona*, zu hebr. *jōnāh* »Taube«.

Wegen der eindrucksvollen bibl. Geschichte des Propheten Jonas mit dem Walfisch früher – und auch heute wieder – gern gewählter Name; engl. auch *Jonah*, ital. *Giona*; lit. *Jonas* entspr. *Johannes*!

🄺 Glasfenster (1120) im Augsburger Dom.

Jonathan *m* bibl. Name, zu hebr. *jehōnāthān* »Gott ist Geber, Gottesgabe«; frz. auch *Jonathas*, slaw. *J(o)anafan*.

Jöran *m* schwed. NF von →*Göran*.

Jordan *m* alter dt. VN germ. Herkunft, älter *Jornandes*, zu altnord. *jordh* »Erde« + germ. *nantha* »wagemutig, kühn«.

Unter Einfluß der Kreuzzüge mit dem palästinensischen Flußnamen *Jordan* in Verbindung gebracht; niederl. *Jordaan*, frz. *Jourdain*, ital. *Giordano*.

Jordis, Jördis *w* VN zu dem nord. Namen *Hjördis*, zu isländ. *hjörr* »Schwert« + *dis* »Göttin«.

***Jorg, Jörg** *m* beliebte alte obd. KF von →*Georg*.

Jorge *m* span. Form von →*Georg*.

Jörgen *m* dän. Form von nd. *Jürgen*.

Jorid *w* nord. VN, runenschr. *Iofridhr*, isländ. *ior* »Roß« + *fridhr* »schön«.

Jorina, Jorine *w* ostfries. Formen zu →*Gregorius*.

Jorinna *w* neuere NF zu *Jorina*.

Jorinde *w* VklF zu *Jorin, Jore*, alte regionale Formen in der Normandie zu →*Georg*, spätlat. *Georius*.

Bekannt das Grimmsche Märchen »Jorinde und Joringel«, 1777 von Goethe bearbeitet.

Joris, Jooris *m* ostfries. Formen von →*Gregorius* oder *Georgius*.

Jorit, Jorrit *m* westfries. Formen von →*Eberhard*; *Jorritje* weibl. westfries. VklF von *Eberharde*.

Jork, Jorke *m* westfries. KF von Namen mit *Eber-, Ever-*.

Jork *m* ostdt., urspr. slaw. Form von *Georg*, s.a. unter →*Yorck*.

Jorma *m* finn. KF von *Jeroma* = *Jeremias*.

Jorn, Jorne, Jürn *m* westfries. Formen von *Eberwin*.

***Jörn** *m* nd. Form von *Jürgen* = *Georg*.

Jörna *w* Form zu *Jörn*.

Jos *m* alte dt. selbständige KF, im MA verbreitet durch den Namen von *St. Jos, Jost*, dem hl. →*Jodokus*.

Joscha *m* ungar. KF von *Josef*; auch bibl. Name zu hebr. *joschāh* »aufrecht, selbständig«, *Josa* zu *Josua*.

José *m*, **Josée** *w* beliebte frz. VN in der Schweiz von →*Josef*; nur die männl. Form ist span. Herkunft.

***Josef, Joseph** *m* bibl. Name, zu hebr. *jōsēph* »Gott gebe Vermehrung«, verbreitet durch den Namen des hl. *Joseph*, Mann der Maria.

KF *Beppo, Josel, Jupp, Pepi, Peppi, Sepp, Sepperl, Seppli, Sipp*; engl. *Joseph, Jose, Jo*, frz. *José, Joseph, Josèphe*, ital. *Giuseppe, Beppe*, span. *José*, südslaw. *Josip*, russ. *Iosif, Osip*, poln. *Józef*, pers. *Jussuf*.

🄺 Joseph I. und Joseph II., dt. Kaiser, Kapuzinergruft Wien.

Josefa, Josepha *w* bibl. Name, weibl. Form von →*Josef*, zu hebr. *josiphjāh* »der Herr vermehrt«; *Josefina, Josephina, Josefine, Josephine* *w* Weiterbild. von *Josefa*.

KF *Joska, Juschu, Sefa, Sefchen, Sefferl, Böppi, Peppi, Pepita*; frz. *Joséphine*; ital. *Giuseppa*.

Josefina, Josefita, Josenita *w* span. VklF von *Josefa*.

Josette *w* frz. VklF zu *Joséphine*.

Josi *w* KF von *Josefine, Josiane*.

Josiane, Josianne *w* frz. KF von *Joséphine*.

Josias *m* bibl. Name *Josia*, zu hebr. *jōschijjāhū* »(den) der Herr heilt«.

Josina, *Jozina* *w* niederl. Formen zu *Josephina*.

Jost *m* alte selbständige KF wie →*Jos*.

Im MA verbreitet durch den Namen von *St. Jost*, altfrz. *Josse*, NF des hl. →*Jodokus*; engl. *m/w* Form *Joyce*.

Josta *w* Form zu →*Jost*.

Josua *m* bibl. Name, zu hebr. *jehōschūa* »der Herr hilft«.

Jovan *m* serbokroat., slowen. Form von *Johann*.

Jovanka *w* serbokroat., slowen. Form von *Johanna*.

Jovita, **Jowita** *w* südslaw. KF von *Johanna*.

Jovita, **Joyvita** *w* engl. VN, »Freude am Leben« (nach Wells).

Joy *w* alter engl. VN, wohl KF zu *Joyce, Joice, Jocosa, Joia*, was auf Ableitung von *Joceus, Jodoca* = *Jodokus* hinweist.

Ju *w* russ. KF von *Julija*.

Juan *m*, **Juana** *w* span. Formen von →*Johann, Johanna*.

Juanita *w* span. Koseform von *Juana* = *Johanna*.

Jucunda, **Jukunda** *w* lat. VN, zu lat. *iucundus* »anziehend, liebenswürdig«, »die Angenehme«; ital. *Gioconda*.

Judas *m* bibl. Name, griech. Form von *Juda*, hebr. *jehūdāh* »der gelobt oder berühmt ist; Bekenner«.

Wegen Judas Ischariot, dem Verräter des Gottessohnes, wurde der Name immer unter den christl. Taufnamen gemieden, obwohl man den heldenhaften Judas Makkabäus im MA sehr bewunderte, dessen Name hin und wieder namenbildend wurde (1976 als VN in Siegen).

Judenta, **Judintha** *w* alte Formen von →*Judith*.

Judica, **Judika** *w* alter Taufzeitname, zu lat. *judica* »richte«, bezogen auf den 5. Fastensonntag.

* **Judith**, **Juditha** *w* bibl. Name, zu hebr. *jehudith* »Gepriesene, Bekennerin, Jüdin, Frau aus Jehud«; engl. KF *Judy*, russ. *Judif*.

Die *Judith* aus dem apokryph. Buch »Judith« im A.T. vermengte sich bereits im frühen MA mit einem altnord. Namen →*Jutta* zu Judita (12. Jh.); rätoroman. *Juditta*.

Jula, **Jule** *w* KF von →*Julia*.

Jules *m* frz. Form von →*Julius*.

* **Julia**, **Julie** *w* Formen lat. Urspr. von →*Julius*; *Julia*, Nationalheilige der Insel Korsika.

KF *Lili, Lilli*; engl. auch *July, Gill, Jill*, ital. *Giulia*, ungar. *Juliska*.

Julian, **Julianus** *m* altröm. Name, »aus dem Geschlecht der Julier«, zu →*Julius*.

KF *Jul*; engl. *Julian, Gilian, Jill*, frz. *Julien*, ital. *Giuliano*.

Juliana, **Juliane** *w* Form zu *Julian, Julianus*.

Name verschiedener Heiligen, als Fürstinnenname seit dem 16. Jh., danach in England sehr populär. Bekannt: Königin Juliana der Niederlande.

KF *Liane*; engl. *Juliana, Gilian, Gillian*, frz. *Julienne*, ital. *Giuliana*, slaw. *Julianka*, ungar. *Julianna*.

Julianna, **Julianne** *w* ungar. Form von Juliana; Weiterbild. von *Juliana* in Anlehnung an *Anna*.

Julien *m*, **Julienne** *w* frz. Formen von →*Julian, Juliane*.

Juliet *w* engl., **Juliette** *w* frz. VklF zu *Julia, Julie*; dazu bulgar. *Julita*, russ. übernomm. VN *Julitta*.

Julika, **Julischka** *w* Formen von ungar. *Julka, Juliska* = *Julia*.

Julitta *w* alter VN lat. Herkunft, Weiterbild. von *Julia*.

Julius *m* altröm. Name, »aus dem Geschlecht der Julier«.

Die Verbreitung des Namens seit der Renaissancezeit geht weniger auf die 51 Heiligennamen zurück, sondern vielmehr auf die Verehrung von *Julius Cäsar*.

KF *Jul, Jülg, Julg*; engl. *Julius, Giles*, frz. *Jules*, span.-port. *Julio*, ital. *Giulio, Guglio, Luglio*, ungar. *Gyula*.

Julja *w* russ. KF von *Julija*.

Junia *w* Taufzeitname »im Juni geboren«; engl. *June* (wie *April, Aprilette, May*), schwed. *Juni, Junia*.

Juno *w* VN, röm. Schutzgöttin.

Jupp *m* beliebte rhein. KF von →*Josef*.

Jurena *w* westslaw. VN, zu slowak. *Jurina* = *Georgina*.

* **Jürg**, **Jürgen** *m* nd. KF von →*Georg*.

Juri, *Juro m* slaw. KF von →Georg.

Jürke, **Jürn** *m* KF von *Jürgen* = *Georg*; *Jürn, Jurn, Jorn* sind auch fries. Formen zu *Eberwin*.

Just *m* KF von →*Justus*.

Justa *w* Form zu →*Justus*.

Justin, **Justinus** *m*, **Justina**, **Justine** *w* Weiterbildungen von →*Justus*.

🄺 Der hl. Justinus (5. Jh.), Hochgrab (14. Jh.) Ägidius-Kirche Heiligenstadt; zwei hl. Justinas, Märtyrerinnen (3. Jh.).

Justinian, *Justinianus m* Weiterbild. von *Justinus*.

Justus *m* VN lat. Urspr., zu lat. *justus* »gerecht, rechtmäßig«.

Humanist. Namenbildung des 16. Jh. durch Rückgriff auf lat. Namen. Bekannt: der Chemiker Justus Liebig.

* **Jutta**, *Juta*; *Jutte, Jütte, Juthe* *w* VN.

Urspr. ein altnord. Name, zu den ahd. Namen *Jiute, Jut, Jot* = *Jutta* = die Jütin, aus dem Volk der Jüten (Dänemark), VklF *Jiutel, Jiutelin*; dazu der im Dän. sehr populäre Name *Jytte*. Seit dem 9./10. Jh. vermengte sich *Jutta* mit dem hebr.-christlichen Namen →*Judith* zu *Judita* (12. Jh.). Alte KF *Itta, Idita*.

* **Kai**° *m/w* nord. Kurzformen verschied. Herkunft, die in Dtschl. als männl. u. weibl. VN gebräuchlich und deshalb nur in Verbindung mit einem weiteren eindeutig männl. bzw. weibl. VN gegeben werden sollten.

* **Kai**, **Kaie**, **Kay** *m*, dän. **Kaj** (14. Jh.), von einem fries. VN *Kaye*, kinderspr. mögliche Form in der Entwickl. *Gerhard* → *Gait* → *Kay*.

* **Kai** *w* VN stark verkürzte schwed. Form von *Katharina*: schwed. *Kaj, Kaja*, urspr. Koseform (wie *Kaija*) verkürzt aus *Kajsa*, KF von *Karin* = schwed. Form von *Katharina*.

Kaja *w* schwed. KF von *Kajsa*, eine Koseform zu →*Karin* = *Katharina*.

Kajetan *m* lat. Herkunftsname *Cajetan* »Mann aus der Stadt Gaëta«.

Der hl. Cajetan von Thiene gründete den Theatinerorden (15./16. Jh.).
🄺 Statue Kloster Reisach, Inn (1785).

Kajetane *w* Form zu →*Kajetan*.

Kalle *m* schwed. KF von →*Karl*.

Kalman *m* VN, zu ungar. *Kálmán*, entspr. →*Koloman*.

Kamill, **Kamillo** *m*, **Kamilla** *w* VN griech.-lat. Herkunft, zu griech. *gamēlios*, lat. *camillus, camilla* »ehrbar, jung, aus unbescholtener Ehe«.

Kandida *w* VN →*Candida*.

Karda *w* KF von →*Rikarda*.

* **Kareen**, **Karen** *w* NF von →*Karin*.

Karel *m* niederl., tschech. Form von →*Karl*.

Karena *w* Weiterbild. von *Karen*.

Karianne, **Carianne** *w* niederl. DF aus *Katharina* + *Johanna* oder *Anna*.

* **Karin** *w* beliebter nord. VN, Kurzform von →*Katharina*; norweg. auch *Kari*.

Karina, **Karine** *w* Weiterbild. von *Karin*; eindtsch. Schreibung von ital. *Carina* »die Hübsche, Niedliche«.

* **Karl** *m*, auch *Carl*, alter dt. VN, urspr. Beiname, zu ahd. *kar(a)l* »Mann, Ehemann«, mittelnd. *kerle* »freier Mann, grober Kerl«.

Kaiser- und Königsname des MA, danach als Heiligenname verbreitet, seit dem 19. Jh. durch die romant. Dichtung beliebter und häufiger Name, insbes. als Doppelform mit anderen VN. engl., frz. *Charles*, ital. *Carlo*, span. *Carlos*, poln. *Karol*, tschech./niederl. *Karel*, rumän. *Carol*, ungar. *Károly*.
🄺 Karl der Große, dt. Kaiser, Dom zu Aachen; Karl III., der Dicke, dt. Kaiser, Grab auf der Insel Reichenau; Karl IV., dt. Kaiser, Veitsdom Prag; Karl V., dt. Kaiser, Escorial b. Madrid; Karl VI., dt. Kaiser, Kapuzinergruft Wien; Karl VII., dt. Kaiser, Theatiner-Hofkirche München.

Karla *w* Form von →*Karl*.

Karlfred, **Karlfried** *m* Neubild. aus *Karl* und Namen mit *-fred, -fried*.

* **Karlheinz** *m* beliebte DF aus *Karl* + *Heinz*.

Karline, *Karlina* *w* NF von →*Karoline*.

Karlludwig *m* beliebte DF aus *Karl* + *Ludwig*.

Karlmann *m* alte Koseform von →*Karl*.

Karol *m* poln., slowak. Form von *Karl*.

Karola *w* dtsch. Schreibweise von →*Carola*; latinis. Form von →*Karla*.

* **Karolin**, **Karolina**, **Karoline** *w* dt. Weiterbild. von *Carola, Karola*.

Károly *m* ungar. Form von →*Karl*.

Karsta, *Carsta* *w* nd. Form von →*Christa*.

* **Karsten** *m* nd. Form von →*Christian.*

Karstine w nd. Form von *Christine.*

Kasimir *m* slaw. VN, zu slaw. *kaza* »verkünden, zeigen« + *mir* »Friede«.
Poln. Fürstenname, verbreitet durch Verehrung des hl. Kasimir, Schutzpatron Polens. Bekannt: Kasimir Edschmid, dt. Schriftsteller.

Kaspar, *Caspar m* VN pers. Herkunft, zu pers. *kansbar*, älter *gazbar* »Schatzmeister«, Name des Mohren unter den hl. Drei Königen des N.T.
Der Kasper, Mohr der Dreikönigsspiele (seit 1300) wurde zur lustigen Figur im späteren Kasperletheater; als bäuerlicher VN bis in die Neuzeit verbreitet.
engl. *Caspar, Jasper*, frz. *Gaspar, Gaspard*, ital. *Gaspare, Gasparo*, dän. *Jesper.*

Kassandra *w* VN, zu griech. *Kassándra*, Tochter des Priamos und unglückliche Prophetin.
Kassandra warnte vergebens die Trojaner vor dem Hereinbringen des hölzernen Pferdes in die Stadt Troja, daher die »Kassandrarufe« = Warnungen, die nicht erhört werden.

Kastor, *Castor m* VN griech. Herkunft, Kástōr, Sohn des Königs Tyndareos (eigtl. Zeus) und der Leda.

Kata, **Katalin** *w* südslaw. und ungar. KF von →*Katharina.*

Kate, **Käte** *w* →*Kathe, Käthe.*

Kateline *w* engl. Form zu *Kathleen.*

* **Katharina**, **Katharine**, **Katarina**, **Katherina**, *Caterina*, **Katerina**, **Kathrina** *w* VN griech. Herkunft, zum griech. Frauennamen *Aikaterínē*, angelehnt an *katharos* »rein, sauber«.
Bereits im MA durch den Namen mehrerer Heiligen verbreitet, insbes. durch die hl. Katharina von Alexandria, Patronin der Philosophen, und die hl. Katharina von Siena, Patronin Italiens. Name vieler Fürstinnen, berühmt die Zarin Katharina die Große; neben Anna und Elisabeth sehr häufig in den Kirchenbüchern. Heute wieder zunehmend beliebter Name.
KF *Kate, Käthe, Kati, Katinka, Katina, Katja, Katrin, Karin, Karen, Ina, Nina, Netti, Tinka.* engl. *Catherine, Kathleen*, frz. *Catherine*, ital. *Caterina, Rina*, span. *Catalina*, bulgar., russ. *Katerina, Ekaterina, Jekaterina, Kata*, niederl. *Katrijn*, poln. *Katarzyna*, tschech. *Kateřina*, schwed. *Karin, Karina, Karna*, norweg., dän. *Karen, Kari, Karna*, ungar. *Katalin, Kata, Katinka.*

* **Kathe**, **Käthe**, **Käthchen** *w* KF von →*Katharina.*
⊠ Käthe Kollwitz, Malerin und Bildhauerin, (1867–1945), Grabmal Zentralfriedhof Berlin-Friedrichsfelde.

Käthemie *w* Koseform aus *Käthe* und der nd. KF *Mie* = *Maria.*

Kathi, **Käthi**, **Käthy** *w* Koseformen von →*Katharina.*

Kathinka, **Katinka** *w* russ. KF von *Jekaterina* = *Katharina.*

* **Kathleen**, *Cathleen w* engl.-irische Form von →*Katharina.*

Kathrein, **Kathrin** *w* NF von *Katharina.*

Kati *w* →*Kathi.*

* **Katia**, auch **Kadia**, **Katina** *w* slaw. und ungar. Koseformen zu →*Katharina.*

* **Katja**, **Katjana**, **Katjuscha** *w* russ. Kurz- und Koseformen zu *Ekaterina, Jekaterina.*

Katka *w* slowen. und ungar. KF von *Katharina.*

Katrein *Kathrein w* NF von *Katharina.*

* **Katrin**, **Katrina** *w* moderne NF von →*Katharina.*

Katy, **Katya** *w* KF von *Katharina.*

* **Kay** *m/w* NF von →*Kai*; im Niederl. KF von *Catharina, Cornelius, Gerhard.*

Kea *w* ostfries. KF von Namen, die auf *-ke, -kea* enden.
Eigentlich nur die fremde latinis. *-ea, -kea*-Endung einheimischer ostfries. Namen – wie *Alke(a), Frauke(a), Heike(a).*

Kees *m* niederl. KF von *Cornelis, Cornelius.*

Keike, **Keiken** *w* nordfries. kinderspr. KF von *Gertrud.*

Keith *m* engl. VN, urspr. ein schott. Orts- und Familienname.

Kenneth *m* engl. VN kelt. Herkunft, Bed. etwa »tüchtig, flink«; KF *Ken.*

Kene, **Kenne**, **Keno** *m* west- und ostfries. einstämmig verkürzte germ. Namen aus *Kuni-*, zu *Kuno, Kunibert.*

Kermit *m* angloamer., früher irischer VN kelt. Ursprungs, NF von *Diarmid*, kelt. *Diarmaid* »freier Mann«.

Kerry *m* engl.-irischer VN kelt. Ursprungs, »der Finstere«.

Kersta, **Kersti** *w* dialekt. schwed. Formen von →*Kerstin*.

Kersten *m* nd. Form von →*Christian*.

* **Kerstin**, **Kerstina**, **Kerstine**, älter *Kirstin w* neuschwed. Formen von *Kristina* = *Christina*.

Ketty *w* engl. KF von *Katharina*.

Kevin *m* engl.-irischer VN, altir. *Coemgen* »anmutig, hübsch von Geburt«; in den USA auch weibl. VN.

Kilian *m* irisch-schott. VN kelt. Herkunft.

Der hl. Kilian, irischer Missionar, im 7. Jh. in Franken unter dem Namen *Killena* (= lat. *ecclesiasticus* »von der Kirche, Kirchenmann«), wurde Bischof und Lokalheiliger von Würzburg, deshalb starke Verbreitung des Namens in Franken.

🄺 Münnerstädter Altar von Veit Stoß (1504); Büsten (1500) von Tilman Riemenschneider, Neumünsterkirche Würzburg.

Kim *m/w* älterer männl. engl.-irischer VN, verkürzt aus *Kimball*, wohl kelt. Urspr. in der Bed. »Kriegsanführer«.

In den USA auch weibl. VN; Filmschauspielerin Kim Novak.

Kim *m* bulgar., mazedon. und nord. KF von *Joakim* = *Joachim*.

Kira *w* VN, russ. Form von →*Kyra*.

* **Kirsten**, **Kirstin** *w* dän.-schwed. Formen von →*Christine*, neuere Form ist →*Kerstin*.

Kirsti *w* dialekt. schwed. Form von *Kirstin* = *Christine*; schott. *Kirsty*.

Kitty *w* engl. KF von →*Katharina*.

Klaas, *Claas m* KF von →*Nikolaus*.

Klara, *Clara w* VN, zu lat. *clarus* »hell, leuchtend, klar«.

Der Name der hl. Klara (12./13. Jh.) fand nach der Heiligsprechung 1255 mit dem Klarissen- oder Franziskanerinnenorden in Dtschl. weite Verbreitung; der VN wurde im 19. Jh. in Dtschl. volkstümlich.

engl. *Clare, Claire*, frz. *Claire*, ital. *Chiara*.

Kläre *w* eingedeutsche Schreibweise für frz. *Claire* = *Klara*.

Klarina, *Klarine, Clarina, Clarine w* Weiterbild. von *Klara, Clara*.

Klarinda, **Klarinde**, *Clarinda, Clarinde w* Weiterbild. von *Klara, Clara*.

Klarissa *w* →*Clarissa*. Weiterbild. von *Klara, Clara*.

Klas *m Klaas*.

* **Klaudia** *w* →*Claudia*.

Klaudine, *Klaudinette w* Weiterbild. und VklF von →*Claudia*.

Klaudius *m* →*Claudius*.

* **Klaus**, *Claus m* VN, seit dem MA selbständige KF von →*Nikolaus*, aber erst in jüngster Zeit als moderner VN sehr beliebt geworden.

Älter sind »Bruder Klaus«, der hl. Nikolaus v. d. Flühe, der große und kleine Klaus in Märchen und Sagen, die Seeräubergestalt von Klaus Störtebeker. Bekannt: Schriftsteller Klaus Mann, Prof. Klaus Mehnert, Schauspieler Klaus Biederstaedt, Claus v. Amsberg, niederl. Prinzgemahl.

* **Klausdieter**, **Klausjürgen** *m* DF aus *Klaus* + *Dieter, Klaus* + *Jürgen*.

Klea *w*, griech. KF zu Namen mit *Klea-, Kleo-*, griech. *kleō* »Ruhm, bekannt, berühmt machen«.

Klematis *w* VN →*Clematis*.

Klemens, *Clemens, Klemenz m* VN, zu lat. *clemens* »mild, gelinde von Charakter und Benehmen«.

Name zahlreicher Päpste des MA, darunter der hl. Klemens von Rom, Presbyter und erster Papst (1. Jh.), bedeutend auch der griech. Kirchenlehrer Klemens von Alexandria.

🄺 San Clemente, Rom; Klemens II., Bischof, Papst, Grab im Dom in Bamberg.

Klement, **Kliment** *m* tschech. Formen von →*Klemens*.

Klemente, **Klementia**, **Klementina**, **Klementine** *w* Formen von →Klemens; zu →*Clementia*.

Klemenz *m* NF zu →*Klemens*.

Klenja *w* russ. KF von →*Kleopatra*.

Kleopatra *w* VN griech. Herkunft.

Zum männl. griech. Namen *Kleopatros, kleō* »Ruhm, bekannt, berühmt machen«, *kleiō* »rühmen, preisen« + *pros patros* »von seiten des Vaters«.

Kleopha, **Kleophea** *w* Formen zum männl. griech. Namen *Kleophas*.

Aus *Kleophantos*, griech. *kleō* »Ruhm, bekannt, berühmt machen« + *-phantos, phaínō* »ans Licht bringen«.

Klepa, **Klera** *w* russ. KF von →*Kleopatra*.

Klescha *w* russ. KF von →*Kleopatra*.

Klivia *w* →*Clivia*.

Klodewig, **Klodwig** *m* altfränk. Name, älter →*Chlodwig*; neuere bekannte Form ist →*Ludwig*; zu ahd. *hlut* »laut, berühmt« + *wig* »Kampf, Krieg«.

Klorinde, *Clorinda w*, älter *Chlorinde*, zu griech. *Chloris*, →*Chloe* »erster grüngelber Pflanzentrieb«.

Klothar *m* VN, zu der altfränk. Form *Chlothar* = *Lothar*.

Klothilde, **Klotilde** *w* alter fränk. VN, fränk. *Chlotichilda*, zu ahd. *hlut* »laut, berühmt« + *hiltja* »Kampf«.

Knut *m* nord. VN, zu ahd. *chnuz* »freimütig, keck«; dän. *Knud*.

Köbes m rhein. KF von →*Jakob*.

Kolbert, frz. *Colbert m* zu altfläm. Namen *Koelbert*, *Colobert*, ags. *Colbeorht*, *col* »quellen« + ahd. *beraht* »glänzend«.

Kolja, **Kolinka** *m* russ. KF von *Nikolaj* = *Nikolaus*.

Kolman, **Koloman** *m*, auch *Kollmann*, germ. *Coloman*, ags. *Colman*, vermutl. irischen Urspr., »Einsiedler«?

Abt von Lindisfarne (7. Jh.). Ungar. *Kálmán*. Der hl. Koloman war irischer Palästinapilger, Märtyrer in Stockerau bei Wien, 1012 ermordet; 🅺 Grab im Kloster Melk, Niederösterreich, der Hauptstätte seiner Verehrung.

Kolomba, **Kolumba** *w* VN, frz. *Colombe*, lat. *columba* »die Taube«.

Die hl. Kolumba, Märtyrerin des 3. Jh. in Rom, 🅺 Altartafel, Meister des Bartholomäusaltars, Köln, Wallraf-R.-Museum.

Kolumban *m* die männl. Entspr. zu →*Kolumba*.

Namenverbr. durch zwei Heilige. Der hl. Kolumban d. Ä. (Kolumkill), 6. Jh., ist der Apostel Irlands; der hl. Kolumban d. J. aus Irland (6. Jh.) kam mit St. Gallus in die Schweiz.

Kolumbana, **Kolumbine**, *Colombine w* Weiterbild. von →*Kolomba*.

* **Konni**, **Konny**, *Conny m* KF von →*Konrad, Constantin, Konstantin*.

Konkordia *w* →*Concordia*.

Konrad, *Conrad m*, älter *Chunrat*, dt. VN, sehr verbreiteter und beliebter Name von Kaisern und Königen des MA, auch der einiger Heiliger; häufigster männl. dt. Name des 14. Jh., volkstümlich unter den Bauern.

– Konrad

Die aufständischen Bauern des MA nannten sich appellativ »Armer Konrad«, damit die Masse des Volkes (der vielen Konrade) bezeichnend. Auch die Redensart »Hinz und Kunz« (= Konrad) erinnert an die große Verbreitung des Namens *Konrad*, ahd. *Kuonrat*, zu *kuoni* »kühn, tapfer« + *rat* »Ratgeber« = kühner Ratgeber.

KF *Cuno, Kuno, Kunz, Kurt*, nd. *Cord, Kord*, dän. *Kort*, neuere KF *Conny, Konny*, engl. *Con, Connie*, finn. *Konni*, niederl. *Koenraad, Conradus*, ital. *Corrado*, span. *Conrado*, russ. *Kondrat*.

🅺 Konrad I., dt. König, Grab im Dom zu Fulda; Konrad II., dt. Kaiser, Dom zu Speyer; Konrad III., dt. König, Hohenstaufe, Grab Dom zu Bamberg.

Konrade *w* Form von →*Konrad*.

Konradin, *Conradin m* VklF von →*Konrad*.

Fürstenname im MA; Herzog Konradin von Schwaben, Sohn Konrads IV., wurde als letzter Staufer mit 16 Jahren 1268 in Neapel enthauptet, weil er sein sizilianisches Erbe antreten wollte.

Konradine *w* Form von →*Konradin*.

Konstantin, *Constantin m* VN, lat. *Constantinus* »der Standhafte«, zu lat. *constans* »fest stehen, beständig«.

Im MA durch den Namen Kaiser Konstantins des Großen verbreitet, Name einiger Heiliger, griech. Fürstenname, gegenwärtig Exkönig Konstantin II.

engl. *Constantine*, frz. *Constantin*, roman. *Constantino*, ital. *Costantino*, südslaw. *Kostadin, Kosta*, ungar. *Szilard*. KF *Conny*.

Konstantine *w* Form von →*Konstantin*, lat. *Constantina*.

Konstanze, *Constanze w* VN lat. Herkunft, zu lat. *constans* »standhaft, beharrlich«. KF *Stanzi, Stanzl*.

Name mehrerer Heiligen, im MA Fürstinnenname, Konstanze, Ehefrau des späteren dt. Kaisers Heinrich VI., Mutter Friedrichs II. 🅺 Grabmal der dt. Kaiserin Konstanze im Dom zu Palermo.

engl./frz. *Constance*, ital. *Constanza*.

Konz *m* NF von *Kunz*, KF von →*Konrad*.

Kora, *Cora w* 1. zum griech. Namen *Korē*, griech. *korē* »Mädchen, Tochter«, Weiterbildung →*Korinna*; 2. KF von *Cordelia, Cordula*; niederl. auch von *Cornelia*.

Korbinian, *Corbinian m* VN, wird als ahd. *Korwin* belegt = altfrz. *Corbin*, zum lat. Namen *Corvinus, corvus* »Rabe«, *corvinus* »kleiner Rabe«.

Der hl. Corbinian aus Melun/Seine (urspr. *Corbin*, zu frz. *corbeau* »Rabe«) wirkte als Missionar in Bayern, war erster Bischof und Patron von Freising, deshalb die Verbreitung des Namens überwiegend in Südd. KF *Kurberl, Kurwel, Kurwe*. ⓚTafel des Hochaltars von Weihenstephan (1483), München, A.P.

Kord, **Kurd** *m* nd. KF, *Kort* dän. KF von →*Konrad*.

Kordelia *w* →*Cordelia*.

Kordia *w* VN, Kurzform von →*Konkordia*.

Kordula *w* →*Cordula*.

* **Korinna**, **Korinne**, *Corinna w* VN griech. Urspr., Weiterbild. des griech. Namens →*Kora, Korē*, zu griech. *korē* »Mädchen, Tochter«.

Kornel *m* KF von →*Kornelius*; niederl. *Corneel, Korneel*.

* **Kornelia** *w* →*Cornelia*.

Kornelius *m* →*Cornelius*.

Der hl. Kornelius, Papst aus der röm. Familie der Cornelier (3. Jh.), Patron der ehem. Abteikirche Kornelimünster. ⓚReliquienbüste dort im Kirchenschatz (1355/85).

Korona *w* →*Corona*.

Kosima *w*, **Kosimo** *m* →*Cosima, Cosimo*.

Kosmas *m* →*Cosmas*.

Kosta *m* südslaw. KF von *Konstantin*.

Kostja, **Kotja** *m* südslaw. und russ. KF von →*Konstantin*.

Kraft, *Krafto m* alter dt. VN, urspr. Beiname, zu ahd. *kraft* »Kraft, Macht«.

Als VN im MA bei Rittern und Adligen beliebt, beim Volk keine große Verbreitung, heute überwiegend Familienname.

Kreszentia, **Kreszenz** *w* VN lat. Herkunft, *crescentia* »Wachstum, Aufblühen, Zunehmen«.

Kriemhilde, **Krimhilde** *w* alter dt. VN, älter *Grimhilde* zu ahd. *grima* »Maske, Gespenst«, altnord. *grima* »Maske« + ahd. *hiltja* »Kampf«.

Name der Kriemhild aus dem Nibelungenlied, verbreitet nach Wiederentdeckung und Veröffentlichung dieses deutschen Epos.

Krishna *m* VN ind. Herkunft, Bed. im altind. Sanskrit »der Schwarze«.

Name eines mythischen ind. Heldenkönigs, die 8. Erscheinung des Gottes Wishnu; VN 1974 in Heidelberg (Seibicke).

Krispin, **Krispinus** *m* →*Crispin, Crispinus*.

Krista *w* neuere Form von →Christa, in Anlehnung an nord. Formen.

Krister *m* alter schwed. VN zu *Kristian* = *Christian*, der in neuerer Zeit wieder modisch wurde.

* **Kristian** *m* nord. Form von →*Christian*. Bezeichnete urspr. den zum Christentum Bekehrten.

Kristiane, **Kristin** *w* nord. Formen von Christiane und Christine.

Kristin ist um 1100 schon runeninschr. belegt.

* **Kristina**, **Kristine** *w* übernommene nord. Formen, schwed. *Kristina*.

Runeninschr. um 1100 *Kristin*, Bez. für diejenige Frau, die sich zum Christentum bekehrte. Schwed. Modename von 1940 an.

Kristof *m* nord. Form für →*Christoph*.

Kühnemund *m* Neubild. nach pietist. Vorbild in Anlehnung an *Kunimund*, ahd. *kunni* »Sippe« + *munt* »Schutz (der Unmündigen)«.

Kunibald *m* alter dt. VN, zu ahd. *kunni* »Geschlecht, Sippe« + *bald* »kühn«.

Kunibert *m* alter dt. VN, zu ahd. *kunni* »Sippe« + *beraht* »glänzend«.

Heiligenname des MA, heute als »Ritter Kunibert« abwertender Ausdruck für die mittelalt. Rittergestalt, ähnlich der des span. Hidalgo Don Quichotte.

Kunigunde alter dt. VN, zu ahd. *kunni* »Sippe« + *gund* »Kampf«; sehr beliebter Fürstinnen- und Heiligenname des MA. KF *Kuni*.

Bauernregel zum Namenstag der hl. Kunigunde (3. März): »An Kunigund' kommt die Wärm von unt'.

ⓚKunigunde, dt. Kaiserin (11. Jh.), Heilige, Grabmal im Bamberger Dom von Tilman Riemenschneider.

Kuno *m* KF von →*Konrad* und von Namen mit *Kuni-*.

Kunz *m* selbständiger VN, Kurzform von →*Konrad*.

Betr. der Redensart »Hinz und Kunz« vgl. das unter →*Hinz* Gesagte.

* **Kurt** *m*, auch *Curt, Curd*, selbständ. alte KF von →*Konrad*.

Seit dem Namenvorkommen *Konrad/Kurt* in der romant. Dichtung des 19. Jh. wieder volkstümlich geworden, auch heute noch unter den beliebtesten Namen.

* **Kurtmartin** *m* DF aus *Kurt* + *Martin*.

Kyra *w*, auch *Kira, Khira*, VN griech. Herkunft, Verkürzung des dorischen Frauennamens *Kyrana*, NF von *Kyrēnē* »Frau aus der Kyrenaika«.

Kyrill *m* VN griech. Herkunft, zu *Kyrillos*, später altgriech. Männername; →*Cyrill, Cyrillus*.

Kyrilla *w* VN griech. Herkunft, zu *Kyrillē*, altgriech. Frauenname.

L

Lada *w* süd- und westslaw. KF von *Ladislava*, zu →*Ladislaus*.

Ladewig *m* VN, überwiegend ostfälische Form von →*Ludwig*.

Ladina, **Ladinka** *w* südslaw. Koseformen von *Vladislava*, weibl. Form von *Ladislaus*.

Lado *m* südslaw. KF von →*Ladislaus*.

Ladislaus *m* VN zu der latinis. Form *Wladislaus*, slaw. *Vladislav*, zu slaw. *vladi* »Herrschaft, Macht« + *slava* »Ruhm«.

HlN des Königs Ladislaus I. von Ungarn und Kroatien.

Laila *w*, engl. auch *Leila, Leilah*; 1. in Engl. urspr. pers. Name aus einer Erzählung »Leilah and Majnun«, Bed. »die Dunkle, Dunkelhaarige«.

Danach bekannt geworden durch den literar. Namen in Byrons »The Giaour« (Der Ungläubige, 1813);

2. *Laila* finn./lapp. Name, umgebildet aus *Aila*, 1882 schwed. *Lajla*.

Lajos *m* ungar. Form von →*Ludwig*.

Lala *w* slaw. KF von *Ladislava* = weibl. Form von *Ladislaus*.

Lale *w* kindersprachl. nd. Rufname.

Die Sängerin Elisabeth-Charlotte Helene Eulalia Bunterberg verehel. Liselotte Wilke/Beul war bekannt unter dem Namen Lale Andersen (1911–1972). ⊠Dünenfriedhof Langeoog.

Lambert, **Lampert**, **Lambrecht**, **Lamprecht** *m*, **Lamberta** *w* alte dt. VN, zu ahd. *lant* »Land« + *beraht* »glänzend«.

Durch Verehrung des hl. Lambertus, Bischofs von Maastricht, wurde der Name durch fläm. Einfluß in den Niederlanden, bes. in Westfalen verbreitet.

Lana *w* KF von slaw. Namen, die auf *-lana* enden, z.B. *Jolana, Svetlana*.

Lancelot, **Lanzelot** *m* altengl. VN.

Sagengestalt aus der Tafelrunde des Königs Artus, wurde in Engl. ein typischer Bauernname; Bed. unsicher; *Lanzo* zu ahd. *lant* »Land«.

Landelin *m*, **Landeline** *w* alte dt. VN, zu ahd. *lant* »Land« + *(l)ing* = Abstammungsverhältnis.

Landerich, **Landrich** *m* alter dt. VN, zu ahd. *lant* »Land« + *rihhi* »reich, mächtig«.

Landewin, **Landwin**, **Lantwin**, **Landuin** *m* alte dt. VN, zu ahd. *lant* »Land« + *wini* »Freund«.

Landfried *m* alter dt. VN, zu ahd. *lant* »Land« + *fridu* »Friede«.

Lando, **Landino** *m* KF von *Landfried*.

Landolf, **Landulf** *m* alte dt. VN, zu ahd. *lant* »Land« + *wolf* »Wolf«.

Landolt *m* alter dt. VN, bes. im alemann. Raum, zu ahd. *lant* »Land« + *waltan* »walten, herrschen«.

Lanzelot *m* VN →*Lancelot*.

Lara *w* ital. KF von *Larisa*; slaw. NF von *Laura*.

Larissa *w* altgriech. Name *Larissa*.

Tochter des Pelasgerfürsten Piasos, nach der gleichnam. Stadt benannt, also Herkunftsname »Frau aus Larissa«.

Larry *m* engl. KF von *Lawrence*.

* **Lars** *m* schwed. Form von *Laurentius*.

Laslo *m* VN, eindeutschend für ungar. *László* = *Ladislaus*.

Lasse *m* schwed. Koseform für *Lars.*
Lätizia *w* VN lat. Herkunft, zu lat. *laetitia* »Freude, Fröhlichkeit«.
Laura *w* ital. Form von *Laurentia.*
Laure *w* frz. Form von →*Laurentia.*
* **Laurence, Lawrence** *m* engl. Formen von →*Laurentius.*
Laurens *m* schwed. Form von *Laurentius*; KF *Lars, Lasse.*
* **Laurent** *m* frz. Form von *Laurentius.*
Laurentia *w* Form von →*Laurentius.*
engl. *Laureen, Lauren, Laurena,* frz. *Laurence,* ital. *Lorenza,* niederl. *Laurentia, Laureina,* norweg. *Larsina, Laurense, Laurine,* ungar. *Laurencia*; neuere KF *Lenza.*
Laurentius *m* VN, lat. Herkunftsname »der aus Laurentum (Stadt in Latium) Stammende«, angelehnt an lat. *laurea* »Lorbeerkranz, Lorbeerzweig«.
Name des hl. Laurentius, Märtyrer in Rom (3. Jh.), Schutzherr der Ungarnschlacht auf dem Lechfeld (955), seitdem sehr verehrt und unter den Namen *Laurenz, Lorenz, Lenz* in Dtschl. als Tauf- und Familienname verbreitet.
🄺 Reliquien in der Basilika San Lorenzo fuori le mura, Rom.
KF *Lenz, Renz,* schweiz. *Lori(s), Enz, Enzeli*; engl. *Laurence, Lawrence,* frz. *Laurent,* ital. *Lorenzo, Renzo, Rienzo,* niederl. *Laurens,* dän. *Laurids,* schwed. *Laurens, Lars,* norweg. *Lavrans, Lars, Lauri,* russ. *Lavrentj,* ungar. *Lörinc.*
Laurenz *m* VN, eindeutschend für →*Laurentius*; KF *Lenz.*
Lauretta, Laurette *w* VN, ital. und frz. VklF von *Laura.*
Lauri *m* finn. und norweg. KF von →*Laurentius.*
Laurids *m* dän. Form von →*Laurentius.*
Laurin *m*, **Laurine** *w* VN zu dem tirolischen Namen *Laurin.*
Zwergenkönig in der Heldendichtung der Dietrichsage; gehört zum ahd. übernommenen Adj. *laurin* »vom Lorbeerbaum (stammend)« und in gleicher Bed. zu lat. *laurus* »Lorbeer«.
Lauritz *m* VN, eindeutschend für dän. *Laurids = Laurentius.*
Laux *m* KF von →*Lukas.*
Lavina, Lavinia *w* VN, lat. Herkunftsname »Frau aus der Stadt Lavinium«.
In der röm. Mythologie ist Lavinia Tochter von Latinus, König von Latium.
Lazar, Lazarus *m* bibl. Name, zu griech. *lazaros,* hebr. *eleasar* »Gott ist Helfer«, »Gotthilf«; frz. *Lazare.*
Lea *w* bibl. Name, zu hebr. *lēʾāh* »die sich vergeblich abmüht« oder in anderer Bed. »Wildkuh«; auch *Lee.*
* **Leandra** *w* Form zu →*Leander.*
* **Leander** *m* VN, griech. *Léandros,* zu griech. *laós,* attisch *leōs* »Leute, Volk« + *anēr,* gen. *andrós* »Mann«.
Bekannt durch die griech. Sage von Hero und Leander.
Leberecht, Lebrecht *m,* pietist. Bildung des 18. Jh.
Bekannt: Gebhard Leberecht Blücher, der »Marschall Vorwärts« der Freiheitskriege; Heinrich Seidels Roman »Leberecht Hühnchen«.
Leda *w* VN, Gestalt der griech. Mythologie; in neuerer Zeit wiederholt VN.
Lei *m/w* rhein. KF von →*Adelheid,* →*Leo* und *Leonhard.*
Leif *m* nord. VN, Kurzform von alten *-leif-Namen,* zu ahd. *leiba* »Erbe« (→*Detlef*). Koseform *Leffe.*
Leik *m* VN, norweg. KF von Namen mit *-leik,* wie *Godleik, Joleik.*
Leila *w* VN, Umbildung von Lelia; s. a. →*Laila.*
Lelia *w* VN 1. *Lelia, Leliane* zu niederl. *lelie,* lat. *lilium* »Lilie«; 2. *Lelia* ital. weibl. Form von *Lelio,* zu griech. *lálos* »gesprächig«, auch zu *Laelia,* männl. *Laelius,* eine altröm. Familie.
Bereits im Jahre 863 als Frauenname im Codex dipl. fuldensis. Lelia heißt ein früher autobiogr. Roman von George Sand (1833).
Lelio *m* ital. VN, →*Lelia.*
Lena, Lene, Leni, Lenke nd. *w* KF von *Helene* und *Magdalene.*
Lenard, Lenhard *m* NF von →*Leonhard.*
Lenka *w* slowak. KF von *Magdalena.*
Lenz *m* KF von *Lorenz, Laurentius.*
* **Leo, Leon** *m* KF von →*Leonhard.*
Namenspatrone sind der dt. hl. Papst Leo IX. (11. Jh.), Papst Leo I., der Große (5. Jh.).
Leokadia, Leokadie *w,* auch *Leocadia,* um 1900 gebrauchter VN, *Leo* zu »Löwe«, *-kadia* slaw. und ungar. Koseform von →*Katharina.*

Leona *w* Form zu →*Leo, Leon.*

* **Leonard** *m*, **Leonarda** *w*, **Leonardo** *m* Formen von →*Leonhard, Leonharda.*

Leone *m* ital. Form von →*Leo.*

* **Leonhard** *m* VN, »der Löwenstarke«, zu lat. *leo* »Löwe« + ahd. *harti* »hart«.

Name eines altfränk. Volksheiligen, des hl. Leonhard von Noblac bei Limoges (6. Jh.); nach Erhebung seiner Reliquien im 11. Jh. verehrt und der Name in Südd., der Schweiz, Österreich und Böhmen weit verbreitet, insbes. unter dem Namen →*Lienhard.* Patron der Landleute, Stallheiliger, Schützer der Pferde. KF *Leo, Leon, Lenard, Leonz, Lienhard*; engl. *Leonard, Len, Lenny*, frz. *Léonard*, ital. *Leonardo, Lionardo*, schwed. auch *Lennart.*

Leonharda *w* Form von →*Leonhard.*

Leoni, **Leonia**, **Leonie** *w* Formen zu →*Leo, Leon.*

Leonid *m* häufiger russ. VN, entspr. dem altgriech. Namen *Leōnidas*, zu griech. *léōn* »Löwe«.

Bekannt: der sowjetruss. Staatspräsident Leonid Iljitsch Breschnew, Generalsekretär des ZK der KPdSU.

Leonida *w* slaw. Form zu →*Leonid.*

Leonie, **Leonille** *w* frz. Formen zu *Leo, Leon, Leonilda.*

Leonilda *w* VN, wohl aus dt.-lat. *leo(n)* »Löwe« + ahd. *hiltja* »Kampf«, in Anlehnung an →*Leonida.*

Leonore *w* VN des 18. Jh., verkürzt aus →*Eleonore*; Operngestalt in Beethovens »Fidelio«; NF *Lenore.*

Leontine *w* Form zu *Leontinus* oder Weiterbild. von *Leona.*

Leopold, *Leupolt m*, alter dt. VN, ahd. *Liutbald, liut* »Volk, Leute« + *bald* »kühn«.

Verbreitet durch dynastische Einwirkung des Namens auf Adel und Patriziat, danach durch Verehrung des 1485 hl. gesprochenen Leopold, Markgrafen von Österreich, Gründer von Burg u. Stiftskirche Klosterneuburg u. d. Zisterzienserklosters Heiligenkreuz, Landespatron von Österreich seit 1663; in Südd. u. in Bayern volkstümlicher Name geworden, auch durch Luitpold; belg. Königsname.

Andere Formen: *Lebold, Leupold, Lippold*; KF *Pold, Poldi, Polt(l), Polde*; frz. *Léopold*, ital. *Leopoldo, Poldo.*

🄺 Leopold I., Leopold II., dt. Kaiser, Kapuzinergruft, Wien.

Leopolda, **Leopolde** *w* Form zu →*Leopold.*

Leopoldine *w* Weiterbild. von *Leopolde.*

Leslie *m/w* engl. VN, vorher ein gut bekannter schott. Familienname.

VN seit Ende des 19. Jh., *Leslie* ist männl. VN, wurde zu versch. Zeiten auch Mädchen gegeben; die einwandfreie weibl. Form ist *Lesley.*

Lester *m* engl. VN, urspr. Familienname, der aus dem Ortsnamen Leicester hervorgegangen sein soll.

Letizia, auch *Letitia w* →*Lätizia.*

Let, **Letta**, **Letje**, **Letteke**, **Lettie**, **Letty** *w* KF von *Aletta, Alette* = *Adelheid.*

Leupman *m*, älter *Luipman*, alter obd. VN, zu ahd. *liub, liob* »lieb« + *man* »Mann«.

Leutfried *m*, **Leutgard(e)** *w*, **Leuthold**, **Leutwein**, **Leutwin** *m* NF zu →*Luit*-Namen.

Levi *m* bibl. Name, zu hebr. *levi* »anhänglich, zugetan (dem Bund)«.

Lew *m*, auch *Lev*, russ. Form von →*Leo.*

Levin *m*, auch *Lewin*, nd. Form von *Liebwin.* Dazu die männl. ost- und nordfries. KF *Leve(n), Lewe.*

Bekannt: der dt. Schriftsteller Levin Schücking (19. Jh.).

Lewis *m* engl. Form von →*Ludwig.*

Lex *m*, **Lexa** *w* KF von *Alexander, Alexandra.*

Li *w* KF von →*Elisabeth* oder anderen weibl. VN mit *-li-, Li-* oder *Lie-.*

Lia *w* KF von *Julia* oder anderen weibl. VN mit *-lia.*

Liane, *Liana w* KF von *Juliane*; literar. Gestalt in Jean Pauls Roman »Titan«.

Libeth *w* KF von →*Elisabeth.*

Liborius *m* VN lat. Herkunft, zu lat. *libo, libare*, griech. *leibō* »einem Gott opfern oder solchem heiligen«.

Bekannt durch den Namen des hl. Liborius (4. Jh.), Bischof von Le Mans, dessen Reliquien nach Paderborn gebracht wurden.

Libusa, **Libussa** *w* VN slaw. Herkunft, zu *Luboslaw*, tschech. »Liebchen«.

Name einer sagenhaften böhm. Königin, Gründerin von Prag.

Lida *w* KF von →*Adelheid* und →*Ludmilla*.
Liddi, **Liddy** *w* KF von *Lydia*.
Lidia *w* ital. Form zu →*Lydia*.
Lidwina *w* VN, niederl. auch *Lidewei*, tschech. *Lidvina*, Name einer altslaw. Göttin; erster Namenteil ahd. *liut* wie slaw. *ljud* »Volk«; frz. *Lidwine*.
Liebert, **Liebrecht** *m* alte dt. VN, zu ahd. *liob* »lieb« + *beraht* »glänzend«.
Liebfried *m* alter dt. VN, zu ahd. *liob* »lieb« + *fridu* »Friede«.
Liebgard *w* alter dt. VN, zu ahd. *liob* »lieb« + *gard* »Hort, Schutz«.
Liebhard, *Liebhart m* alter dt. VN, zu ahd. *liob* »lieb« + *harti* »hart«.
Liebhild *w* alter dt. VN, zu ahd. *liob* »lieb« + *hiltja* »Kampf«.
Liebtraud, **Liebetraud**, *Liebtrud w* alte dt. VN, zu ahd. *liob* »lieb« + *trud* »Kraft, Stärke«.
Liebwald *m* alter dt. VN, zu ahd. *liob* »lieb« + *waltan* »walten, herrschen«.
Liebward *m* alter dt. VN, zu ahd. *liob* »lieb« + *wart* »Hüter, Schützer«.
Liebwin *m* alter dt. VN, zu ahd. *liob* »lieb« + *wini* »Freund«.
Lienhard, **Lienhart** *m* alte obd. und schweizer. NF von →*Leonhard*.

Sehr beliebter VN im späten MA, zunehmend durch die Verehrung des hl. Leonhard von Noblac bei Limoges (6. Jh.).

Lies, **Lis**, **Liesa**, **Lisa**, **Liesbeth**, **Liese**, **Lise**, **Lisbeth** *w* KF von →*Elisabeth*.
Liesel *w*, obd. auch *Liesl*, KF von →*Elisabeth*.
* **Lieselotte** *w* NF von →*Liselotte*.
Lil, **Lili** →*Lill, Lilli*.
Lilian *w* engl. Weiterbild. von *Lilly*.
* **Liliane**, *Liliana w* dt. und ital. Form zum engl. VN *Lilian*.
Lilith *w* bibl. Name einer babylon. Nachtgottheit (Sturmdämon), nach hebr. *lilith* »die Nächtliche«.
Lill, **Lilli**, **Lilly** *w* KF, Lallformen der Kinderspr. von →*Elisabeth*.
Lilo *w* KF von *Liselotte, Lieselotte*.
Lina, **Line** *w* KF von Namen wie *Karoline*, Pauline und anderen
Linda *w* KF von Namen mit *-lind(a)*.
Linde *w* KF von Namen mit *-linde*, angelehnt an den Baumnamen »Linde«.
Lindgard *w* alter dt. VN, zu ahd. *lind(i)* »weich, lind, zart, mild« + *gard* »Einhegung, Hort, Schutz«.
Linette *w* VklF von →*Lina*.
Linnart *m* schwed. NF von Lennart, zu →*Leonhard*.
Linus *m* VN, 1. zum altgriech. Personennamen *Linos*, eigentl. ein Klagegesang *oi lann, ai lenn* »wehe uns«, woraus *ailinon* gehört wurde; 2. KF von *Paulinus, Marzellinus* u.a.
Lioba, *Liuba, Leoba w* latinis. Formen des Namens der angelsächs. Äbtissin *Leobgid, Liobgytha* in Tauberbischofsheim († 782); aus ahd. *liob* »lieb« + altengl. *gyth(a)* »Kampf«.
Lion *m*, **Lionne** *w* frz. VN, alte volkstümliche Formen von frz. *Léon*.
Lionel [la:enel] *m* frz. und engl. VklF von *Lion*, eine alte populäre Form von ital. *Lionello*, zu lat. *leo* »Löwe«.
Lipa *w* russ. KF von *Olimpiada* = →*Olympia*.
Lis, **Lise** *w* KF von →*Elisabeth*; engl. *Liz*.
Lisa, **Lisabeth** *w* KF von →*Elisabeth*.
Lisanne *w* Neubild. aus *Lis(e)* + *Anna*; engl. *Lizanne*.
Lisbeth, **Liesbeth**, **Lisebeth** *w* KF von →*Elisabeth*.
Liselotte, *Lieselotte w* alte DF von *Elisabeth* + *Charlotte*.

Bekannt ist die populäre »Liselotte von der Pfalz« (1652–1722), eigentl. Elisabeth Charlotte, Gemahlin des Herzogs Philipp von Orleans, Schwägerin Ludwigs XIV.

Lisenka *w* slaw. KF von →*Elisabeth*.
Liselle *w* frz. VklF von *Lise*.
Lisia *w* ital. Weiterbild. von *Lisa*.
Lisiane *w* frz. VN, Weiterbild. von *Lise*, zu *Elisabeth*.
Liska *w* ältere schwed. NF von *Lisken*, eine VklF von *Elisabeth*.
Lissa, **Lisse**, **Lissi**, **Lissy** *w* Kurz- und Koseformen von →*Elisabeth*.
Litthard *m* VN, zu ahd. *Luithard, liut* »Volk« + *harti* »hart«.
Liut-, angestammte alte Form, →*Luit*.

Liv *w* nord. VN, zu altisländ. *hlif* »Wehr, Schutz«, angelehnt an schwed. *liv* »Leben«.

Bekannt: die schwed. Schauspielerin Liv Ullmann.

Livia *w* ital. Form von →*Livius*.

Livio *m* ital. Form von →*Livius*.

Livius *m* wie *Livia* lat. Herkunft, »aus dem röm. Geschlecht der Livier«.

Lizzi, **Lizzy** *w* engl. KF von *Elizabeth* oder *Alice*.

Loana *w* Weiterbild. von →*Lona*.

Lobgott *m* VN, pietist. Bild. des 18. Jh.

Lodewik *m* nd./niederl. Form von →*Ludwig*.

Lois, **Loisl** *m* KF von →*Alois*.

Loisa *w* KF von *Aloisia*.

Lola *w* span. KF, Lallform von →*Dolores* und *Carlota* (→*Charlotte*).

Koseformen: *Loli, Lolika, Lolita, Lolli, Lollika, Lolo(ka)*.

Lolita *w* VklF von →*Lola*.

Bekannt durch den Roman »Lolita« (1955) von Vladimir Nabokov († 1977); frz. *Lolitte*.

Lona, **Lone** *w* KF von *Leona* und *Apollonia*.

Longina *w* VN lat. Herkunft, wie bei →*Longin*.

Longin, *Longinus m* VN lat. Herkunft, röm. Beiname (Übername) der Familie Cassia, zu lat. *longus* »lang, von großer Länge«.

Loni, **Lonni** *w* KF von *Leoni* und *Apollina*.

Lora *w* 1. südslaw. NF von *Laura*; 2. russ. KF von *Larisa*, →*Larissa*.

***Lore** *w* volkstümliche KF von *Eleonore*.

Loredana *w* ital. VN, zu lat. *laurea* »Lorbeerkranz, Lorbeerzweig«.

Lorella *w* VN, Weiterbild. zu *Laura*.

Loremarie *w* DF aus *Lore* + *Marie*.

Lorena *w* engl.-amer. NF von *Laurena* = *Laurentia*.

Lorenz *m* VN, eindeutschend für *Laurenz* = *Laurentius*; KF *Lenz*.

Lorenza *w* ital. VN, zu *Laurentia*, Koseform *Lorenzina*.

Lorenzo *m* ital./span. Form von →*Laurentius*; KF *Renzo, Rienzo*.

Loretta, **Lorette** *w* ital.-frz. VN nach Notre-Dame-de-Lorette, Verehrung der hl. Jungfrau, Wallfahrtsort Loreto (Italien).

Loretto *m* neuerer VN, angelehnt an →*Loretta*, an den Wallfahrtsort Loreto (Italien).

Lorina *w* KF von →*Laurentia*.

Loris° *m* ital./schweizer. KF von *Lorenz* = *Laurentius*.

Loris° *w* ital./schweizer. KF von *Lorenza* = *Laurentia*.

Lorita, **Loritta** *w* NF zu *Loretta*.

Lorna *w* amer. VN nach dem Roman »Lorna Doone« (1869) von R. D. Blackmore.

Lothar *m* alter dt. VN, ahd. *Hlothar, Chlothar*, zu hlut »laut, berühmt« + *heri* »Heer«.

Ein fränk. Adelsname, Kaiser- und Königsnamen, Lothar I., Lothar II., dazu Lothringen = Lotharingen; nach 1900 wieder modern, Name ist auch heute noch beliebt.

🄺 Lothar I., fränk. Kaiser, Benediktinerkirche Prüm (Eifel); Lothar III., dt. König und Kaiser, Abteikirche in Königslutter.

***Lotte** *w* KF von →*Charlotte*.

Im 19. Jh. wie Anfang dieses Jh. beliebt, gefördert durch »Goethes Lotte« (= Charlotte Buff), literar. in »Leiden des jungen Werther«, und Thomas Manns Roman »Lotte in Weimar«.

Lotti *w* Koseform von →*Lotte*.

Lou *w* KF von →*Louise*; *Lou(i) m* auch KF von →*Louis*.

Louis *m* frz. Form von →*Ludwig*, aus älterem *Clovis* = *Chlodwig*.

Noch im 19. Jh. in Dtschl. häufig für *Ludwig* gebraucht, heute wegen abwertender umgangsspr. Form *Loui, Louis* »Zuhälter« gemieden.

Louise, *Lowis, Lowise w* frz. und mundartl. eindeutschende Formen von →*Louis*; s.a. →*Lowisa*.

Loulou *w*, auch *Lulu*, kinderspr. Herkunft, Verdoppelung von →*Lou*.

Lovis, **Lowis** *m* nd. Formen von nd. *Lodewik* = *Ludwig*.

Lowik *m* niederl. Form von →*Ludwig*.

Lowisa, **Lowise** *w* nd. Formen von →*Louise*, zugleich Anlehnung an die männl. Form →*Lovis, Lowis*.

Lu *m/w* KF von männl. VN mit *Lud-* und bei weibl. VN von *Luise*.

Lubbe westfries., **Lübe**, **Lübbo** *m*, **Lübba**, **Lübbe** *w* ostfries. KF von Namen mit *Luit-*.

Luc, **Luca**, **Luce** *m* roman. KF zu *Lucas, Lukas*.

Luc *w* KF von *Lucretia* (oder von der ostfries. weibl. Form *Lucke*?).

VN der Fernsehmoderatorin Luc Jochimsen (Panorama 1976/77).

Luca, **Luce** *w* KF zu *Lucia, Lucie*; *Luca, Luci* auch zu *Lucrezia*.

Lucette *w* frz. VklF von *Luce, Lucia*.

Luch *m* alte obd. Form des Evangelistennamens →*Lukas*.

* **Lucia**, **Lucie** *w* VN lat. Herkunft, zu lat. *luceo* »licht, hell sein, leuchten«.

KF *Luca, Luce, Lucy*.

Lucian(us) *m* VN, Weiterbild. von →*Lucius*.

Luciana, **Luciane** *w* Formen zu *Lucianus*.

Luciano *m* ital. Form zu *Lucianus*.

Lucie, **Luzie** *w* →*Lucia*.

Lucien *m* frz. Form zu *Lucianus*.

Lucienne *w* frz. Form zu *Lucianus*.

Lucilla, **Lucille** *w* VklF von *Lucia*.

Lucinde *w* Form zu *Lucius*.

Lucio *m* ital. Form von →*Lucius*.

Lucius, **Luzius** *m* VN lat. Herkunft, zu lat. *luceo, lucide* »licht, hell sein, leuchten, lichtvoll, klar«.

Im MA Papst- und Heiligenname, der in Dtschl. kaum Verbreitung fand.

Lücke, **Lucke** *w* ostfries. KF zu Namen mit *Luit-*.

Lucrezia *w*, **Lucrezio** *m* →*Lukrezia*.

Lucy *w* engl. Form von *Lucia, Lucile*.

Ludbert *m* NF von →*Luitbert*.

Lude, **Lüde**, **Ludeke**, **Lüdeke**, **Luideke** *m* nd.-fries. KF zu Namen mit *Luit-*, ahd. *liut* »Volk«.

Lüder *m* VN, nd. Form, zu dem alten Namen *Luit-hari* = *Luither*.

Ludgardis *w* NF von →*Luitgard*.

Ludger *m*, **Ludgera** *w* alte dt. VN, Nebenformen von →*Luitger*.

In Westfalen verbreitet durch die Verehrung des hl. Ludger, erster Bischof von Münster.

Ludmilla *w* VN slaw. Herkunft, zu russ. *ljud* »Volk« + *milyj* »lieb, angenehm«.

Die Verehrung der hl. Ludmilla, Landespatronin Böhmens, wirkte namenbildend über die Grenzen Böhmens und Polens hinaus.

Ludo *m* KF von Namen mit *Lud-*.

Ludolf *m* NF von *Luitolf*.

Name des Stammherrn der sächs. Ludolfinger, auch des hl. Ludolf, Bischof von Ratzeburg.

Ludolfa *w* Form zu →*Ludolf*; **Ludolfine** *w* Weiterbild. zu *Ludolfa*.

Ludvig *m* rätoroman. u. schwed. Form von →*Ludwig*.

Ludwig, älter *Ludewig m* alter dt. VN, urspr. fränk. *Chlodwig*, zu ahd. *hlut* »laut, berühmt« + *wig* »Kampf«.

Als Name dt. und frz. Könige und dt. Kaiser in ganz Dtschl. und in Europa verbreitet. Im 19. Jh. beliebt durch zahlreiche Namensträger.
KF *Lu, Ludchen, Lude, Ludi, Luggi, Lutz*, bayr. *Wickl, Wigg, Wiggerl*; nd. *Ladewig, Lovis, Lowis, Lodewik, Lüder, Lüdeke*; engl. *Lewis*, frz. *Louis*, ital. *Lodovico, Ludovico, Luigi*, rätoroman. *Ludivic, Ludvic, Ludvig, Luis*, niederl. *Lodewik, Lowik*, schwed. *Ludvig*, span.-portug. *Luis, Luiz*, slaw. *Ludvik, Ludwik*, ungar. *Lajos*.
Der Name ist heute noch gut verbreitet, geht aber zurück.
🄺 Ludwig IV., dt. König u. Kaiser, Ludwig III., König von Bayern, Frauenkirche München.

Ludvika, **Ludwika**, **Ludowika** *w* slaw. Formen zu *Ludwiga*; ital. *Lodovica, Ludovica*.

Ludwiga *w* Form zu →*Ludwig*.

Ludwina *w* neuere Form von *Luitwine*.

Luggi *m* schweizer.-österr. KF von →*Ludwig*, angelehnt an *Luigi*.

Luick *m*, **Luicke** *m/w* ostfries. KF zu Namen mit *Luit-*.

Luidolf *m* NF von →*Luitolf*.

Luigi *m* ital. Form von →*Ludwig*.

Luis *m* span. und rätoroman. Form von →*Ludwig*; eindeutschend für *Louis*.

Bekannt: Schriftsteller, Bergsteiger und Südtiroler Luis Trenker.

Luisa *w* ital., span. und rätoroman. Form von *Louisa, Luise*.

* **Luise** *w* dt. Form von *Louise*.

Beliebter Name der Königin Luise von Preußen (18./19. Jh.). 🄺 Mausoleum im Schloßpark Charlottenburg.

Luisella, **Luiselle** *w* roman. VklF von *Luisa*.

Luitbald *m* alter dt. VN, zu ahd. *liut* »Volk« + *bald* »kühn«.

Luitberga, **Luitburga** *w* alte dt. VN, zu ahd. *liut* »Volk« + *berga* »Schutz, Zuflucht«.

Luitbert, **Luitbrecht** *m* alte dt. VN, zu ahd. *liut* »Volk« + *beraht* »glänzend«.

Luitbrand, *Luitprand m* alter dt. VN *Liutbrant*, zu ahd. *liut* »Volk« + *brant* »Brand, Brennen«.

Luitfried *m*, **Luitfriede** *w* alte dt. VN, zu ahd. *liut* »Volk« + *fridu* »Friede«.

Luitgard, *Lutgard w* alte dt. VN, zu ahd. *liut* »Volk« + *gard* »Gehege, Hort, Schutz«.

Luitger *m* alter dt. VN, zu ahd. *liut* »Volk« + *ger* »Speer«; populär wurde der HlN →*Ludger*.

Luitgunde *w* VN, zu ahd. *liut* »Volk« + *gund* »Kampf«.

Luithard *m* VN, zu ahd. *liut* »Volk« + *harti* »hart«.

Luither *m* VN, zu ahd. *liut* »Volk« + *heri* »Heer«.

Luithilde *w* VN, zu ahd. *liut* »Volk« + *hiltja* »Kampf«.

Luithold *m* zu älterem *Liutwalt*, ahd. *liut* »Volk« + *waltan* »walten«.

Luitolf, **Luidolf** *m* alte dt. VN, zu ahd. *liut* »Volk« + *wolf* »Wolf«.

Luitpold *m* NF von *Luitbald*.

Name bekannt durch Prinzregent Luitpold von Bayern (19./20. Jh.).

Luitprecht *m* →*Luitbert, Luitbrecht*.

Luitwin *m*, **Luitwine** *w* alte dt. VN, zu ahd. *liut* »Volk« + *wini* »Freund«.

Luiz *m* span. Form von →*Ludwig*.

Luk, **Luke** *m* westfries. verkürzte Namenformen zu *Ludeke* = *Luidke*.

Lükardis *w* NF von →*Luitgard*.

* **Lukas**, *Lucas m* VN lat. Herkunft.

Name des Evangelisten Lukas, der als Heiliger verehrt wurde, er war Arzt und Gefährte des Apostels Paulus, starb als Märtyrer, stammte seinem Namen nach aus Lucania, einer Landschaft in Unteritalien.

Der Name verbreitete sich mehr im obd. Raum. KF *Luc, Luch, Luckel, Laux, Lux*.

Lukrezia, *Lucretia w* Form zum männl. VN *Lukrezio*, lat. Herkunft, zu *Lucretius*, Name einer altröm. Familie.

Bekannt ist Lucrezia Borgia, Tochter Papst Alexander VI., die Dichter und Gelehrte an ihren Hof zog.

Lulu *w* Lallform der Kinderspr. von Namen mit *Lu-*, wie *Lucia, Luise*.

Luitje, **Lütje**, **Lütjen** *m* fries. KF von Namen mit *Luit-*.

Lutmar, **Lutmer**, **Lütmer**, **Lüttmer** *m* fries. KF von *Luitmar*, zu ahd. *liut* »Volk« + *mari* »berühmt«.

Lutwin *m*, **Lutwine** *w* NF von →*Luitwin, Luitwine*.

* **Lutz** *m* KF von →*Ludwig*.

Lux *m* KF von →*Lukas*.

* **Luzia**, **Luzian**, **Luzie**, **Luzius** eindtsch. Schreibungen von →*Lucia, Lucie, Lucian, Lucius*.

Luzinde *w* →*Lucinde*.

* **Lydia** *w* VN griech. Urspr. »die aus Lydien Stammende«.

Lyse *w* alter griech. Frauenname, zu griech *lysē* »Befreiung, Rettung«.

Lysander *m* griech. *Lys-andros* »der Freigelassene«, zu griech. *lysis* »Freilassung« + *andros* »Mann«.

Lysiane, **Lysianne** *w* frz. VN, Nebenformen zu Lisiane, angelehnt an *Lisanne* (*Lise* + *Anne*); engl. *Lizanne*.

M

Mabel, **Mabella** *w* engl. VN, zu älterem *Amabel*, lat. *amabilis* »liebenswürdig«.

Madalena, **Maddalena** *w* ital. Formen von →*Magdalena*.

* **Madeleine** *w* frz. Form von →*Magdalene*.

Madge *w* engl. KF von *Margaret*.

Madlen, Madlene *w* VN, Kurzformen von →*Magdalene*; auch dt. Form von frz. *Madeleine*.

Madina *w* KF von *Magdalena*.

Ⓚ »Madina« Inschrift über einer Frauengestalt auf einem neu entdeckten Fresko in einem alten Turm im Unterland, Tirol, daneben den hl. Virgilius (8. Jh.), Apostel Kärntens, zeigend.

Mady *w* engl. KF von →*Magdalene*.

Mae *w* engl. KF von *Mary, May*.

Mafalda *w* VN, eine in Italien gebrauchte Form neben *Matelda, Matilda* = *Mathilde*.

Frauenname im Fürstenhaus von Savoyen, danach auch im ital. Volk; Name urspr. aus Portugal übernommen; entspr. frz. *Mahaut, Mahault*.

Mag, Magga, Maggie, Maggy *w* engl. KF zu *Margarete*.

Magali *w* KF zu frz. *Magelone*.

Magda *w* KF von →*Magdalena*.

Magdalen *w* engl. Form von →*Magdalene*.

Magdalene, Magdalena *w* bibl. Name, bei Luther übersetzte griech. Form *Magdalēnē*, 1. »die aus Magdala = Magada stammt« (am See Genezareth, Geburtsort der Maria), 2. »die Erhöhte, Erhabene«.

Jüngerin Jesu, die am Ostermorgen sein leeres Grab entdeckte. Seit der Reformation kam der Name häufiger vor, heute zurückgegangen. KF *Lena, Lene, Lenchen, Leli* (schweizer.), *Madlen, Magda*; engl. *Magdalen, Madeline, Mady, Maddy, Maudlin, Maudin, Maud*, frz. *Madeleine, Madlon*, ital. *Maddalena, Madelena*, norweg. auch *Magdelone, Madel, Magli, Malene*, span. *Madelena*, schwed. auch *Malin, Lena, Lona*, slaw. *Madlenka, Lenka*, russ. auch *Magdelina, Madelina*, ungar. auch *Magdolna, Aléna*.

Magdali, Magel *w* KF von →*Magdalene*.

Magelone *w* VN, frz. *Magalonne*, dän.-norweg. *Magdelone*, slowen. *Makalonca*, NF von →*Magdalene*.

Sagenhafte Heldin eines dt. Volksbuches (1457), »die schöne Magelone«, in fast alle europ. Sprachen übersetzt, von Hans Sachs dramatisiert, von Schwab, Simrock, Tieck erneut bearbeitet, die Magelonelieder von Johs. Brahms (op. 33), Volksheilige in Griechenland. Heute bei uns selten. KF *Madlon*.

Maggie *w* engl. KF von →*Margaret*.

Magna *w* VN, nord. weibl. Form von →*Magnus*; auch NF von *Magnhild*, eine nord. Form von →*Mathilde*.

Magnar *m* norweg. Neubildung nach dem traditionellen norweg. Namen →*Magnus*, Anlehnung an →*Ragnar*.

Magnolia *w* lat. »Blumenname«.

Magnus *m* VN, urspr. BN »der Große«, zu lat. *magnus* »groß (an Geist, Mut, Ansehen)«.

In Anlehnung an *Carolus Magnus*, lat. Name Karls des Großen, Name mehrerer skandin. Könige, danach als VN nach Dtschl. gekommen.

Mai, Maie, Maje *w* ost- und nordfries. KF von →*Maria*, wohl an den Monatsnamen Mai angelehnt, →*Maja*.

Maia *w* KF von →*Maria*, auch Taufzeitname »die im Mai Geborene«, →*Maja;* rumän. auch *Maio*.

Maidie *w* KF von →*Margaret*, in Nordamerika gebräuchlich.

***Maik, Meik** *m* Ausspracheformen für engl. →*Mike* = *Michael*, die leider eindeutschende Schreibweisen geworden sind.

Maika *w* russ. KF von →*Maria*.

Maika, Maike, Maiken, Meika, Meike *w* nd.-fries. KF von →*Maria*.

Mainart, Maint *m* ostfries. KF von →*Meinhard*.

Maio, Meio *m* einstämmige KF von germ. Namen mit *magan, megin;* rumän. *w* VN *Maio* zu →*Maia*.

Maitagorry *w* südfrz.-baskischer VN, »Morgenrot, Morgenröte«, zu altprovenz. *maiti* »Morgen« (zu span. *maitines* »Frühmette« entlehnt) + bask. *gorri* »rot«, romagn. *gori* »rötlich«.

Maj *w* schwed. VN, verkürzt aus älterem *Maja*, zu *Maria*, wie engl. *May* zu *Mary*; die DF *Maj-Britt* geht aus *Maria* + *Britta* (= *Brigitta*) hervor.

***Maja** *w* VN, nach der altröm. Göttin des Wachstums *Maja, Majesta* (danach der Monat Mai); griech. *Maia*, ist auch KF von *Maria* geworden.

Name früher auch verbreitet durch Waldemar Bonsels gern gelesenes Buch »Die Biene Maja« (1912).

Malberta *w* KF von *Amalberta.*

Male *w* KF von →*Amalie* und *Malwine.*

Malee *w* thailänd. VN, bed. →*Jasmin.*

Malanka, **Malenka** *w* slaw. KF von →*Melanie.*

Malen, **Malena**, **Malene** *w* nord. KF von →*Magdalena.*

Malfriede *w* alter dt. VN, zu ahd. *mahal* »Gerichtsstätte, -versammlung«, *mahalen* »öffentlich reden« + *fridu* »Friede«.

Mali *w* KF von *Amalie*, schwed. dialekt. auch von *Madelin* = *Magdalena.*

Malin *w* alte schwed. KF von *Madelin*, zu *Magdalena.*

Malika *w* ungar. Koseform von *Malwine.*

Malinda, **Malinde** *w* altengl. VN »die Vornehme, Edle«, KF *Lindy.*

Malina, **Maline** *w* engl. Koseformen von *Madeline* = *Magdalene.*

* **Malte** *m* dän., auch in Schweden verbreiteter VN dt. Herkunft, KF von *Helmold*, ahd. *Helmoald* oder von ahd. Namen mit *mahal* »Gerichtsstätte, -versammlung«.

Malve, **Malwe** *w* KF von →*Malwine.*

Malvida, **Malwida** *w* VN, wohl Weiterbild. von →*Malwina, Malvina.*

Malwina, **Malwine**, **Malvina**, **Malvine** *w* 1. dt. VN, zu ahd. *mahalen* »öffentlich reden« + *wini* »Freund«; 2. Anlehnung von *Malvina, Malvida* an den Namen der Malvengewächse; 3. *Malvina* in James Macphersons Ossian-Gesänge (1765).

Manda, **Mandi** *w* KF von →*Amanda.*

Mandus *m* KF von →*Amandus.*

* **Mandy** *w* engl. KF von →*Amande.*

* **Manfred** *m* VN, Nebenform des alten dt. VN →*Manfried.*

Durch Byrons Drama »Manfred« (dt. 1835) wurde der Name des Stauferkönigs Manfred von Sizilien (13. Jh.) in Erinnerung gerufen, aber erst in diesem Jh. bei uns beliebt.

Manfreda *w* Form von →*Manfred.*

Manfried *m* zu ahd. *man* »Mann« + *fridu* »Friede«.

Mangold *m* VN, älter *Manegolt*, zu ahd. *manag* »manch, viel, zahlreich« + *waltan* »walten, herrschen«.

Manhard, **Manhart** *m* alter dt. VN, zu ahd. *man* »Mann« + *harti* »hart«.

Manja *w* slaw. KF von →*Maria*; auch *Mania*; Weiterbild. *Manjana.*

Mano *w* slaw. KF von *Thoman*, auch *Emanuel*; *Manolo m* span. VklF.

Manon *w* frz. Koseform von →*Maria.*

Bekannt durch die Opern »Manon« von Massenet (1884) und durch »Manon Lescaut« von Auber und Puccini (1893), später Schlager.

* **Manuel** *m* KF und span. Form von

* **Manuela**, **Manuella** *w* ital./span. Form zu *Manuel;* KF zu →*Emanuela*; KF *Nela.* Beliebter Modename.

Mara *w* 1. bibl. Name, zu hebr. *mārāh* »bitter, betrübt«, engl. *Marah*; 2. zu syrisch *mara* »Frau«; 3. KF von →*Maralda*; 4. russ. *m/w* KF von *Mark, Makar, Marija, Margarita.*

Maralda *w* VN von *Marhold, Marwald*, zu ahd. *marah* »Pferd« + *waltan* »walten, herrschen«.

Marbert *m* alter dt. VN, zu ahd. *marah* »Pferd« + *beraht* »glänzend«.

Marbod *m* alter dt. VN, zu ahd. *mari* »berühmt« + *boto* »Bote«.

Als *Merbod, Merbot, Mirbt* mittelalterl. Rufname der oberen Schichten; der sel. Marbodus (12. Jh.), Einsiedler bei Bregenz, vom Volk als Märtyrer verehrt.

* **Marc** *m* 1. NF des sehr beliebten VN →*Mark*; 2. frz. Form von →*Markus.*

* **Marcel**, *Marceau m* frz. Form des lat. Namens →*Marzellus.*

Marcelin *m*, **Marceline**, **Marcelle** *w* Weiterbild. des frz. VN *Marcel.*

Marcia *w* engl. Form zu *Marcius.*

* **Marco** *m* ital. und span. Form von →*Markus.*

* **Marcus** *m* lat. Form von →*Markus*, zugleich beliebte NF dieses Namens.

Mareen *w* NF von *Maren, Marene.*

Marei, **Mareile**, **Mareili**, **Mareike** *w* Koseformen von →*Maria.*

Marek *m* slaw. Form von →*Markus.*

* **Maren** *w* dän. Form von →*Marina.*

Marene *w* eindtsch. Form von *Maren.*

Maret, **Mareta**, **Marete** *w* urspr. estn. und lett. KF von →*Margarete.*

Marfa *w* russ. Form von →*Martha*.

Marga *w* KF von →*Margarete*.

Margalita *w* russ. Form von *Margarete*.

Margaret *w* engl. und niederl. Form von →*Margarete*.

KF *Margery, Magdy, Madge, Meg, Marget, Mer*.

* **Margareta**, **Margarete**, **Margarethe** *w* VN griech.-lat. Herkunft, »die Perle«, zu lat. *margarita*, aus griech. *margaritēs* »Perle«.

Name der hl. Margareta aus der ersten Zeit des Christentums, im MA Name vieler Fürstinnen, im Volk sehr verbreitet, daher »Hans und Grete«, im 19. Jh. durch die Literatur mitverbreitet, um 1900 beliebtester weibl. Modename, auch in heutiger Zeit noch verbreitet, insbes. durch die Kurz- und Nebenformen sowie Doppelnamen.

KF *Grete, Gesche, Gitta, Gritt, Griet, Gritta, Margret, Marga, Margit, Margot, Meta, Metta, Gretel, Gredel, Greten, Gretchen, Gretli, Reda, Reta, Rita*; engl. *Margaret, Marjorie*, Maggie, Meg, frz. *Marguérite*, ital. *Margherita*, niederl. *Margaret, Margriet*, span./russ. *Margarita*, ungar. *Margit(a)*.

Margarita, **Margaritha** *w* VN, auch bulgar., russ., span. Form von →*Margarete*.

Margaritta *w* rätoroman. Form von →*Margarete*.

Margherita *w* ital. Form von →*Margarete*.

Margit, **Margita** *w* KF von →*Margarete*.

Margitta *w* rätoroman. KF von →*Margarete*.

Margo *w* russ. Entspr. zu →*Margot*.

Margone *w* NF zu *Margot, Margotine*.

* **Margot** *w* KF frz. Urspr. zu →*Margarete*.

* **Margret**, **Margreth**, **Margrit** *w* verkürzte Formen von →*Margarete*.

Marguérite *w* frz. Form von →*Margarete*.

Marhold *m* VN, zu ahd. *marah* »Pferd, Streitroß« + *waltan* »walten, herrschen«.

* **Maria** *w* bibl. Name, griech. und lat. Form von hebr. *Mirjam* »Bitterkeit, Betrübnis«, aber auch »widerstrebendes Wesen, widerspenstig«.

– **Maria**

Der Name der Mutter Jesu wurde aus frommer Scheu im MA als Taufname gemieden, erst seit der Reformation fand er, insbes. durch die jüngere Form *Marie* weite Verbreitung; seit dem 18. Jh. ist Maria auch als männl. Zweitname gebräuchlich; heute ist der Name durch eine große Zahl von Kurz- und Koseformen sowie Doppelnamen verbreitet.

KF *Marei, Mareili, Marieli, Marike(n), Mariechen, Maja, Meieli, Mia, Mieke, Mieze, Mimi, Mirl, Mirzl, Mizzi, Ria*; engl. *Mary*, frz. *Marie, Marion, Manon*, ital. *Maria, Mariella, Marietta, Marita*, span. auch *Marica, Marihuela*, irisch *Maire, Maureen*, niederl. auch *Maaike, Marieke, Maryse*, USA *Mami, Marilyn*, dän. *Maren, Mie*, schwed. *Marika*, russ. *Marija, Marja, Maika, Mascha, Maschinka, Meri*, poln. *Marya*, ungar. auch *Mari, Maris, Mariska, Marka*.

[K] Maria, Krönung von Michael Pacher, Pfarrkirche von Gries, Südtirol.

Mariam *w* ältere griech./hebr. Form für *Maria* in der Septuaginta.

Marian *m* KF zu lat. *Marianus*, den *Marius* betreffend, ihm gehörig.

Mariana, **Mariane** *w* 1. Weiterbild. von *Maria;* 2. weibl. Form von *Marianus*, zu *Marius*, altröm. Familie.

Marianka *w* slaw. KF von *Maria*.

* **Marianne**, *Marianna* *w* alter frz. VN, der wohl urspr. auf hebr. *Mariamne* bezogen und später als Doppelname aus *Maria* + *Anna* gesehen wurde.

In Dtschl. ist der Name in neuerer Zeit sehr beliebt geworden. In Frankreich wurde eine Marie-Anne der Pariser Barrikadenkämpfe von 1848 zum Symbol für Freiheit, Gleichheit, Brüderlichkeit, daher der Übername »Marianne« für die République Française.

* **Marie** *w* die jüngere Nebenform von →*Maria*.

Die urspr. protestant. Form wurde seit dem 16. Jh. zum sehr gebräuchl. Namen; volkstümlich und stark verbreitet, hat er durch viele bedeutende Frauen seine hohe Wertschätzung behalten; namengebend für zahlreiche Ortsnamen im dt. Sprachraum.

Marie-Antoinette *w* frz. DF aus *Marie* + *Antoinette*.

Verbunden mit dem Namen der Tochter der Kaiserin Maria Theresia und Franz I., die Gemahlin Ludwigs XVI. wurde, während der Franz. Revolution, nach dem König hingerichtet (1793).

Mariechen *w* alte volkstümliche VklF von →*Marie*.
Marieke *w* nd. VklF von →*Marie*.
Mariele, **Marile** *w* Koseformen von →*Marie*.
Marielene *w* DF aus *Marie* + *Lene*.
Marielies, **Marieliese** *w* DF aus *Marie* + *Lies(e)*.
Mariella *w* ital. VklF von *Maria*.
Marielle *w* frz. VklF von →*Marie*.
Marielore, **Marieluise**, **Marierose**, **Marietheres** *w* beliebte DF zum Namen *Marie*.
Marietta *w* ital. VklF und Koseform von *Maria* = *Mariechen*.
Mariette *w* frz. VklF von →*Marie*.
Marija *w* russ. Form von →*Maria*.
Marika *w* ungar. KF von →*Maria*.
Marilen, **Marilena** *w* Fügung von *Maria* + *Magdalena*.
Marilis, **Marilisa** *w* DF aus *Maria* + *Lis(e)*, *Lisa*.
Marilyn, **Marilyne** *w* engl. VklF von →*Mary* = *Maria*.
Marin *m*, **Marina**, **Marine** *w* frz. Formen zu →*Marinus*.
Marinella ital., **Marinette** frz. *w* Kose- und VklF zu →*Marina*.
Marinellus *m* HlN des MA, Koseform zu →*Marinus*.
Marino *m* ital. Form von →*Marinus*.
Marinus *m* niederl. VN lat. Herkunft, lat. *marinus* »das Meer betreffend«.
Name mehrerer Heiliger, von denen einer der Republik *San Marino* den Namen gegeben hat.
***Mario** *m* aus dem Ital. übernommene Form von →*Marius*.
Der Name ist bes. in Österreich und in der DDR beliebt geworden.
Mariola, **Mariolina** *w*, **Mariolino** *m* weibl. und männl. Kose- und VlkF, die von →*Mario* ausgehen.
***Marion** *w* alte frz. VklF zu →*Maria*, *Marie*.
Mariona, **Marionna**, **Marionne** *w* Weiterbild. von →*Marion*.
Maris, **Marisa**, **Marise**, **Madrisa** *w* ital. und schweizer. Koseformen von →*Maria*, niederl. *Maryse*, ungar. *Mariska*, *Marischka*.
Marit *w* schwed. dialekt. und norrländ. Form von →*Margit*.
Marita *w* span. Koseform von *Maria*.
Marius *m* VN lat. Herkunft, zum altröm. Familiennamen Marius, Familie der Marier; daraus die moderne, sehr beliebte ital. Form →*Mario*.
Marja *w* slaw. Form von →*Maria*.
Marjorie, **Marjory** *w* engl. NF von →*Margaret*.
***Mark** *m* engl., dän., niederl. und russ. Form von →*Markus*, die in Dtschl. sehr beliebt geworden ist; auch KF und Ableitung von dt. Namen mit *Mark-*; andere Schreibung: *Marc*.
Marke, **Marko** *m* KF alter dt. Namen mit Mark-, wie *Markhart*, *Markwart*.
Zu nennen ist: König Marke aus der Tristansage (Richard Wagner).
Marketta *w* finn. Form von →*Margarete*; KF *Reeta*.
Markhart, *Marchart*, *Markert* *m* alte dt. VN, zu ahd. *marcha* »Grenze« + *harti* »hart«.
Marko *m* vorwiegend südslaw. Form von →*Markus*, die auch in Dtschl. beliebt geworden ist; auch eindtsch. über ital. *Marco* = *Markus*.
Markolf *m* alter dt. VN, zu ahd. *marcha* »Grenze« + *wolf* »Wolf«.
***Markus** *m* VN lat. Herkunft, altröm. Name *Marcus*, »Sohn des Mars«, zum Namen des röm. Kriegsgottes.
Im MA verbreitet durch den Namen des Evangelisten Markus, in den folgenden Jahrhunderten in jüd. Familien gebräuchlich; heute sehr beliebter VN, insbes. in der Schweiz. KF *Mark*, *Marke*, *Marx*; engl. *Mark*, frz. *Marc*, ital./span. *Marco*, poln. *Marek*, südslaw. *Marko*.
🄺 Evangelist Markus, Wandgemälde Kloster Marienberg oberhalb Burgeis, Südtirol.
Markward, **Markwart** *m* alter dt. VN, zu ahd. *marcha* »Grenze« + *wart* »Hüter, Schützer«.
Ein hl. Marquardus war Bischof von Hildesheim. KF *Mark*, *Mack*, *Merkel*.
Marleen, Marlen, Marlene *w* DF aus *Maria* + *Lene* (Magdalena).
Unvergessen ist unter den Soldaten beider Seiten des 2. Weltkrieges das Lied »Lili Marlen« der Sängerin Lale Andersen († 1972).

* **Marlies, Marlis, Marliese, Marlise** *w* DF aus *Maria* + *Lies, Lise*, KF von *Elisabeth.*

Marlitt *w* DF aus *Marlene* + *Melitta.*

Marlo, Marlon *m* engl.-ital. KF zu dem altengl. VN *Marlow.*

Marquard *m* NF von →*Markward.*

Marret *w* nordfries. KF von →*Margarete.*

Mart, Marte *m* KF von →*Martin.*

Marte *w* NF von *Martha* und *Martina.*

Marten *m* nd.-fries. Form von *Martin.*

Märten, Märtgen, Märtin *m* NF von →*Martin.*

* **Martha, Marta** *w* bibl. Name, griech. *martha* »Herrin, Lehrerin«, auch zu hebr. *mārāh* »bitter, betrübt«.

Nach der Reformation verbreitet, beliebt im 19. Jh., vielleicht auch Einfluß von Friedrich v. Flotows Oper »Martha«

Marthe *w* NF von →*Martha.*

Martial *m* VN lat. Herkunft, *Martialis* »zum Mars gehörig«, Name für Eigenpriester des röm. Kriegsgottes Mars; ital. *Marziale.*

* **Martin** *m* VN lat. Herkunft, *Martinus*, zu lat. *Mars, Martis* »Kriegsgott, Kriegsglück, Tapferkeit«.

Der Name des hl. Martin (aus Ungarn, 4. Jh.), Bischof von Tours und Schutzheiliger der Franken, wurde durch die Legende der Mantelteilung mit einem Bettler im MA volkstümlich; seit der Reformation durch den Namen Martin Luthers weiterverbreitet, auch wiederholt Name von Päpsten; seit den 60er Jahren wieder neu aufgekommen und sehr verbreitet. NF und KF: *Martl, Märte, Mertel, Mirtel, Merten, Mertin, Marti, Martili*; engl./frz. *Martin*, ital./span. *Martino*, niederl. *Martinus, Marten*, schwed. *Marten*, dän. auch *Morten*, poln. *Marcin*, russ. *Martin*, ungar. *Mártoni.*

* **Martina** *w* Form von ›*Martin*; in neuerer Zeit wie die männl. Form *Martin* beliebt geworden.

Martine *w* frz. Form von →*Martin.*

Martino *m* ital. Form von →*Martin.*

Martinus *m* VN, lat. Form von →*Martin*, im Niederl. die überwiegend röm.-kath. Form, sonst *Maarten, Maartinus, Maart.*

Martje *w* fries. Form von →*Martha*, niederl. KF von →*Martina.*

Marula, Maruschka, Marusja *w* slaw. Formen von →*Maria.*

Marvin, Marwin, Mervin *m* engl. VN, zu ags. *Irvin, Irwin*, älter *Irmwine*, germ. *Irminwin*, zu ahd. *irmin* »gewaltig, groß« + *wini* »Freund«.

Marx *m* KF von →*Markus.*

Mary *w* engl. Form von →*Maria.*

Marylin, Maryline *w* NF des engl. VN *Marilyn.*

Marylise *w* VN, Fügung von engl. *Mary* + *Lise, Lise* KF von *Elisabeth.*

Marylou *w* Fügung von engl. *Mary* + *Louise.*

Maryse *w* frz. NF zu *Marise.*

Maryvonne *w* schweizer. DF aus *Marie* + *Yvonne.*

Marzell, Marzellus, *Marcellus m* VN, zu lat. *Marcus*, Zuname einer altröm. Familie.

Marzella, *Marcella w* Formen lat. Herkunft zu *Marzellus.*

Marzellina, Marzelline *w* Weiterbild. von →*Marzella.*

Marzellinus *m* VN, Adoptivform von →*Marzellus.*

Marzia *w*, **Marzio** *m* ital. KF zum lat. Namen *Martianus*, Adoptivform zu *Martius, Martinus.*

Mascha, Maschinka *w* russ. Koseformen von *Marija* = *Maria.*

Masetto, Masino *m* ital. VklF von →*Thomas.*

Maso *m* ital. KF von *Tommaso* = *Thomas.*

Massimo *m* ital. Form von lat. *Maximus* »der Größte«, auch KF von *Massimiliano* = *Maximilian.*

Mathew *m* engl. Form von →*Matthias.*

Maternus *m* lat. HlN, »d. Mütterliche«.

* **Mathias** *m* NF von →*Matthias* in falscher Schreibweise.

Mathieu *m* frz. Form von →*Matthias.*

Mathilde, Mathilda, Matilde *w* alter dt. VN, wie →*Mechthild* zu ahd. *maht* »Macht, Kraft« + *hiltja* »Kampf«.

Im MA verbreitet durch den Namen der hl. Mathilde, Gemahlin Kaiser Heinrichs I., Mutter Ottos d.Gr.; nach 1800 Modename, neu aufgekommen durch die romant. Dichtung.

Mathis *m* nd. Form von →*Matthias*.

Mattäus *m* ökumen. Schreibung von *Matthäus*.

Mattea *w*, **Matteo** *m* ital. Formen zu →*Matthäus*.

Matthäa *w* Form zu →*Matthäus*.

* **Matthäus** *m* NF von →*Matthias, Mattäus* (ökumen. Form), bibl. neutestamentl. Name, griech. *maththaios* »Gabe des Herrn, Gottesgeschenk«.

Der Name des Evangelisten Matthäus ist neben Matthias verbreitet, auch in vielen Kurz- und Koseformen. Der mittelalt. Name *Matheis* galt oft für *beide* Namen, er läßt sich nur durch die Taufzeit und den Namenstag unterscheiden: der *Sommer-Matheis* ist *Matthäus* (21. 9.), der *Winter-Matheis* ist Matthias (24. 2.). Die falsche Schreibung Mathäus sollte vermieden werden, weil *t* neben *th* bestehen bleiben muß.

* **Matthias** *m*, auch *Mattias* (ökumen. Form), bibl. neutestamentl. Name, griech. *maththias* »Gabe, Geschenk Gottes«, als Apostelname im MA verbreitet; NF ist →*Matthäus*.

Die falsche Schreibung Mathias sollte vermieden werden, weil *t* neben *th* bestehen bleiben muß.

Mattia *m* ital. Form zu →*Matthias*; selten in der Schweiz als weibl. Form.

Mattias *m* ökumen. Schreibung von →*Matthias*.

Maud, **Maude** *w* engl. Form von →*Mathilde*.

Maura *w* 1. roman. VN, zu lat. *maura* »die Mohrin, die Maurische«, weibl. Entspr. zu →*Mauro*; 2. irische Form zu →*Maria*.

Maureen *w* engl. VN, irisch *Mairin*, VklF von *Maire*, zu *Mary* = *Maria*.

Maurice *m* frz. Form von →*Moritz*.

Maurilia, **Maurina** *w* ital. VN, Weiterbild. von →*Maura*.

Mauritius *m* lat. Name, »der Mohr«, der Maure aus der röm. Provinz Mauritania, Mauretania, etwa dem heutigen Marokko entsprechend.

In der christl. Legende war der hl. Mauritius der Anführer des afrikan. Teils der Thebaischen Legion (2./3. Jh.) in der Schweiz, er starb den Märtyrertod, wurde namengebend im Abendland; Patron der Infanterie.

Mauriz *m* NF zu *Moritz*.

Maurizia *w* ital. Form von lat. *Mauritius* = *Moritz*.

Maurizio *m* ital. Form von lat. *Mauritius* = *Moritz*.

Mauro *m* roman. (ital.) VN, zu lat. *maurus* »der Mohr, der Maurische«.

Maurus *m* lat. Name, »der Mohr«, der Maure, Mauretanier, aus der röm. Provinz Mauretania.

* **Max** *m* KF von →*Maximilian*.

Maxence *m* frz. VN, zu lat. *Maxentius*, röm. BN »der Große, Erhabene«.

Maxi *w* KF von →*Maximiliane*.

Maxilie *w* KF von *Maximilienne*.

Maxim *m* KF von →*Maximilian*.

Maxime *m* frz. Form von lat. *Maximus* »der Größte«.

Maximilian *m* VN lat. Herkunft, aus urspr. röm. Beinamen und Ehrentiteln, lat. *maximus, maximianus* »der Größte, Älteste, Erhabenste«.

Name dreier Heiligen, von denen der hl. Maximilian von Cellia (Cilli, Steiermark, 3. Jh.) Apostel im Ostalpenraum und Oberösterreich wurde, 🅺 Statue in St. Stephan, Wien; durch Kaiser Maximilian I. († 1519, 🅺 Kaisermonument, Hofkirche Innsbruck) wurde der Name in Österreich und Bayern beliebter VN, seit dem 19. Jh. gewann die KF *Max* Vorrang. 🅺 Maximilian II., dt. Kaiser, Veitsdom Prag.

Maximiliane *w* Form von →*Maximilian*.

Maximin *m* VN, zu lat. *maximinus, maximus* »der Größte«.

Maximus *m* VN, zu lat. *maximus* »der Größte«; frz. *Maxime*, ital. *Massimo*.

May *w* engl. KF von *Mary*.

* **Maya** *w* NF von →*Maja*.

Mechthild, **Mechthilde**, **Mechtild** *w* alter dt. VN, der im MA sehr beliebt war und später den verwandten Namen →*Mathilde* verdrängte, zu ahd. *maht* »Macht« + *hiltja* »Kampf«.

Die volkstümliche KF *Metze*, zunächst Bez. für »Mädchen«, wurde später abwertend für »Dirne, Hure« gebraucht; auch heutiger FN.

Mecke *m/w*, **Meke**, **Meko** *m* fries. KF von Namen mit *Megin-*, *Mein-*.

Meckema, Mecima sind ostfries. Familien- und Abstammungsnamen, keine Vornamen im heutigen Sinne.

Medard, **Medardus** *m* VN, latinis. aus germ. Namen *Mathhard*, zu ahd. *maht* »Macht, Kraft« + *harti* »hart«.

Medea *w* griech.-lat. Herkunft, zu griech. *médō(n)* »walten, herrschen«.

Meieli *w* schweizer. KF von →*Maria*.

* **Meik**, **Meiko** *m* wie *Maik* alte nd. KF von Namen mit *Mein-*.

Meik *m* Ausspracheform für →*Mike*.

Meika, **Meike** *w* ostfries. KF von Namen mit Mein-, z.B. *Meinhild*.

Meina *w* ostfries. KF von Namen mit *Mein-*, insbes. von →*Meinharde*.

Meinald *m*, auch *Meinold, Meinhold*, alte dt. VN, zu ahd. *magan, megin* »Kraft, Macht« + *waltan* »walten«.

Meinard *m*, **Meinarde** *w* NF von *Meinhard, Meinharde*.

Meinberga *w* VN, zu ahd. *magan, megin* »Kraft, Macht« + *bergan* »bergen, schützen«.

Meinbod *m* VN, zu ahd. *magan, megin* »Kraft, Macht« + *boto* »Bote«.

Meinburg(a) *w* VN, zu ahd. *magan, megin* »Kraft, Macht« + *burg* »Schutz, Zuflucht«.

Meindert, **Meine**, **Meiner**, **Meinert** *m* fries. KF von →*Meinhard*.

Meinfried *m* alter dt. VN, zu ahd. *magan, megin* »Kraft, Macht« + *fridu* »Friede«.

Meinhard *m*, **Meinharde**, **Meinarde** *w* alte dt. VN, zu ahd. *magan, megin* »Kraft, Macht« + *harti* »hart«.

Meinhild, **Meinhilde** *w* alter dt. VN, zu ahd. *magan, megin* »Kraft, Macht« + *hiltja* »Kampf«.

Meinhold, **Meinold** *m*, **Meinholde** *w* alte dt. NF zu →*Meinald*.

Meino *m* ostfries. KF von Namen mit *Mein-*, z.B. *Meinhold, Meinolf*.

Meinolf, *Meinulf m* alte dt. VN, zu ahd. *magan, megin* »Kraft, Macht« + *wolf, wulf* »Wolf«.

Meinrad *m* alter dt. VN, zu ahd. *magan, megin* »Kraft, Macht« + *rat* »Ratgeber«.

Aus der Einsiedelklause des hl. Meinrad (9. Jh.) ging die Abtei Einsiedeln hervor; der Name ist heute noch in der Schweiz verbreitet.

Meinrade *w* Form von *Meinrad*.

Meinulf *m* →*Meinolf*.

Meinwald *m* alter dt. VN, zu ahd. *magan, megin* »Kraft, Macht« + *waltan* »walten, herrschen«.

Meinward *m* alter dt. VN, zu ahd. *magan, megin* »Kraft, Macht« + *wart* »Hüter, Schützer«.

Meier, **Meir** *m* jüd. VN, zu hebr. *meir* »der Leuchtende«, z.B. Meier Hirsch, Meierbeer.

Mela, **Melana**, **Melanka**, **Menka** *w* südslaw. Kurz- und Koseformen von →*Melanie*.

* **Melanie**, *Melania w* VN griech.-lat. Herkunft, »die Dunkle, Schwarze«, zu lat. *melania*, griech. *melanía* »die Schwärze, das Schwarzfleckige«.

Melcher *m* alte NF von →*Melchior*.

Melchior *m* VN griech.-hebr. Herkunft, zu griech. *melchi*, hebr. *melech*, KF von *elimelech* + *or* (Licht) »Gott ist König (des Lichts)«; volkstüml. Name eines der Hl. Drei Könige.

Melf *m* ost- und nordfries. KF zu altem Rufnamen *Meinlef*.

Melia *w* KF von →*Amelia*.

Melina *w* VN griech.-lat. Herkunft, zu lat. *melina* »Frau der Insel Melos«.

Melinda *w* VN roman. Herkunft, zu lat. *mellinia* »Honigtrank, Süßigkeit«.

Meline, *Melina w* KF von *Emmeline*; im Frz. ist *Meline* KF von *Ameline*.

Melisande *w* alter dt. VN, wie *Melisenda* aus *Malasintha*, zu dem got. Namen *Amalaswintha*.

Melissa *w* NF von →*Melitta*, bereits älter griech. *mélissa* »Biene«.

Melitta *w* VN griech. lat. Herkunft, zu griech.-neuattisch *melitta* »Biene«, auch »Honig«.

Melk *m* KF von →*Melchior*.

Melse, **Melsene** *w* nd.-fries. KF zu den alten VN →*Melisande* und →*Melusine*, die auf *Malasintha* = *Amalaswintha* zurückgehen.

Melusine *w* alter dt. und frz. VN.

Schöne Meerfee der altfrz. Sage; dt. Melusinenroman (1471); neubearb. von Hans Sachs, danach von Simrock, Schwab.

Mena, **Menna** *w* wie →*Meina* ostfries. KF von Namen mit *Mein-*.

Menard(us) *m* ostfries. Form von →*Meinhard*.

Mendel *m* KF von →*Immanuel*.

Menno, **Meno**, **Menold**, **Menolt** *m* fries. KF von →*Meinold, Meinhold*.

Der Friese Menno Simons (1496–1561) gründete die bes. in den USA verbreitete Religionsgemeinschaft der Mennoniten.

Mense, **Menso** *m*, **Mensje**, **Menske**, **Menste** *w* KF zu ostfries. Namen mit *Mein-*.

Meo *m* ital. KF von *Bartolomeo*.

Mercedes *w* span. VN, der anstelle von *Maria* gebraucht wird.

Urspr. Name des Marienfestes *Maria de Mercede redemptionis captivorum* »Maria von der Gnade der Gefangenenerlösung« (24. Sept.). Wie *Dolores* und *Pilar* »stellvertretender« Name für *Maria*, deren Taufname früher aus religiöser Scheu gemieden wurde.

Meret *w* schweizer. KF von →*Emerentia, Emerita*.

Merit *w* schwed. NF zu *Märit*, aus *Märta* = *Margareta*.

Merita *w* KF von →*Emerita*, in der Schweiz heimisch.

Merle, **Merline** *w* engl.-amer. VN, zu frz. *merle*, lat. *merula* »Amsel«.

Merlin *w* engl. VN kelt. Herkunft, zu kelt. *Myrddin, Merddin* »Seehügel, Düne, Hügel am Meer«.

Merlind, **Merlinde** *w* VN, zu ahd. *mari* »groß, berühmt« + *linta* »(Schutz durch) Lindenholzschild«.

Merret *w* nordfries., **Merta** *w* dän.-schwed. KF von →*Margarete*.

Merten *m* rhein.-niederl. Form von *Martin*.

Merve *w* engl. VN zur männl. Form *Mervyn, Merv*, ags. *Maerwine*, ahd. *mari* »berühmt« + *wini* »Freund«.

Meta, **Mete**, **Metje** *w* KF von →*Margarete*.

Um 1900 war *Meta* ein beliebter VN, heute seltener.

Methodius *m* griech.-lat. VN, zu griech. *méth-odos* »(Weg der) Untersuchung, vernünftiges Überdenken«; bulgar. KF *Meto, Metodi*.

Metta, **Mette**, **Metteke** *w* nd.-ostfries. KF von →*Mechthild*.

Mi, **Mia**, **My** *w* KF von *Maria, Marie*, *My* von engl. *Mary, Molly*.

Micaela *w* ital./span. Form von →*Michaela*.

Micha *m* VN, bibl. Name, zu hebr. *mikkāh* »wer ist gleich Gott?«; KF von hebr. *Michaja*, *nicht* von *Michael*!

***Michael** *m* sehr beliebter VN hebr. Herkunft, nach der bibl. Gestalt des Erzengels Michael, zu hebr. *mikhā'ēl* »wer ist wie Gott?«

Im MA verbreitet durch die bibl. Geschichte, nach der Michael mit seinen Engeln den Teufel besiegt; danach Schutzpatron des alten Deutschen Reiches (um 1900 übertragen auf die »Germania«, die »Wacht am Rhein«, Niederwalddenkmal). Die volkstümliche NF von Michael (29. Sept. Michaelistag) wurde seit dem MA der Name →*Michel*.

engl. *Michael*, frz. *Michel*, ital. *Michele*, niederl. *Michael, Michel, Michiel*, dän./schwed. *Mikael, Mickel*, slaw. *Michal, Michail*, span./portug. *Miguel*, ungar. *Mihály*.

***Michaela** *w* sehr beliebte weibl. Form von →*Michael*.

engl./frz. *Michelle, Micheline*, ital. *Micaela, Michela*, niederl. *Michaela*, dän. *Mikala*, schwed. *Michaela*, slaw. *Mihala, Mihaela, Michalina*, span. *Miguela*, ungar. *Mihaéla*.

Michail *m* russ. Form von →*Michael*.

Michal *m* bibl. Name, hebr. KF von →*Michael*, zu hebr. *mikhal* »Vollkommenheit, Vollständigkeit«.

Michalina *w* russ. Weiterbild. von →*Michaela*.

Michaline *w* Weiterbild. von →*Michaela*.

***Michel** *m* alter dt. VN von →*Michael*; *Michel* [Ausspr. mischä'l] frz. Form von →*Michael*.

Seit der Reformationszeit ist der »teutsche Michel« Spottname für den gutmütigen, aber unbeholfenen und einfältigen Deutschen. In der Neuzeit aus eben diesem Grund wenig gebräuchlich.

Michela *w* ital. Form von →*Michaela*.

Michele *m* ital. Form von →*Michael*.

Micheline *w* engl./frz. Form von →*Michaela*.

***Michelle**, **Michèle** *w* frz. Formen von →*Michael*.

Michiel *m* niederl. Form von →*Michael.*
Mickel *m* schwed. Form von →*Michael.*
Mie *w* KF von Marie, auch von →*Annemie, Bettemie* (*Elisabeth*+*Maria*).
Mieke *w* nd. Koseform von →*Marie.*
Mieze *w* nd. Koseform von →*Marie.*
Mignon, Mignet *w* frz. VN indogerm. Herkunft, zu ahd. *minn(e)on*, »lieben«, frz. *mignon* »niedlich, zierlich«.
Miguel *m* span./portug. Form von →*Michael.*
Mihály *m* ungar. Form von →*Michael.*
Mikael *m* schwed.-norweg. Form von →*Michael*; schwed. KF sind *Micke, Mickel*; norweg. auch *Mikal, Mikkel.*
* **Mike** *m* sehr beliebte engl. Form von *Michael. Meik* ist eigentlich Ausspracheform, nicht Schriftform.
* **Mike** *w* alte ostfries. KF von *Maria* oder *Mina.*
Miklas, Mikola, Mikolas, Mikulas *m* slaw. Formen von →*Nikolaus.*
Miklós *m* ungar. Form von →*Nikolaus.*
Mila *w* slaw. KF von →*Ludmilla, Miloslaw* oder *Bogumil.*
Milan *m* KF des slaw. VN *Miloslaw.*
Milana *w* Form von →*Milan.*
Milburg *w* NF von →*Mildburg.*
Milda *w* KF von Namen mit *Mil-, Mild-* wie *Mil(d)burg.*
Mildburg *w* alter dt. VN, zu ahd. *milti* altsächs. *mildi* »freundlich, freigebig« + *burg* »Zuflucht, Schutz«.
Mildred *w* engl. VN, altengl. Mildthryth, entspr. →*Miltraud, Miltrud*, zu ahd. *milti* »freundlich, freigebig« + *trud* »Kraft, Stärke«.
Durch die hl. Mildtryth (7. Jh.) wurde der Name im MA in England verbreitet, aber erst erneut im 19. Jh. populär. Bekannt: Mildred Scheel, Gattin des Bundespräs. Walter Scheel.

Mile *w* KF von →*Emilie.*
Milena *w* slaw. Weiterbild. von →*Mila.*
Milka *w* südslaw. VN, zu *Ljudmila.*
Milko *m* slaw. KF von →*Miloslaw.*
Milla, Milli, Milly *w* KF von *Camilla, Ludmilla.*
Milli, Milly *w* KF von *Emilie*, engl. *Emily.*
Milo *m* slaw. KF von *Miloslaw* oder *Bogumil;* auch KF von *Emil, Kamillo*; ital. KF von *Emilio, Camillo.*
Miloslaw *m* slaw. VN, »der Ruhmliebende«, zu russ. *milyj* »lieb, angenehm« + *slava* »Ruhm«.
Miltraud, Miltrud *w* alte dt. VN, zu ahd. *milti* »freundlich, freigebig« + *trud* »Kraft, stärke«; engl. Form →*Mildred.*
Milva, Milvia *w* ital. VN, zu lat. *milva, milvus* »Taubenfalke, Gabelweihe«.
Mimi *w* kinderspr. LN von *Emilie, Marie, Mina, Mineke, Wilhelmine.*
Mina, Mine *w* KF zu *Wilhelmine, Hermine.*
Mineke *w* nd./niederl. Form von *Mina* (zu Wilhelmina, Hermina); daraus kinderspr. »moderne« Form: *Mimi.*
Minerva *w* VN griech.-lat. Herkunft, *Minerva* »die Kluge«, zu griech. *ménos*, lat. *mens* »Denken, Geist«.
Minerva, die Tochter Jupiters, war urspr. sabinische Göttin des Handwerks und wurde früh auf dem Quirinal verehrt, danach der griech. Athena gleichgesetzt als Göttin der Weisheit.
Minette *w* frz. VklF von *Guillermine, Guillemette* = *Wilhelmine.*
Mingo *m* populäre span. KF von →*Domingo* = *Dominikus.*
Minika *w* KF von →*Dominika.*
Minja *m* russ. KF von →*Michail.*
Minja *w* KF von *Wilhelmina.*
Minka *w* poln. KF von *Wilhelmina.*
Minna *w* selbständige KF von *Wilhelmina.*
Sehr beliebter VN im 18. und 19. Jh., volkstümlich durch Lessings »Minna von Barnhelm«; im 19. Jh. abgewertet als »Dienstmädchenname«; umgangsspr. die »grüne Minna«, Gefangenentransporter.

Minne *w* NF von →*Minna.*
Minnegard, *Mingard* *w* dt. VN, zu ahd. *minnja* »Zuneigung, Liebe« + *gard* »Hort, Schutz«.
Minni, Minnie (engl.) *w* Koseformen von →*Minna.*
Mino *m* ital. KF von *Giacomino (Jakob)* oder *Guglielmino (Wilhelm).*
Mira *w* KF von →*Mirabella, Miranda, Palmira* und *Mirella.*

Mirabell, **Mirabella** *w* ital. VN, zu lat. *mirabilis* »wunderbar, bewunderungswürdig«; engl. *Mirabel*.

Miranda, **Mirande** *w* engl. VN lat. Herkunft, zu lat. *mirandus* »wunderbar, bewundernswert«; VklF *Mirandolina*.

Lange Zeit in England in Mode, literar. Gestalt bei Shakespeare in »The Tempest«.

* **Mireille** *w* frz. VN, zu provenz. *Mirèio*, *mirar*, roman. *mirare* »bewundern«.

Beliebter Name in Frankreich und der Schweiz, der seit dem Gedicht »Mireille« des provenz. Dichters Frédèric Mistral im 19. Jh. verbreitet wurde; seltener *Mirielle*.

Bekannt ist die frz. Sängerin Mireille Mathieu.

Mirek *m* VklF der slaw. VN *Jaromir* oder *Miroslaw*.

Mirella *w* ital. Form von *Mirabella*, angelehnt an →*Mireille*.

Mireta, **Miretta** *w* ital. VklF von *Mira* (zu *Mirabella*).

* **Miriam**, **Mirjam** *Myriam*, *Myrjam* *w* aram.-hebr. Form der griech.-lat. Schreibung →*Maria*, zu hebr. *mirjām* »die Widerspenstige, Ungezähmte«.

In Finnland gebräuchlich, auch mit der NF *Mirja*.

Mirjana *w* südslaw. Form zum männl. VN *Mirjan*.

Mirka *w* tschechisch gebrauchte weibl. Form von →*Mirko*.

* **Mirko** *m* KF von slaw. *Miroslaw*.

Mirl *w* bayr. KF von *Maria*.

Miroslaw *m* slaw. VN, zu russ. *mir* »Friede« + *slava* »Ruhm«.

Mischa *m* russ. KF zu →*Michail*.

Mitja, **Mitko**, **Mito** *m* slaw. KF von *Dimitar*, *Dmitrij* = *Demetrius*.

Mitzi, **Mizzi**, **Mizzy** *w* Koseformen von →*Maria*.

Modest *m*, **Modesta**, **Modeste** *w* roman. VN zu lat. *modestus* »bescheiden, sanftmütig, gelassen«.

Mehrere HlN, der hl. Modestus, Apostel in Kärnten (8. Jh.); ital. *Modesto*, rätoroman. *Mudest m*, *Mudesta w*.

Molly *w* engl. Koseform von →*Mary*.

Mombert, *Mombrecht* *m* alter dt. VN, zu germ. *muni* »Geist, Gedanke« + ahd. *beraht* »glänzend«.

Momme, **Mommo** *m* fries. Formen zum Lallnamen *Mamme*, *Mammo*.

Mona *w* 1. KF von →*Monika*, *Ramona*; 2. KF der Bez. *Madonna*; 3. irischer VN, zu irisch *muadh* »edel«.

Der Name der »Mona Lisa« von Leonardo da Vinci ist verkürzt aus Madonna, so daß Mona hier eigentlich »Frau« Lisa bedeutet.

Moni *w* KF von →*Monika*.

Monia, **Monja**, **Monna**, **Monya**, **Monyia** *w* ital. KF von *Madonna*.

Die Form Madonna wird selbst als VN nicht gebraucht und steht für die hl. Jungfrau Maria.

***Monika**, *Monica* *w* VN lat./griech. Herkunft, vermutl. weibl. Form des lat. Namens *Monicus*, zu lat. *monere* »erinnern, ermahnen«, wird auch zu griech. *monachós* »einzeln, allein lebend, Mönch« gestellt.

Im MA verbreitet durch den Namen der hl. Monika. In Dtschl. erst in neuerer Zeit volkstümlich, auch durch Schlager und Romanhefte; durch Nico Dostals Operette »Monika« verbreitet; in der Schweiz der seit 25 Jahren beliebteste weibl. VN, in Dtschl. seit einem Jahrzehnt rückläufig.

KF *Mona*, *Moni*, engl., niederl., ital. *Monica*, frz. *Monique*.

***Monique** *w* frz. Form von *Monika*.

Monty *m* KF des engl. VN *Montague*, urspr. FN frz. Herkunft.

Morena *w*, **Moreno** *m* ital. VN, zu roman. *morinus* »dunkel, schwarz«.

Morgan *m* engl. VN kelt. Herkunft, *Morien*, irisch *Muirgen*, zu *mor*, *muir* »die See«, »auf See geboren«.

Moritz *m*, früher auch *Moriz*, VN lat. Herkunft, *Mauritius*, Weiterbild. von lat. *maurus* »Mohr«, Bewohner von Mauretanien.

Im MA verbreitet durch Verehrung des hl. Mauritius, Anführer und Märtyrer in der Thebaischen Legion (in der Schweiz), danach auch als Fürstenname. Der eingedtsch. Name wurde im 19. Jh. volkstümlich durch die illustrierte Geschichte »Max und Moritz« von Wilhelm Busch.

engl. *Maurice*, *Morris*, frz. *Maurice*, niederl. *Mauritius*, *Maurits*, ital. *Maurizio*, ungar. *Moric*.

Morris *m* engl. Form von *Moritz*.

Morten *m* dän./norweg. Form von →*Martin*.

Mortimer *m* engl. VN, urspr. wohl Herkunftsname nach der Ortsbez. Mortemer in der Normandie.

Moses *m* bibl. Name zu hebr. *moscheh*, ein ägypt. Lehnwort, umschreibend: 1. »aus dem Wasser gezogen«, 2. ägypt. »Kind« – nach der Geschichte im 2. Buch Mose.

Schöpfer der Jahvereligion, befreite das Volk Israel aus ägypt. Gefangenschaft.

Motja *w* russ. KF von *Matrena*.

Munibert *m* VN, zu germ. *muni* »Geist, Gedanke« + *beraht* »glänzend«.

Munja *m/w* russ. KF von *Emmanuil, Marija, Emilija*.

Mura *w* russ. KF von *Marija*.

Muriel, **Meriel** *w* engl. VN kelt. Herkunft, irisch *Muirgheal*, zu *muir* »die See« + *geal* »hell, glänzend, strahlend«.

Myrta, **Myrtha**, **Myrthe** *w* VN, ein Pflanzenname griech.-lat. Herkunft.

Hier in der Bed. »mit Myrten geschmückt, myrtenfarbig, kastanienbraun«; zu lat. *myrtus*, griech. *myrtós* »die Myrte«. Im Altertum der Aphrodite heilig, seit dem 16. Jh. dient sie in Dtschl. als Brautschmuck.

N

Nabor *m* VN hebr. Herkunft, »Prophet des Lichts«.

Der hl. Nabor, römischer Legionär aus Mailand (4. Jh.).

Nada *w* südslaw. KF zum slaw. VN *Nadežda* = →*Nadjeschda*.

Nadia *w* roman., niederl. NF zu *Nadja* bzw. KF von *Nadjeschda* »Hoffnung«; auch *Nadya*.

Nadine, **Nadina** *w* engl. und niederl. Form von slaw. *Nadežda* = *Nadjeschda*; »Hoffnung«.

Nadinka *w* ungar., **Nadja** *w* russ. KF zu *Nadežda* = *Nadjeschda*.

Nadjeschda *w* russ. VN *Nadežda* »Hoffnung«.

KF *Nada, Nadja*; engl. *Hope, Nadine*, frz. *Nadia, Nadine, Espérance*, dän. *Esperance*, niederl. *Nadia, Nadine*, ital. *Nadia, Speranza*, span. *Esperanza*, ungar. *Nadinka*.

Naemi, **Naomi**, **Noeme**, **Noemi** *w* bibl. Namen hebr. Herkunft, zu *Naama* »die Liebliche«; →*Noeme*.

Naemi, Noomi, engl., niederl. *Naomi*, schwed. *Naemi, Naima, Naimi*, älter *Naema*; *Naemi w* nordfries. VN; in Dtschl. ist vorwiegend →*Noeme, Noemi* gebräuchlich.

Nahum, **Naum** *m* bibl. Name, zu hebr. *nachum* »trostreich, Tröster (ist Gott)«.

Einer der zwölf kleinen Propheten des A.T.

Nana *w* frz. KF von →*Anna*.

Nancy *w* engl. KF von →*Anne*.

Nanda *w* KF von →*Ferdinanda*.

Nandolf *m* alter dt. VN, germ. *nantha* »wagemutig, kühn« + *wolf* »Wolf«.

Nanetta *w* NF von *Nannette*.

Nanina *w* rätoroman. kinderspr. Lallform im Engadin zu *Annina* = Koseform von *Anna*.

Nanja *w* russ. KF von *Anastasija*.

Nanna *w* 1. nord. VN, in der nord. Göttersage ist Nanna die Frau des Gottes Balder; 2. kinderspr. Koseform für *Amanda, Anna, Johanna*; 3. VklF zu *Marianna*.

Namenbildung auch durch ital. Wiegenlied »*ninna, ninna, nanna* . . .«; zu altital. *ninna* »Madchen«, sizilian. *nanna* »Großmutter«, toskan. *nanna* »Wiege«.

Nanne *w* kinderspr. Lallform von →*Anna, Marianne*.

Nannette, **Nanette** *w* frz. VklF von →*Anna*.

Nanni *w* obd. Koseform von →*Nanne*; ital. *Nanni* entspr. *Hannele*.

Nanno *m* ostfries. KF von germ. Namen mit *Nant-*, zu germ. *nantha* »wagemutig, kühn«.

Nanon *w* frz. KF zu →*Anna*, engl. *Nannon*.

Nante *m* nd.-fries. KF von *Fridunant*, die alte Form von →*Ferdinand*.

Nantje *w* fries. weibl. Entspr. zu →*Nante*, KF von *Fridunant*.

Nantwig *m* alter dt. VN, germ. *nantha* »wagemutig, kühn« + *wig* »Kampf«.

Nantwin *m* alter dt. VN, germ. *nantha* »wagemutig, kühn« + *wini* »Freund«.

Naomi *w* →*Naemi*.

Nastasja *w* russ. KF von →*Anastasija*.

Nat *m* engl. KF von →*Nathanael*.

Nata, **Nate** *w* KF von *Renata, Renate*; *Nata* auch zu russ. *Natalija*.

* **Natalia**, **Natalie** *w* VN lat. Herkunft, zu lat. *dies natalis* »Tag der Geburt (Christi)«, urspr. ein Taufzeitname für die an Weihnachten Geborene.
Literarische Gestalt bei Goethe in »Wilhelm Meisters Lehrjahre« (1795), bei Jean Paul in »Siebenkäs« (1796). VN in neuerer Zeit »ziemlich vergessen und nur noch wenig gebräuchlich« (Anton Schnack).

Natalina *w* Weiterbild. von →*Natalia*.

Natalija *w* russ. Form von *Natalia*.
Unter den beliebtesten Namen in Moskau und Leningrad.

* **Natascha** *w* russ. Koseform von →*Natalija*.

Nathan *m* bibl. Name eines Propheten, zu hebr. *nāthān* »Er (Gott) hat (ihn) gegeben«.

Nathanael *m* bibl. Name, zu hebr. *nethanae'ēl, nathanaēl* »(den) Gott gibt (oder gab)«.

Ned *m* engl. KF von →*Edward*.

Neel, **Neele** *m/w*, **Neela**, **Neelke**, **Neeltje** *w* alte fries. KF von *Cornelius* und *Cornelia*.

Nehemia *m* bibl. Name, zu hebr. *nechemejāh* »getröstet hat Jah (der Herr)«.
Statthalter in Jerusalem, erneuerte nach der babylon. Gefangenschaft der Juden das jüd. Gemeindeleben.

Neidhard, **Neithard**, **Nithard** *m* alte dt. VN, zu ahd. *nid* »feindliche Gesinnung, Mißgunst, Neid« + *harti* »hart«.

Nelda *w* KF von *Thusnelda*.

Nelia, **Nella** *w* KF von →*Cornelia*.

Nelli, **Nelly** *w* KF von *Cornelia*, auch von *Elli, Helene, Eleonore*; im Engl. *Nell, Nelly* KF von *Ellen, Eleanor, Helen*.

Nepomuk *m* VN nach dem hl. Nepomuk (14. Jh.).
Eigentlich sein Herkunftsname: Johannes von Nepomuk (= Pomuk, Ort in Böhmen); da er gefoltert und in der Moldau ertränkt wurde, häufig Brückenheiliger, Landespatron von Böhmen.

Nestor *m* VN griech. Herkunft.
Griech. König von Pylos, ältester der Anführer vor Troja, deshalb: der *Nestor*, alter weiser Ratgeber.

Neta, **Nete** *w* schwed./dän. KF von →*Agneta*.

Netta, **Nette**, **Netti**, **Netty** *w* KF von *Jeannette, Annette, Antoinette*.

Nic *m* rätoroman. KF von →*Nikolaus*.

Niccoló *m* ital. Form von →*Nikolaus*.

Nicholas *m* engl. Form von →*Nikolaus*.

Nick, **Nicki** *m* KF von →*Nikolaus*.

Nicla *w* ital. Form zum männl. VN →*Nicola*.

Niclo *m* rätoroman. KF zu →*Nikolaus*.

Nico *m* rätoroman. KF zur männl. Form →*Nicola*; KF zu *Nicodemo*.

Nicodemo *m* rätoroman. Form von →*Nikodemus*.

Nicol, **Nikol** *m* KF von →*Nikolaus*.

Nicola° *m* ital./rätoroman. Form von *Nikolaus;* häufiger männl. Name in der Schweiz.

Nicola° *w* Form von →*Nikolaus*.
Die weibl. Form *Nicola* ist nicht zu empfehlen, weil sie im Ital. bereits durch die gleichlaut. männl. Form belegt ist (→*Nikola*).

Nicolai *m* NF von →*Nikolai*.

* **Nicolas**, **Nicholas** *m* engl. Formen von →*Nikolaus*.

* **Nicole**, **Nicolle** *w* sehr beliebter weibl. VN frz. Ursprungs, zu *Nicolas*.

Nicoletta, *Nikoletta* *w* ital. VklF von →*Nicla* bzw. den männl. Formen *Nicola, Niccolò*.

Nicolette *w* frz. VklF von →*Nicole*.

Niculaus *m* rätoroman. Form von →*Nikolaus*; KF *Niclo, Niculin*.

Nidger *m* VN, zu ahd. *nid* »feindl. Gesinnung, Mißgunst« + *ger* »Speer«.

Niels *m* dän. Form für →*Nils*.

Nies, **Nis** *m* KF von →*Dionysius*.

Nik *m* russ. KF von →*Nikolai*.

Nike *w* KF griech. Herkunft, zu griech. *nikē* »der Sieg« in der Schlacht, im Wettkampf, beim Gericht, Name der Siegesgöttin, BN der Athene.

Nikita *m* russ. Koseform von →*Nikolai*.

Niklas nd., **Niklaus** *m* NF von →*Nikolaus*.

Niko *m* KF von →*Nikolaus*.

Nikodemus *m* bibl. Name griech. Herkunft, *Nikódēmos*, zu griech. *nikē* »Sieg« + *dēmos* »Volk«.

Nikola *w* eindtsch. für →*Nicola*; ist für den binnendt. Raum zu empfehlen.

Nikolai, *Nikolaj m* russ. Formen von →*Nikolaus*.

Nikolas *m* NF zu →*Nikolaus*.

Nikoline, *Nicoline w* Weiterbild. von *Nikola*.

* **Nikolaus** *m* VN griech. Herkunft, *Nikólaos*, zu griech. *nikē* »Sieg« + *lāós* »Volksmenge, Volk«.

Name des hl. Nikolaus, im 4. Jh. Bischof von Myra (Lykien, Kleinasien), urspr. in der griech.-orthodoxen Kirche verehrt, wurde er, nach Translation seiner Reliquien nach Bari (1087), seit dem 12. Jh. der volkstümlichste Heilige in Dtschl., Kinderbeschenker, Patron der Seeleute, Fischer, Kaufleute und der Schüler; gefeiert (6. Dez.) durch viele Volksbräuche. Allerdings hat sich dieses Kultbild des hl. Nikolaus durch die mittelalt. Legende schon früh verquickt mit der Gestalt des Abtes Nikolaus von Sion in Lykien († 564).

Heilige, Päpste und russ. Zaren führten den Namen Nikolaus; seit dem 14. Jh. ist der Name des Volksheiligen in allen Schichten gleich stark vertreten. In der Folge haben die Nebenformen, die Kurz- und Koseformen, die mundartl. und landschaftl. Varianten durch die Jahrhunderte einschl. Familiennamenbildungen die stattliche Zahl von 480 erreicht, und diese Nikolaus-Bescherung nur im dt. Sprachraum! Der »Hauptname« *Nikolaus* hat seit dem 18. Jh. seine Beliebtheit an seine dt. und fremdsprachl. Folgeformen abgegeben, unter denen *Klaus* und *Nicole* die Spitze hielten.

Auswahl der KF: Klas, Klaas, Klaus, Nick, Nikkel, Nikol, Niklas, Niels, Nigg; engl. *Nicholas*, frz. *Nicolas*, ital. *Niccoló, Nicola*, niederl. *Nicolaas*, dän. *Niels*, schwed. *Nils*, russ. *Nikolaj*, tschech. *Mikoláš*, poln. *Mikołaj*, ungar. *Miklós*.

* **Nils** *m* schwed. KF von →*Nikolaus*; *Nighils, Niels* (dän. Form); *Nels* ist dialekt., *Nisse* Koseform von *Nils*.

* **Nina**, **Nine** *w* KF von →*Annina, Antonina* und Namenendungen auf *-nina*; roman. auch VklF, →*Nanna*.

Ninette, **Ninetta** *w* frz./ital. VklF von *Nina*; *Nini* span. KF zu *Eugenia*.

Ninina *w* span. KF zu *Marcelina*.

Ninja *w* zu span./portug. *Niña* = *Nina*.

Nino *m* ital. VklF von *Giovanni*, entspricht *Hänschen*.

Ninon *w* frz. Variante von →*Nina*.

Nis, *Nies m* KF von *Dionysius*.

Nisse *m* schlesw./schwed. Koseform von →*Nils* = *Nikolaus*.

Nita *w* dän./schwed. KF von *Anita, Benita* und anderer *-ita*-Namen.

Nivard *m* fränk. HlN des 7. Jh.

Nives *w*, **Niwes** *m* ital.-schweizer. VN, zu roman. *nive* »Schnee«, *nives* »die Schneeweiße«.

Noah *m* bibl. Name, zu hebr. *noach* »Ruhebringer«.

Im A.T. der aus der Sintflut in seiner Arche gerettete Fromme, Vater von Sem, Ham und Japhet, Gründer neuer Volksstämme.

Noël *m* frz. VN, altfrz. *Nouel*, zu lat. *natalis, dies natalis* »Geburtstag Christi« (→*Natalia*).

Urspr. war also *Noël* in Frankreich ein Taufzeitname für den an Weihnachten Geborenen, danach über den *Bonhomme Noël*, den »Weihnachtsmann«, heute Bez. für das Weihnachtsfest in Frankreich allgemein.

Noëlle *w* frz. Form von →*Noël*.

Noeme, **Noemi** *w* auch *Naemi, Naomi*, bibl. Namen hebr. Herkunft, *Naemi, Noomi*, zu hebr. *no'omi* »die Liebliche, Holde, Freundliche«.

Nolda *w* KF von →*Arnolde*.

Nolde, **Nolte** *m* nd. KF von →*Arnold*.

Nolik *m* russ. KF von *Anatolij*.

Nona *w* engl., auch schwed. VN lat. Herkunft, nach *Nona*, eine der drei Parzen, röm. Geburtsgöttinnen.

Nonfried *m* VN, Neubild. aus alten fries. *Non(n)*-Namen, germ. *nantha* »wagemutig, kühn« + *-fried*.

Nonna *w* schwed. KF von *Eleonora* und *Yvonne*; auch *Nonny*.

Nonna, **Nonneke** *w*, **Nonne, Nonno** *m* ostfries. KF zu Namen mit *Nant-*, germ. *nantha* »wagemutig, kühn«.

Nora *w* KF von →*Eleonora*.
Ibsens »Nora« gilt noch heute als Aufruf zur Frauenemanzipation.

* **Norbert** *m* alter dt. VN, zu ahd. *nord* »Norden« und *beraht* »glänzend«; »der im Norden Berühmte«, »der rauhe Mann (aus dem Norden)«.
Der hl. Norbertus von Xanten (11./12. Jh.) war Stifter des Prämonstratenserordens und Erzbischof von Magdeburg. NF *Nordbert*.

Norberta *w* Form zu →*Norbert*.

Nordrun *w* VN, Bildung aus *Nord* = Norden, Anlehnung an *-run*-Namen, ahd. *runa* »Geheimnis, Zauber«.

Nordwin *m* VN, zu ahd. *nord* »Norden« + *wini* »Freund«.

Noreen *w* irische VklF von →*Nora*.

Norfried *m* VN, zu ahd. *nord* »Norden« + *fridu* »Friede«.

Norgard *w* VN, zu ahd. *nord* »Norden« + *gard* »Gehege, Hort, Schutz«.

Norhild, **Norhilde** *w* VN, zu ahd. *nord* »Norden« + *hiltja* »Kampf«.

Norina *w* ital. Weiterbild. von →*Nora*.

Norma *w* engl. VN lat. Herkunft, zu lat. *norma* »(göttliches) Gebot, Regel«.

Norman *m*, auch *Normann*, engl.-amer. VN, »Mann aus dem Norden«, ahd. *nord*, schwed. *norr* »Norden« + *man* »Mann«, der *Normanne*.

Norwin *m* VN, zu ahd. *nord* »Norden« + *wini* »Freund«.

Notburg, Notburga *w* dt. VN, zu ahd. *not* »Bedrängnis« + *burg* »Schutz«.
Bekannt durch die hl. Notburga von Rattenberg, Tirol, Patronin der Dienstmägde.

Notker *m* alter dt. VN, zu ahd. *not* »Bedrängnis, Zwang, Gefahr« + *ger* »Speer«; Umkehrung von →*Gernot*.
Bekannt die hervorragenden Dichter und Sprachlehrer Notker Balbulus (der Stammler) und Notker III. Labeo (der Großlippige), die im 9. und 10. Jh. die Klosterschule St. Gallen berühmt machten.

Nunzia *w* KF von *Annunziata*.

Nuria *w* span. VN, zu *Nuestra Señora de Nuria*, einem Muttergottesbild in Nuria, Gerona.
Wie bei *Dolores, Mercedes, Pilares* ein VN stellvertretend für *Maria*, deren Name aus ehrfürchtiger Scheu gemieden wurde.

O

Obba *w*, **Obbe**, **Obbo** *m* fries. KF von Namen mit *Od-b-*, z.B. *Odbrecht*.

Oberon *m* frz. VN, altfrz. *Auberon*, aus *Alberon*, NF von →*Alberich*.

Oceana *w* VN (1875 auf einem Überseedampfer geboren) →*Ozeana*.

Octavia, *Oktavia w* VN lat. Herkunft, weibl. Form von *Octavius* »aus der röm. Familie der Octavier«.

Oda *w*, auch *Ota*, weibl. Formen zu →*Otto, Udo*.
Die hl. Oda war Stammutter der Ludolfinger, sie starb im Alter von 107 Jahren.
🅺 Prachtschrein (13. Jh.) in der Kirche von Amay, Belgien.

Odalinde *w* alter dt. VN, zu ahd. *ot* »Besitz« + *linta* »Lindenholzschild«.

Ode, Odo *m* ostfries. KF zu Namen mit *Od-*, zu ahd. *ot, od* »Besitz«.

Odette *w* frz. Form aus männl. *Odinet, Odet* (zu →*Odin*).

Odila, **Otila** *w* VklF zu →*Oda*, latinis. *Odilia*, zu →*Ottilie*.

Odilberta *w* →*Otberta*.

Odilberga *w* alter dt. VN, zu ahd. *ot* »Besitz, Habe« + *bergan* »bergen, schützen«; neuere Form: *Otberga*.

Odile *w* frz. Form des alten dt. Namens →*Odilie* = *Ottilie*.

Odilgard *w* alter dt. VN, zu ahd. *ot* »Besitz« + *gard* »Hort, Schutz«.

Odilie, *Odilia w* alter dt. VN, latinis. Form von ahd. *Odila, Otila*, zu *Oda*.
Die Verehrung der hl. Odilia, Äbtissin des Klosters Odilienberg (die Hohenburg in den Vogesen) hat zur Verbreitung des Namens in Dtschl. und Frankreich beigetragen; frz. blieb die ältere Form →*Odile*, während bei uns die Form →*Ottilie* gebräuchlich wurde.

Odilo *m* alter dt. VN, VklF von →*Odo.*

Odilo, Abt von Cluny (10./11. Jh.), hatte großen kirchenpolitischen Einfluß.

Odin *m* VN, identisch mit dem nordgerm. Gott *Odin = Wotan.*

Odine *w* Weiterbild. von →*Oda.*

Odo *m* alter dt. VN, Kurzform von Namen mit *Odil-, Odo-, Ot-.*

Odomar, *Odemar m* NF von →*Otmar.*

Oktavia *w* →*Octavia.*

Oktavian *m* lat. *Octavianus*, AF von *Octavius*, röm. Familie der Octavier.

* **Olaf** *m* nord. VN, norweg. *Olav*, altschwed. *Olof*, dän./nordfries. *Oluf.*

Alter norweg. Königsname, altisländ. *Olafr*, altnord. *Aleifr, Anleifr*, zu altnord. *ano* »Ahne, Vorvater« + *leifr*, ahd. *leib* »Erbe, Hinterlassenschaft«.
Der VN Olaf hat bei uns in den letzten Jahren erheblich an Beliebtheit gewonnen.

Olberich *m* NF von →*Alberich.*

Oldwig *m* NF von *Adalwig*, zu ahd. *adal* »edel« + *wig* »Kampf«.

* **Ole** *m* nd. KF von Namen mit *Od-* oder *Ul-*, altsächs. *odhil* »Besitz«, ahd. *adal* »edel«; auch dän. KF von *Olaf.*

Oleg *m* russ. VN altnord. Urspr., →*Helge*; russ. KF *Oležek, Oležka.*

Olf *m* KF von Namen mit *-wolf.*

Olfert *m* ostfries. KF von →*Wolfhart.*

Olga *w* russ. VN.

Geht auf den nord. VN *Helga* zurück, der durch die Waräger (schwed. Wikinger) nach Rußland gelangte, dort sprachlich umgebildet. Die hl. Olga (9./10. Jh.), Großfürstin von Kiew; die russ. Märchengestalt *Olga Zarewna* entspr. unserem »Schneewittchen«. Olga zählt heute zu den beliebtesten Namen in Moskau und Leningrad.

Olinde *w* NF von →*Odalinde.*

Oliva *w* ital. Form von →*Olivia.*

Olive *w* frz. Form von →*Olivia.*

* **Oliver**, **Olivier** *m* beliebter VN altfrz. Urspr., frz. *Olivier.*

Altfrz. *avoir son olivier courant* »keinen Widersacher zu fürchten haben« zeigt eine Bed., die zu altfrz. *olive*, roman. *olivus* »Ölbaum« führen kann; widerstandsfähig, knorrig, sind seine Zweige uraltes Symbol des Friedens.
Auch germ. Herkunft ist über *Alfihar*, altnord. über *Anleifr, Olafr*, möglich. Historische Namen: *Olivier*, Freund u. Waffengefährte Rolands; *Olivier*, Begleiter Karls d. Gr.

Olivia *w* VN lat. Herkunft, zu lat. *oliva* »Ölbaum, Olive«, dessen Zweige uraltes Symbol für den Frieden sind.

KF *Livy*; engl. *Olive, Olivia, Olivet*, ital. *Olivia.*

Oliviero *m* ital. Form von →*Oliver.*

Olla, **Olli(e)** *w* Koseformen von *Olga, Olivia.*

Olof *m* schwed. Form von →*Olaf.*

Olofa, **Olova**, **Oluva** *w* schwed. Formen von *Olof.*

Oltman *m* fries. VN, zu ahd. *adal* »edel« + *man* »Mann«.

Oluf *m* dän. Form von →*Olaf.*

Olympia *w*, **Olympus** *m* VN griech. Herkunft, zu griech. *Olympias* »eine Olympiade«.

In 2. Bed. eine Muse auf dem Berg Olympus; die Mutter Alexanders d. Gr. hieß *Olympias*; ital. *Olimpia w, Olimpio m.*

Omke, **Omko**, **Omme**, **Ommeke**, **Ommo** *m* fries. KF von Namen mit *Od-, Od-m*, z. B. *Odmar, Otmar.*

Onna *w*, **Onne**, **Onno** *m* stark verkürzte fries. Namen, wohl zu ahd. *unnan*, mittelniederl. *onnen, ghe-onnen*, bei Luther *gonnen, günnen* = gönnen »erlauben, lieben«.

Onna ist auch rätoroman. Form; *Onne* ost-/nordfries. auch weiblich.

Oona *w*, engl. →*Una*, ein alter irischer Name, aus Oonagh (ungeklärt).

Ophelia *w* VN griech. Herkunft, zu griech. *ōphéleia* »Hilfe, Beistand«.

Bekannt ist die Ophelia in Shakespeares »Hamlet«.

Orane *w* frz. Form von *Orania, Urania.*

Orania *w* VN, Nebenform von *Urania, Uranie*, griech.-lat. Herkunft, zu griech. *Ourania* »die Himmlische«, eine der neun Musen.

engl. *Oriana*, frz. *Orane*, ital. VklF *Ornella*

Orell *m* schweizer. Form von *Aurelius.*

Orla *w* alte KF von →*Orsola.*

Orlando *m* ital. Form von →*Roland.*

Bekannt: Orlando di Lasso, niederl. Komponist am bayr. Fürstenhof in München (16. Jh.).

Ornella *w* ital. VklF zu →*Orania, Urania.*

Orseline, **Orsina**, **Orsine** *w* NF ital. Herkunft zu →*Ursula.*

Orsola *w* alte ital. NF von →*Ursula*.

Ort, Orth *m* alte, in Hessen häufige KF von Namen mit *Ort-*, z. B. *Ortwin*.

Ortensia *w* rätoroman. Form von →*Hortensia*.

Ortfried *m* alter dt. VN, zu ahd. *ort* »Spitze« + *fridu* »Friede«.

Ortger *m* alter dt. VN, zu ahd. *ort* »Spitze (der Waffe)« + *ger* »Speer«.

Orthia *w* 1. alte hess. KF von Namen mit *Ort-*, weibl. Entspr. zur männl. KF →*Ort*; 2. KF von *Dorothea*.

Orthild, Orthilde *w* alter dt. VN, zu ahd. *ort* »Spitze« + *hiltja* »Kampf«.

Ortlieb *m* alter dt. VN, zu ahd. *ort* »Spitze (der Waffe)« + *leiba* »Erbe«.

Ortlind, Ortlinde *w* alter dt. VN, zu ahd. *ort* »Spitze (der Waffe)« + *linta* »Lindenholzschild«.

Ortnit *m* alter dt. VN, zu ahd. *ort* »Spitze (der Waffe)« + *nit* »Mißgunst, Neid«.

Ortolf, Ortulf *m* alter dt. VN, zu ahd. *ort* »Spitze« + *wolf, wulf* »Wolf«.

Ortolt *m* NF von →*Ortwalt*.

Ortraud, Ortrud *w* alte dt. VN, zu ahd. *ort* »Spitze (der Waffe)« + *trud* »Kraft, Stärke«.

Ortrun *w* alter dt. VN, zu ahd. *ort* »Spitze (der Waffe)« + *runa* »Zauber, Geheimnis«.

Ortulf *m* →*Ortolf*.

Ortwald, *Ortolt m* alte dt. VN, zu ahd. *ort* »Spitze (der Waffe)« + *waltan* »walten, herrschen«.

Ortwein, Ortwin *m* alte dt. VN, zu ahd. *ort* »Spitze (der Waffe)« + *wini* »Freund«; Name in dt. Heldensagen.

Osbert *m* NF von *Ansbert*, zu germ. *ans* »Gott« + ahd. *beraht* »glänzend«.

Osberta *w* Form von →*Osbert*.

Oscar *m* NF von →*Oskar*.

Oskar, *Oscar m* = *Ansgar*, ein aus den Ossian-Epen des Schotten Macpherson (1760/63) übernommener Name, entspr. altengl. *Osgar*, ahd. *Ansgar*, germ. *ans* »Gott« + *ger* »Speer«.

Oskar war beliebter schwed. Königsname im 19. Jh., von Schweden aus verbreitete er sich in alle Welt.

Osmar *m* alter dt. VN, zu germ. *ans* »Ase, Gott« + ahd. *mari* »berühmt«.

Osmund *m*, **Osmunde** *w* alte dt. VN, zu germ. *ans* »Ase, Gott« + ahd. *munt* »Schutz (der Unmündigen)«.

Ossi, Ossy *m* KF von Namen mit Os-, z. B. *Oskar, Oswald*.

Ossip *m* russ. Form von →*Josef*.

Ostara *w* engl. *Easter*, ags. *Eastre* »Göttin des neuen Frühlingslichts«.

Der Taufzeitname wurde ehemals Mädchen gegeben, die in der Osterzeit geboren wurden.

Osterhild *w* alter dt. VN, ahd. *Ostarhilt, ostar* »nach Osten, Frühlingslicht (der Sonne)« + *hiltja* »Kampf«.

Osterlind *w* alter dt. VN, zu ahd. *ostar* »nach Osten, Frühlingslicht« + *linta* »Lindenholzschild«.

Oswald *m* angelsächs.-nd. Form des ahd. *Answalt*, ags. *Osveald*, zu germ. *ans* »Ase, Gott« + *waltan* »walten«.

Heiliger der Schottenmission in Südd. und den Alpenländern; der spätmittelalt. Dichter u. Minnesänger Oswald von Wolkenstein wurde 1977 gefeiert; ehem. verbreiteter VN, heute meist nur noch als FN.

Oswalda, Oswalde *w* Form zu →*Oswald*.

Oswin *m*, **Oswine** *w* alte dt. VN, zu germ. *ans* »Gott« + *wini* »Freund«.

Ota *w* NF von →*Oda*.

Ota *m* tschech. NF von →*Otto*.

Otberga *w* VN →*Odilberga*.

Otbert *m*, **Otberta** *w*, älter die Formen mit *Odil-, Odal-*, zu ahd. *ot* »Besitz« + *beraht* »glänzend«.

Otburg, Otburga *w* alte dt. VN, zu ahd. *ot* »Besitz« + *burg* »Schutz«.

Otfried *m*, **Otfriede** *w* alte dt. VN, zu ahd. *ot* »Besitz« + *fridu* »Friede«.

Otger *m* alter dt. VN, zu ahd. *ot* »Besitz« + *ger* »Speer«.

Otgund, Otgunde *w* alter dt. VN, zu ahd. *ot* »Besitz« + *gund* »Kampf«.

Othild, Othilde *w* alter dt. VN, zu ahd. *ot* »Besitz« + *hiltja* »Kampf«.

Otker *m* alter dt. VN, zu ahd. *ot* »Besitz« + *ger* »Speer«.

Otlinde, Ottlinde *w* alte dt. VN, zu ahd. *ot* »Besitz« + *linta* »Lindenholzschild« (zum Schutz des Besitzes).

Otmar, **Ottmar** *m* alte dt. VN, zu ahd. *ot* »Besitz« + *mari* »berühmt«.

Otmund *m* alter dt. VN, zu ahd. *ot* »Besitz« + *munt* »Schutz (der Unmündigen)«.

Ott *m* KF von Namen mit *Ot-*, *Ott-*, häufig im alemannischen Raum.

Otte *m* KF von Namen mit *Ot-*, *Ott-*; schwed. Form von →*Otto*.

Ottegebe, **Ottogebe** *w* VN, zu ahd. *ot* »Besitz« + *geba* »Gabe, Geschenk«.

Ottfried *m* NF von →*Otfried*.

Ottheinrich *m* DF aus *Otto* + *Heinrich*; Ottheinrich, Kurfürst von der Pfalz (16. Jh.).

Ottheinz *m* KF zu *Ottheinrich*.

Otthermann *m* DF aus *Otto* + *Hermann*.

Otti *w* KF von →*Ottilie*.

Ottilie, *Ottilia* *w* VN, aus der latinis. Form *Odilia, Odilie* entstanden, zu ahd. *ot* »Besitz, Habe« (s.a. →*Oda*).

Die blindgeborene hl. Odilia, Ottilia (8. Jh.) wurde sehend, auf Kloster Odilienberg in den Vogesen verehrt.

🄺Stuttgart, Württ. Landesmuseum (1390); Arlesheim, Dom (15. Jh.); Karlsruhe, Kunsthalle (1520).

Ottmar *m* →*Otmar*.

* **Otto** *m* alter dt. VN, selbständig gewordene KF wie bei *Ode, Odo, Udo, Utto*, bereits im Jahre 788 belegt.

Aus alten *Ot*-Namen, wie *Otold, Othold, Otolf, Otoloh*, auch gedoppeltes t zur alten KF *Odo*; zu ahd. *ot* »Besitz«; engl. *Odo*, frz. *Othon*, ital. *Ottone, Oddo, Otto*.

Name dt. Kaiser (Otto I., d.Gr., 10. Jh.), Herzöge und Grafen, durch den hl. Otto von Bamberg (11./12. Jh.), Apostel der Pommern weiterverbreitet. Ende des 19. Jh. zeitweilig in Berlin unter den 12 beliebtesten Namen; nach 1900 Rückgang, in Berlin »durch Herbert ersetzt« (Sohn Otto von Bismarcks).

Ottokar *m* alter dt. VN *Odowakar*, zu ahd. *ot* »Besitz« + *wakar* »munter, wachsam, wacker«.

Odoaker, Odowakar, ein germ. Heerführer aus dem Stamm der Skiren (5. Jh.), nach mehreren Siegen von Theoderich ermordet. – König Ottokar II. von Böhmen (13. Jh.).

Ottomar *m* →*Otmar*.

Otwald *m* zu ahd. *ot* »Besitz« + *waltan* »walten, herrschen«.

Otward *m* zu ahd. *ot* »Besitz« + *wart* »Hüter«.

Otwin *m*, **Otwine** *w* alte dt. VN, zu ahd. *ot* »Besitz« + *wini* »Freund«; *Otwin* entspr. dem engl. →*Edwin*.

Ouwe, **Owe** *m* nordfries. Formen von →*Uwe*.

Ozeana *w* VN, Neubild. zu »Ozean«, →*Oceana*.

P

Paale, **Pals** *m* westfries. KF von →*Paul*.

Paavo *m* finn. Form von →*Paul*.

Pablo *m* span. Form von →*Paulus*.

Paddy *m* engl. LN von →*Patrick*.

Pai, **Pay** *m* nordfries. VN, alte KF von →*Paul*, auch *Poh, Pua, Puah*.

Pál *m* ungar. Form von →*Paul*.

Palle *m* 1. alter nord. VN, gehört zu norweg. *pal*, schwed. *pall*, nd.-fries. *pall* »steif, fest, feststehen«; 2. alte schwed. KF von *Paul*, jünger *Pål*.

Palmira *w*, **Palmiro** *m* ital. VN, geprägt zu Ehren des kirchl. Festtags Palmarum, dem Palmsonntag.

Pamela *w* engl. VN griech. Herkunft, zu griech. *pan, pam-* »ganz« + *mélos* »Lied, Gesang«; dazu *Pamelina*.

Weibl. Gestalt in Philip Sidneys Roman »Arcadia« (1590), seit 1742 durch S. Richardsons Roman »Pamela« bekannt. 1977 Romantitel »Pamela« von Clare Darcy.

Pamina *w* Opernname griech. Herkunft mit vermutl. folgender Bed.

Tochter der Königin der Nacht in Mozarts Oper »Die Zauberflöte« (1791), zu griech. *pám-mēnis* »Vollmondsnacht«, *pám-mēnos* »durch alle Monde, das ganze Jahr hindurch«; möglich ist auch Verkürzung von *Pamelina*, Weiterbild. von →*Pamela*.

Pancha *w* span. LN aus *Francisca*.

Pancho *m* span. LN aus *Francisco*.

Pandora *w* VN griech. Herkunft, zu griech. *pan* »ganz« + *doron* »Gabe, Geschenk«.

Panja *w* russ. KF von verschied. Namen mit *-nja*-Suffix-Bildung.

Pankratius, **Pankraz** *m* VN griech. Herkunft, zu griech. *pag-kratēs* »allmächtig, allgewaltig, allbesiegend«.

Name verbreitet durch Verehrung des hl. Pankratius, nach der Bauernregel zählt er mit →*Servatius* und →*Bonifatius* zu den »Eisheiligen«.

Pankrazia *w* Form von →*Pankrazius*.

Pantaleon *m* VN griech. Herkunft, zu griech. *pantan* »ganz und gar, durchaus, ohne Zweifel« + *léon* »Löwe«.

* **Paola** *w*, **Paolo** *m* ital. Formen von →*Paul, Paula*; *Paolino* = *Paulchen*.

Pär *m* schwed. Form von →*Peter*.

Paridam *m* VN, *Paridaen* 1295 in Brabant, engl. *Paride, Paridis*(1203).

Angelehnt an →*Paris*, populäre frz. Form von St. Patricius, St. Patrick; Namenkreuzung von *Paris, Paridis* mit dem gleichlautenden griech. Namen, →*Paris*; ital. *Paride*. Im nordd. Raum, Hamburg bis Pommern, ein Landadels- und Patriziername, wohl literarischer Herkunft.

Paris *m* alter frz. VN, populärer TN zu *St. Patricius*, engl. *St. Patrick*.

Kreuzte sich mit dem alten griech. Namen *Páris, Páridos*, in der griech. Mythologie Sohn des trojan. Königs Priamos.

Parsival, *Parsifal, Parsival m* Name eines Sagenhelden aus der Artussage.

engl. *Percival*, altfrz. *Percevale*, zu *perce-val* »durchbreche (im Kampf) das Tal«. Literarisch von Wolfram von Eschenbach gestaltet, Bühnenweihespiel von Richard Wagner.

* **Pascal** *m* frz. Taufzeitname, zu lat. *paschalis* »Ostern betreffend« (= in der Osterzeit geboren).

Bekannter als der hl. Paschalis Baylon (16. Jh.) ist der FN des frz. Religionsphilosophen und Mathematikers Blaise Pascal.

* **Pascale** *w* frz. Form zu →*Pascal*.

Pascha *m* russ. KF von *Pavel* = *Paul*.

Paschalis *m* lat. Form zu →*Pascal*.

Pat *m* engl. KF von →*Patrick*.

Pat *w* KF von →*Patrizia*, engl. *Patricia*.

Patric *m* roman. KF von lat. *Patricius*.

***Patrice** *m* frz. Form von lat. *Patricius*.

***Patricia**, **Patricius** →*Patrizia, Patrizius*.

***Patrick** *m* irisch-engl. VN, lat. *Patricius* »von hohem, uraltem röm. Adel«.

Der Apostel von Irland, urspr. Sucat, übernahm den Namen Patrick, der sich vom 12. Jh. an in Irland, Schottland und Nordengland mit Nebenformen ausbreitete; neuerdings ist der VN auch bei uns beliebt geworden. NF sind *Patric, Patrico, Patrik, Pat;* frz. KF *Paris*.

Patrik *m* NF von →*Patrick*.

***Patrizia**, *Patricia w* Form von →*Patrizius*.

Der Name wird heute gerne gewählt im Hinblick auf die Bed. der »Patrizier«. KF *Pat*.

Patrizius, *Patricius m* VN, zu lat. *patricius* »Patrizier, die ältesten und ansehnlichsten röm. Familien«.

Engl. *Patrick*, Pat, frz. *Patrice*, ital. *Patrizio*.

Patsy, **Patty** *w* engl. Koseformen von →*Patricia*.

***Paul** *m* VN lat. Herkunft, *Paulus* »der Kleine«, urspr. ein röm. Beiname, zu lat. *paul(l)us* »klein«.

Nach dem Apostel *Paulus* (vorher *Saul* »der Erbetene«) nannten sich Heilige und Päpste. Seit dem MA, insbes. der Reformation, breitete sich der Name in Dtschl. aus; um 1900 war er unter den 12 verbreitetsten Namen; heute sehr zurückgegangen.

engl./frz. *Paul*, ital. *Paolo*, niederl. *Paulus*, dän. *Poul*, span. *Pablo*, slaw. *Pavel, Pawel*, finn. *Paavo*, ungar. *Pál*.

Paula *w* Form zu →*Paul*.

Name mehrerer Märtyrerinnen, darunter die hl. Paula, Rom (4./5. Jh.); noch um 1900 beliebter Name, zurückgegangen, aber noch gut verbreitet durch ältere und mittlere Generation.

engl. *Paula*, frz. *Paula, Paule, Paulette*, ital. *Paola*, span. *Paula*, slaw. *Pavla, Pola*.

Paulette *w* frz. VklF des weibl. VN *Paule*, →*Paula*; auch *Pauletta*.

Paulin *m*, **Pauline** *w* Weiterbild. zu →*Paul, Paula*.

Im 19. Jh. beliebter Name, heute nur noch gering verbreitet; ital. *Paolina*.

Paulinus *m* ältere AF von →*Paulus*; rätoroman. KF *Polin*.

Paulus *m* lat. Form zu →*Paul*.

Pawel *m* russ. Form von →*Paul*.

Peco *m* KF zu *Peter* + *Josef*

Peder *m* dän. und rätoroman. Form von →*Peter.*

Pedro *m* span. Form von →*Peter.*

Peeke *m*, **Peekje** *w* ost- und westfries. Formen zu →*Peter, Petra.*

Peer *m* nord. VN für *Peter.*

Ibsens dramat. Dichtung »Peer Gynt« (1867), Bühnenmusik von Edvard Grieg (1874); »Peer Gynt«, Oper von Werner Egk (1938).

Peer, Peet *m*, **Peetje** *w* ost- und westfries. KF zu *Peter* und *Petra.*

* **Peggy** *w* engl. LN der Kinderspr. von →*Margaret.*

Peider *m* NF von *Peter* im Engadin.

Peko *m* fries. Form von →*Peter.*

Pelle *m* schwed. LN von *Per, Peter.*

Pelagia *w* Form zu *Pelagius*, griech. Herkunft, *pélagos* »die offene See«.

Penny *w* engl. KF von *Penelope.*

Pepa *w* span. LN von →*Josefa.*

Pepablo *m* span. volkstümliche Fügung für *Pedro Pablo* = *Peter* und *Paul*, Fest 29. Juni.

Pepe *m* span. LN von *José* = *Josef*; *Pepito, Pepillo* VklF von *Pepe.*

Pepino *m* span. Form von →*Pipin.*

Pepita, Pepeta *w* span. LN von →*Josefa.*

Peppina *w* rätoroman. Koseform von →*Josefina.*

Peppe, Peppo *m* ital. LN von *Giuseppe* = *Josef.*

Per *m* schwed. Form von →*Peter.*

Percy *m* engl. VN, Kurzform zu *Percival*, altfrz. *Percevale* = →*Parzival.*

Perdita *w* engl. VN, eigentlich »die Verlorene«, zu lat. *perditus, perdita* »verloren«.

Peregrin, *Peregrinus m*, **Peregrina** *w* engl. VN lat. Herkunft, lat. *peregrinus* »Fremdling, Reisender«.

Später auch »Pilger«, auf den hl. Peregrinus (7. Jh.) bezogen. KF *Perry m/w*; engl. männl. Form *Peregrine, Pel.*

Perez *m* span. Form von →*Peter.*

Perry *m/w* engl. KF von *Peregrine, Peregrina.*

Perikles *m* VN griech. Herkunft.

Nach dem berühmten Athener Staatsmann *Peri-klēs* († 429 v. Chr.), zu griech. *peri-klytós* »hochberühmt, herrlich«.

Pernetta *w* NF von →*Petronilla.*

Pernilla, Pernille *w* dän.-schwed. Form von älterem VN →*Petronella.*

Perino *m* ital. VklF von →*Pero.*

Pero *m* ital. KF von *Pietro, Piero.*

Peronella *w* ital. VN = *Petronella.*

* **Peter**, *Petrus m* VN griech.-lat. Herkunft, zu griech. *pétra, pétros* »Fels(block), Stein, Felssitz«, entspr. aram. *kepha(s)* »Fels«.

Name des Hauptapostels Petrus, eigentl. Simon, Petrus Beiname (N.T., Johs.-Ev. 1,42). Petrus starb als erster Bischof von Rom den Märtyrertod.

Die große Beliebtheit des Namens seit dem 14. Jh. zeigt sich in überaus zahlreichen landschaftl. Kurz- und Koseformen und in vielen volkstüml. Redensarten. Petrus ist »Wetterregent« und zugleich »Himmelspförtner«.

In der Schweiz lag *Peter* in den letzten 25 Jahren (nach *Daniel*) an 2. Stelle, auch im übrigen dtsch.-sprachigen Raum ist der Name heute sehr beliebt.

Auswahl der KF: *Pet(e), Pit, Pitt, Pier, Petz, Pitz, Per*; engl. *Peter*, frz. *Pierre*, ital. *Pietro, Piero*, span. *Pedro*, niederl. *Petrus, Pieter*, dän. *Peder*, schwed. *Per*, rätoroman. *Peder, Peider, Pieder*, russ. *Petr, Pjotr*, poln. *Piotr*, bulgar. *Petar*, ungar. *Petö.*

Peterke, Petje, Petke *w* ostfries. KF zu →*Petra.*

* **Petra** *w* Form von →*Peter*; heute sehr beliebter VN. Frz. VklF *Perette, Pierrette, Pierrine*, ital. *Piera, Pierina.*

Petrina, Petrine *w* VN, aus dem älteren VN *Peterine.*

Petrissa, Petrisse *w* Form zu →*Petrus.*

Petronella, Petronilla *w* ital. VklF von lat. *Petronia, Petronius*; HlN.

Petronelle, Petronille *w* frz. Formen zu *Petronella*, von *Petronia.*

Petronia *w* Form zu griech.-lat. *Petronius*, griech. *pétros* »Fels, Stein«.

Petronilla *w* NF von →*Petronella.*

Petrus *m* lat. Name für den Apostel *Simon* mit Beinamen *Petrus.*

Sohn des *Jona*, Bruder des *Andreas*, Fischer in Kapernaum am See Genezareth, griech. *Petros* »Fels« entspr. dem aram. Beinamen Kephas »Fels«; s.a. →*Peter.*

Jünger Jesu, erster Bischof und Oberhaupt der Christenheit, † als Märtyrer unter Nero. Name von Heiligen und Päpsten.

Petula *w* VN lat. Herkunft, zu lat. *petulans* »mutwillig, ausgelassen«.

Peye *m* westfries. KF von →*Paul*.

Phil *m* engl. KF von *Philip*, →*Philipp*.

Phila *w* VN, zu griech. *philai* »lieben, liebkosen, küssen«.

Philhard *m* Fügung aus *Philipp* + *Gerhard*.

Philine *w* VN griech. Herkunft, zu griech. *philai, philéon* »lieben, liebreich behandeln, liebkosen, küssen«.

Philip *m* engl. Form von →*Philipp*.

* **Philipp** *m* VN griech. Herkunft, lat. *Philippus*, griech. *Phil-ippos* »Pferdefreund«, zu *philos* »Freund, Liebhaber« + *hippos* »Pferd«.

Im Abendland als Name des Apostels Philippus verbreitet, vom SpätMA an in Dtschl. häufiger Name, Auftrieb seit der Humanistenzeit, volkstümlich durch den Namen des Landgrafen Philipp d. Großmüt. von Hessen (16. Jh.). KF *Lipp, Lips, Fips;* engl. *Philip, Phil,* frz. *Philippe,* ital. *Filippo,* KF *Lippo,* span. *Felipe,* slaw. *Filip, Filo, Lipo,* ungar. *Fülöp, Filko.*

Philippa *w* Form von →*Philipp*; ital. *Filippa*, span. *Felipa*, slaw. *Filipa*.

Philippe *m* frz. Form von →*Philipp*.

Philippine *w* Form von →*Philipp*.

Philo *m* KF, zu griech. *philéon* »lieben, liebreich behandeln«.

Philomela, **Philomele** *w* alter griech. Name *Philomēlē* »Freundin des Gesangs«, zu griech. *philos* »Freund, Liebhaber« + *mélos* »Gesang«.

Philomena, **Philomene** *w*, auch *Philumena*, zu griech. *philéon, philein* »lieben, liebkosen« + *oumós, emós* »mir bestimmt«.

Phöbe *w* VN griech. Herkunft, *Phoibē* »die Strahlende«.

Beiname der Artemis als Mondgöttin, Schwester des Phöbus (BN Apollos).

Phyllis *w* griech. VN.

In der griech. Mythologie Geliebte des Demophoon, die sich tötete, weil er ausblieb und in einen Mandelbaum verwandelt wurde. Name verwandt mit griech. *phyllás* »Belaubung, Blätterhaufen«.

* **Pia** *w* Form von →*Pius*, zu lat. *pia, pius* »fromm, gottesfürchtig, tugendhaft«.

Piata *w* Weiterbild. von *Pia*, zu lat. *pius* »fromm, gottesfürchtig, tugendhaft«.

Pidder *m* nordfries. Form von →*Peter*.

Pieder *m* surselv. NF von *Peter* in Obwalden, rätoroman. Schweiz.

Pier *m*, **Pierke**, **Pierkje**, **Piertje** *w* westfries. KF zu →*Peter* und *Petra*.

Pier *m* ital. u. niederl. NF von *Peter*.

Piera *w* ital. Form von *Piero* = *Peter*.

Pierangela *w* ital. Fügung aus *Piera* + *Angela*.

Piero *m* ital. Form von →*Peter*.

* **Pierre** *m* frz. Form von →*Peter*.

Pierrette *w* frz. VklF zu *Pierre*.

Piet, **Pieter** *m* niederl. Formen von *Peter*.

Pieterke, **Pietje** *w* ostfries. Koseformen von →*Petra*.

Pietro *m* ital. Form von →*Peter*.

Pike *m* westfries. KF von *Pieterke*.

Pikka *w* lappländ. KF für →*Birgitta*.

Pilar *w* span. VN, span. *pilar* »Pfeiler«.

Urspr. Beiname von *Maria del Pilar*, volkstümlich *Pilarica* »Muttergottes auf dem Pfeiler« (Kirche in Saragossa), Patronin von Spanien. Der VN steht wie bei *Dolores* und *Mercedes* stellvertretend für *Maria*, deren Name aus ehrfürchtiger Scheu gemieden wurde.

Pilo *m* slaw. KF von →*Philipp*.

Pim *m* niederl. kinderspr. Lallform von *Willem, Wim* = *Wilhelm*.

Pinkas *m* jüd. NF von →*Pinkus*.

Pinkus *m* jüd. VN, »Der Gesegnete«.

Pippa *w* ital. LN, aus *Philippa*.

»Pippa passes«, Drama von Robert Browning (1841), »Und Pippa tanzt«, Drama, Glashüttenmärchen von Gerhart Hauptmann (1906).

Pippo *m* ital. LN aus *Filippo* = *Philipp*.

Pirkko *w* finn. VN, zu *Birgitta*.

Piroschka, **Piroska** *w* ungar. VN, aus dem lat. Namen →*Prisca*, danach zu *Piriska, Piroska* geworden.

Bekannt geworden durch Hugo Hartungs Buch »Ich denke oft an Piroschka« (1954) und den Film »Piroschka« mit Liselotte Pulver.

Pitschen *m* KF von *Burkhard* im Engadin, entspr. dem obd. *Bitsch*.

Pitt *m* engl. KF von →*Peter*.

Pitter *m* rhein. Form von →*Peter*.

* **Pius** *m* VN lat. Herkunft, zu lat. *pius* »fromm, gottesfürchtig, tugendhaft«.

Pjotr *m* russ. Form von →*Peter*.

Placida *w* Form von →*Placidus*.

Placidus *m* lat. VN, zu lat. *placide* »sanft, ruhig, still, friedsam«; rätoroman. KF *Placi*.

Pol, Pole *m* nd. Formen von →*Paul*; *Pol* = Paul auch rätoroman. Form.

Pole Poppenspäler, eine Erzählung von Theodor Storm (1875). Pol, Polet, Polin rätoroman. Formen; *Pol* auch KF von Apollonius, Leopold.

Poldi *m/w* KF von →*Leopold* und *Leopoldine*.

Polly *w* engl. kinderspr. LN zu *Molly, Mary*.

Polyxenia *w* griech. Frauenname *Poly-xenē*.

Tochter des Priamos und der Hekabe, Geliebte des Achilles, zu griech. *poly-xenos* »sehr gastfrei, gastlich aufnehmend«. Adelsname in Dtschl. im 17./18. Jh. KF *Xenia*.

Popke *m/w* ostfries., *Popke m* westfries., *Pöpke w* nordfries., **Popko**, **Poppe**, **Poppeke**, **Poppo** *m* fries. LN durch Bilabialisierung von einstämmig verkürzten germ. Namen mit *Folk-* oder *Bod-* entstanden, z.B. aus *Folkmar, Folkert, Bodebert*.

Pontian *m* VN, zum lat. BN *Pontanus* »der Mann an der Brücke«, zu lat. *pons* »Brücke«.

Pretiosa, *Preziosa w* VN, zu lat. *pretiosus* »kostbar, von hohem Wert«.

Primus *m* lat. VN, zu *primus* 1. »der Erste der Zeit und Ordnung nach«; 2. »der Vorderste«; 3. »der Erste dem Rang, dem Vorzug nach«.

Prisca *w*, zu lat. *priscus* »nach alter Art, streng, ernsthaft«.

Priscilla *w* Weiterbild. von →*Prisca*, tschech. *Priska*, ungar. *Piroska* = *Piroschka*; ungar. KF *Cilla, Cilli(ke), Piri(ke), Pirka*.

* **Priska** *w* tschech. VN, entspr. dem ungar. VN *Piroska* = *Piroschka* und der lat. Ausgangsform →*Prisca*.

Prosper, Prosperus *m* VN, zu lat. *prosperus* »glücklich, günstig«.

Prudentia *w* VN, zu lat. *prudentia* »Klugheit, Vorsicht, Einsicht«.

Pulcheria *w* VN, zu lat. *pulchra* »schön, der Gestalt und dem Ansehen nach«.

Q

Quint, Quintus *m* röm. VN, der gemeinhin im Altertum (nach dem Erst- oder Zweitnamen) abgekürzt Q. geschrieben wurde, Zählname, zu lat. *quintus* »der Fünfte«.

Quintin, Quintinus *m* Weiterbild. von →*Quintus*; frz. *Quentin*.

Quirin, Quirinus *m* VN, lat. *Quirinus*, »der Kriegsmächtige, Kriegerische«.

Name für den vergötterten *Romulus populus Quirini*, mit Remus *gemini Quirini* (die Zwillinge des Quirinals); daher auch die Römer »urbs Quirini«; seit dem MA am Niederrhein verbreitet durch den hl. Quirinus von Neuß; frz. *Corin*.

R

Raban, latinis. *Rabanus*, ahd. *Hraban m* KF, zu ahd. *hraban* »Rabe«.

Rabea *w* seltener VN in der Schweiz, wohl *w* Form zu hebr. →*Ruben*, arab. *Rab'n*, oder *rabja* »Mädchen«.

Rachel *w* bibl. Name →*Rahel*.

Rachele, Rachelle *w* ital. Formen von →*Rahel*.

Rada *w* KF von Namen mit *Rade-*.

Radegund, Radegunde *w* VN, zu ahd. *rat* »Ratgeber« + *gund* »Kampf«.

Radek *m* slaw. KF zu *Radovan, Radoslaw, →Radomil, Radomir.*
Radka *w* slaw. Form von *→Radek.*
Radmilla *w* Form zum slaw. VN *Radomila*, weibl. Form von *→Radomil.*
Radolf, **Radulf** *m* VN, zu ahd. *rat* »Ratgeber« + *wolf, wulf* »Wolf«; im Engl. verkürzt zu *Ralph.*
Radomil *m*, **Radomila** *w* slaw. VN, zu *rad* »froh« + *mily* »lieb, angenehm«.
Rafael, **Raffael** *m →Raphael.*
Rafaela, **Raffaela** *w →Raphaela.*
Ragna *w* nord. KF von Namen mit *Ragin-*, bes. von *→Ragnhild.*
Ragnar *m* nord. Form von *→Rainer.*
Ragnhild *w* nord. Form, *→Reinhild.*
Rahel *w* bibl. Name, zu hebr. *rāchēl* »Mutterschaf, Schaf, Lamm«.
Raimar *m →Reimar.*
Raimo *m* NF von *Reimo.*
Raimond *m* NF von *→Raimund.*
Raimund *m*, **Raimunde** *w*, auch *Reimund m*, *Reimunde w* zu ahd. *Raginmund, ragin* »Rat, Beschluß« + *munt* »Schutz«.
Rainald, *Reinald m* NF von *Reinold*, zu *Reinwald.*

Rainald von Dassel, Erzbischof von Köln, war Reichskanzler Kaiser Friedrich Barbarossas (12. Jh.).

* **Rainer**, *Reiner m* alter dt. VN *Raginhari*, zu ahd. *ragin* »Rat, Beschluß« + *heri* »Heer«; heute sehr beliebter VN; frz. *Rainier, Régnier.*

Ⓚ Rainer (René) Maria Rilke (1875–1926), österr. Dichter, Grab Raron, Kanton Wallis.

Rainier *m* frz. Form von *→Rainer.*
Raja *w* russ. KF von *→Raisa.*
* **Ralf**, **Ralph** *m* verkürzte engl. Form von *Radolf, Radulf.*
Rambald *m* zu ahd. *hraban* »Rabe« + *bald* »kühn«.
Rambert *m* zu ahd. *hraban* »Rabe« + *beraht* »glänzend«.
Rambod *m* zu ahd. *hraban* »Rabe« + *boto* »Bote, Gebieter«.
Ramón *m* span. Form von *Raimund.*
* **Ramona** *w* span. Form von *Ramón* = *Raimund*; populäre KF *Mona.*
Ramphold *m* NF zu *→Rambald.*
Randal *m* engl. Form von *Randulf, Randolf, →Randolph.*
Randi *w* nord. KF, älter *Ragndi(d)*, zu *→Ragnhild* = *Reinhild.*
Rando *m* KF von Namen mit *Rand-*, zu ahd. rant »Schild(rand)«.
Randolf, **Randulf** *m* zu ahd. *rant* »Schild« + *wolf, wulf* »Wolf«.
Randolph *m* engl. VN, altengl. *Randwulf*, entspr. der dt. Form *→Randolf.*
Randwig *m* zu ahd. *rant* »Schild« + *wig* »Kampf« ältere Form *Rantwig.*
Ranka *w* Form zu *→Ranko.*
Ranko *m* slowen. neuerer VN, zu slowen. *rany, rano, ranni* »frühzeitig, frühauf, morgens früh«.
Rantwig *m* zu ahd. *rant* »Schild« + *wig* »Kampf«.
Raoul [raul] *m* frz. Form von *→Radolf.*
* **Raphael** *m* bibl. Name, zu hebr. *rāphā'el* »Gott heilt, hat wiederhergestellt«.

Erzengel im apokryph. Buch Henoch; frz. Raphael, ital. *Raffaele, Raffaelo.*

Raphaela *w*, **Raphaele** *m* Formen von *Raphael*; ital. *Raffaele, Raffaela.*
Rappert *m* NF von *→Ratbert.*
Rappo, **Rappold**, **Rappolt** *m* obd. Formen zu *Ratbald*, nd. *Rabbold.*
Rasmus *m* KF von *→Erasmus.*
Ratbald *m* zu ahd. *rat* »Ratgeber« + *bald* »kühn«.
Ratbert *m*, **Ratberta** *w* alte dt. VN, zu ahd. *rat* »Ratgeber« + *beraht* »glänzend«.
Ratbod *m*, älter *Ratpot, Rapoto*, zu ahd. *rat* »Ratgeber« + *boto* »Bote«.
Ratbold *m* NF von *→Ratbald.*
Ratburg, **Ratburga** *w* zu ahd. *rat* »Ratgeber« + *burg* »Schutz«.
Ratfried *m* zu ahd. *rat* »Ratgeber« + *fridu* »Friede«.
Ratgard *w* zu ahd. *rat* »Ratgeber« + *gard* »Gehege, Hort, Schutz«.
Ratger *m* zu ahd. *rat* »Ratgeber« + *ger* »Speer«.
Rathard *m* alter dt. VN, zu ahd. *rat* »Ratgeber« + *harti* »hart«.
Rathild, Rathilde *w* zu ahd. *rat* »Ratgeber« + *hiltja* »Kampf«.

Rathold *m*, älter *Ratwald*, zu ahd. *rat* »Ratgeber« + *waltan* »walten«.
Ratmar *m* zu ahd. *rat* »Ratgeber« + *mari* »berühmt«.
Räto *m* rätoroman. VN, →*Rätus*.
Rätus *m* VN, bezeichnet den Bewohner von Raetia, Rhaetia oder Rhetia, geschichtl. die Landschaft zwischen Donau, Rhein und Lech.
Ratward *m* zu ahd. *rat* »Ratgeber« + *wart* »Hüter«.
Raul *m* span. Form von *Radolf*.
Raunhild *w* NF von →*Runhild*.
Raute *w* KF von *Rautgunde*, angelehnt an den Namen der Rautengewächse.
Rautgunde w alter dt. VN, zu ahd. *rat*, *raut* »Ratgeber« + *gund* »Kampf«.
Ray *m* engl. KF von →*Raymond*.
Raya *w* KF von *Raymonde*.
Raymond *m*, **Raymonde** *w* frz. Formen von *Raimund, Raimunde*.
Rea *w* VN griech. Herkunft.
Name aus der griech. Mythologie, ionisch *Reiē*, Tochter des Uranus und der Gäa, Mutter des Zeus, →*Rhea*.

* **Rebekka**, *Rebecca w* bibl. Name, zu hebr. *ribeqāh* »die Bestrickende, Fesselnde«.
Recha *w* NF von *Reka*, Gestalt in Lessings »Nathan der Weise« (1779).
Redelf *m* ostfries. VN, zu →*Radolf*.
Redlef, *Redelef, Redleff m* ostfries. VN zu alten Namen mit *Rad-*, *Red-*, ahd. *rat* »Ratgeber« + *(lef) leiba* »Erbe, Hinterlassenschaft«.
Redward, **Redwart**, *Reduard* ostfries., *Redwert* nordfries. →*Ratward*.
Reela, **Rela**, **Rele** *w* ost- und nordfries. KF aus *Reila*, zu →*Regelinde* oder Kreuzung mit den männl. VN *Reelef, Relef* oder →*Redlef*.
Reelef, **Reeleff**, **Reelf** *m* ostfries. VN, zu →*Radolf* oder zu →*Redlef*.
Reemde *w*, **Reemet**, **Reemt**, *Rembt, Rempt, Remt m* ost- und westfries. VN, zusammengezogen aus *Remmet*, *Rembod* = →*Reimbold*.
Regelinde, **Reglinde**, **Reglindis** *w* VN, zu ahd. *ragin, regin* »Rat« + *lindi* »nachgiebig, empfänglich«.

* **Regina**, **Regine** *w* beliebter VN, zu lat. *regina* »Königin«.
Damit ist urspr. nach christl. Bed. Maria als Himmelskönigin gemeint; Name mehrerer Heiligen; KF *Gina, Ina, Rega*.
Reginald *m* VN, verkürzt zu →*Reinald*.
Regis *m* KF von →*Remigius*.
Regiswinde, **Regiswinda** *w*, älter *Raginsvinda*, zu ahd. *ragin* »Rat« + *swinde* »stark, geschwind«.
Regnerus *m* latinis. Form von *Reginar*; dt. →*Rainer, Reiner*.
Régnier *m* frz. Form von →*Rainer*.
* **Regula** *w* Form zum lat. Beinamen *Regulus*, lat. *regula* »Regel, Richtschnur« = spätlat. »nach den Regeln des Glaubens leben«. KF *Regele*.
Die hl. Regula und der hl. Felix, Märtyrer und Patrone von Zürich (um 300); 🅺 Steinrelief (12. Jh.) am Großmünster in Zürich.
Reichard *m* alte NF von →*Richard*.
Reichwein *m* →*Richwin*.
Reilinde *w* NF von →*Regelinde*.
Reimar, **Raimar**, **Raimer**, **Reimer** *m*, **Reimara** *w* alte dt. VN zu *Ragimar*, ahd. *ragin, regin* »Rat, Beschluß« + *mari* »berühmt«.
Reimbert *m*, auch *Reimbrecht*, zu ahd. *ragin, regin* »Rat, Beschluß« + *beraht* »glänzend«.
Reimbod *m* zu ahd. *ragin, regin* »Rat, Beschluß« + *boto* »Bote«.
Reimbrecht *m* NF von *Reimbert*.
Reimer *m* nd.-fries. NF von →*Reimar*.
Reimert *m* nd. Form von →*Reimbert*.
Reimo *m* KF von Namen mit *Reim-*.
Reimund *m*, **Reimunde** *w* NF von →*Raimund, Raimunde*.
Reimute *w* zu ahd. *ragin, regin* »Rat, Beschluß« + *muot* »Geist, Gesinnung«.
Reina, **Reine** *w* NF von →*Regina*; ostfries. KF von Namen mit *Rein-*.
Reinald *m*, **Reinalde** *w* zu ahd. *Raginald, Raginwald, Reginald* →*Reinold, Reinhold*; frz. Entspr. *Renaud, Renault*, ital. *Rinaldo*.
Reinar *m* NF zu *Reiner, Rainer*.
Reinbert *m*, **Reinberta** *w* NF zu →*Reimbert*.

Reinburg, **Reinburga** *w* zu ahd. *ragin, regin* »Rat« + *burg* »Schutz«.

Reineke, *Reinecke, Reinicke m*, **Reinke** *m/w* ost- und westfries. VN zu Namen mit *Rein-*.

Reiner *m* →*Rainer*.

Reinfried *m*, **Reinfriede** *w* zu ahd. *ragin, regin* »Rat« + *fridu* »Friede«.

Reingard *w* zu ahd. *ragin, regin* »Rat, Beschluß« + *gard* »Hort, Schutz«.

Reinhard, *Reinhart m* alter dt. VN, zu ahd. *Raginhart, ragin, regin* »Rat, Beschluß« + *harti* »hart, stark«.

Reinharda, **Reinharde**, **Reinhardine** *w* Formen zu →*Reinhard*.

Reinhild, **Reinhilde** *w* zu ahd. *Raginhilt, ragin, regin* »Rat, Beschluß« + *hiltja* »Kampf«.

Reinhold *m*, **Reinholde** *w* neuere Bildungen zu →*Reinold*, an »hold« angelehnt; frz. *Renaud*.

Reinka *w*, **Reinke**, **Reinko** *m* ostfries. KF von *Reinharda, Reinhard*.

Reinmar *m* zu ahd. *ragin, regin* »Rat«, Beschluß« + *mari* »berühmt«.

Reinmund *m* NF von *Reimund*.

Reinold *m*, **Reinolde**, *Reinolda w* alte dt. VN, aus ahd. *Raginald, ragin, regin* »Rat, Beschluß« + *waltan* »walten«.

Durch Verehrung des hl. Reinoldus, Schutzpatron von Dortmund, verbunden mit der Sage der vier Haimonskinder, wurde der Name Reinold (Reinhold) volkstümlich.

🄺 Statue (15. Jh). Reinoldikirche in Dortmund.

Reinske, **Reint**, **Reintje** *m/w* ost- und westfries. KF von Namen mit *Rein-*.

Reintraud, **Reintrud** *w* zu ahd. *ragin, regin* »Rat« + *trud* »Kraft, Stärke«.

Reinulf *m* zu ahd. *ragin, regin* »Rat, Beschluß« + *wolf, wulf* »Wolf«.

Reinwald *m* zu *Reginald, Raginwald*, ahd. *ragin, regin* »Rat, Beschluß« + *waltan* »walten, herrschen«.

Reinward *m* zu ahd. *ragin, regin* »Rat, Beschluß« + *wart* »Hüter«.

Reja *w* russ. KF zu *Awreja*, lat. *aurea* »golden«.

Rejane *w* russ. VN, kann Weiterbild. zu *Reja* sein.

Reka *w*, **Reke** *m* fries. KF, *Red*-VN.

Reka *w* bibl. Name, zu hebr. *rekhab* »weich, zart«.

Relef, **Releff**, **Relf** *m* wie →*Reelef* zu →*Radolf*.

Relke *w* ostfries. KF →*Roelke*.

Rella *w* ungar. KF von →*Aurelia*.

Rema *w* russ. KF von *Revmira*.

Rembert *m* NF von →*Reimbert*.

Remigius *m* »der Ruderer, Ruderknecht«, zu lat. *remigo* »rudern«.

Der hl. Remigius (6. Jh.), Missionar der Franken, Bischof von Reims; 🄺 Statue Weiler bei Rottenburg (Neckar) und in Lappach (Oberbayern). KF *Remi, Remy*.

Remke, **Remko** *m* ost- und westfries. KF von *Reinmar, Reimer*.

Remmert *m* ost- und westfries. Form von →*Reimbert*.

***Remo** *m* ital. VN, zu lat. →*Remus*, der Sage nach einer der Gründer Roms.

Remus *m* alter lat. Name, der Sage nach Bruder des *Romulus*, von diesem erschlagen; lat. *remus* »Ruder«.

Rena *w* 1. ost- und westfries. KF von Namen mit *Rein-*; 2. KF von →*Renate* und *Verena*.

Renard *m* frz. Form von →*Reinhard*.

***Renate**, *Renata w* Formen von →*Renatus*; lat. *renatus* »wiedergeboren«.

Beliebter und häufiger VN der letzten 25 Jahre in der Schweiz. KF *Rena, Reni, Rene*; frz. *Renée*.

***Renato** *m* ital. Form von →*Renatus*; frz. *René*.

Renatus *m* VN »der Wiedergeborene«, zu lat. *renatus* »wiedergeboren«; ital. *Renato*, frz. *René*.

Renaud *m* frz. Form von →*Reginald*.

Renault *m* frz. NF zu →*Renaud*.

Rendel *w* alte nd. KF von →*Reinhild*.

Name der edlen (nichtkanonisierten) hl. Reinhild, Reinheldis, genannt *Sünte Rendel* (nd. Sünte = Sankt); 🄺 ihre Grabplatte (12. Jh.) in der Kirche Riesenbeck, Kr. Tecklenburg.

Rendert *m* alte fries. KF von →*Reinhard*.

***René** *m* frz. Form von →*Renatus*; sehr beliebter VN in Frankreich und in der Schweiz.

Renée *w* frz. Form entspr. →*Renate*.

Renette *w* VklF von *Renée*.

Reni *w* KF von →*Irene, Renate.*

Renja *m/w* russ. KF von →*Andrej* = *Andreas* und →*Regina.*

Renka, **Renke** *w*, **Renke**, **Renko** *m* ostfries. KF von →*Reinhard(a).*

Reno *m* ital. KF von →*Renatus.*

Rensk, **Renske**, **Renskea** *w* ostfries. KF von Namen mit *Rein-.*

Rentje *m* ost- und westfries. KF von Namen mit *Rein-.*

Renz *m* KF von →*Lorenz.*

Renza *w* KF von ital. *Lorenza.*

Renzo *m* KF von ital. *Lorenzo.*

Resi *w* obd. KF von →*Therese.*

Reta *w*, Reto, Retus *m* rätoroman. VN, wie →*Räto*, zu →*Rätus.*

Rex *m* engl. KF von *Reginald* = *Reinhold*, mit Bedeutungskreuzung zu lat. *rex* »König.

Rhea *w* VN griech. Herkunft.

Name aus der griech. Mythologie, ionisch *Reiē* oder *Kybēlē*, die Göttermutter, Gemahlin des Kronos, Mutter des Zeus, Poseidon; auch *Rea.*

Ria *w* KF von →*Maria.*

Rica, *Rika* *w* KF von *Erica, Erika, Ricarda, Rikarda* und Namen mit *-rike.*

Ricarda *w*, **Ricardo** *m* span. Formen von *Richarda* und *Richard.*

Bekannt ist die dt. Dichterin Ricarda Huch († 1947).

Riccarda *w* ital. Form von *Riccardo* = *Richard.*

Riccardo *m* ital. Form von ›*Richard.*

Ricco, **Rico**, **Riko** *m* KF von *Ricardo, Riccardo.*

* **Richard** *m* aus dem Engl. übernomm. VN, ags. *Richeard*, ahd. *Richart*, zu ahd. *rihhi* »mächtig, reich« + *harti* »hart«.

Berühmter Name der Angelsachsen im MA, wie der hl. König Richard (8. Jh.), Richard Löwenherz (Kreuzzug im 12. Jh.), sie lebten weiter in Shakespeares Königsdramen »Richard II.« und »Richard III.« wie in Scotts »Ivanhoe«; diese Literatur führte bei uns im 19. Jh. den Namen ein, der noch verbreitet, aber nicht in Mode ist.

KF *Riek, Ritsch, Reich*, westfries. *Righard, Rikert, Rikkart, Rikkert, Ridsert*, ostfries. *Rieckert, Ritser, Ritserd, Ritsert, Ritzard, Ritzart, Ritzerd, Ritzert, Ridzard, Ridzart*; engl. *Rick, Ricky, Dick, Dicky, Hick, Hobe.*

Richarda, **Richardine**, **Richardis** *w* Formen von →*Richard*; ital. *Riccarda*, span. *Ricarda.*

Ⓚ Die hl. Richardis, dt. Kaiserin (9. Jh.) gründete Kloster Andlau; Statue Richardis-Brunnen von Andlau (15. Jh.).

Richbald *m* zu ahd. *rihhi* »mächtig, reich« + *bald* »kühn«.

Richbert *m* zu ahd. *rihhi* »mächtig, reich« + *beraht* »glänzend«.

Richhild, **Richhilde** *w* zu ahd. *rihhi* »mächtig, reich« + *hiltja* »Kampf«.

Richlind, **Richlinde** *w*, auch *Richlindis*, zu ahd. *rihhi* »mächtig, reich« + *linta* »Lindenholzschild«.

Richmar *m* zu ahd. *rihhi* »mächtig, reich« + *mari* »berühmt«.

Richmodis *w* NF von *Richmute.*

Richmut *m*, **Richmute** *w* alte dt. VN, zu ahd. *rihhi* »reich, mächtig« + *muot* »Geist, Gesinnung«.

Richold *m* dt. VN, Bed. wie *Richwald.*

Richwald *m* zu ahd. *rihhi* »reich, mächtig« + *waltan* »walten«.

Richwin, *Reichwein* *m* zu ahd. *rihhi* »reich, mächtig« + *wini* »Freund«.

Rick *m* engl. KF von →*Richard.*

Ricka, **Ricke**, *Rickele, Rickeltje* *w* ostfries. KF zu Namen mit *Rich-, -rich.*

Rickard *m* schwed. Form von →*Richard.*

Rickert *m* nd. Form von →*Richard.*

Ricky *m* KF engl. von →*Richard.*

Rickelf, **Ricklef**, **Rickleff** *m* ostfries. VN, zu ahd. *rihhi* »reich, mächtig« + *leiba* »Erbe, Hinterlassenschaft«.

Rickmer *m* nd., ost- und nordfries. Form von *Richmar.*

Ricksta, *Rickste, Rikste* *w* ostfries. KF von Namen mit *Rich-, -rich, -rik(e)* →*Rixa, Rixta.*

Ridsert *m* westfries. **Ridzard**, **Ridzart** *m* ostfries. Formen von →*Richard.*

Riek *m/w* nd. KF von *Frederik, Hendrik, Frederike, Henrike.*

Rieka, **Rieke**, *Riekje* *w* nd.-niederl. KF von *Frederike, Henrike.*

Rienzo *m* ältere ital. Form von *Lorenzo* = *Laurentius.*

Rigbert *m* NF von *Richbert.*

Righard *m* westfries. Form von →*Richard*.

Riglef *m* →*Ricklef*.

Rigo *m* KF von Namen mit *Rig-*, *Rigo*.

Rigobert *m* NF von →*Richbert*.

Rigomar *m* NF von →*Richmar*.

Rik *m* nd.-niederl. KF von *Frederik* und *Hendrik*.

Rika, **Rike**, **Rikea** *w* nd.-niederl.-fries. KF von *Friederike, Henrike*.

Riko *m* KF von *Richard*, eindtsch. für *Ricco, Rico*.

Rimbert *m* NF von →*Reimbert*.

Rina *w* KF von Namen mit *-rina*-Endung, z.B. *Karina, Katharina*.

Rinald *m* NF von →*Rainald*.

Rinaldo *m* ital. Form zu den alten dt. VN *Rinald*, →*Rainald*.

Ringo *m* KF von *Ringold*, →*Ringolf*.

Ringolf, *Ringulf m* zu ahd. *ragin, regin* »Rat, Beschluß« + *wolf* »Wolf«.

Rino *m* 1. KF von älteren Formen *Regino, Reino* zu ahd. *ragin, regin* »Rat, Beschluß«; 2. ital. KF von *Rinaldo, Marino* u.a.

Risto *m* finn. KF von →*Christoph*.

* **Rita** *w* alte ital. KF von *Margherita*.

Im MA Heiligenname (hl. Rita von Cascia, 14./15. Jh.), in der Neuzeit Künstlername (Rita Streich, Rita Hayworth, Rita Pavone), wodurch der VN allgemein beliebt wurde.

Ritser, **Ritserd**, **Ritzert** *m* ost- und westfries. Formen von →*Richard*.

Rixa, **Rixta**, *Rixt, Rixte w* ost- und westfries. KF von Namen mit *Rich-, -rich*, zu ahd. *rihhi* »reich, mächtig«; →*Ricksta*.

Roald *m* nord. Name →*Rodewald*.

Bekannt: der norweg. Polarforscher Roald Amundsen (1872–1928).

Rob, **Robby** *m* engl. KF von →*Robert*.

* **Robert** *m* nd. Form von →*Rupert*, aus ahd. *Hrodeberht*, germ. *hroth* »Ruhm« + ahd. *beraht* »glänzend«.

Frühe Verbreitung in Frankreich und durch die Normannen in England; engl. KF *Rob(b), Robby, Robin, Bob, Bobby*.

Roberta, **Roberte** *w* Form von →*Robert*.

Robertine *w* Weiterbild. von *Roberte*.

* **Roberto** *m* ital. Form von →*Robert*.

Robin *m* engl. KF von →*Robert*.

VN seit etwa 1960 verbreitet durch die abenteuerlichen Geschichten der Robin-Hood-Literatur. In der Gestalt des edlen Räubers Robin Hood, Held vieler engl. Volksballaden (14./15. Jh.), verkörperte sich der Groll der Angelsachsen gegen die normannische Herrschaft.

Robina, **Robine** *w* Form von →*Robin*.

Weibl. Alternative und Namenwahl, die der Verbreitung des männl. VN Robin durch die Robin-Hood-Literatur entspricht.

Robrecht *m* NF von →*Rodebrecht*.

Rocco *m* ital. Form von →*Rochus*.

Kerkermeister Rocco in Beethovens »Fidelio« (1805); bekannt: die ital. Rocco-(Western-) Filme.

Rochus *m* latinis. Form des älteren frz. VN *Roch*, zu einem germ. Stamm: got. *hrukjan*, ahd. *rohon* »brüllen, schreien«; eigtl. »Kriegsruf«.

🅺 Den hl. Rochus (13./14. Jh.), Schutzheiliger gegen Pest und Seuchen, zeigen zahlreiche dt. Darstellungen: Rochus-Altar, Lorenzkirche Nürnberg, Altarfigur Rottweiler Lorenzkapelle (um 1500).

frz. *Roch*, ital. *Rocco*, span. *Roque, Roche*, rätoroman. *Roc, Rochus*.

Rock, **Rocky** *m* amer. KF zu →*Rochus*, wohl durch Einfluß der span. und ital. Formen *Roque, Rocco*.

Roda *w* VN, Eindeutschung des engl. VN *Rhoda*, griech. *rhódon* »Rose«.

Rodebert, **Rodebrecht** *m* alte dt. VN, zu germ. *hroth* »Ruhm« + ahd. *beraht* »glänzend«.

Rodegang *m* zu germ. *hroth* »Ruhm« + ahd. *gang, ganc* »(Waffen)gang«.

Rodegard *w* zu germ. *hroth* »Ruhm« + ahd. *gard* »Gehege, Hort, Schutz«.

Rodehild, **Rodehilde** *w* alter dt. VN, zu germ. *hroth* »Ruhm« + ahd. *hiltja* »Kampf«.

Rodelind *w* alter dt. VN, zu germ. *hroth* »Ruhm« + ahd. *linta* »Lindenholzschild«.

Roderich *m* alter dt. VN, zu germ. *hroth* »Ruhm« + ahd. *rihhi* »reich«.

Name des westgot. Königs Roderich aus dem roman. Kulturkreis, im 19. Jh. durch gleichnam. Dramen von Geibel und Dahn bekannt. engl. *Roderick*, frz. *Roderic, Rodrigue*, ital./span./portug. *Rodrigo*, nord. u. russ. *Rurik*.

Rodewald *m* alter dt. VN, zu germ. *hroth* »ruhm« + ahd. *waltan* »walten, herrschen«; entspr. dem alten nord. VN →*Roald.*

Rodger *m* ahd. *Hrodger*, zu →*Rüdiger.*

Rodolfo *m* ital. Form von →*Rudolf.*

Rodolphe *m* frz. Form von →*Rudolf.*

Rodrigo *m* span. Form von →*Roderich.*

Rodrigue *m* frz. Form von →*Roderich.*

Roele *m*, **Roelke**, **Roeltje** *m/w* west- und ostfries. Formen von →*Rudolf.*

Roelef, **Roelf**, **Roelof** *m* ost- und westfries. Formen zu *Rolf, Rudolf.*

Roger *m* alter dt. VN.

Im nd. Sprachgebiet gebraucht, ahd. *Hrodger*, auch frz., normann., engl. Name, altengl. *Hrothgar*, in Frankreich und England verbreitet, in Deutschl. erst in neuerer Zeit wieder unter engl./frz. Einfluß; zu →*Rüdiger.*

* **Roland** *m* alter dt. VN, entstanden aus *Hrodland*, mit Anlehnung an ahd. *lant* »Land«, und älterem *Hrodnand*, zu germ. *hroth* »Ruhm« + *nantha* »wagemutig, kühn«; ostfries. *Roeland.*

engl. *Roland, Rowland*, frz. *Roland*, ital./span. *Orlando*. Gestalt aus dem Sagenkreis um Karl d. Gr., † 778 im Kampf gegen die Basken bei Roncevalles, Hauptheld des Rolandslieds; danach die Rolandssäulen und -standbilder als Rechtswahrzeichen. NF *Ruland.*

Rolanda, **Rolande** *w* Form von →*Roland.*

Rolando *m* ital. Form von →*Roland*; alte Form →*Orlando.*

* **Rolf** *m* alte nord. KF, älter *Rodhulf*, die mit der im Dtsch. aus *Rodlof, Rodolf* (NF von *Rudolf*), *Rolof* entstandenen Form *Rolf* zusammenfiel.

Unter den beliebtesten VN in Dtschl. und der Schweiz. engl. *Rolof, Rolph*, frz. *Rodolphe*, ital. *Rodolfo*, niederl. *Roelf, Roelef.*

Rollo *m* KF von *Rolof.*

Rolof, **Roloff**, **Roolof** *m* ostfries. Formen zu *Rudolf.*

Roluf *m* nordfries. Form von *Rolf, Rudolf.*

Roma *w* KF, zu *Romana* »die Römerin«.

Romain *m* frz. Form zu →*Romanus.*

Romaine *w* frz. Form zu *Romana.*

* **Roman** *m* zu lat. *Romanus* »der Römer«.

Romana *w* Form von →*Romanus.*

Romano *m* ital. Form von →*Romanus.*

Romanus *m* lat. Name »der Römer«.

Ⓚ Romanus (3. Jh.), röm. Märtyrer; Schlußstein (15. Jh.) in St. Roman, Wolfach/Baden.

Romek *m* poln. VklF von →*Roman.*

Romeo *m* alte ital. KF von *Barromeo, Borromeo*, das sind ital. Kürzungen von →*Bartholomäus*; nach anderer Version NF von *Romanus.*

Romeo und Julia, Schicksal eines Liebespaares, häufig in der Literatur behandelt, Trauerspiel von Shakespeare.

Romika *w* ungar. Koseform von →*Romana.*

Romilda, **Romilde** *w*, auch *Rumilde*, zu ahd. *hruom* »Ruhm, Ehre« + *hiltja* »Kampf«.

Romuald *m* alte NF zu →*Rumold.*

Der hl. Romuald, Stifter der Kamaldulenser, gründete seit 999 Einsiedlerkolonien in Oberitalien und Südfrankreich.

Romulus *m* lat. VN.

Sagenhafter Begründer Roms; Romulus und Remus, Zwillingssöhne des Mars und der Rhea Silvia.

Romy, *Romi* *w* KF von →*Rosemarie.*

Ron *m* engl. KF von *Ronald.*

Rona *w* KF von *Corona, Korona.*

Ronald *m* schott. VN, der →*Reinold, Reinhold* entspricht.

Ronnie *w* für Rufname in der Südafrikan. Republik für →*Veronika.*

Ronnie, **Ronny** *m* engl. KF von →*Ronald.*

Rorik *m* nordfries. Form von →*Rurik*, zu →*Roderich.*

Ros *w* KF von *Rosa, Rose, Roswitha.*

Rosa *w* VN, zu lat. *rosa* »Rose«, auch KF von →*Roswitha.*

Rosabella *w* ital. VN, *rosa bella* »schöne Rose«.

Rosalba *w* ital. VN, zu lat. *rosa alba* »weiße Rose«.

Rosalia, **Rosalie** *w* ital. Weiterbild. von →*Rosa.*

Rosalind, **Rosalinde**, **Roselinde** *w* alter dt. VN, »verschönt« aus *Rodelinde*, zu ahd. *hruom* »Ruhm, Ehre« + *linta* »Lindenholzschild«.

Rosamaria *w* NF von →*Rosemarie.*

Rosamunde *w* VN, zu ahd. *hruom* »Ruhm, Ehre« + *munt* »Schutz«; ähnlich wie bei *Rosalind* hier *Rodamunde* verbildet zum »Rosenmund«.

Rosangela *w* DF aus *Rosa* + *Angela*.

Rosanna *w* ital. DF aus *Rosa* + *Anna*, auch aus *Rosa* + *Marianne*.

Rosaria *w* Fügung aus *Rosa* + *Maria*.

Rose *w* NF von →*Rosa*.

Rosel *w* Koseform von →*Rosa, Rose*.

Roseline, **Roselyne** *w* dt./engl. KF von *Rosalind, Roselinde*.

Roselita *w* kosende VklF des span. VN →*Rosita*.

Rosellina *w* ital. VlkF von *Rosella*.

* **Rosemarie**, *Rosemaria*, **Rosmarie** *w* DF aus *Rose* + *Maria*; volkstümlicher, beliebter VN; engl. *Rosemary*.

Rosetta, **Rosette** *w* ital./frz. VklF von *Rosa, Rose*.

Rosella *w* ital. Weiterbild. von →*Rosa*.

Ros'ellen, **Rosehelen** *w* moderne engl. Fügungen aus *Rose* + *Ellen*, *Rose* + *Helen*.

Rosi *w* KF von →*Rosa*.

Bekannt: Olympiasiegerin Rosi Mittermaier.

Rosika *w* ungar. Koseform von *Rosa* und *Rosalie*.

Rosilde *w* Fügung aus *Rose* + *Hilde*.

Rosina, **Rosine** *w* VN, »die Rosenfarbige«, zu lat. *rosinus* »rosenfarbig«.

Rosita, *Rositha* *w* span. VklF von →*Rosa*.

Rosmargret *w* Fügung aus *Rose* + *Margret*.

Rosmarie w NF von *Rosemarie*.

Rossana *w* ital. Form von →*Roxane*.

Rossella *w* NF von *Rosella*.

Roswin *m* VN, zu ahd. *hros* »Roß, Pferd« + *wini* »Freund«.

Roswita, **Roswitha** *w*, älter *Hroswitha, Hruodswinda*, zu germ. *hroth*, ahd. *hruom* »Ruhm, Ehre« + *swinde* »stark, geschwind«.

Name der 1975 gefeierten mittellat. Dichterin Hrotsvitha von Gandersheim, Kanonisse (*um 935–nach 975), Dramen und histor. Gedichte.

Rötger *m* nd. Form von →*Rüdiger*.

Rothard *m* VN, zu ahd. *hruom* »Ruhm, Ehre« + *harti* »hart«.

Rother *m* VN, zu ahd. *hruom* »Ruhm, Ehre«, + *heri* »Heer«.

Rotraud, **Rotraut** *w*, alter dt. VN *Hrothrud*, zu ahd. *hruom* »Ruhm, Ehre« + *trud* »Kraft, Stärke«; auch zu altnord. *thrudr* »mutiges Weib«.

Rouven *m* neuere Form von *Ruben*.

Rowena *w* alter engl. VN.

Aus dem histor. Roman »Ivanhoe« von Walter Scott, eine legendäre angelsächs. Prinzessin, kelt. »die Weißmähnige«.

Rowland *m* engl. Form von →*Roland*.

Roxana, **Roxane**, **Roxanne** *w* VN pers. Herkunft, zu pers. *Raohschna* »licht, hell, glänzend«, entspr. dem VN *Lucia, Lucie*.

Roy *m* engl. VN kelt. Urspr. »der Rote«, zu *ruadh* »rot«.

Ruben *m*, auch *Rouven, Rauben*, südarab. *Rab'n*, bibl. Name, hebr. *r'uben* »sehet, ein Sohn!«; engl. *Reuben*.

Rüdeger *m* NF von →*Rüdiger*.

Rudenz *m* schweizer. VN, nach der Idealgestalt des Junkers Rudenz in Schillers »Wilhelm Tell«.

Ursprünglich Name eines alten Ministerialengeschlechts des Haslitals und der Urschweiz, zuletzt im Turm zu Flüelen, im 13. Jh. *Ruttentze*; gehört zu *Rütener, Reuten* = *roden*.

Rudgar, **Rudger** *m* NF von →*Rüdiger*.

Rudhard *m* NF von →*Rothard*.

Rudi *m* KF von →*Rudolf*.

Rudibert *m* ältere Bildung aus ahd. *Hruod-, hruom* »Ruhm, Ehre« + *beraht* »glänzend«.

* **Rüdiger** *m* alter dt.VN *Hrodger*, ahd. *hruom* »Ruhm, Ehre« + *ger* »Speer«.

Markgraf Rüdiger von Bechelaren, Gestalt des Nibelungenliedes. NF *Rodger, Roger, Rudgar, Rudger*. Häufiger obd. VN des Mittelalters.

Rudmar *m* VN, zu ahd. *hruom* »Ruhm, Ehre« + *mari* »berühmt«.

Rudo *m* KF von →*Rudolf*.

* **Rudolf** *m* alter dt. VN *Hruodolf, Hrodulf*, zu germ. *hroth*, ahd. *hruom* »Ruhm, Ehre« + *wolf* »Wolf«.

Seit dem MA sehr beliebter und volkstümlicher Name, im südd. Raum und in der Schweiz unterschiedl. dynastischer Einfluß durch die Fürstennamen: Gegenkönig Rudolf von Schwaben (11. Jh.), König Rudolf von Habsburg (13. Jh.).

– Rudolf

Heute ist der VN Rudolf in Südd. noch mehr verbreitet als im Norden, in der Schweiz in den letzten 25 Jahren an 29. Stelle.
KF *Rolf, Roll(o), Rudi, Ruedi, Ruodi, Rudo, Dolf*; engl. *Rudolph, Ralph, Rolph*, frz. *Rodolphe, Roux, Rauol, Raulf*, ital. *Rodolfo, Ridolfo*, span. *Rodulfo*.
🄺 Rudolf I. von Habsburg, dt. König, Dom zu Speyer; Rudolf II., dt. Kaiser, Dom zu Prag; Rudolf von Schwaben, Gegenkönig, Grabplatte Dom zu Merseburg, ältester datierbarer Bildnisgrabstein Deutschlands, spätroman. Bronzekunst (1080).

Rudolfa *w* Form von →*Rudolf*.

Rudolfine *w* Weiterbild. von *Rudolfa*.

Rudolph *m* neben *Ralph, Rolph* engl. Form von →*Rudolf*.

Ruedi, *Ruedy, Ruedeli, Ruedli m* schweizer. KF von →*Rudolf*.

Rufin, **Rufinus** *m* Weiterbild. von →*Rufus*.

Rufina *w* Form zu *Rufinus, Rufus*.

Rufus *m* VN, zu lat. *rufus* »rot«, »der Rote, Rothaarige«, urspr. röm. BN.

Rul, **Rulke** *m* KF von →*Rudolf*.

Rumena *w* bulgar. Form zum männl. VN *Rumen* »mit roten Wangen«.

Rumold, **Rumolt** *m* VN, zu ahd. *hruom* »Ruhm, Ehre« + *waltan* »walten«.

Runa *w* KF von Namen mit *Run-*, zu ahd. *runa* »Geheimnis, Zauber«.

Runfried *m* VN, zu ahd. *runa* »Geheimnis, Zauber« + *fridu* »Friede«.

Runhild, **Runhilde** *w* VN, zu ahd. *runa* »Geheimnis, Zauber« + *hiltja* »Kampf«.

Rupert, **Rupertus** *m*, **Ruperta** *w* alte dt. VN, zu *Hruodpert, Rodperht*, →*Ruprecht*, germ. *hroth*, ahd. *hruom* »Ruhm, Ehre« + *beraht* »glänzend«.

🄺 Der hl. Rupert (8. Jh.), verehrt als Apostel Bayerns, Bischof von Worms, danach Salzburg, Patron des Salzbergbaus; Darstellung Kapuzinerkloster Altötting, Korbiniansaltar von Ettal.

Ruppert *m* NF zu *Rupert, Ruprecht*.

Rupprecht *m* NF zu →*Ruprecht*.

Bekannt: Rupprecht, Kronprinz von Bayern, dt. Generalfeldmarschall († 1955).

Ruprecht *m* wie *Rupert* zu ahd. *Hruodpert, Rodperht*, ahd. *hruom* »Ruhm, Ehre« + *beraht* »glänzend«.

– Ruprecht

Knecht Ruprecht, der Begleiter des weihnachtlichen Nikolaus im dt. Volksbrauch, hat neben *Ruppknecht* und *Belzenruppert* noch viele andere Namen. Typisch ist der spätmittelalt. beliebte Gebrauch in den unteren Schichten; daraus läßt sich die Entwicklung und appellative Bedeutung »Rüpel« = ungeschliffener grober Mensch herleiten.
Dtsch. Fürstenname: Ruprecht I., Kurfürst von der Pfalz (14. Jh.), Gründer der Univ. Heidelberg; Ruprecht von der Pfalz, dt. König (15. Jh.). 🄺 Heiliggeistkirche in Heidelberg.

Rurik *m* alte Form von →*Roderich*.

Rurik, aus dem Stamm Rus, gründete mit seinen Brüdern das erste russ. Staatswesen; die *Rus*, schwed. Normannen, waren namenbildend für das Land: Rußland; nordfries. *Rorik*.

Rutgard *w* VN, zu ahd. *hruod* »Ruhm, Ehre« + *gard* »Hort, Schutz«.

Rutger *m* alte NF zu →*Rüdiger*.

Rütger, **Rüttger** *m* NF von →*Rüdiger*.

***Ruth** *w* bibl. Name, zu hebr. *ruth* »Freundin, Freundschaft«.

Ruthard *m* VN, ahd. *Hruodhart*, zu ahd. *hruom* »Ruhm« + *harti* »hart«.

Ruthild, Ruthilde *w* zu →*Rodehilde*.

Rutland *m* NF von →*Roland*.

Ruthli *w* schweizer. KF von →*Ruth*.

Rutlieb *m* obd. VN, ahd. *Ruodlieb*, zu ahd. *hruom* »Ruhm« + *liob* »lieb«.

Rutmar *m* →*Rudmar*.

Ruven, **Ruwen** *m* →*Ruben*.

***Sabina**, **Sabine** *w* »die Sabinerin«, weibl. Form zu *Sabinus*.

Urspr. röm. Beiname für den Sabiner; ein Volk in der Nähe von Latium, das ist die Landschaft, in der Rom liegt.

Sabrina *w* angloamer. VN, Nymphenname des engl. Flusses Severn.

Sacha *m* frz. Form von →*Sascha*.

Sachar *m* russ. Form von →*Zacharius*.

Sachso *m* »der Sachse«, alter VN, urspr. ein Beiname.

Sadie *w* amer. KF von *Sarah*.

Saladin *m* arab. »Heil des Glaubens«.

Salka *w* slaw. KF von *Salwija*, zu lat. *salvus* »gesund, wohlbehalten«.

Salli, **Sally** *m/w* hebr. KF von *Sarah* und *Salomon*; *Sallie* KF von *Samuel*.

Salome *w* bibl. Name, griech. *salōmē* »die Friedliche, Friedsame«.

Name mehrerer bibl. Gestalten, darunter Salome, Tochter des Herodias, die angeblich das Haupt Johannes des Täufers erbat (nach Markus 6,21 ff.).

Salomo, **Salomon** *m* bibl. Name, zu hebr. *Sch'lōmōh* »friedlich, friedsam«.

König Salomo von Israel und Juda (9. Jh. v. Chr.) galt im Orient als das Idealbild des weisen und mächtigen Herrschers (Salomonisches Urteil).

Salvator *m* VN, zu lat. *salvator* »Erretter, Erlöser, Erhalter«.

Die Salvatorianer, Gesellschaft vom Göttlichen Heiland, eine 1881 gegr. kath. Seelsorge und Mission.

Salvatore *m* ital. Form von →*Salvator*.

Salvina, Salwa *w* VN, zu lat. *salvus* »gesund, wohlbehalten, gerettet«.

Sam *m* KF von →*Samuel*.

Samantha *w* amer. VN hebr. Urspr., zu *schimeāth (schamma)* »die Hörende« oder »Gehorchende«.

Sammy *m* KF von →*Samuel*.

Samson *m* bibl. Name der Vulgata (lat. Bibelübersetzung) für →*Simson*.

***Samuel** *m* bibl. Name, zu hebr. *schmū'ēl* »(ich bin) erhört von Gott«.

KF *Sam, Sammy, Samme, Sallie*.

Sander *m* KF von →*Alexander*.

Sándor *m* ungar. KF von →*Alexander*.

***Sandra** *w* KF von →*Alessandra*, *Aleksandra*.

Sandria *w* NF von →*Sandra*.

Sandrina, **Sandrine** *w* VklF zu →*Sandra*.

***Sandro** *m* ital. KF von *Alessandro*.

Sanja *m/w* russ. KF von *Aleksandr* und *Aleksandra*.

Sanne, **Sanna** *w* KF zu →*Susanne*.

Saphira *w* bibl. Name, zu griech. *sapphira*, 1. »Saphir, Edelstein«, 2. »die Schöne«.

Sara, **Sarah** *w* bibl. Name, zu hebr. *ßārāh* »Fürstin, Herrin«.

Sarina *w* Weiterbild. von →*Sarah*.

***Sascha** *m* russ. KF von *Aleksandr*.

Sascha *w* KF, aus der russ. Namenvariante *Aleksascha*, zu Aleksandra.

Saskia *w* niederl. VN, zu *Sasso* »der Sachse«.

🄺 Bekannt durch Rembrandts Frau Saskia van Uijlenburgh († 1642), Grabplatte in der Oude Kerk, Amsterdam.

Sasso *m* nd. NF von →*Sachso*.

Saul *m* bibl. Name, zu hebr. *scha'ul* »der Erbetene, Begehrte«.

Scarlet, **Scarlett** *w* engl.-amer. VN, zu engl. *scarlet* »scharlachrot«.

Literar. Gestalt in Margaret Mitchells Roman »Vom Winde verweht« (1936).

Scholastika *w* griech.-lat. VN, »die Lernende, Schülerin«, zu lat. *scholastica* »Schulvorträge, Redeübungen«.

Die hl. Scholastika, Schwester des hl. Benedikt von Nursia (5./6. Jh.).

Schöntraud *w* Neubild. aus *schön* und dem alten Namenteil *-traud*.

Schorsch *m* obd. mundartl. Form von →*Georg*.

Schura *w* russ. KF von →*Sascha, Saschura* zu *Aleksascha, Aleksandra*.

Schwabhild *w* VN, zu ahd. *svaba* »Schwäbin« + *hiltja* »Kampf«.

Schwan- →*Swan*.

Sebald, *Sebaldus m*, **Sebalde** *w* VN zu *Siegbald*, ahd. *sigu* »Sieg« + *bald* »kühn«.

🄺 Der hl. Sebaldus in und um Nürnberg verehrt, ist der Stadtpatron Nürnbergs; Sebalduskirche Nürnberg mit Peter Vischers Sebaldusgrab (1507/19).

***Sebastian** *m* VN, zu griech. *sebastós* »verehrungswürdig, erhaben«.

Name des hl. Sebastian, Anführer der Leibwache Kaiser Diokletians, im Spätmittelalter in Dtschl. verbreitet, Patron der Schützengilden und -bruderschaften.

Bayr. KF *Basti, Bastian, Wastel*, schweizer. KF *Basch, Bascho, Bastia*; frz. *Sébastien*, ital. *Sebastiano, Bastiano, Basto*.

Sebastiane *w* Form zu →*Sebastian*. Böhm. *Sebesta*, frz. *Sébastienne*.

Sébastien *m* frz. Form von →*Sebastian*.

Sebe, **Sebo** *m* westfries. KF von *Sigbert*, *Sigbolt*, →*Siegbald*.

Seffa, **Seffi** *w* KF von →*Josefa*.

Segimer *m* kelt. VN, entspr. →*Siegmar*.

Segimund *m* VN, zu →*Siegmund*.

Selina, **Seline** *w* NF zu engl. *Celina* frz. *Céline*.

Selma *w* KF von →*Anselma*.

Selmar *m* Neubild. durch F. G. Klopstock, zu →*Selma*, angelehnt an *mar*-Namen.

Semjon *m* russ. Form von →*Simon*.

Senda *w* NF von →*Senta*.

Sent, **Sentz** *m* west- und ostfries. KF von *Vincent*, *Vinzenz*.

Senta *w* KF von *Crescentia* oder *Vincenta*, *Vinzenta*.

Gestalt in Richard Wagners »Fliegender Holländer«. Bekannt: die österr. Filmschauspielerin Senta Berger.

Selene, **Seline** *w* VN, zum Namen der griech. Mondgöttin Selēnē, Schwester des Helios.

Selina *w* engl. VN, zu *Celina*, *Celine*, lat. *Celestina* oder *Coelina*, zu *caelum* »Himmel«; konkurriert mit *Selene*.

Sepp *m* obd. KF von →*Josef*.

Seraph, **Seraphin** *m*, hebr. MZ *Seraphim*, *Seraphini*, bibl. Namen, zu hebr. *ßeraphim* »Brennende, Feurige«, zu *ßaraph* »Schlange«.

Alttestamentl. sechsflüglige Wesen, Engel, Engelchöre mit höchster Liebesglut.

Seraphia, **Seraphine** *w* Formen von *Seraph*.

Serena *w* ital. Form von →*Serenus*.

Serenus *m* VN, zu lat. *serenus* »heiter, glücklich«.

* **Serge** *m* beliebte engl./frz. Form von →*Sergius*.

Sergej Sergeij *m* russ. Formen von →*Sergius*.

Sergia *w* Form zu →*Sergius*.

Sergio *m* ital./span. Form von →*Sergius*.

Sergius *m* lat. Name der altröm. Familie der Sergier, zu lat. *servus* »dienen, dienstbar«, altital. *sergente* »Gerichtsdiener«.

In Osteuropa verbreiteter Name durch Verehrung des hl. Sergius (3./4. Jh.).

Servatius, *Servaz m* VN, »der Gerettete«, zu lat. *servare* »retten«.

Name verbreitet durch Verehrung des hl. Servatius, Bischof von Tongern (3. Jh.); bekannt als einer der drei »Eisheiligen«; niederl. auch *Servaas*, frz. *Servais*, ital. *Servazio*.

Servera *w* Form von →*Serverus*.

Severin, **Severinus** *m*, **Severina**, **Severine** *w* AF zum Namen der altröm. Familie →*Severus*.

Name verbreitet durch Verehrung des hl. Severinus, Bischof von Köln (4./5. Jh.) und des hl. Severinus von Noricum (5. Jh.), Apostel in Bayern und Österreich.

🄺 Statuen in St. Severin, Passau (1470), Stephanskirche in Wien (1485).

Severus *m* lat. BN altröm. Familie, zu lat. *severus* »ernsthaft, streng«.

🄺 Der hl. Severus aus Ravenna (4. Jh.), Grabmal (14. Jh.) in der Severikirche zu Erfurt.

Sheila *w* engl. Form des irischen weibl. VN *Sile*, KF von *Cäcilie*.

Shirley *w* engl. VN, urspr. (noch 1849) FN aus einer Ortsbez., später in den Südstaaten Amerikas Vorname.

Bekannt: der Filmstar Shirley Temple.

Siaard, **Siard** *m*, **Siade** *w*, **Sierd** *m/w*, **Siert** *m*, **Siertje**, **Sierje** *w* ost- und westfries. KF von *Sighart*, *Sieghard*.

Sibilla, **Sibille** *w* NF von →*Sibylle*.

Sibe, **Sibo** *m* ostfries. KF von *Sigbert*, *Sigbolt*, *Siegbold*; s.a. →*Siebo*, *Sebe*.

Sigbot, *Sibot*, *Seibot m* alter dt. VN thüring. Herkunft; s.a. *Siegbod*.

Sibrand *m* NF von →*Siegbrand*.

Sibyl *w* KF von →*Sibylle*.

Sibylle, **Sibylla** *w* VN zu griech. *Sios* (eigentl. *Dios*)*boylē* »Gottesraterin«.

Von den ehem. Weissagerinnen und Priesterinnen des Apollo sind zehn Sibyllen bekannt. Der griech. Name kommt durch eine sel. Sibylle (13. Jh.) im späten MA in Umlauf; bekannt ist die Botanikerin und Kupferstecherin Maria Sibylla Merian (17./18. Jh.).

NF *Sibilla*, *Sibulla*; KF *Billa*, *Bille*; engl. *Sibyl*, *Sybil*, *Sib*. Die Schreibung *Sibylle* ist der Urform entspr. vorzuziehen.

Sida *w* KF von →*Sidonia*.
Sidney *m* VN, soll angelsächs. Kontraktion des HlN *St. Denis* sein.
Sidonia, **Sidonie** *w* Form von →*Sidonius*; *Sidonie* ist Herkunftsname »die Sidonierin« (aus der Stadt Sidon, Phönizien).
Sidonius *m* lat. Name »der Sidonier« (aus der Stadt Sidon, Phönizien).
Siebo, *Sibo m* KF von *Siebold, Sigbolt*.
Siebold *m* NF von →*Siegbald*.
Siegbald *m* alter dt. VN, zu ahd. *sigu* »Sieg« + *bald* »kühn«; NF *Siebold, Siegbold, Sigbolt*, KF *Sebo, Sibo*.
Siegbert *m*, auch *Sigbert*, älter *Sigibert*, zu ahd. *sigu* »Sieg« + *beraht* »glänzend«.

Sigibert ist der Name mehrerer Merowingerkönige; der hl. König Sigibert III. war Schutzpatron Lothringens, ein weiterer hl. Sigibert ist Begründer des Benediktinerklosters Disentis. KF *Sebert, Sitt, Sebe, Sibe*.
K Agatha-Kirchlein Disentis, Graubünden.

Siegberta *w* Form von →*Siegbert*.
Siegbod *m* VN zu ahd. *sigu* »Sieg« + *boto* »Bote, Gebieter«.
Siegbold *m* VN, zu ahd. *sigu* »Sieg« + *waltan* »walten, herrschen«; NF von →*Siegbald*.
Siegbrand *m* VN, zu ahd. *sigu* »Sieg« + *brand* »flammendes Schwert«.
Siegbrecht *m* VN, zu ahd. *sigu* »Sieg« + *beraht* »glänzend«.
Siegburg, **Siegburga** *w* VN, zu ahd. *sigu* »Sieg« + *burg* »Schutz«.
Sieger *m*, älter *Siegher*, alter dt. VN, zu ahd. *sigu* »Sieg« + *heri* »Heer«.
Siegfried *m*, auch *Sigfrid*, alter dt. VN, zu ahd. *sigu* »Sieg« + *fridu* »Friede«.

Seit dem MA beliebter Name, insbes. durch die jugendliche Heldengestalt Siegfrieds; durch Wiederentdecken der altdtsch. Literatur im 19. Jh. und des Nibelungenlieds neu belebt (Hebbel, Uhland), auch durch Wagners »Ring der Nibelungen«. Der hl. Sigfrid (10./11. Jh.) wurde Apostel in Schweden; nord. *Sigfrid*, NF *Seifried, Seifert, Siffer, Siffrid*, KF *Seitz, Siegel, Sigge*, moderne KF *Sigi, Siggi*.

Siegfriede *w* Form von →*Siegfried*.
Sieghard, *Sieghart m* VN zu ahd. *sigu* »Sieg« + *harti* »hart«, im Obd. verbreitet; fries. *Siard, Sierd*; frz. *Siccard*.
Siegheld *m* Neubild. aus »Sieg« + »Held« im 2. Weltkrieg.
Sieghelm *m* VN, zu ahd. *sigu* »Sieg« + *helm* »Helm, Schutz«.
Sieghild, **Sieghilde** *w* VN, zu ahd. *sigu* »Sieg« + *hiltja* »Kampf«.
Sieglinde, *Siglinde w* VN, zu ahd. *sigu* »Sieg« + *linta* »Lindenholzschild«.
Siegmar, *Sigmar m* VN, zu ahd. *sigu* »Sieg« + *mari* »berühmt«; bei Tacitus die kelt. Form *Segimer*.
Siegmona *w* verkürzte Form aus ital. *Sigismonda* = →*Siegmunda*.
Siegmund, **Sigmund**, *Sigismund m*, ahd. *Sigimunt*, zu *sigu* »Sieg« + *munt*, »Schutz (der Unmündigen)«.

engl. u. niederl. *Sigismund*, frz. *Sigismond*, ital. *Sigismondo*, Gismondo, poln. *Zygmunt*, ungar. *Zsigmond*.

Siegmunda, **Siegmunde**, *Sigismunde w* alte dt. Formen zu →*Siegmund*; ital. *Sigismonda, Gismonda*.
Siegolf *m* VN, zu ahd. *sigu* »Sieg« + *wolf* »Wolf«.
Siegram *m* VN, zu ahd. *sigu* »Sieg« + *hraban* »Rabe«.
Siegrad, *Sigrat m* VN, zu ahd. *sigu* »Sieg« + *rat* »Ratgeber«.
Siegrich, *Siegerich m* VN, zu ahd. *sigu* »Sieg« + *rihhi* »mächtig, reich«.
Siegrid *w* alte dt. NF von →*Sigrid*.
Siegrun *w* →*Sigrun*.
Siegtraud, **Siegtrud** *w* VN, zu ahd. *sigu* »Sieg« + *trud* »Kraft, Stärke«.
Siegulf *m* ältere NF von →*Siegolf*.
Siegwald *m* VN, zu ahd. *sigu* »Sieg« + *waltan* »walten, herrschen«.
Siegward, **Siegwart** *m* VN, zu ahd. *sigu* »Sieg« + *wart* »Hüter«.
Siegwin *m* VN, zu ahd. *sigu* »Sieg« + *wini* »Freund«.
Sieke *w* nd.-ostfries. KF von *Sieg*-VN.
Sierk *m*, **Sierkje** *w* westfries. KF von →*Siegrich*.
Sievert, **Siewert** *m*, **Sievertje** *w* nd.-fries. Formen von →*Siegward*.
Sigbert *m* alte NF von →*Siegbert*.
Sigbolt *m* alte NF von →*Siegbald*.
Sigfrid, **Sigfried** *m* ältere Formen von →*Siegfried*.

Sigga, Siggan *w* nord. KF von →*Sigrid.*

Sigge, Siggi, Sigi *m* KF von →*Siegfried.*

Siggo *m* fries. KF von Namen mit *Sieg-, Sig-.*

Sighart *m* ältere Form von →*Sieghard.*

Sigisbert *m* ältere Form von →*Siegbert.*

Sigismund *m* alter dt. VN, zu ahd. *Sigismunt, sigu* »Sieg« + *munt* »Schutz (der Unmündigen)«.

Name des hl. Sigismund, arian. König der Burgunder (5./6. Jh.), Freising war Mittelpunkt seiner Verehrung. Nach ihm Name des dt. Kaisers Sigismund (14./15. Jh.) und mehrerer Polenkönige.

⊠ Sigismund-Tafel (1498) in Freising, Dom.

Sigismunde *w* Form zu →*Sigismund.*

Siglind *w* ältere Form von →*Sieglinde.*

Sigiswald *m* ältere Form von →*Siegwald.*

Sigmund *m* ältere Form von →*Siegmund.*

Signe *w* nord. VN, verkürzt aus *Signild*, entspr. germ. *Siganhilt* = ahd. *sigu* »Sieg« + *hiltja* »Kampf«.

Sigo, Siggo, *Sikko m* fries. KF von Namen mit *Sieg-, Sig-.*

Sigrid, Siegrid *w* nord. VN, zu altisländ. *sigr* »Sieg« + *fridhr* »schön«; schwed. KF *Sigga, Sigri, Siri.*

Sigrun, *Siegrun w* VN, zu ahd. *sigu* »Sieg« + *runa* »Geheimnis, Zauber«.

Sigune *w* VN, zu den nord. VN *Sigun, Sigunn,* altisländ. *sigr* »Sieg« + *unn* »Welle, Woge, Flut«.

Sigurd *m* runeninschr. nord. Form von *Sigvard,* →*Siegward.*

In der Wälsungensage entspricht Sigurd dem dt. Siegfried.

Sikko *m* →*Sigo.*

Silja *w* finn./schwed. dialekt. Form von *Cecilia*; *Silje* ostfries. Form von *Cäcilie.*

* **Silke, Silka** *w* beliebte schwed., nd. und fries. KF von →*Cäcilie.*

Silko *m* Entspr. zum beliebten weibl. VN →*Silke.*

Silva *w* schwed. und tschech. verkürzte Form von →*Silvia.*

Silvan, Silvanus *m* VN, Name des altröm. Waldgottes *Silvanus*, zu lat. *silva* »Wald«; frz. *Silvain*, ital. *Silvano.*

Silvana *w* ital. Form von →*Silvan, Silvanus.*

Silvano *m* ital. Form von →*Silvan.*

Silvelin *w* Koseform von *Silva, Silvia.*

Silvester, *Sylvester m* VN, zu lat. *silvester* »waldig, im Wald wachsend«.

Name des hl. Silvester, Papst im 3./4. Jh., unter dessen Pontifikat Kaiser Konstantin bekehrt und das Christentum Staatsreligion wurde. Sein Namenstag, der 31. Dezember, wurde Begriff für den letzten Tag des Jahres.

Silvetta, Silvette *w* ital./frz. VklF von *Silvia.*

Silvia, Sylvia *w* Form von →*Silvius*, zu lat. *silva* »Wald, Forst«.

Name der derzeitigen schwed. Königin *Silvia*, geb. Sommerlath.

Silvie *w* frz. Form von →*Silvia.*

Silvina, Sylvina *w* Weiterbild. von *Silvia.*

Silvio *m* ital./span. Form von →*Silvius.*

Silvius *m* altröm. Name, zu lat. *silva* »Wald«.

Simeon *m* bibl. Name, zu hebr. *schimeōn* »(Geschenk der) Erhörung«.

Simon *m* bibl. Name, zu griech. *simōn*, hebr. *schimōn* »erhört, Erhörung«.

Urspr. Name des Apostels →*Petrus*, mehr verbreitet seit Luthers Bibelübersetzung (16. Jh.).

* **Simona, Simone** *w* ital./frz. Formen von →*Simon.*

Sehr beliebter weibl. VN in neuerer Zeit, auch durch frz. Einfluß; bekannt ist die Schriftstellerin Simone de Beauvoir.

Simonetta, Simonette *w* ital./frz. VklF von →*Simone.*

Simson *m* VN, *Samson* (in der Vulgata), zu hebr. *schim'schōn* »Glänzender, Starker – wie die Sonne«.

Sina *w* KF von Namen mit der Endung *-sina*, z.B. *Gesina, Rosina.*

Sinikka *w* finn. VN russ. Ursprungs, zu *sinij* »blau«.

Sinja *w* KF von slaw. Formen des VN *Euphrosine*, auch von *Gesine.*

Sintbald *m*, auch *Sinbald*, zu ahd. *Sindbald, sind* »Weg, Reise« + *bald* »kühn«.

Sintbert *m*, auch *Sinbert*, zu ahd. *sind* »Weg, Reise« + *beraht* »glänzend«.

Sintram *m* VN, ahd. *Sindram*, zu *sind* »Weg, Reise« + *hraban* »Rabe«.

Sira *w* ital. KF von →*Sirena*.

Sirena *w* ital. VN, zu lat. *sirenis*, griech. *seirēn*.

In der griech. Mythologie weibl. Wesen, die durch süßen Gesang Vorüberfahrende von ihren Schiffen locken sollten.

Sireno *m* alter ital. VN, zu griech.-lat. *sirenius*, die lockenden Sirenen betreffend; →*Sirena*.

Siri *w* schwed. umgangssprachl. Form von *Sigrid*, runeninschr. *Sirith*; finn. dialekt. auch *Sirin*.

Sirid *w* schwed. Form von →*Sigrid*.

Sirk, **Sirke** *m* ostfries. KF zu ahd. Namen mit *sigu* »Sieg« + *rihhi* »reich, mächtig«.

Siro *m* ital. KF von *Sireno*.

Sirun *w* KF von →*Sigrun*.

Siska *w* schwed. KF von →*Franziska*.

Sissa, **Sissan**, **Sissi** *w* schwed. KF von *Cecilia*.

Sissy *w* kinderspr. KF in Österreich von →*Elisabeth*; in England von *Cecily* = *Cäcilie*.

Sissy, Koseform der sehr beliebten österr. Kaiserin Elisabeth Amalie Eugenie, 1898 in Genf ermordet; Name durch den vielgespielten Film »Sissy« mit Romy Schneider erneut verbreitet.

Sista *w* schwed. VN, »*det sista barnet*« = das letzte Kind.

Sisto *m* ital. Form von →*Sixtus*.

Sita, **Sitta** *w* KF von →*Rosita*; ital. NF von *Zita, Citta*.

Die hl. Sita, Citta, Zita (13. Jh.) aus Monsagrati bei Lucca, Patronin der Dienstmägde.

Siverd, **Sivert**, **Siwert** *m* ost- und westfries. Formen von →*Siegward*.

Siv, **Sif** *w* nord. VN in der urspr. Bed. »Braut, Ehefrau«; kann auch KF von schwed. *Elisiv*, *Elisabeth* sein.

Sixta *w* Form zu →*Sixtus*.

Sixten *m* alter schwed. VN, runeninschr. *Sigsten*, aus altschwed. *sigher* »Sieg« + *sten* »Stein«.

Zufolge des ähnlichen Papstnamens Sixtus ist in Schweden Sixten für Sixtus gebräuchlich.

Sixtina *w* Weiterbild. von →*Sixta*.

Sixtus, Sixt *m* lat. Umbild. des griech. BN *Xystós* »der Feine, Glatte«.

In Anlehnung an röm. Zahlnamen *Sextus* »der Sechste« entstanden. Name mehrerer Päpste; frz. *Sixte, Xiste*, ital. *Sisto*.

Slava *m*, **Slavka** *w*, **Slavko** *m* slaw. KF von Namen mit *slawa* »Ruhm«.

Sofia, **Sofie** *w* →*Sophie*.

Smarula *w* vermutlich slaw. Koseform von *Maria* = *Marula*.

Das S gehört zu poln., tschech. *swiety, svaty* oder zu einer anderen slaw. Sprache für *Sanct*, so daß *S-marula* = hl. Maria bedeutet; vgl. →*Tale, Talida, Telsa* für hl. Adelheid, hl. Elisabeth.

Solange *w* frz. VN, zum Namen der hl. *Solemnia*, Märtyrerin (9. Jh.), lat. *solemnis* »feierlich, festlich«.

Solveig *w* nord. VN, älter *Solvig*, zu altnord. *salr* »Haus« + *vig* »Kampf«.

Name in Henrik Ibsens »Peer Gynt« (1867). KF *Solvei, Solvey, Solvi*.

***Sonja** *w*, auch *Sonia*, beliebter VN, russ. VklF von *Sofia*, →*Sophia*.

Söncke, **Sönke**, **Sönnich** *m* nd.-nordfries. VN, »Söhnchen«, zu nd. *Sön, Söhn* »Sohn«.

Sonnele *w* obd. KF zu den »sonnigen« Namen *Sonngard, Sonnhild* u. a.

Sonnfried *m*, **Sonngard**, **Sonnhild**, **Sonntraud** *w* Neubildungen »sonniger« VN mit dem Himmelskörper Sonne + *-fried, -gard, -hilde, -traud*.

Sophie, **Sophia**, *Sofie, Sofia* *w* VN, zu griech. *sophia* »(Lebens-)Weisheit«.

Im Altertum wurde die griech. *hagia sophia* »heilige Weisheit« umschrieben für Christus gebraucht, danach für die Kirchen selbst. Die hl. Sophia (2. Jh.), im Elsaß verehrt, wurde als »kalte Sophie«, die letzte Eisheilige (15. Mai), volkstümlich.

Als Fürstinnenname bekanntgeworden, galt der VN 1832 als »schöner Romanname« und hatte um 1900 seine stärkste Verbreitung.

KF *Fei, Fey, Sofi, Soffi, Fi, Fieke, Fia, Zuff*; engl. auch *Sophy*, poln. *Zofia*, russ. *Sonja*.

Sophus *m* VN »der Weise«, zu griech. *sophós* »klug, weise«.

Soraya *w* pers. VN, zu sanskr. *su* »wohl, gut« + *raja*, indogerm. *raga* »König, Fürst«, *Rajya* »Reich«.

In der Schweiz mehrfach VN; Name der ehem. Kaiserin Soraya des Iran.

Sorka, Soroka *w* slaw. KF von *Serafima = Seraphina.*

* **Sören** *m* dän. Form von →*Severin.*

Stachus *m* KF von →*Eustachius.*

Stan *m* engl. KF von →*Stanley*; poln. KF von *Stanisław = Stanislaus.*

Stana *w* slaw. KF von →*Stanislawa.*

Stanislaus *m* latinis. Form des slaw. VN *Stanislaw.*

Der hl. Stanislaus (11. Jh.), Bischof von Krakau, ist Schutzpatron von Polen.
KF *Stasch, Stas, Stan, Stani, Stano, Stanko, Stasik,* bayr. *Stanes, Stanisl, Stanel, Stanerl,* schles. *Stenzel*; frz. *Stanislas,* ital. *Stanislao.*

Stanislawa *w* Form des slaw. VN *Stanislaw.* KF *Stana, Stanica, Stanka, Stase, Stasja.*

Stanley *m* engl. VN, urspr. FN, aus einer Ortsbezeichnung entstanden.

Stanze *w* KF von →*Konstanze.*

Stasi *w* KF von *Anastasia.*

Steen *m* dän. Form von →*Sten.*

* **Stefan, Stephan** *m* sehr beliebter VN griech. Herkunft, urspr. BN, zu griech. *stéphanos* »Kranz, (Märtyrer)Krone«. Seit dem frühen MA verbreitet durch Verehrung des hl. Stephanus.

KF *Steffie,* nd. *Steffen,* bayr. *Steffel*; engl. *Stephen, Steven,* frz. *Étienne, Estienne, Stéphane,* ital. *Stefano,* span. *Estéban, Estévan,* slaw. *Stefan, Stepan, Stenka, Stepka, Stepko, Sczepan,* ungar. *István.*
🄺 Der hl. Stephanus, Erzmärtyrer, Wandgemälde (9. Jh.) in Mals (Südtirol), Stephansdom in Wien; der erste Ungarnkönig, der hl. Stephan (10./11. Jh.), Gruft der ungar. Könige, Stuhlweißenburg; der hl. Stephan I., Papst (3. Jh.), Altar Maulbronn (1442) in der Staatsgalerie Stuttgart.

Stefana, Stefania, Stephana *w* NF von *Stefanie, Stephanie.*

* **Stefanie, Stephanie** *w* Form von →*Stefan, Stephan.*

Zwei hl. Märtyrerinnen Stephanie werden bes. in Frankreich verehrt; in Dtschl. verbreitet, seitdem die Adoptivtochter Napoleons, Stéphanie de Beauharnais, Großherzogin von Baden wurde (19. Jh.).
KF *Fannie, Fanny, Steffi*; frz. *Stéphanie, Etiennette, Tienette,* russ. *Stefanida.*

Stefano *m* ital. Form von →*Stefan.*

* **Steffen** *m* nd. Form von *Stefan.*

* **Steffi** *w* KF von →*Stefanie.*

Stella *w* VN, zu lat. *stella* »Stern«.

Die Verehrung Marias als *Stella maris* der Seeleute (orientierender Stern des Meeres = der Polarstern) förderte die Namenverbreitung. Goethes Schauspiel »Stella« (1772/75). frz. *Estelle,* span./ital. *Estella, Estrella.*

Sten *m* nord. VN, bereits runeninschr. *sten* = Stein, schwed. Adelsname.

Stenzel *m* schles. KF von →*Stanislaus*; heute häufiger Familienname.

Stephan *m*, **Stephanie** *w* →*Stefan, Stefanie.*

Stephane° *m/w* Form von Stefan in der Schweiz.

Stephen *m* engl. Form von →*Stefan.*

Stephine *w* frz. Form von *Stefan.*

Steve [sti:v] *m* engl. KF von →*Stephen.*

Steven [sti:ven] *m* engl. und niederl. NF von *Stefan.*

Stillfried *m*, **Stillfriede, -frieda** *w* zu ahd. *stilli* »still« + *fridu* »Friede«.

Stilla *w* KF von *Stillfriede.*

🄺 Die sel. Stilla (13. Jh.), Grab im Augustinerinnenkloster Abenberg (Bayern), Wallfahrtsstätte.

Stillo *m* KF von →*Stillfried.*

Stina, Stine, Stintje *w* fries. KF von *Christine, Ernestine, Augustine.*

Stinnes *m* rhein. KF von *Augustinus.*

Stiva *m* russ. KF von *Stanislav, Stepan.*

Stoffel, Stoffer *m* KF von *Christoph.*

Stuart *m* engl. VN, urspr. Name der schott. Königsfamilie, aus *sty ward, stiweard* »Hausbewahrer«.

Sturmi, *Sturmius m* alter germ. Name, nd.-niederl. *Storm,* ahd. *sturm,* altnord. *stormr* »heftiger Wind, Angriff«.

Name des Abts Sturmius (8. Jh.), Heiliger, gründete 774 die Benediktinerabtei Fulda.

Su *w*, engl. *Sue,* KF von *Susanne.*

Suitbert *m* →*Swidbert, Swindbert.*

Sulamith *w* bibl. Name, hebr. *schulammith* »die Friedliche, Unversehrte«.

Suleika *w* arab. VN, »Verführerin«.

Literar. steht Suleika für Marianne von Willemer in Goethes »Westöstlichem Divan«.

Sulpiz, *Sulpicius, Sulpitius m*, **Sulpizie**, *Sulpicia w* alte lat. Namen, »aus dem röm. Geschlecht der Sulpicier«.

Sultana *w* rumän. VN, entspr. der männl. ungar. Form *Zoltán*, abgeleitet vom türk. Titel Sultan.

Süncke, **Suno** *m* nordfries. VN, für »Sohn, Söhnchen«.

Sunhild, **Sunhilde** *w* NF von →*Swanhilde*.

Sunke, **Sunneke**, **Suntje**, **Suntke** *m* ostfries. VN für »Sohn, Söhnchen«; →*Sönke*.

Sunna, **Sünne** *w* VN wohl zu altfries. *sunne* »Sonne«.

Susa *w* ital. KF für *Suse*, zu *Susanne*.

Susan, **Susann** *w* verkürzte Formen von →*Susanne*; bibl. Name *Susan*, hebr. *Schuschan* »(rote) Lilie«.

Susanka *w* slaw. KF von *Susanne*.

* **Susanna**, **Susanne** *w* beliebter VN, bibl. Name, zu griech. *sousanna*, hebr. *schuschan, schoshanna* »Lilie«.

Die schöne bibl. Gestalt der »Susanne im Bade« (Apokryphen, Kap. 13, Buch Daniel) führte seit dem MA zur Verbreitung des VN; zahlreiche Darstellungen (Altdorfer, Rembrandt, Rubens).

engl. *Susan*, frz. *Suzanne*, ital. *Susanna*, slaw. KF *Susanka*.

Suse *w* KF von *Susanne*.

Susen *w* schwed. KF von *Susanne* (zu engl. *Susan*).

Susetta, **Susette**, **Suzette** *w* ital./frz. VklF von *Susanne*.

Susi, **Susy** *w* KF von Susanne; *Susi* auch bibl. Name, zu hebr. *susi* 1. »meine Schwalbe«, 2. »mein Pferd«.

Suzanne *w* frz. Form von *Susanne*.

Svane *w* KF zu Namen mit *Swan* = »Schwan«.

Svea *w* schwed. VN, allegor. Bez. für Schweden (aus *Svea-rike* »Schwedenreich«).

* **Sven**, **Swen** *m* nord. VN, runeninschr. *suain* »Jüngling«, urspr. Beiname, dän. und norweg. Königsname.

Svend *m* dän. Form von →*Sven*.

* **Svenja** *w* nord. Form von →*Sven*; (mehrmals: Gütersloh, Mai 1977).

Swana *w* KF zu Namen mit *Swan* = »Schwan«.

Swanburg *w* VN, zu ahd. *swan* »Schwan« + *burg* »Schutz«.

Swanhild, **Swanhilde** *w* VN, zu ahd. *swan* »Schwan« + *hiltja* »Kampf«.

Swante *m*, schwed. *Svante*, KF zum slaw. RN *Svantopolk* »Kriegsvolk«.

Swantje, **Swaantje**, **Swaneke** *w* ostfries. Formen von Namen mit *Swan*, z.B. *Swanhild*.

Swen *m* NF von →*Sven*.

Swetlana, **Svetlana** *w* russ. VN, zu russ. *swetly* »hell«.

Swidbert *m* NF zu →*Swindbert*.

Swidgard *w* zu ahd. *swinde* »stark, geschwind« + *gard* »Hort, Schutz«.

Swidger *m* NF von →*Swindger*.

Swindbert *m* zu ahd. *swinde* »stark, geschwind« + *beraht* »glänzend«.

Swinde *w* KF von ahd. Namen mit *swinde* »stark, geschwind«.

Swindger *m* zu ahd. *swinde* »stark, geschwind« + *ger* »Speer«.

Sybil, **Sybille** *w* →*Sibylle*.

Sylvain *m*, **Sylvaine** *w* frz. Formen zu →*Silvanus*.

Sylvester *m* →*Silvester*.

Sylvi *w* finn./schwed. KF von *Silvia*.

* **Sylvia** *w* schwed. Form von →*Silvia*.

Sylvie, *Silvie* *w* frz. Form von →*Silvia*.

Sylvette *w* frz. NF zu *Silvetta*, *Silvette*.

Sylviane, **Sylvianne** *w* Weiterbild. von *Silvia*, *Sylvia*.

T

* **Tabea** *w* lat. NF des bibl. Namens →*Tabitha*; *Tabe*, *Tabea* ostfries. weibl. VN.

Tabitha *w* bibl. Name, zu griech. *tabitha*, hebr. *tabjā* »Gazelle«; NF →*Tabea*.

Tade, **Taeike**, **Taetse**, **Take** *m* fries. KF zu *Diede*, *Diet*- und *Thed*-Namen.

Tage *m* nord. (dän.) VN, urspr. BN für den Bürgen, Gewährsmann.

Taiga *m/w* russ. kinderspr. KF.

Taiga *w* Neubild., die bei Anlehnung an die alten ost- und westfries. weibl. KF *Teika* (für Theda, Tida) sowie *Taje, Taeike, Teike* (zu *Diede*, mittelniederl. *diet*, ahd. *diot* »Volk«) als zulässig angesehen werden kann.

Tale, **Taleja**, **Taleke**, **Taletta** *w* nd.-ostfries. KF von →*Adelheid*; das T gehört durch falsche Silbentrennung zu *Sünt* = *Sanct, Sünt Ale, Aleke* = die hl. Adelheid, dt. Kaiserin.

Talida *w* wie *Alida* eine ostfries. KF von →*Adelheid*; vgl. →*Tale*.

Talika, Talka, Talke *w* nd.-ostfries. KF von →*Adelheid*; vgl. →*Tale*.

Tamara *w* Weiterbild. des bibl. RN *Tamar*, hebr. *tāmār* »Dattelpalme«.

Tamina *w* Bildung zu *Tamino*.

Junger Prinz in Mozarts Oper »Die Zauberflöte«; griech. *tamias* »Herr, Gebieter«.

Tamme, Tammo *m* alte nd.-fries. KF, wie Damme, Dammo zu →*Dankmar*.

Tania *w* romanis. NF zu *Tanja*.

***Tanja** *w* russ. KF von →*Tatjana*.

Tanjura *w* russ. KF von →*Tatjana*.

Tanko *m* NF von *Danko*, KF von *Thankmar* = *Dankmar*.

Tankred *m* engl./normann. VN, älter *Thancharat* = →*Dankrad*, zu ahd. *danc* »Denken« + *rat* »Ratgeber«.

Tarek, **Tarik** *m* arab. VN.

Name eines arab. Heerführers, der 711 von Nordafrika nach dem nach ihm benannten Gibraltar = arab. *dschebel al Tarik* »Fels des Tarik« übersetzte.

Tasja, **Tassja** *w* russ. KF von →*Anastasia*.

Tasso *m* alter dt. oder roman. VN.

Das frühe Vorkommen der VklF *Tassilo* im 8. Jh. bei dem bayer. Herzogsgeschlecht der Agilolfinger zeigt germ. und rom. Bildung an. *Dachs*, ahd. *dahs*, ins Romanische übergegangen, ital. *tasso*, urspr. germ. *thasu* »bauen«, wäre in der Bed. »Dickling« (zu indogerm. *tegu* »dick«) namenbildend möglich gewesen.

Tassilo, *Thassilo m* VklF zu →*Tasso*, früher als dt. Adelsname bevorzugt (Bayernherzog Tassilo, 8. Jh.).

Tata *w* russ. KF von *Tatjana, Natalja*.

***Tatjana**, *Tatiana w* russ. VN asiat. Ursprungs; seit 1960 zunehmend zum beliebten VN geworden, KF *Tanja*.

Operngestalt in Tschaikowskis »Eugen Onegin«.

Tebbe, **Tebbo** *m* ostfries. KF von *Theodebert*.

Ted, **Teddy** *m* engl. KF von *Theodore*, auch Edward.

Tede, **Thede** ostfries. *m/w*, nordfries. *m* KF, *Tede, Teede* westfries. *m* KF zu *Diede, Thed-* und *Diet*-Namen.

Teetje, **Thetje**, **Tietje**, **Tetje** *m* fries. KF von Namen mit *Diet-*.

Teida *w* ostfries. KF von *Adelheid*; vgl. →*Theite*.

Teilhard *m* alter frz. Name.

Teil- in vielen Variationen örtlichkeitsbez., zu frz. *tilleul* »Linde«, in Ortsnamen häufig, + ahd. *hard*, ergibt, daß *Teilhard* = ahd. *Linthart* entspricht.

Tela, **Tele** *w* stark verkürzte nd.-ostfries. Formen von →*Adelheid* (wie bei *Tale, Talika, Theda*).

Das T gehört durch falsche Silbentrennung zu *Sünt* = *Sanct, Sünt Ale, Ela* = hl. Adelheid, dt. Kaiserin (10. Jh.); vgl. →*Tale*.

Tell *m* VN nach dem bekannten Helden der Schweizer Sage, ein Jäger aus dem Urner Dorf Bürglen (14. Jh.).

Telsa, **Telse**, **Telseke** *w* nd.-fries. KF von →*Elisabeth*.

Das T gehört durch falsche Silbentrennung zu *Sünt* = *Sanct, Sünt Elsa* = die hl. Elisabeth (13. Jh.).

Temme, **Temmo** *m* ost- und westfries. KF zu →*Dietmar*.

Teodolius *m* →*Theodolius*.

Teresa *w* ital./span. und engl. Form von →*Theresia, Therese*.

Terzia *w* zu lat. *tertia* »die Dritte«; bereits altröm. Frauenname zur Zeit Cäsars; Zahlnahme: »das dritte Kind«.

Tess, **Tessa**, **Tessy** *w* engl. KF von *Teresa*.

Tete *m*, **Tetje**, **Tetta** *w* ost- und westfries. KF von Namen mit *Diet-*.

Teudelinde, **Theudelinde** *w* ältere NF von →*Theodelinde* = *Dietlinde*.

Teutobald *m* ältere NF von *Theodebald, Dietbald.*

Teutobert *m* ältere NF von *Theodebert, Dietbert.*

Teutobod *m* NF von *Theodebod, Dietbod.*

Teutomar *m* NF von *Theodemar, Dietmar.*

Teutwart *m* NF von *Theodeward, Dietwart.*

Tewes *m* KF von *Matthäus.*

Thaddäus *m* bibl. Name, zu griech. *thaddaios* »Lobpreis«.

Thaisen *m* nordfries. VN, KF von *Matthias.*

Thankmar *m* NF von →*Dankmar.*

Thea *w* KF von →*Dorothea* und →*Theodora.*

Theda *w* nd.-ostfries. KF von →*Adelheid*; vgl. →*Tale.*

Theida *w* ostfries. KF von *Adelheid*; vgl. →*Theite.*

Theis, *Theiß m* KF von →*Matthias.*

Theite *w* fries. Form von *Adelheid.*

Das T gehört durch falsche Silbentrennung zu *Sünt = Sanct, Sünt Heite* = hl. Adelheid(e), dt. Kaiserin (10. Jh.); vgl. auch →*Tale* und →*Telsa* (hl. Elisabeth).

Thekla *w* griech. VN, *Theokleia*, Abl. von *Theokles*, zu griech. *theós* »Gott« + *kléos* »guter Ruf, Ruhm, Ehre«.

Märtyrerin des 1. Jh. in Kleinasien. Ostfries. ist *Thekla* auch KF von Namen mit *Theod-*, z. B. *Theodora.*

Themke *m* KF zu *Dietmar.*

Theo *m* KF von →*Theodor, Theobald.*

Theobald *m*, älter *Theodebald*, latinis. Form von →*Dietbald*, auch Anlehnung an Namen mit griech. *theós* »Gott« wie bei *Theodor.*

HlN im MA, der hl. Theobald (11. Jh.), Patron der Köhler, VN im 19. Jh. erneut aufgekommen.

engl. *Theobald, Tibald*, frz. *Thibaud, Thibault, Thibaut, Théobald*, ital. *Tebaldo, Teobaldo*; NF *Debald, Diebald, Diebold.*

Theoda *w* KF von Namen mit *Theo-.*

Theodebald *m* ältere Form von →*Theobald.*

Theodebert *m* latinis. Form von →*Dietbert.*

Theodegar, **Theodeger** *m* latinis. Formen von →*Dietger.*

Theodelinde, **Theodolinde** *w*, auch *Theudelinde*, latinis. Formen von →*Dietlind(e).*

Theodelinde, Königin der Langobarden, wurde nach ihrer Heirat mit Agilulf bayer. Landesmutter.

Theodemar *m* latinis. Form von →*Dietmar.*

Theoderich, auch *Theuderich, m* latinis. Form von →*Dietrich.*

Theoderich d. Gr. (456–526), König der Ostgoten, Oberherr über Italien, Sizilien, Dalmatien und Rätien, erhielt die antike Kultur und brachte Italien eine längere Friedenszeit; Grabmal in Ravenna; lebt in der Sage als →*Dietrich* von Bern (= Verona) fort.

Theodolf *m* latinis. Form von →*Dietwolf.*

Theodor *m* VN griech. Herkunft, *Theódōros* »Gottesgeschenk«, zu griech. *theós* »Gott« + *dōron* »Gabe, Geschenk«.

Im MA Name von Heiligen, Theologen und Herrschern; im 19. Jh. Begeisterung für den Dichter des Freiheitskampfes (1812/13) Theodor Körner; in neuerer Zeit volkstümlich durch den Namen des 1. Bundespräs. Theodor Heuss.

KF *Thed, Theo, Thetje*; engl. *Theodore*, frz. *Théodore*, ital. *Teodoro*, russ. *Fjodor*, eingedt. *Fedor, Feodor.*

Theodora, **Theodore** *w* Form von →*Theodor.*

engl. *Theodora*, frz. *Théodora*, ital. *Teodora*, russ. *Fjodora*, eingedt. *Fedora, Feodora.*

Theodosia *w* Form von →*Theodosius*; russ. *Feodosia.*

Theodosius *m* VN griech. Herkunft, *Theodósios* »Gottesgeschenk«; russ. *Feodosi.*

Theodulf *m* latinis. Form von →*Dietwolf.*

Theofried *m* latinis. Form von →*Dietfried.*

Theophil *m* VN griech. Herkunft, *Theóphilos* »Gottesfreund«, zu griech. *theós* »Gott« + *philos* »lieb, angenehm, freundschaftlich«.

Theophilus, Gestalt einer mittelalt. Legende, in der das Faustproblem vorkommt (9. Jh.), behandelt von Roswitha von Gandersheim.

Theophora *w* VN »Gottesträgerin«, zu griech. *theós* »Gott« + *phorá* »das Tragen«.

***Theres, Theresa, Therese, Theresia** *w* alter VN griech. Urspr.

Herkunftsname von der Insel Thera »Bewohnerin von Therasia« (in der Ägäis, heute Thira/Santorini).

Die hl. Theresa von Avila (Spanien, 16. Jh.) gründete mehr als 30 Klöster, reformierte 1560 den Karmeliterorden. Kaiserin Maria Theresia von Österreich (18. Jh.) machte den Namen volkstümlich. Ⓚ Kapuzinergruft Wien. KF *Thery, Thesi, Thesy*; engl., roman., span., poln. *Teresa*, frz. *Thérèse, Térèse*, tschech. *Terezie*, ungar. *Terézie, Terka*.

Theresina *w* Weiterbild. von →*Theresa*.

Thery, Thesi, Thesy *w* KF von →*Therese*.

Thewald *m* NF von →*Dietwald*.

Thibaut *m* frz. Form von →*Theobald*.

Thiedemann, Thielemann *m* VN zu *Diet*-Namen, *Thiedemann* zum Typ Diet*m*ar, *Thielemann* zum Typ Diet*l*eib.

Thiemo, Tiemo *m* KF von *Thietmar, Dietmar*.

Thierri, Thierry *m* frz. Form von *Dieterich, Dieterik*.

Thies, Thieß *m* KF von →*Matthias*.

Thietmar *m* NF von →*Dietmar*.

Thilde, Tilde *w* KF von →*Mathilde*.

Thilo, Tilo *m* KF von Namen mit *Diet-*.

This *m* KF von nd. *Mathis, Matthias*.

***Thomas**, *Tomas m* sehr beliebter VN, griech.-lat. Form eines bibl. Namens, auch hebr. Beinamens, griech. *thōmas* »der Zwilling«.

Bereits im MA weit verbreitet durch Verehrung des hl. Apostels Thomas; daneben auch des hl. Thomas Becket († 1170 Canterbury) und des hl. Thomas von Aquin († 1274).

KF *Tam, Tammo, Tom, Toms, Thoma*; engl. *Thomas, Tommy, Tomy*, frz. *Thomas, Thomé*, ital. *Tomaso, Tommaso*, schwed./span. *Tomas*, südslaw. *Toma*, russ. *Foma*, dän. auch *Tammes*, ungar. *Tamás*, ökumen. *Tomas*.

Die Redensart von »ungläubigen Thomas« bezieht sich auf Joh. 20,24–29, wo der Jünger Thomas an der Auferstehung Jesu zweifelt und erst glauben will, wenn er die Wundmale des Auferstandenen berührt hat.

Thona *w* KF von →*Antonia*.

Thora *w* nord. KF von →*Tora*.

Thoralf *m* →*Toralf*.

***Thorben** *m* →*Torben*.

Thorbjörn *m* →*Torbjörn*.

Thorbrand *m* nord. VN zu *Thor* (germ. Gott) + ahd. *brand* »flammendes Schwert«.

Thordis *w* →*Tordis*.

Thore, *Thure m* →*Tore*.

Thorgard *w* →*Torgard*.

Thorge, Thorger *m* →*Torger*.

Thorgert *m* VN, wohl Weiterbild. des nord. VN →*Torger, Thorger* in Anlehnung an die weibl. schwed. Form →*Torgerd*.

Thorgund *w* →*Torgund*.

Thorhild *w* →*Torhild; Toril, Torild*.

Thorid *w* NF von →*Turid*.

Thorina *w* →*Torina*.

Thorismund *m* →*Thurismund*.

Thorold *m* nord. VN zu →*Thorwald*.

Thorolf *m* →*Torolf*.

***Thorsten** *m* →*Torsten*.

Thorwald *m* →*Torwald*.

Thure, Ture *m* →*Tore*.

Thurid *w* →*Turid*.

Thusnelda, Thusnelde, *Tusnelda w* alter dt. VN, unklar, ob zu den alten Formen *Tursinhilda, Tussinhilda* ahd. *turs* »Riese«+*hiltja* »Kampf« oder im 1. Namenglied *Tuis-*, altnord. *tueir*, nd. *twi* »zwie, zwei«.

Zur Erheiterung die volksetymol. Erklärung: Thu-snel-da »zu schnell da«, gemeint sei ein zu früh geborenes Kind.

Tochter eines Cheruskerfürsten, Frau des →*Arminius*. Beliebt wurde die KF *Nelda*.

Thymiane *w* VN, Pflanzenname des Lippenblütlers *Thymian*, zu griech. *thymíana* »Räucherwerk«.

Thyra *w* →*Tyra*.

Tiada, Tjada *w*, **Tiade, Tjade** *m/w*, **Tiado** *m* fries. KF zu altfries. *Thiad-* = hochdt./nd. *Diet-, Dide, Tide, Dieto*, zu Namen mit *Diet-* »Volk«.

Tialf, Tjalf *m* ostfries. KF, zu *Dietleib* oder zu altfries. *Thiadolf* = *Dietwolf*.

Tiana *w* KF von →*Christiana*.

Tiard, Tiart *m*, **Tjarde** *w* fries. KF zu altfries. *Thiadhard* = *Diethard*.

Tiark, **Tiarke**, **Tjark**, **Tyärk** *m* ostfries. KF zu den altfries. Namen *Thiadric, Tiadrik* = mittelnd. *Dederik*.

Tiba, **Tibe** *w* ostfries. KF von Namen mit *Thiad-b-*, z.B. altfries. *Thiadberg, Thiadburg* = *Dietberga, Dietburga*.

Tiberius *m* zum altröm. Namen *Tiberius* »dem Flußgott Tiberis geweiht«.

Tibeta, **Tibetha** *w* ostfries. Form zu →*Tiba, Tibe* und zu Namen mit *Thiad-b-*, z.B. *Thiadberg, Thiadburg* = *Dietberga, Dietburga*.

Tibor *m* ungar. Form von →*Tiberius*.

Tida *w* nd.-ostfries. KF von →*Adelheid*; vgl. →*Tale*.

Tietje, **Tietke** *w* ostfries. KF von Namen mit *Diet-*, wie *Dietgard, Dietgunde*.

Tilde, *Thilde w* KF von →*Mathilde*.

Till, auch *Tile, Tyl m* alte nd.-fries. KF von *Dietleib, Detlef, Thiadlef, Thialf*, oder zu altfries. *til* »gut, tüchtig«.

Im MA in Norddtschld., in den Niederlanden und in Flandern beliebter und volkstümlicher Name. Till Eulenspiegel wird uns nicht nur als Schalk und Schelm des MA überliefert, sondern auch von Charles de Coster als Freiheitsheld des fläm. Volkes.

Tilla, **Tilli**, **Tilly** *w* KF von *Ottilie, Mathilde*.

Tillo, **Tilman**, *Tilmann, Tillmann m* alte nd.-fries. Formen, wie bei *Till* zu den alten Namen *Dietleib, Detlef, Thiadlef, Thialf*, oder zu altfries. *til* »gut, angemessen, tüchtig«.

Tilo *m* →*Thilo*.

Tilse *w* nd.-fries. KF wie →*Telsa* von →*Elisabeth*.

Das T gehört durch falsche Silbentrennung zu *Sünt* = *Sanct, Sünt Ilse* = die hl. Elisabeth (13. Jh.).

***Tim**, **Timm**, **Timme**, **Timmo**, **Timo** *m* nd.-fries. KF zu →*Dietmar*.

Timon *m* bibl. Name, zu griech. *timōn* »ehrwürdig, ehrenwert«.

Timotheus *m* bibl. Name, zu griech. *timótheos* »Ehre Gott!«

Alter griech. Name, im Abendland verbreitet durch Verehrung des hl. Timotheus, Gehilfe von Paulus (1. Jh.).
engl. *Timothy*, frz. *Timothée*, russ. *Timofej*.

***Tina** *w* beliebte KF von Namen mit *-tina*, z.B. *Christina, Martina*.

Tinette *w* frz. VklF von Namen wie *Antoinette*.

Tinka *w* KF von *Katinka*.

Tino *m* ital. KF von Namen mit *-tino*-Endung, z.B. *Latino, Valentino*.

Tirza *w* bibl. Name, zu hebr. *tir'sāh* »Anmut, Wonne, Lieblichkeit«.

Tito *m* ital. Form von →*Titus*.

Titus *m* altröm. VN, zu lat. *titus* »Wildtaube«.

Erklärt bei Aulus Persius I, 20 (krit. Ausgabe 1910) *Titi sunt columbae agrestes* »Titi (Mehrzahl von Titus) sind wilde Tauben«. Bekannt ist der röm. Kaiser Titus (1. Jh.), der Jerusalem zerstörte (Titusbogen in Rom).

Tizia *w* ital. KF von *Lätizia*.

Tiziana *w*, **Tiziano** *m* ital. VN nach der altröm. AF *Titianus*, zur Familie des *Titius* gehörig. *Titio* = *Titius*.

***Tobias** *m* bibl. Name, bei Luther *Tobia*, zu hebr. *tōbijjāh* »Gott ist gut, die Güte des Herrn«. KF *Töbi*; engl. *Toby*. Sehr beliebter Name.

Tom *m* engl. KF von *Thomas*.

Toma *w* russ. KF von →*Tamara*.

Tommy *m* engl. KF von *Thomas*.

Toms *m* KF von *Thomas*.

Tona *w* KF von →*Antonia*.

Toni, *Tony m/w* KF von *Anton* und *Antonie*.

Tonia *w* KF von *Antonia*.

Tonio *m* ital. KF von *Antonio*.

Tonja *w* russ. KF von *Antonija* = *Antonia*.

Tönjes, **Tönnies**, **Töns** *m* rhein.-nd. KF von *Antonius*.

Topsy *w* wohl Koseform zu den ostfries. weibl. Kurzformen *Tobe, Tobeke, Tobke, Töbke, Töpke*, allesamt zu *Tobias* zu stellen.

Tora, *Thora w* nord. KF von Namen mit *Tor-, Thor-* (germ. Gott); weibl. Form von →*Tore*.

Nach 1800 war *Tora* in Schweden auch eine KF von *Viktoria*.

Toralf *m*, älter *Thoralf*, nord. VN, zu *Thor* (germ. Gott) + *alf* »Elf, Naturgeist«.

Torben, *Thorben m* dän. VN, zu *Torbern, Thorbern,* einer NF von *Torbjörn.*

Torbjörn *m* nord. VN, zu *Thor* (germ. Gott) + schwed. *björn* »Bär«.

Tord *m* nord. VN, älter Thordh(er), aus altnord. *Thorfridh*, zu *Thor* (germ. Gott) + *fridhr*, ahd. *fridu* »Friede«.

Tordis, *Thordis w* nord. VN, zu *Thor* (germ. Gott) + altschwed. *dis* »Göttin«.

Tore, *Thore m*, runeninschr. *Thorir*, alter nord. VN, zu nord. *Thor* (dem germ. Donnergott) + isländ. *verr* »Kämpfer«; NF *Ture, Thure.*

Torgard, *Thorgard w*, alter schwed. VN *Torgerd, Torgärd*, zu *Thor* (germ. Gott) + *gardh* »Hort, Schutz«.

Torger, älter *Thorger m*, nord. *Torgeir*, zu *Thor* (germ. Gott) + *ger* »Speer«.

Torgerd *w* schwed. Form zu →*Torgard.*

Torgund, *Thorgund w* alter schwed. VN, seit 1918 auch mit den Formen *Torgun, Torgunn* belegt, zu *Thor* (germ. Gott) + ahd. *gund* »Kampf«.

Torhild *w* altschwed. VN, auch *Torhilda, Törilla*, zu *Thor* (germ. Gott) + ahd. *hiltja* »Streit, Kampf«.

Torid, *Thorid w*, zum alten nord. VN *Turid*, älter, runeninschr. *Thor(f)ridh*, zu *Thor* (germ. Gott) + altnord. *fridhr*, ahd. *fridu* »Friede«.

Torolf *m*, älter schwed. *Torulf*, zu *Thor* (germ. Gott) + altisländ. *ulfr* »Wolf«.

Torwald, *Thorwald m*, zum alten nord. VN *Torvald*, Name des germ. Gottes *Thor* + *vald*, ahd. *waltan* »walten«.

Toska, *Tosca w* VN, aus dem Ital. übernomm. Herkunftsname »Frau aus der Toskana«.

Wohl durch Puccinis Oper »Tosca« bekannt geworden.

Tosja *w* russ. KF von →*Antonina.*

Traude, *Traudel w* KF von →*Gertraud.*

Traudhild, **Traudhilde** *w*, zu ahd. *trud* »Kraft, Stärke« + *hiltja* »Kampf«.

Traudlinde *w*, zu ahd. *trud* »Kraft, Stärke« + *linta* »Lindenholzschild«.

Traugott *m* pietist. Neubild. des 18. Jh., der Imperativ: »Vertraue Gott!«.

Traut *m* KF des im Breisgau als Märtyrer verehrten hl. *Trudbert* (7. Jh.).

Traute *w* KF von *Gertraud(e).*

Trauthelm *m*, zu ahd. *trud* »Kraft, Stärke« + *helm* »Helm, Schutz«.

Trauthold *m*, älter *Trautwald*, zu ahd. *trud* »Kraft, Stärke« + *waltan* »walten, herrschen«.

Trautmann *m* zu ahd. *trud* »Kraft, Stärke« + *man* »Mann, Mensch«.

Trautmar *m* zu ahd. *trud* »Kraft, Stärke« + *mari* »berühmt«.

Trautmund *m* zu ahd. *trud* »Kraft, Stärke« + *munt* »Schutz (der Unmündigen)«.

Trautwein, **Trautwin** *m* zu ahd. *trud* »Kraft, Stärke« + *wini* »Freund«.

Treumund *m*, **Treumunde** *w* alte dt. VN, zu altsächs. *triuwi* »treu, wahr« + *munt* »Schutz (der Unmündigen)«.

Trina, **Trine** *w* KF von →*Katharina.*

Trinette *w* neuere VklF zu Trine = *Katharine.*

Tristan, *Tristram m* VN, kelt. *Drystan*, zu *drest, drust* »(Wächter über) Waffengeklirr, Aufruhr«.

Die frz. Sage von Tristan und Isolde führte über dt. Tristandichtungen zu R. Wagners Oper »Tristan und Isolde«; s. a. →*Isolde*; gall. *Dristan, Drustan* ist Druidenname (Priestername) der alten Gallier.

Trix, **Trixa**, **Trixi** *w* KF von →*Beatrix.*

Trudbert *m*, **Trudberta** *w* zu ahd. *trud* »Kraft« + *beraht* »glänzend«.

Trude *w* KF von →*Gertrud.*

Trudeliese, **Trudelise** *w* DF aus *Trude* + *Li(e)*se.

Trudgard *w* zu ahd. *trud* »Kraft, Stärke« + *gard* »Hort, Schutz«.

Trudhild, *Trudhilde w* →*Traudhilde.*

Trudl, **Trudy** *w* KF zu →*Gertrud.*

Trudlinde *w* →*Traudlinde.*

Trudo *m* KF zu alten *Traut*-Namen.

Der hl. Trudo (7. Jh.) gründete das nach ihm benannte Kloster Sint-Truiden.

Trudpert *m* NF von *Trudbert.*

Trutz *m* alter dt. VN.

Urspr. alter BN von Rittern und Adligen, danach VN geworden, zu mhd. *trutz, tratz, trotz* »widersetzlich auf etwas bestehen, Trotz bieten« = eigenes Recht des Edelmanns wahren.

Tulla, **Tulle** *w* alte KF für *Sanct Ursula, Sanct Ulla*, das T gehört zu Sanct!

Tünnes *m* rhein. KF von *Antonius*.

Turid *w* nord. Form von →*Torid*.

Tusja *w* russ. KF von →*Natalija*.

Tyra, *Thyra w* schwed. VN, latinis. Form eines altdän. Namens *Thyr(v)i*, danach *Torvi*, zu *Thor* (germ. Gott) + *vi(g)*, ahd. *wig* »Kampf«.

Uba *w*, **Ubbo** *m* nordfries. KF zu →*Ubald* oder zu *Adelbo(l)d*.

Ubald *m* alter dt. VN *Hugbald, Hugibald*, zu ahd. *hugu* »Sinn, Geist, Verstand« + *bald* »kühn«; frz. *Ubalde*, ital. *Ubaldo*.

Ubba, **Ubbe** *m/w*, **Ubbina** *w*, **Ubbo**, **Ubbod** *m* ostfries. KF zu →*Ubald* oder zu *Adelbo(l)d*.

Ubert *m* rätoroman. VN zu *Obert*, aus *O(di)lbert*.

Uda, **Ude** *w* ostfries. KF, wie *Oda* zu Namen mit *Od-*, wie *Odilia, Ottilie*.

Udelar *m* alte NF zu →*Adelar*.

Udele *w* alte NF zu →*Adele*.

Udo *m* ostfries. KF, Nebenform von *Odo*, oder über *Udolf zu Uodalwolf*, ahd. *uodal* »Erbgut« + *wolf* »Wolf«.

Ueli *m* schweizer. KF von →*Ulrich*.

Ufe, Ufert, Uffe, Uffke, Ufko *m* ostfries. KF zu →*Wolfbert, Wulfbert*.

Ugo *m* ital. Form von →*Hugo*; *Ugolino* VklF zu *Ugo*.

Ula *w* NF von →*Ulla*.

Uland, *Uhland m* alter dt. VN *Uodalland*, zu ahd. *uodal* »Erbgut, Heimat« + *lant* »Land«.

FN des Dichters Ludwig Uhland (1787–1862), 1848 Abg. der Nationalvers. in Ffm.

Ulbe, **Ulbet** *m* westfries. KF von →*Ulbert* (zu *O(di)lbert*).

Ulbert *m* zu ahd. *uodal* »Erbgut, Heimat« + *beraht* »glänzend«; westfries. belegter VN; NF von *O(di)lbert*.

Ule, **Ulerk** *m* ost- und westfries. KF zu *Ulrik, Ulrich*.

Uletta *w* roman. VklF von *Ula*, →*Ulla*.

Ulf *m, Ulw* nordfries., KF von Namen mit *-ulf* »Wolf« oder von ahd. *uodal*-Namen wie *Ulfert, Ulfried*; rätoroman. *Uolf*.

Ulfart, **Ulferd**, **Ulfert** *m* ostfries. KF von →*Wolfhard*.

Ulfhild *w* alter nord. VN, entspr. dem dt. VN →*Wolfhild*; schwed. NF *Ulvhild*.

Ulfilas *m* alte gräzisierte Form des got. Namens *Vulfilas*, →*Wulfila* »Wölfchen«.

Ulfried, *Ulfrid, Ulfert, Olfert m* alter dt. VN *Uodalfrid, Odalfrid*, zu ahd. *uodal* »Erbgut, Heimat« + *fridu* »Friede«.

Ulita *w* russ. KF des übernomm. VN *Julieta*, zu Julia.

Uljana *w* russ. Form von →*Juliana*.

Ulla, **Ula** *w* KF von →*Ursula*; auch schwed. KF von *Hulda (Huldrika)* und *Ulrika*.

Ulla-Britt *w* populäre schwed. DF aus *Ulla* + *Britt* (Brigitta).

Ulli, **Uli** *m* KF von →*Ulrich*.

Ullmann *m* alter dt. VN *Uodalman*, zu ahd. *uodal* »Erbgut, Heimat« + *man* »Mann, Mensch«.

* **Ulrich** *m* alter dt. VN *Uodalrich*, zu ahd. uodal »Erbgut, Heimat« + *rihhi* »mächtig, viel besitzend«.

Ulrich ist bes. obd. VN und in der Schweiz beliebt seit der Verehrung des hl. Ulrich und des Humanisten Ulrich von Hutten († Insel Ufenau im Zürichsee 1523).

Der hl. Ulrich, Sohn des Gaugrafen Hubald von Dillingen (9./10. Jh.), mutig auftretend gegen die Ungarn (955), Schutzpatron von Augsburg; frz. *Ulric*.

Ⓚ Kirche St. Ulrich und Afra, Augsburg; Tafel Holbein d. Ä. (1512), Augsburg, Staatsgalerie.

Ulrik *m* nd.-fries., seit dem 15. Jh. auch nord. Form von →*Ulrich*.

Ulrika *w* dän.-schwed. Form von →*Ulrik*. KF *Ulla, Rika, Riken.*

***Ulrike** *w* Form von →*Ulrich*, eigtl. der nd. Form *Ulrik*.

Durch Vorbild des Hochadels seit dem 17./18. Jh. in Dänemark und Schweden, danach in Dtschl. verbreitet; seit 1960 weite Verbreitung und wachsende Beliebtheit; frz. *Ulrique*.

Ultima *w* lat. »die Letzte«, zu lat. *ultimum* »zuletzt, zum letzten Male«, übertr. »das letzte Kind«; →*Sista*.

Ultimus *m* lat. »der Letzte«, zu lat. *ultimum* »zuletzt, zum letzten Male«, übertr. »das letzte Kind«.

Ulysses, Ulisse (ital.), *Ulyxes, Ulixes* *m* VN, lat. Formen von *Odysseus*.

Name des listigen Königs von Ithaka, Held der Odyssee-Abenteuer.

Umberto *m* ital. Form von →*Humbert*.

Umma *w*, **Umme, Ummo** *m* ostfries. KF von *Od-*, *Ot-*Namen, z.B. *Odmund, Odmunda*, zu ahd. *od* »Erbgut« + *munt* »Schutz«.

Una *w* engl. VN, irische Schreibung *Oona*, aus *Oonagh*, wohl aus der Entspr. lat. *agnus* (Agnes) und irisch *uan* »Lamm« entstanden.

Undine *w* VN, im Wasser hausender weibl. Geist, Nixe, Wasserjungfrau, zu lat. *unda* »Welle«.

Unne, Unno *m* ostfries. KF, Nebenformen von *Onne*, →*Onno*.

Uno *m* schwed. NF von *Une*, älterer runeninschr. nord. Name *Uni*, zu *una* »gedeihen, sich heimisch fühlen«.

Urban, Urbanus *m* VN lat. Herkunft, »Stadtbewohner«, zu lat. *urbanus* »aus der (großen) Stadt«, vorzüglich Rom.

Name mehrerer Päpste; der hl. Bischof Urban (nicht der Papst gleichen Namens) wird als Patron der Winzer gefeiert; frz. *Urbain*.

Uri *m* KF von →*Uriel*.

Urias *m* bibl. Name, zu hebr. *'urijāh(u)* »Licht ist der Herr«.

Uriel *m* bibl. Name, zu hebr. *'uri'ēl* »Gott ist mein Licht«.

***Urs** *m* in der Schweiz sehr verbreitete KF des älteren HlN →*Ursus*.

Märtyrer der Thebaischen Legion in Solothurn; zu lat. *ursus* »Bär«; rätoroman. *Uors*.

Ursa *w* lat. VN »die Bärin«, zu lat. *ursus* »Bär«.

Ursel *w* beliebte KF von →*Ursula*.

Ursetta *w* rätoroman. VklF, zu →*Urs, Ursina*.

Ursina, Ursine *w* VN, überwiegend schweizerisch, = »die Bärenstarke«; weibl. Form von →*Ursinus*, NF von *Ursula*.

Ursio *m* ital. Form von →*Urs, Ursus*.

Ursinus, *Ursin* *m* VN, »der Bärenstarke«, zu lat. *ursus* »Bär«.

Rätoroman. *Uorsin*, roman. *Ursino*, ital. *Orsion*, frz. *Ursin*.

***Ursula, Ursel** *w* VklF von →*Ursus*, zu lat. *ursus* »Bär«.

Beliebter Name durch die Jahrhunderte durch Verehrung der hl. Ursula, Stadtpatronin von Köln, Schutzheilige der Ursulinerinnen.
KF *Ursel, Urschel, Sula*, schweizer. *Orsch, Orscheli*, rätoroman. Form *Urschla*, im Engadin *Uorschla*; engl. *Ursula, Ursly, Usle*, niederl. auch *Ursel, Orsel*, frz. *Ursule*, ital. *Orsola*, span. *Ursola*, ungar. *Orsolya*.
Die hl. Ursula, Königstochter aus der Bretagne, erleidet in Köln den Märtyrertod. 🄺Statue (15. Jh.) in St. Ursula, Köln; auf Lochners Dreikönigsaltar (1444), Köln, Dom; Ursula-Schrein von Memling (1489), Brügge, Johanneshospital.

Ursulane, Ursuline *w* VN.

Urspr. Name einer Novize, die sich den Ursulinen geweiht hat; Ursulinen, Ursulinerinnen, nach der hl. Ursula benannte Klostergenossenschaften nach der Augustinerregel.

Ursulina *w* roman. Form von →*Ursuline*; im Engadin *Uorschlina*.

Ursus *m* Name lat. Herkunft, zu lat. *ursus* »Bär«.

Der hl. Ursus, christl. Bekenner in der Thebaischen Legion, wurde um 300 in Solothurn enthauptet. 🄺Triptychon Holbeins d.J. (1522), Solothurn, Museum.

Urte *w* VN, alte KF zu einem *Ort*-Namen.

Usmar *m* NF von *Osmar*, zu germ. *ans* »Gott« + *mari* »berühmt«.

***Uta, Utta, Ute** *w* alter dt. VN *Uota*, zur altsächs. KF →*Oda*, im Nibelungenlied *Ute*.

Bekannt und beliebt die Stifterfigur des 13. Jh. Uta von Meißen im Naumburger Dom. In neuerer Zeit beliebter weibl. VN.

Uthelm *m* NF von *Othelm.*

Utlinde *w* NF von *Otlinde.*

Uto *m*, auch *Utto*, NF von →*Udo*. Beliebter Name des Hochmittelalters.

Utz, **Uz** *m* obd. KF von Namen mit ahd. *uodal*, insbes. von →*Ulrich.*

Uve, **Uvo** *m* →*Uwe.*

***Uwe**, **Uwo** *m*, auch *Uve, Uvo*, fries. KF von ahd. *uodal*-Namen; die westfries. männl. Form *Uwble* weist auf *Ulbert, Ulbod, Ulbold* hin.

V

Václaw *m* tschech. Form eines altslaw. VN in der latinis. Form *Wenzeslaus.*

Valenta *w* Form zum ital. männ. VN →*Valente.*

Valente *m* ital. VN, zu lat. *valens* »gesund, sich wohl befindend«.

Valentin, *Valentinus m* Weiterbild. des lat. BN *Valens*, zu lat. *valens* »gesund, stark, sich wohl befindend«.

Valentina, **Valentine** *w* Formen von →*Valentin.*

Valentino, *Valentiniano m* ital. Formen zu →*Valentin.*

Valer, *Valerius m* VN, »Mann aus der altröm. Familie der Valerier«, zu lat. *valere* »stark, kräftig, gesund sein«.

***Valeria**, **Valerie** *w*, **Valerio** *m* Formen von →*Valerius*, »aus der altröm. Familie der Valerier«.

Valerian *m* AF, Weiterbild. von →*Valerius*; frz. *Valérien.*

Valeriane *w* Weiterbild. von →*Valeria.*

Valerius *m* altröm. Name, »aus der Familie der Valerier«, zu lat. *valere* »gesund, stark sein«.

Valeska *w* poln. Form zu →*Valeria*; auch KF von *Vladislavka.*

Valtin *m* obd. KF von →*Valentin.*

Vanadis *w* BN der nord. Göttin Freya.

Vanadis gehörte in der nord. Mythologie zu dem Göttergeschl. Vanen, gemeinsam mit den Asen verehrt. Roman von Isolde Kurz (1931).

Vanda *w* ital., auch schwed. Form von →*Wanda.*

Vanessa *w* engl. VN.

Nach Jonathan Swift ein Anagramm des Namens der Witwe *Esther Vanhomrigh*; Swifts Verhältnis zu ihr dargestellt in »Cadenus (Decanus) and Vanessa« (1726).

Vania *w* romanis. NF von →*Vanja.*

Vanja *w* slaw. VN.

In Schweden seit dem 19. Jh. aufgefaßt als weibl. Form von *Ivan, Iwan*, obwohl *Wanja* (Vanja) männl. russ. Koseform von *Iwan* = *Johannes* ist.

Vanna *w* ital. KF von →*Giovanna.*

Varena *w* eine rätoroman. Form von →*Verena*, KF von →*Veronika.*

Varus *m* VN in der Schweiz.

Röm. Statthalter in Germanien, Varusschlacht 9 n. Chr. im Teutoburger Wald.

Vasco *m* portugies. VN, Herkunftsname »der Basker, Biskayer«.

Bekannt: der portugies. Seefahrer Vasco da Gama (16. Jh.), er fand den Seeweg nach Ostindien.

Vasja *m* russ. KF von *Vasilij, Wassilij* = *Basilius*; auch *Wasja.*

Velten, **Veltin** *m* obd. KF von →*Valentin.*

Veit *m* alter dt. VN, stammt von *Wido*, roman. →*Guido*, ahd. *witu* »Holz, Wald« ab, latinis. zu →*Vitus.*

ahd. *Wido, Wito*, bayr. *Veicht, Veidl, Veil*; neulat. *Vitus*, roman. *Guido, Vito*, frz. *Voit, Vit, Guy*, engl. *Guy*, schwed. *Witas*, russ. *Vit, Veit*, ungar. *Vida.*

Der hl. Vitus wurde gegen die »fallende Sucht«, den Veitstanz = die Epilepsie, angerufen. 🄺 Veitsdom in Prag.

Vera *w* VN, slaw. *Wera*, zu russ. *vera* »Glaube«; auch KF von →*Verena* oder *Veronika.*

***Verena** *w* obd. VN, über *Verona* KF von →*Veronika.*

Sehr beliebter Name in der Schweiz nach dem Vorbild der hl. *Verena* (um 300), bei der Thebaischen Legion in Solothurn, Klause in der nach ihr benannten Verenaschlucht. 🄺 Glasfenster (1312), Heiligkreuztal.

Vérène *w* frz. Form von →*Verena.*
Verna *w* schwed. Form von *Verner* = *Werner.*
Verita *w*, **Veritas** *m* VN, zu lat. *veritas* »Wahrheit«; *Veritas* ist ältere männl. Form.
Verona *w* KF von →*Veronika.*
***Veronika** *w* mittellat. Form von →*Berenike, Beronike*, mazedon. *béronikē*, zu griech. *phērenikē* »Siegbringerin«, *phernikē »Sieg bringend«.*
Name der hl. Veronika, die als Beronice Christus das Schweißtuch gereicht haben soll, das erhalten als »vera ikon« das »wahre Bild« Christi zeige (volksetymologisches Wortspiel = altes Anagramm des Namens Veronika!).
***Véronique** *w* frz. Form von →*Veronika.*
Veruschka *w* russ. Koseform von →*Vera.*
Vesta *w* griech. VN.
Name der griech.-röm. Göttin *Hestia*, Mutter des Saturnus, sonst Rhea, Terra genannt = die Erde; die Römer weihten ihr die Vestalinen als Göttin des Herdes und Herdfeuers.
Veva, **Vevi** *w* KF von →*Genoveva.*
Vicente *m* ital. Form von →*Vinzenz.*
Vicki, Vicky *w* KF von Viktoria.
Bekannt die erfolgreiche Wiener Romanschreiberin Vicki Baum († Hollywood 1960).
Vico *m* ital. KF von →*Victor, Viktor.*
Vigoleis *m* VN, auch *Wigoleis*, Name einer Gestalt der Artussage, mhd. *Wigalois*, in Bayern *Wigeles, Wiguleus, Wigeleis* (= *Guido*), zu ahd. *witu* »Holz, Wald«.
Viktor, **Victor** *m* VN lat. Herkunft, zu lat. *victor* »der Sieger«, *vincere* »siegen«.
Name mehrerer Heiligen der Thebaischen Legion: Viktor von Arganum, Viktor von Solothurn, Viktor von Xanten; Name von Fürsten und Schriftstellern. engl./frz. *Victor*, ital. *Vittorio.*
Viktoria, *Victoria w* VN, Name der altröm. Siegesgöttin *Victoria*, zu lat. *vincere* »siegen«.
In Dtschl. verbreitet nach der Königin Viktoria von England (19./20. Jh.) und ihrer Tochter Viktoria, preuß. Königin und dt. Kaiserin (19./20. Jh.); 1977 Name der schwed. Kronprinzessin.
Viktorian(us) *m*, **Viktorina**, **Viktorine** *w* Weiterbild. von *Viktor, Viktoria.*
frz. *Victorien m, Victorine w.*
Viliana *w* russ. VN, aus den Initialen von *Vl*adimir *L*enin.
Vilja *w* finn.-ungar. VN in der Bed. »Reichtum, Güte«.
Vilma *w* VN ungar., lit. für →*Wilma.*
Vilmar *m* alter dt. VN, zu ahd. *filu* »viel« + *mari* »berühmt«.
Vilmos *m* ungar. Form von →*Wilhelm.*
Vincent *m* engl., frz., niederl. Form von →*Vinzenz.*
Der Maler Vincent van Gogh (1853–1890) zeichnete seine Bilder mit »Vincent«.
Vincenzo *m* ital. Form von →*Vinzenz.*
Vinzent *m* NF von →*Vinzenz.*
Vinzenta, **Vinzentia** *w* Formen zu *Vinzenz, Vinzent.*
Vinzentina *w* Weiterbild. von *Vinzenta, Vinzentia.*
Vinzenz, **Vinzentius** *m* VN lat. Herkunft *Vinzentius*, zu lat. *vincere* »siegen«.
Name mehrerer Heiliger, unter denen Vinzenz von Paul (16./17. Jh.) Begründer der Caritas ist. VN nicht häufig.
Viola *w* VN, zu lat. *viola* »Veilchen«; Gestalt in Shakespeares »Was ihr wollt«.
Violet, *Violett w* engl. VN zu der frz. VklF *Violette.*
Violetta *w* ital. »Blumenname«, zu lat. *viola* »Veilchen«.
Violette *w* frz. »Blumenname« des MA im Midi, zu lat. *viola* »Veilchen«.
Virgil, **Virgilius** *m* VN, altröm. Familienname, bekannt der Dichter Vergilius, Verfasser der Äneis.
Der hl. Virgilius (Ire) im 8. Jh. in Bayern, Bischof von Salzburg, »Apostel Kärntens«. 🅺 Krypta des Salzburger Doms.
Virginia, **Virginie** *w* VN, zum altröm. Familienname *Virginius*, irrtümlich zu lat. *virgo* »Jungfrau« gestellt; ital. VN, hauptsächl. anglo-amer. Verbreitung; engl. KF *Virgilia, Virgie, Vergie, Ginger, Ginnie.*
Virna *w* ital. KF von →*Virginia.*
Vit *m* frz. KF von *Veit, Vitus*, entspr. →*Guy.*

Vita *w* KF von →*Viktoria*.

Vital, **Vitalis** *m* VN lat. Herkunft, lat. *vitalis* »lange lebend, lebenskräftig«.

Name zweier Heiligen: Vitalis, Märtyrer der Thebaischen Legion (um 300); Vitalis, Bischof in Salzburg (um 700), 🄺 Stiftskirche St. Peter, Salzburg.

Vito *m* ital. Form von *Veit, Vitus*.

Vittorio *m* ital. KF von →*Viktor*.

Vitulja *m* russ. Form von →*Viktor*.

Vitus *m* HlN, latinis. aus dem obd. Namen →*Veit*, der aus *Wido, Widu* →*Guido*, ahd. *witu* »Holz, Wald«, hervorgegangen ist.

Der hl. Vitus (Veit) wurde in Frankreich, Süddtschl. und Böhmen verehrt, über der alten Vituskirche erhob sich im 14. Jh. der Veitsdom in Prag.

🄺 Wandmalerei (1422) Veitskapelle Mühlhausen (Neckar); Wandmalerei (15. Jh.) Friedhofskapelle Wasenweiler b. Freiburg.

Vivian, *Vivianus m* VN »der Muntere, Lebhafte«, zu lat. *vivus* »lebendig«.

engl. *Vivian, Vivien*, frz. *Vivien*, ital. *Viviano*, portug. *Bibieno*.

***Viviana**, **Viviane** *w* VN, zu lat. *vivus* »lebendig, lebhaft«.

engl. *Viviane, Vivien, Viv*, frz. *Viviane, Bibiane, Vivienne*, span. *Bibiana*.

Volbert, **Volbrecht** *m* NF von →*Volkbert, Volkbrecht*.

Volhard *m* NF von →*Volkhard*.

Volkard, **Volkart** *m* NF von *Volkhard*.

Volkbert *m*, **Volkberta** *w* zu ahd. *folc* »Kriegshaufe, Volk« + *beraht* »glänzend«.

Volkbrand *m* zu ahd. *folc* »Kriegshaufe, Volk« + *brand* »flammendes Schwert«.

Volker *m* zu ahd. *folc* »Kriegshaufe, Volk« + *heri* »Heer«.

Volkert *m* NF von →*Volkhard*.

Volkhard, **Volkhart** *m* alter dt. VN, zu ahd. *folc* »Kriegshaufe, Volk« + *harti* »hart«.

Volkhild, **Volkhilde** *w* zu ahd. *folc* »Kriegshaufe, Volk« + *hiltja* »Kampf«.

Volkhold *m* NF von →*Volkwald*.

Volkmann *m* zu ahd. *folc* »Kriegshaufe, Volk« + *man* »Mann«.

Volkmar *m* zu ahd. *folc* »Kriegshaufe, Volk« + *mari* »berühmt«.

Volko *m* NF von Namen mit *Volk-*.

Volkrad *m* zu ahd. *folc* »Kriegshaufe, Volk« + *rat* »Ratgeber«.

Volkram *m* zu ahd. *folc* »Kriegshaufe, Volk« + *hraban* »Rabe«.

Volkwald *m* alter dt. VN, zu ahd. *folc* »Volk« + *waltan* »walten«.

Volkward *m* zu ahd. *folc* »Kriegshaufe, Volk« + *wart* »Hüter«.

Volkwin *m* zu ahd. *folc* »Kriegshaufe, Volk« + *wini* »Freund«.

Volle, **Vollina** *w* ostfries. KF von Namen mit *Volk-*.

Volma *w* ostfries. KF von →*Volkmar*.

Vollrad, **Volrad** *m* NF von →*Volkrad*.

Volmar *m* NF von →*Volkmar*.

Volprecht *m* NF von *Volkbrecht*, →*Volkbert*.

Volrat *m* NF von →*Volkrad*.

Vreana *w* rätoroman. KF von *Veronika*, neben *Varena, Vrona*.

Vreni, **Vroni** *w* obd., rätoroman. KF von *Vrona* →*Veronika*.

W

Walbert *m* NF von →*Waldebert*.

Walborg *w* eindeutschend für die schwed. Form *Valborg* = *Walburg*.

Walburg, **Walburga**, **Walburge** *w*, auch *Walpurga, Walpurgis*, alte dt. VN, zu ahd. *waltan* »walten, herrschen« + *burg* »Schutz, Zuflucht«.

KF *Burga, Burgl*; wend. *Walpora, Holpurga*, estnisch *Walber*, frz. *Vaubourg*.
Die hl. Walburga (8. Jh.), Äbtissin des Klosters Heidenheim (Mfr.); VN bes. in Süddtschl.

Waldburga *w* ältere Form von *Walburga*.

Walda *w* KF von Namen mit *Wald-* in der ahd. Bed. *waltan* »walten«.

Waldebert *m*, **Waldeberta** *w* zu ahd. *waltan* »walten, herrschen« + *beraht* »glänzend«.

Waldegund, **Waldegunde** *w* zu ahd. *waltan* »walten« + *gund* »Kampf«.

Waldemar *m* alter dt. VN, zu ahd. *waltan* »walten, herrschen« + *mari* »berühmt«.

Im MA dän. Königsname, im 19./20. Jh. wieder häufiger gebraucht; nd. *Woldemar*.

Waldfried *m* zu ahd. *waltan* »walten, herrschen« + *fridu* »Friede«.

Waldmann *m* zu ahd. *waltan* »walten, herrschen« + *man* »Mann, Mensch«.

Waldo *m* KF von →*Walter*, auch von *Waldomar*.

Waldomar *m* ältere Form von →*Waldemar*.

Waldtraut *w* NF von *Waltraud*, betont an »Wald« angelehnt.

Walfried *m*, **Walfriede** *w* alte dt. VN, zu ahd. *waltan* »walten, herrschen« + *fridu* »Friede«.

Walli, **Wally** *w* KF von *Walburga*, *Valerie*, *Valentine*.

Walo *m* NF von →*Waldo*.

Walpurga, Walpurgis *w* alte NF von →*Walburga*.

Walram, *Wallram m* NF von →*Waltram*, mittelalt. Adelsname, insbes. in Nassau.

***Walter** *m*, auch **Walther**, alter dt. VN *Walthari*, *Waltheri*, zu ahd. *waltan* »walten, herrschen« + *heri* »Heer«.

Der Walther des Waltharilieds, ein westgot. Königssohn (10. Jh.), und Walther von der Vogelweide (um 1200) förderten die Verbreitung des Namens im MA, in neuerer Zeit machten volkstüml. Schriftsteller wie Walter Scott, Walter Flex den Namen wieder lebendig, heute nicht allzu stark verbreitet.

Nd. *Wolter*, schweiz. *Wälti*, engl. *Walter*, *Walt*, *Walty*, niederl. auch *Wouter*, *Wout*, frz. *Gautier*, *Gauthier*, ital. *Gualtieri*, *Gualtiero*.

Walthard *m* zu ahd. *waltan* »walten, herrschen« + *harti* »hart«.

Waltheide *w* zu ahd. *waltan* »walten, herrschen« + *heit* »Art, Wesen«.

Walther *m* alte NF von →*Walter*.

Walthild, **Walthilde** *w* alter dt. VN, zu ahd. *waltan* »walten, herrschen« + *hiltja* »Kampf«.

Waltram *m* alter dt. VN, zu ahd. *waltan* »walten« + *hraban* »Rabe«.

***Waltraud**, **Waltraut** *w* alter dt. VN, zu ahd. *waltan* »walten, herrschen« + *trud* »Kraft, Stärke«; sehr beliebter VN in neuerer Zeit.

Waltrud, **Waltrude**, *Waltrudis w* NF von →*Waltraud*.

Waltrun *w* alter dt. VN, zu ahd. *waltan* »walten, herrschen« + *runa* »Geheimnis, Zauber«.

Wanda *w* slaw. (poln., tschech.) VN, »die Wendische, die Slawische«.

Kann auch zu *Wandala*, *Wandula*, *Wendila* eine Beziehung haben, hier zum Stammesnamen der Wandalen (Vandali).

Wandula *w* alter dt. VN, eine NF von →*Wandala*.

Wanko *m* bulgar. KF von →*Iwan*.

Warand *m* alter dt. VN *Warant*, zu ahd. *warjan* »wehren«; auch →*Weriant*, *Werant*, Verkürzung von germ. Namen.

Warmund *m* alter dt. VN *Warimunt*, zu ahd. *warjan*, *werjan* »wehren« + *munt* »Schutz (der Unmündigen)«.

Warnart *m* westfries. Form von →*Wernhard*.

Warner *m* nd.-fries. Form von →*Werner*.

Warnert *m* ostfries. Form von →*Wernhard*.

Warnfried *m* nd.-fries. Form von →*Wernfried*.

Wasmod, **Wasmot** *m* alte dt. NF zu →*Wasmut*, *Wachsmut*.

Bes. im Nd. einst beliebt; *Wasmodus* 1154 in Lüneburg.

Wasmut, **Wachsmut** *m* alter dt. VN, bes. im Nd., zu ahd. *wahsan* »wachsen« + *muot* »Gemüt, Sinn, Geist«.

Wassili, **Wassilij**, *Vasilij m* russ. Formen von →*Basilius*; KF *Vasja*, *Wasja*.

Weda, *Wedeke*, *Weeda w* ostfries. KF aus Namen wie Wedekind, Widukind, zu mittelnd. *wede*, ahd. *witu* »Wald, Gehölz«.

Wedekind *m* »Waldkind, Waldsohn«, mittelnd. Form zu →*Widukind*, mittelnd. *wede*, ahd. *witu* »Wald, Gehölz« + Namenwort *Kind*.

Wedig, **Wedigo** *m* VN, wie ostfries. →*Weke, Weko* nd. KF von *Wedekind* = *Widukind* oder Namen mit *Wede-*.

Weeka, **Weeke** *w*, **Weeke**, **Weeko** *m* ostfries. KF zu Namen mit *Wede-*, insbes. →*Wedekind* = *Widukind*.

Weerd, **Weert** *m*, **Weerta** *w* ostfries. KF von *Wighard, Wichard*.

Weigand *m* NF von →*Wigand*.

Weiart, **Weierd**, **Weiert**, *Weihard, Weihert m* ostfries. KF zu →*Weikhard* wie →*Wiard* zu *Wighard*.

Weigel *m* alte KF zu →*Wigand*.

Weike *m/w* ostfries. KF von →*Wighart, Weikhart*.

Weikhard *m* NF von *Wighard*.

Weinrich *m* NF von →*Winrich*.

Weke, **Weko** *m* ostfries. KF zu Namen mit *Wede-*, insbes. →*Wedekind*.

Welda *w* NF von →*Walda*.

Welf *m* alter dt. VN.

Name von Angehörigen des welfischen Herrscherhauses, jedoch liegt auch diesem ahd. *(h)welf*, mhd. *welf(e)* »Tierjunges«, heute auch Welpe »junger Hund, Fuchs, Wolf« zugrunde.

Welfhard *m* Neubild. aus *Welf* und alten *hard*-Namen.

Wellem *m* rhein. Form von →*Wilhelm*.

Wellemina *w* rhein., auch ostfries. Form von →*Wilhelmina*.

Welmer *m* ostfries. Form von →*Willimar*.

Welmot, **Welmuth** *w* ostfries. Formen zu →*Wilmut*.

Wemke *w* ostfries. KF zu *Wilhelma*.

Wencke *w* norweg. VN, entspr. nd.-fries. *Weneke*, KF von *Wenemar* →*Winemar*, ahd. *wini* »Freund« + *mari* »berühmt«.

Wendel *m* KF von Namen mit *Wendel-*, zu dem Stammesnamen der Wandalen.

Wendelbert *m* VN, 1. Glied zu dem Stammesnamen der Wandalen + ahd. *beraht* »glänzend«.

Wendelburg, Wendelgard *w* alte dt. VN, *Wendel-* = Stammesname der Wandalen + ahd. *burg* »Schutz, Zuflucht« und *gard* »Hort, Schutz«.

Wendelin *m* Kurz- und VklF von Namen mit *Wendel-* = Stammesname der Wandalen.

Durch Verehrung des hl. Wendelin, iroschott. Königssohn (6./7. Jh.), ein beliebter u. volkstümlicher Name durch die Jahrhunderte.
🄺 Wallfahrtsstätte in St. Wendel, Saar; Sarkophag, Statue Pfarrkirche St. Wendel.

Wendeline *w* Form von *Wendelin*.

Wendelinus *m* latinis. Bildung zu *Wendelin*.

Wendelmar *m* VN, *Wendel-* zum Stammesnamen der Wandalen + ahd. *mari* »berühmt«.

Wendi, **Wendy** *w* KF von *Wendelburg, Wendelgard*.

Wendila, **Wendula** *w* NF von →*Wandala*.

Wenemar, **Wennemar** *m* nd. Formen zu →*Winemar*.

Wenzel *m* dt. KF von →*Wenzeslaus*; im MA verbreiteter TN des hl. *Wenzel*.
🄺 Statue (1373), Wenzel-Kapelle im Veitsdom zu Prag. Name mehr. böhm. Könige.

Wenzeslaus *m* VN, latinis. Form eines altslaw. Namens; zu altruss. *vjače* »mehr« + *sláva* »Ruhm«.

Wera *w* NF von →*Vera*.

Werhart *m* NF von →*Wernhard*.

Weriand *m* germ. KF, älter *Werant*, zu ahd. *warjan* »wehren«.

Werna *w* KF zu Namen mit *Wern-*.

Wernburg *w* zu ahd. *warjan* »wehren«, *Wern-* + *burg* »Schutz, Zuflucht«.

* **Werner** *m*, auch *Wernher*, alter dt. VN *Warinheri, Werinheri*, zu ahd. *warjan, werjan* »wehren«, oder zum Stammesnamen der Warnen (Verini), + *heri* »Heer«.

Ein im MA bes. in Südd. und in der Schweiz beliebter und weit verbreiteter Name, Wernher der Gartenaere (Gärtner, 13. Jh.), mhd. Epiker, Werner v. Eppstein, Erzbischof von Mainz (13. Jh.), im Rheinland durch den HlN Werner von Oberwesel volkstümlich; im 20. Jh. wieder beliebter VN.
fries. *Warner*, nord. *Verner*, frz. *Garnier, Vernier*, ital. *Guarniero, Guernard*.

Wernfried *m* zu ahd. *warjan* »wehren«, *Wern-* (→*Werner*) + *fridu* »Friede«.
Werngard *w* zu ahd. *warjan* »wehren«, *Wern-* (→*Werner*) + *gard* »Gehege, Hort, Schutz«.
Wernhard, **Wernhart** *m* zu ahd. *warjan* »wehren«, *Wern-* (→*Werner*) + *harti* »hart«.
Wernher *m* ältere Form von →*Werner*.
Wernhild, **Wernhilde** *w* zu ahd. *warjan* »wehren« + *hiltja* »Kampf«.
Werno *m* KF von Namen mit *Wern-* (→*Werner*).
Wernt *m* KF des alten dt. Namens *Wirnto*, jedoch schon im MA auf *Wernhard* oder *Wernher* bezogen.
Wiard *m* fries. KF von →*Wighard*.
Wiba (ostfries.), **Wieba** (nordfries.) *w* KF von Namen mit *Wib-*, *Wig-*, wie *Wiberta, Wiburg* = *Wigberta, Wigburg*.
Wibald *m* NF von →*Wigbald*.
Wibert *m*, **Wiberta** *w* NF von →*Wigbert, Wigberta*.
Wibke, **Wibeke**, *Wiebke, Wiepke, Wobke, Wübke* *w* ost- und nordfries. KF von Namen mit Wig-, wie *Wiberich, Wolberich*.
Wibo, **Wibold**, **Wibolt** *m* alte ostfries. KF von *Wigbold* = *Wigbald*.
Wibrande *w* Form zu →*Wigbrand*.
Wiburg *w* NF von →*Wigburg*.
Wichard, **Wickart**, **Wickhart**, **Wichert** *m* NF von *Wighard*.
Widar *m* zum nord. VN *Vidar*, in der nord. Göttersage Odins Sohn, zu ahd. *witu* »Wald, Gehölz« + »Krieger«; NF *Wiar*.
Wide *m/w* ostfries. KF zu Namen mit *Wede-*, *Wide*, mittelnd. *wede*, ahd. *witu* »Wald, Gehölz«, wie *Wedekind, Widukind*.
Wido *m* KF wie *Wide* zu ahd. *witu* »Wald«, aber auch NF von *Guido*.
Widukind, *Wittekind m* VN, »Waldkind, Waldsohn«, wie nd. *Wedekind* zu ahd. *witu* »Wald, Gehölz« und *Kind* als Namenwort für Kind, Sohn.

Name des alten Sachsenherzogs Widukind, Gegner Karls d. Gr. (8./9. Jh.).

* **Wiebke**, **Wiepke** *w* ost- und nordfries. KF →*Wibke*.
Wiegand *m* NF von →*Wigand*.
Wieka, **Wieke** *w* KF vom niederl. VN *Ludowieka*.
Wieland *m* alter dt. VN *Wielant, Welant, Wiolant*, altnord. *Velint, Völundr*, zu ags. *vela, viola* »Schatz« + *walan* »(Metall/Gold) gießen«.

Wieland der Schmied, Hauptgestalt der ältesten germ. Heldensage (nord. Völundlied) war namenfördernd im MA.

Wienand *m* NF von →*Winand*.
Wier *m* fries. VN aus *Wigher*, →*Wigge*.
Wiesche *w* nd. KF von →*Louise*.
Wies'chen, **Wis'che** *w* hess. KF von →*Louise*.
Wiete, **Wietske** *w* ost- und westfries. KF von Namen mit *Wig-*, z.B. wie *Wierd* zu *Wighard*.
Wigand, *Weigand, Wiegand m* alter dt. VN *Wigand*, urspr. BN »der Kämpfende« zu ahd. *wigant, wigan* »kämpfen«; alte KF *Wigel, Weigel*.
Wigbald, Wigbold *m* zu ahd. *wig* »Kampf« + *bald* »kühn«.
Wigbert *m*, **Wigberta** *w*, **Wigbrecht** *m* zu ahd. *wig* »Kampf« + *beraht* »glänzend«.
Wigbold *m* NF von →*Wigbald*.
Wigbrand *m* zu ahd. *wig* »Kampf« + *brand* »flammendes Schwert«.
Wigburg, **Wigburga** *w* zu ahd. *wig* »Kampf« + *burg* »Schutz, Zuflucht«.
Wigge, **Wigger**, **Wiggo** *m* fries. KF von Namen mit *Wig-*, insbes. *Wigher*, zu ahd. *wig* »Kampf« + *heri* »Heer«.
Wighard, **Wighart** *m* alter dt. VN, Umkehrung von →*Hartwig*, zu ahd. *wig* »Kampf« + *harti* »hart«.
Wigmar *m* zu ahd. *wig* »Kampf« + *mari* »berühmt«.
Wigmund *m* zu ahd. *wig* »Kampf« + *munt* »Schutz (der Unmündigen)«.
Wignand *m* ältere Form von →*Winand*.
Wigoleis *m* VN →*Vigoleis*.
Wilbert *m* zu ahd. *willo* »Wille« + *beraht* »glänzend«.
Wilbrand *m* zu ahd. *willo* »Wille« + *brand* »flammendes Schwert«.

Wilbrecht *m* zu ahd. *willo* »Wille« + *beraht* »glänzend«.

Wilbur *m* nordamer. VN, aus dem FN *Wildeboer*, nd. *wilde* »fremd« + niederl. *boer* »Bauer, Landmann«.

Wilderich *m* NF des alten germ. Namens *Willerich*, zu ahd. *willo* »Wille« + *rihhi* »reich, mächtig«.

Wildfried *m* NF von *Wilfried*, angelehnt an »wild«.

Wilfred *m* NF von →*Wilfried*.

Wilfried, *Wilfrid, Willfried, Willefried* *m* alter dt. VN *Willifrid*, zu ahd. *willo* »Wille« + *fridu* »Friede«.

Wilfriede, *Wilfride, Willfriede, Willefriede* *w* Formen zu →*Wilfried*.

Wilgard *w* VN, zu ahd. *willo* »Wille« + *gard* »Gehege, Hort, Schutz«.

Wilgund, **Wilgunde** *w* zu ahd. *willo* »Wille« + *gund* »Kampf«.

Wilhard *m* zu ahd. *willo* »Wille« + *harti* »hart«.

***Wilhelm** *m* alter dt. VN, zu ahd. *willo* »Wille« + *helm* »Helm, Schutz«.

Von den Heiligen dieses Namens war Wilhelm von Aquitanien (8./9. Jh.), literar. Gestalt in Wolfram von Eschenbachs »Willehalm«, am frühesten und stärksten namenfördernd; nach ihm führten viele Fürsten den Namen Wilhelm, der normann. Wilhelm der Eroberer in England (11. Jh.), Wilhelm von Holland (13. Jh.), Wilhelm von Oranien (16. Jh.) und in neuerer Zeit die Hohenzollern des Kaiserreiches; im Norden Deutschlands war Wilhelm am stärksten verbreitet, bereits im 15. Jh. stand der Name in Köln an 3. Stelle unter den häufigsten Namen; insgesamt ist dieser VN typisches Beispiel für den Übergang eines Namens von den oberen auf die unteren Schichten. Auch die Literatur beeinflußte die Namenverbreitung, wie der Freiheitsheld Wilhelm Tell, von Schiller neu gestaltet, Goethes Wilhelm Meister. Der Name war auch nach dem 1. Weltkrieg noch volkstümlich.

🄺 Wilhelm von Holland, dt. König (13. Jh.) gefallen im Kampf gegen die Friesen, Middelburg, Insel Walcheren, Nieuwe Kerk; Wilhelm I. von Oranien-Nassau Delft, Nieuwe Kerk.

KF *Will, Willi, Willy, Wilm, Wim, Helm, Helmke*, rhein. *Wellem*, nd. *Willem*, fries. *Wilko*, engl. *William, Willie, Bill*, frz. *Guillaume*, ital. *Guglielmo*, span. *Guillermo*, tschech. *Vilem, Viliam*, russ. *Vil'gel'm*, ungar. *Vilmos*.

Wilhelma, **Wilhelmine**, **Wilhelmina** *w* Formen von →*Wilhelm*.

KF *Elma, Mina, Minna, Mine, Miggi, Wilma*, engl. *Willa, Wilma*, ital. *Guglielmina*, span. *Guillerma*, tschech. *Vilema*, russ. *Vilgel'mina*, ungar. *Vilma*.

Wilke, **Wilken** *m* nd.-fries. KF von *Wil(l)*-Namen, bes. von →*Wilhelm*.

Wilko *m* ost- und westfries. KF von *Wil(l)*-Namen, bes. von →*Wilhelm*.

Will *m* KF von Namen mit *Wil(l)*, insbes. von →*Wilhelm*.

Willa *w* engl. KF zu *Willamina* = *Wilhelmine*.

Willard *m* NF von *Wilhard*.

Willbrecht *m* NF von *Wilbert*.

Willegis *m* →*Willigis*.

Willehad *m* zu ahd. *willo* »Wille« + *hadu* »Kampf«.

Der hl. Willehad (8. Jh.), Missionar unter den Friesen und Sachsen, bekehrte Widukind, Gründer des Bistums Bremen.

Willehalm *m* alte NF von →*Wilhelm*.

Bekannt ist Wolfram von Eschenbachs Epos »Willehalm« (13. Jh.).

Willem *m* nd.-niederl. Form von →*Wilhelm*.

Willhart *m* NF von *Wilhard*.

* **Willi**, **Willy** *m* KF von →*Wilhelm*.

Willia *w* KF zu *Willi, Wilhelmina*.

William *m* engl. Form zu →*Wilhelm*.

Willibald, *Billibald* *m* zu ahd. *willo* »Wille« + *bald* »kühn«.

Bayr. *Walde, Walte*, niederl. *Willebald*. Der hl. Willibald, angelsächs. Königssohn (8. Jh.), gründete in Eichstätt ein Kloster.

🄺 in Eichstätt: Silberaltar (1492); Schrein und Gestalt (1574); Rokokoaltar (1741).

Willibernd *m* DF aus *Willi* + *Bernd*.

Willibert *m* zu ahd. *willo* »Wille« + *beraht* »glänzend«.

Willibrand *m* zu ahd. *willo* »Wille« + *brand* »flammendes Schwert«.

Willibrord *m* alter engl. VN, zu ags. *willa* »Wille« + *brord* »Spitze, Speer«.

Name des hl. Willibrord (7./8. Jh.), Bischof von Utrecht, Gründer des Klosters Echternach.

Willigis *m* alter dt. VN, zu ahd. *willo* »Wille« + *gis* (altnord. *geisa*, mhd. *gisen*) »hervortreiben, auftreiben«.

Willimar *m* zu ahd. *willo* »Wille« + *mari* »berühmt«.

Williram *m* zu ahd. *willo* »Wille« + *hraban* »Rabe«.

Willo *m* ostfries. KF zu Namen mit *Wil(l)-*, insbes. *Wilhelm*.

Wilm *m* nd. KF von →*Wilhelm*.

Wilma *w* KF von →*Wilhelmina*.

Wilmken *w* nd. VklF von →*Wilhelmine*.

Wilmar *m* NF von *Willimar*.

Wilmont *m* zu ahd. *willo* »Wille« + *munt* »Schutz (der Unmündigen)«.

Wilmut *m* zu ahd. *willo* »Wille« + *muot* »Sinn, Geist«.

Wilrun *w* zu ahd. *willo* »Wille« + *runa* »Geheimnis, Zauber«.

Wiltraud, **Wiltrud** *w* zu ahd. *willo* »Wille« + *trud* »Kraft, Stärke«.

Wim, **Wims** *m* KF von →*Wilhelm*.

Wimar *m* NF von →*Wigmar*.

Wimmer, **Wemmer** *m* KF zu *Wennemar*, eine NF von →*Winemar*.

Winald *m* zu ahd. *wini* »Freund« + *waltan* »walten, herrschen«.

Winand *m*, älter *Wignand*, zu ahd. *wig* »Kampf« + germ. *nantha* »kühn, wagemutig«.

Windelgard *w* NF von →*Wendelgard*.

Winemar, **Winmar** *m* alter dt. VN *Winimar*, zu ahd. *wini* »Freund« + *mari* »berühmt«.

NF *Wennemar, Wemmar, Wemmer, Wimmer*.

Winfred *m* engl. Form von →*Winfried*.

Winfried *m* alter dt. VN, zu ahd. *wini* »Freund« + *fridu* »Friede«.

🄺 Wynfrieth (7./8. Jh.), angestammter Name von →*Bonifatius*, »Apostel der Deutschen«, Fulda, Dom.

Winfrieda, **Winfriede** *w* Form von →*Winfried*.

Wingolf *m* VN, zu altnord. *vingolf* »Freundeshalle«, bei Klopstock »Tempel der Freundschaft«.

Name dt. Studentenverb., 1830 in Erlangen gegr., aber erst 1842 in Bonn *Wingolf* genannt.

Winibald *m* zu ahd. *wini* »Freund« + *bald* »kühn«.

Winibert *m* zu ahd. *wini* »Freund« + *beraht* »glänzend«.

Winifred *w* engl. *weibl.* Form kelt. Ursprungs, Anlehnung an *Winfred*.

Bekannt: Winifred Wagner, Gattin des † Regisseurs Siegfried Wagner.

Winimar *m* zu ahd. *wini* »Freund« + *mari* »berühmt«.

Winnie *w* engl. KF von →*Winifred*.

Bekannt: österr. Schauspielerin Winnie Markus.

Winno *m* KF von →*Winold*.

Winold, **Winolt** *m* im Ostfries. gebrauchte NF von →*Winald*.

Winrich, *Weinrich* *m* zu ahd. *wini* »Freund« + *rihhi* »mächtig, reich«.

Wintrud *w* zu ahd. *wini* »Freund« + *trud* »Kraft, Stärke«.

Wipert, **Wiprecht** *m* NF von →*Wigbert, Wigbrecht*.

Wippo *m* KF von →*Wippold*.

Wippold *m* NF von *Wigbold*, zu *Wigbald*.

Wirich, *Weirich, Wyrich* *m* alter dt. VN, älter *Wigerich*, zu ahd. *wig* »Kampf« + *rihhi* »mächtig, reich«.

Wisgard *w* zu ahd. *wisi* »weise, erfahren« + *gard* »Gehege, Hort, Schutz«.

Wisgund *w* zu ahd. *wisi* »weise, erfahren« + *gund* »Kampf«.

Witiko, **Wittiko** *m* alter dt. VN, wie →*Wittich* aus *Widuco, Witigo, Witege*, zu ahd. *witu* »Wald, Gehölz« + *degan* »Gefolgsmann, tapferer Held«.

Romangestalt von Adalbert Stifter (1865/67).

Wito *m* zu ahd. *witu, wito* »Holz, Wald«, KF von *Witiko, Wittich*.

Witold, *Widolt* *m* alter dt. VN *Wituwalt*, zu ahd. *witu* »Wald, Gehölz« + *waltan* »walten, herrschen«.

Witta *w*, **Witte** *m* westfries. KF zu *Witt*, ahd. *witu* »Wald, Gehölz«.

Wittekind *m*, nd. *Wedekind*, auch *Wetekind*, gehört zum alten Namen →*Widukind*, zu ahd. *witu* »Wald, Gehölz« und dem Namenwort *Kind*.

Wittich *m* alter dt. VN *Widuco, Witigo, Witege*, zu ahd. *witu* »Wald, Gehölz« + *degan* »Gefolgsmann, Held«.

Held der Dietrichsage, Freund und Jugendgenosse Dietrichs von Bern, tötet in der Rabenschlacht die Söhne Etzels.

Wladimir *m* russ. VN *Vladimir*, zu kirchenslaw. *vladi* »Macht, Herrschaft« + urspr. ahd. *mari* »berühmt«, zu russ. *mir* »Friede« gezogen.

Wladislaw *m* slaw. VN, zu kirchenslaw. *vladi* »Herrschaft, Macht« + *slava* »Ruhm«; s. a. die latinis. Form →*Ladislaus*.

Wobke *w* ostfries. KF →*Wibke*.

Woldemar *m* nd. Form von →*Waldemar*.

Wolf *m* alter dt. selbständiger VN in der Bed. guter Eigenschaften des Tiernamens: Kraft und Stärke des Wolfs; heute meist einstämm. Verkürzung von Namen mit *Wolf-*.

Wolfbert *m* Neubild. aus *Wolf-* und *bert-*Namen.

Wolfdieter *m* Neubild. aus *Wolf* + *Dieter*.

Wolfdietrich, **Wulfdietrich** *m* DF aus *Wolf*, *Wulf* + *Dietrich*.

[K] Wolf Dietrich von Raitenau, Erzbischof von Salzburg (16./17. Jh.), durch ihn Umgestaltung Salzburgs zur Barockstadt, Gabrielskapelle St. Sebastiansfriedhof Salzburg.

Wolfer *m* alter dt. VN *Wolfhari*, zu ahd. *wolf* »Wolf« + *heri* »Heer«.

***Wolfgang** *m*, auch →*Gangolf*, alter dt. VN, zu ahd. *wolf* »Wolf« + *ganc* »(Waffen)gang, Streit«.

Als HlN im MA in Süddtschl. und Österreich verbreitet; in neuerer Zeit auch durch die Namen Wolfgang Amadeus Mozarts und Goethes verbreitet, heute beliebter VN.
[K] Der hl. Wolfgang, Bischof von Regensburg (10. Jh.), Ungarnmissionar, St. Emmeram in Regensburg.

Wolfger *m* alter dt. VN, zu ahd. *wolf* »Wolf« + *ger* »Speer«.

Wolfgund, **Wolfgunde** *w* zu ahd. *wolf* »Wolf« + *gund* »Kampf«.

Wolfhard *m*, auch *Wolfhart*, *Wolfart*, *Wolfert m* alter dt. VN *Wulfhart*, zu ahd. *wolf* »Wolf« + *harti* »hart«.

Wolfhelm *m* zu ahd. *wolf* »Wolf« + *helm* »Helm, Schutz«.

Wolfhild, **Wolfhilde** *w* zu ahd. *wolf* »Wolf« + *hiltja* »Kampf«.

Wolfrad *m* zu ahd. *wolf* »Wolf« + *rat* »Ratgeber«.

Wolfram *m* zu ahd. *wolf* »Wolf« + *hraban* »Rabe«. Alter einheimischer Name, HlN-Einfluß gering.

Wolfried, **Wolfrid** *m* zu ahd. *wolf* »Wolf« + *fridu* »Friede«.

Wolfrun *w* zu ahd. *wolf* »Wolf« + *runa* »Geheimnis, Zauber«.

Wolftraud, **Wolftrud** *w* zu ahd. *wolf* »Wolf« + *trud* »Kraft, Stärke«.

Wolter *m* nd. Form von →*Walter*.

Wübke *w* ostfries. NF von →*Wibke*.

Wulf *m* VN, eine NF von →*Wolf*.

Wulfila *m* latinis. VklF »Wölfchen«, zu ahd. *wulf* »Wolf«; Name des westgot. Bischofs *Wulfila*, griech. *Ulfilas*.

Wunibald, **Wunnibald** *m* alter dt. VN, zu ahd. *wunna* »hohe Freude, Wonne« + *bald* »kühn«; *Wunnibald* wird auch zu *Winnibald* gestellt.

Wunibert, *Wunnebert*, *Wunnebrecht m* zu ahd. *wunna* »hohe Freude, Wonne« + *beraht* »glänzend«.

Wunna *w* zu angelsächs. *wunnia*, ahd. *wunna* »hohe Freude«; angelsächs. Königinnenname (8. Jh.), Mutter des hl. →*Wunibald*.

Wyn, **Wyne**, **Wyneke** *m* westfries. KF von *Wynand* = *Winand*.

X

Xander *m*, **Xandra** *w* rätoroman. KF von →*Alexander*, *Alexandra*.

Xaver, **Xaverius** *m* VN span. Herkunft.

Urspr. nur BN des hl. →*Franz Xaver* (16. Jh.), auf Schloß Xavier (Javier) bei Pamplona (Navarra, Spanien) geboren; plante in Paris mit Ignatius von Loyola die Stiftung des Jesuitenordens.
engl./frz. *Xavier*, *Javier*, irische KF *Savy*.

Xaveria *w* Form von →*Xaver*.

Xavier *m* NF zu →*Xaver*.

Xenia *w* slaw., griech. KF von Namen mit *-xenia*, wie →*Polyxenia*.

Xenophon, **Xenofon** *m* alter griech. VN, zu griech. *xenos* »fremd« + *phainomai, phao* »glänzen, leuchten«.
Ital. *Senofonte*, span. *Genofonte*. *Xenophon*, hervorr. griech. Schriftsteller (430–354 v. Chr.).

Xenos, *Xeno m* engl. VN griech. Herkunft, »der Fremde«, zu griech. *xenos* »fremd«.

Xerxes *m* VN, griech. Name des pers. Großkönigs mit dem bibl. (hebr.) Namen *Ahasver(os)*.
engl. auch *Xerus*, *Xeres*, weibl. Form *Sherry*, span. *Jerez*, *Jerges*.

Xochil [ßotschill] *w* mexikan. VN, Bed. »Blume«.

Xylon *m* engl. VN griech. Herkunft, griech. *xylon*, Gattungsname für Holz.

Yale *m* VN, in den USA verbreiteter VN engl. Kolonisten; die ostfries. KF *Yale*, *Jale*, *Joole*, *Jele* führen zu Namen mit *Geil-*, ahd. *gail*, mhd. *geil*, ags. *gal*, altsächs. *gel*, »üppig, ausgelassen, lustig, übermütig«.

Yan, **Yanick**, **Yanik**, **Yann** *m* in der Schweiz gebräuchl. KF und NF von →*Yanneck*.

Yanneck, **Yannick** *m* schweizer. Formen des breton. Namens *Yannic*, zu frz. *Jean* = *Johann*; dän. *Jannik*.

Yasmin, **Yasmine** *w* NF von →*Jasmin*.

Yolanda, **Yolande** *w* NF von →*Jolanda*. KF *Yola*.

Yorck, **York** *m* ostdt./slaw. Form von →*Georg*, auch →*Jork*, *Jark*.

Yorick, **Yorrick** *m* engl. VN aus Shakespeares »Hamlet« (1603), kann zur dän. Form →*York* = *Georg* gehören, aber auch zur kelt. Form →*York* aus *Iorvik* Bezug haben.

York *m* dän. Form unter ostdt.-slaw. Einfluß von →*Georg*; vermutl. vermischt mit kelt. *Eboracon*.
Zum altengl. PN *Eburos* von *eburos* »Eibe«; altengl. *Eferwic*, *Eoforwic* sind Ortsbez., die im 9./10. Jh. unter dän./skandin. Einfluß zu *Iorvik*, *Iork* = *York* werden.

Yule *m* schott. und nordengl. VN, zu engl. *yule*, schwed. *jul* »Weihnacht« (Heiligabend).
Urspr. in heidn. Zeit Name eines Festes der Mittwinternacht (12. Januar).

* **Yvan** *m* NF von *Ivan*, *Iwan*.

* **Yves** *m* frz. Form von *Ive*, *Ivon*, ein bekannter Name aus altfrz. Ritterrufnamen, zum dt. VN *Ivo*, zu ahd. *iwa* »Eibe«.

Yvetta, **Yvette** *w* Form von →*Yves*.

Yvo *m* NF von *Ivo*, angelehnt an die verwandten Formen *Yvon*, *Yvonne*.

Yvon *m* VN, in der Schweiz verbreitet, NF von *Ivon*, *Ives*, zum dt. VN *Ivo*, ahd. *iwa* »Eibe«.

* **Yvonne** *w* sehr beliebter frz. VN in der Schweiz, weibl. Form von →*Yvon*.

Zacharias *m* griech. Form des bibl. Namens *Sacharja*, zu hebr. *zekharejah(u)* »erinnert hat sich Jah (der Herr)«; frz. *Zacharie*.

Zachäus *m* bibl. Name, griech. Verkürzung *Zakchaios* von →*Zacharias*; wohl auch in Verb. mit aram. *zacchai* »rein, unschuldig«.

Zadok *m* bibl. Name, zu hebr. *sādōq* »der Gerechte«.

Zala *w*, **Zalo** *m*, *Zalona w* Weiterbild. bulgar. Wunschnamen für »heile, gesunde« Entwicklung.

Zammert *m* ostfries. KF, wie *Tjamme* zu germ. *Thiadmar* = *Dietmar*.

Zander *m* rätoroman. KF von →*Alexander*.

Zara, **Zarah** *w* NF von →*Sara*.

Bekannt: schwed. Filmschauspielerin Zarah Leander (* 1907).

Zarina *w* Form des bulgar. männl. VN *Zarin, Zarjo* zu bulgar. *zar* »Zar, Herrscher«.

Zäzilie *w* dt. Schreibung von →*Cäcilie*.

Zdenka *w* tschech. Form von →*Sidonia*.

Zdenko *m* tschech. Form von →*Sidonius*.

Zelda *w* engl. KF von →*Griselda*.

Zelia *w* griech. VN, weibl. Form des griech. Männernamens *Zēlos* oder zum Namen der griech. Göttin *Zēlō*.

Zella *w* KF von →*Marzella*.

Zelma *w* engl.-amer. VN, eine NF von →*Selma*.

Zena *w* engl. VN griech. Herkunft, zu den männl. griech. Namen *Zenas, Zenobius* oder KF von *Zenobia*.

Zeno *m* griech. KF zu *Zenodotos, Zenodoros* »Geschenk *von Zeno* = *Zeus*« oder zu →*Zenobius*.

Der hl. Zeno (4. Jh.), Bischof von Verona, Schutzherr in Wassergefahr.
Ⓚ Kirche St. Zeno (13. Jh.), Bad Reichenhall.

Zenobia *w* Form von →*Zenobius*; griech. Name der heldenhaften Königin von Palmyrene.

Zenobia (3. Jh.) machte Palmyra in Syrien zu einem Zentrum der Kultur, von Aurelianus besiegt und nach Rom gebracht.
engl. *Zenobia, Zenab, Zenaida, Zizi*, frz. *Zenobie, Zenaide*, russ. *Zenovia*.

Zenobius *m* VN griech. Herkunft, zu griech. *Zeno*=Zeus+*bios* »Leben«.

Zenta *w* KF von *Vinzenta* oder *Kreszentia*.

Zenz, **Zenzi** *w* KF von *Kreszenz*.

Zerres, *Serres m* ndrh. KF von →*Severin*.

Ziena, *Zientje w* westfries. KF von →*Gesina, Josina* oder anderen Formen mit *-cina, -sina*.

Zilia *w* venezianische Form von ital. *Celia, Celestina*.

Zilla, **Zilly** *w* 1. KF von *Cäcilia, Cäcilie*; 2. *Zilla, Zillah* bibl. Name, zu hebr. *sillāh* »Schatten, Schutz«, auch »Gesang«.

Zina, **Zinske**, **Zinskea** *w* ostfries. KF von →*Gesina, Josina* oder anderen Formen mit *-cina, -sina*.

Zinnia *w* moderner engl. Blumenname nach den Zinnien.

Korbblütlergattung Mexikos, rot, gelb, violett und weiß blühende sommerliche Gartenzierpflanze (nach Joh. Gottfried Zinn, 18. Jh., Prof. in Göttingen).

Zippora *w* bibl. Name, zu hebr. *sippōrāh* »Vöglein, Sperling«, auch »die Zwitschernde, Singende«.

Ziska, **Zissi**, **Zissy** *w* KF von →*Franziska*.

Zita *w* VN, lat. *Cita*, zu *citatus* »schleunig, geschwind, schnell«.

Die hl. Zita (13. Jh.), Patronin der Dienstboten; Zita von Bourbon-Parma, Kaiserin von Österreich (19./20. Jh.).

Zitske, **Zytske** *w* ostfries. KF von →*Franziska*.

Zoe *w* griech. KF, zu griech. *zōē* »Leben«, HlN, byzant. Kaiserinname.

Zölestin *m*, **Zölestine** *w* →*Cölestin, Cölestine*.

Zoltán *m* häufiger ungar. VN, abgeleitet vom türk. Titel Sultan.

Zwaantje, **Zwanette** *w* ostfries. VklF zu Namen mit *Swan-*, *Schwan-*, wie *Swaneke, Swant, Swantgen*.

Zwi *m* hebr. Name, »Hirsch«.

Zyprian *m* →*Cyprian*.

Literaturverzeichnis

Aubert, Joachim: Handbuch der Grabstätten berühmter Deutscher, Österreicher und Schweizer. München/Berlin ^{2}1975.

Audebert, Antoine: Dictionnaire analytique des prénoms. Paris 1956.

Bach, Adolf: Deutsche Namenkunde, Bd. I: Die deutschen Personennamen, in 2 Teilen. Heidelberg ^{2}1952/53.

Bahlow, Hans: Deutsches Namenlexikon. München 1967 = Suhrkamp Taschenbuch 65. Frankfurt a.M. 1972.

Bahlow, Hans: Unsere Vornamen im Wandel der Jahrhunderte. Limburg (Lahn) 1965.

Bass, Alfred: Beiträge zur Kenntnis deutscher Vornamen, Leipzig 1903.

Brons, Bernhard: Friesische Namen und Mittheilungen darüber. Emden 1877. Neudruck Wiesbaden 1972.

Brøgger, Waldemar (Redaktion): Gyldendals navneleksikon. Oslo ^{5}1975.

Burgio, Alfonso: Dizionario dei nomi propri di persona. (Biblioteca italiana di opere di consultazione.) Milano (1970).

Burgstahler/Kahn/Schumacher: Namen der Bibel und ihre Bedeutung im Deutschen. Heilbronn ^{6}1976.

Dauzat, Albert: Dictionnaire étymologiques des noms de famille et prénoms de France. Paris 1972.

Drosdowski, Günther: Duden, Lexikon der Vornamen, DTB 4. Mannheim 1968.

Falk/Torp: Norwegisch-dänisches etymologisches Wörterbuch. Oslo und Bergen ^{2}1960.

Fick, August: Griechische Personennamen. Göttingen 1875.

Fleischer, Wolfgang: Die deutschen Personennamen. Berlin ^{2}1968.

Frank, Rainer: Zur Frage einer schichtspezifischen Personennamengebung. Namenkundliche Sammlung, Analyse und Motivuntersuchung über den Kreis und die Stadt Bad Segeberg. Neumünster 1978.

Gottschald, Max: Die deutschen Personennamen. Berlin 1940.

Heinrichs, Karl: Studien über die Namengebung im Deutschen seit Anfang des XVI. Jahrhunderts. Stuttgart 1908.

Heintze-Cascorbi: Die deutschen Familiennamen. Halle/Saale ^{7}1933.

Hergemöller, Bernd-Ulrich: *Vornamen.* Herkunft, Deutung, Namensfest. Münster ^{5}1978.

Heusler, Andreas: Altisländisches Elementarbuch. Heidelberg ^{2}1921.

Hornby, Rikard: Danske navne. København 1951.

Katz, Rosa: Psychologie des Vornamens. Bern, Stuttgart 1964.

Keller, Hiltgart L.: Reclams Lexikon der Heiligen und der biblischen Gestalten. Stuttgart ^{3}1975.

Kennen Sie die seit 25 Jahren in der Schweiz beliebtesten Vornamen von Mädchen und Knaben? Zürich 1975.

Kohlheim, Volker: Regensburger Rufnamen des 13. und 14. Jahrhunderts. (ZDL Beihefte Nr. 19.) Wiesbaden 1977.

Kopečný, František: Průvodce našimi jmény. Praha 1974.

Ladó, János: Magyar Utónévkönyv. Budapest 1972.

Linnartz, K.: Unsere Familiennamen. Bd. II, Aus deutschen und fremden Vornamen im Abc erklärt. Bonn ^{3}1958.

Mackensen, Lutz: Das große Buch der Vornamen. München ^{4}1978.

Meijers/Luitingh: Onze Voornamen. Amsterdam ^{10}1977.

Mucke, Ernst: Wörterbuch der niederwendischen Sprache. Bd. III, Namenbuch. Prag 1928.

Namenkundliche Informationen. Nr. 19–25 (1971–1974), hrsg. von E. Eichler, W. Fleischer, J. Schultheis, K. Walther, Karl-Marx-Univ. Leipzig.

Namenstatistiken der Städte: Berlin, Bielefeld, Flensburg, Hamburg, Karlsruhe, Kiel, Köln, München, Stuttgart, Wien, Wiesbaden.

Nied, Edmund: Heiligenverehrung und Namengebung. Freiburg i. Br. 1924.

Otterbjörk, Roland: Svenska förnamn. Stockholm 1970.

Pape, W.: Handwörterbuch der Griechischen Sprache. Braunschweig 1842.

Paul, Karl: Das kleine Vornamenbuch. Leipzig ^{9}1974.

Pulvermacher, Nathan: Berliner Vornamen. Berlin 1902, 1903.

Raveling, Irma: Die ostfriesischen Vornamen. Herkunft, Bedeutung und Verbreitung. (Einzelheft 14, Arbeitsgemeinschaft der Vorstände der Sparkassen Ostfrieslands.) Aurich ^{2}1972.

van der Schaar, J.: Woordenboek van voornamen. Utrecht/Antwerpen ^{7}1974.

Schellers lateinisch-deutsches Lexicon oder Wörterbuch in 5 Bänden. Leipzig 1804.

Schnack, Heinrich Christian: Vollständige Sammlung von Vor- und Taufnamen. Hamburg ^{4}1901.

Schützeichel, Rudolf: Althochdeutsches Wörterbuch. Tübingen ^{2}1974.

Seibicke, Wilfried: Vornamen. Wiesbaden 1977.

Siebs, Benno Eide: Die Personennamen der Germanen. Wiesbaden 1970.

Slownik imion [Wörterbuch der Vornamen: 555 europäische Vornamen in 25 Sprachen.] Bearbeiter: Wanda Janowowa, Aldona Skarbek, Bronislawa Zbijowska, Janina Zbiniowska. Warszawa 1975.

Sowjetische Namenforschung, hrsg. von E. Eichler, W. Fleischer, A. V. Superanskaja. Berlin 1975.

Der Sprachdienst, herausgegeben im Auftrag der Gesellschaft für deutsche Sprache (Wiesbaden) von Otto Nüssler. 1957 ff.

Sprachpflege. Zeitschrift für gutes Deutsch. Leipzig 1952 ff. [Namenecke].

Sprachspiegel, herausgegeben vom Deutsch-schweizerischen Sprachverein. 1945 ff.

Stark, Franz: Die Kosenamen der Germanen. Wien 1868. Neudruck Wiesbaden 1967.

Vornamen, Prénoms, I nomi, Prenoms in der Schweiz. Hrsg. vom Schweizerischen Verband der Zivilstandsbeamten. Aarau 1972.

Wackernagel, Wilhelm: Altdeutsches Handwörterbuch. Basel ^{5}1878.

Wasserzieher, Ernst: Hans und Grete. Bonn ^{19}1979.

Weigand/Hirt: Deutsches Wörterbuch. Gießen ^{5}1909/10.

Wells, Evelyn: What to Name the Baby. New York 1946.

Wentscher, Erich: Die Rufnamen des deutschen Volkes. Halle (Saale) 1928.

Wimmer, Otto: Handbuch der Namen und Heiligen. Innsbruck–Wien–München 1956.

Withycombe, E. G.: The Oxford Dictionary of English Christian Names. London, Oxford, New York 1973.

Zahrenhusen, Hinrich: Ostfriesische Vornamen. Emden 1939. Neudruck Wiesbaden 1974.